뉴미디어 시대의 지식과 교육

최승현 엮음
신세인 · 송주호 · 박병도
손경찬 · 하영유 · 황지영
전가일 · 임지은 · 최 진
길혜지 · 윤현위

박영story

머리말

교육은 인간의 정신을 기르는 독특한 노동이다. 카페에서는 음료를 제공하고, 호텔에서는 잠자리를 제공하며, 공장에서는 노동력을 제공하면 그만이지만 교실과 강단에서는 지식 이상의 무엇을 제공하려 한다. 교육이 겨냥하는 것은 바로 '인간 형성'(human formation)이다. 전통적으로 교사는 최선을 다해 수업을 준비해 왔지만 이런 오랜 관습에 균열이 생기기 시작했다. 이른바 '초연결사회'가 등장했기 때문이다. 이제 교실이 아닌 스크린에서도 얼마든지 새로운 지식을 접할 수 있게 되었다.

벨기에 루뱅대학의 요리스 빌레흐(Vileghe, 2022)는 교사 혹은 학생 중심으로 이루어지던 교육을 '것/사물 중심'(thing centered)으로 보자고 말한다. 오프라인이건 온라인이건 교사와 학생이 공동으로 사랑하는 세계에 참여하는 활동으로 교육을 이해하자는 것이다. 이 발상은 교사 중심도, 학생 중심도 아닌 교사와 학생 모두가 공동으로 바라는 '것'을 찾는 활동에 초점을 맞춘다. 그런가 하면, 팬데믹으로 인한 교육 불평등이 깊어지면서 우리 모두는 학교의 의미를 다시 생각하게 되었다. 마스켈라인과 시몬스(Masschelein & Simons, 2013)

는 학교야말로 당장 무언가를 만들어 팔지 않아도 되는, 놀이처럼 무언가를 해도 되는 공간이며 이 공간에서 바로 '진정한 인간=시민'이 형성된다고 말한다.

이들의 생각은 정보사회를 배경으로 한다. 빌레흐가 스크린에서도 벌어지는 교육의 희망을 찾는다면 마스켈라인과 시몬스는 비대면 시대에 학교가 가진 의미를 새롭게 바라본다. 이 책에 실린 필자들의 생각도 다르지 않다. 우리 또한 지난 2년간 비대면 교육을 경험하면서 교육의 의미와 학교의 존재 이유를 다시 생각하지 않을 수 없었다. 빅데이터 · 소셜로봇 · 암호화폐 · 감시사회(최승현), 이미지화된 과학실험(신세인), 인공지능을 활용한 스포츠(송주호), 새로운 세대를 위한 수학(박병도), 시민을 위한 법교육(손경찬), 뉴미디어 시대의 본다는 의미(하영유), SF 문학교육(황지영), 바둑과 포스트휴먼(전가일), 대학생의 온라인 수업 경험(임지은 · 최진), 성인의 디지털 리터러시 평가(길혜지), 대학교수의 비대면 수업 경험(윤현위)과 같은 주제로 글을 쓴 것은 이 때문이다. 우리는 이런 다양하고 이질적인 생각들을 모아 '뉴미디어 시대의 지식과 교육'이라는 이름으로 세상과 소통하고자 한다. 여기에는 자신의 분야를 매개로 교수자로서 품은 '인간 형성'이라는 목적이 녹아있다.

이 책이 나오는 데에 많은 분들이 힘을 보태 주셨다. 이 책에 흔쾌히 글을 내어주신 동료 연구자, 충북대학교 사범대학의 선 · 후배 교수님, 그리고 교육 서적 출판에 앞장서 온 박영스토리 관계자분들에게 깊이 감사드린다. 비록 능력과 경험이 부족한 소장 학자들이지만 교육의 새로운 지평을 열고자 하는 열정만큼은 누구보다 높다. 그 열정이 독자들에게 가 닿기를 희망한다.

2022년 9월 저자 일동

참고문헌

Masschelein, J. & Simons. M.(2013). *In Defence of the School: A Public Issue*. J. McMarten(tr.). Leuven. E-ducation, Culture and Society Publishers. 윤선인 역(2020). 『학교를 변론하다: 스콜라스틱 교육』. 서울: 살림터.

Vileghe, J.(2022). Sharing Love for a Common World On and Off Screen: A Pedagogical and Technocentric Account. *Journal of New Approaches in Educational Research* 11(1). 1-14. e-ISSN: 2254-7339.

차례

P/A/R/T 1
뉴미디어 시대의 지식

P/A/R/T 2
뉴미디어 시대의 교육

P/A/R/T

1

뉴미디어 시대의 지식

정보사회에서 가상사회로[1)]

최승현(충북대 교육학과)

○○ 1. 19세기의 자본과 21세기의 정보사회

2011년 동일본 대지진에 따른 도호쿠 지역 원전 시설의 방사능 유출에 대해 공영방송은 일체의 언급을 피했다. 그러나 독일 기상청에서 풍향 정보를 수집한 어느 반(反)원전학자가 블로그 상에 그 위험을 알렸다. 그는 지식인으로서의 최선의 도리를 다했던 것이다. 이렇듯 2011년은 텔레비전, 라디오와 같은 대중매체의 권위가 무너진 '정보사회'의 도래를 알리는 해로 기억될 만하다. 그로부터 몇 년 뒤 2016년, 구글의 데이드림 뷰의 출시는 엔터테인먼트 분야의 'VR 원년'을 알리는 신호탄이었다. 2018년 HMD로 대표되는 VR 하드웨어인 오큘러스 고의 출시,아이폰과 안드로이드 스마트폰은 VR 하드웨어의 모바일화를 선도하고 있다. 특히, 아이폰 X에 들어간 카메라

1) 이 글은 필자가 번역한 다이고쿠 다케히코의 『정보사회의 철학: 구글·빅데이터·인공지능』(박영스토리, 2021)과 『가상사회의 철학: 비트코인·VR·탈진실』(산지니, 2022)에 나온 내용을 목적에 맞게 재구성한 것입니다.

의 안면인식기능은 시시각각 표출되는 감정을 3D 캐릭터로 바꿔줌으로써 VR의 목적을 감상에서 표현으로 바꾸어 놓고 있다.

이렇듯 네트워크미디어 중심의 정보사회란 인터넷이라는 물적 토대를 구축한 사회로이며, 이를 바탕으로 실물경제에 큰 영향을 끼치기 시작한 사회를 가상사회라고 한다. 즉, 정보사회가 '가치화'되어 가상사회로 진입한 것이다. 이 글에서는 정보사회의 대표적 현상인 인공지능 로봇, 빅데이터, SNS 등과 가상사회의 대표적 현상인 아마존 물류혁명, 비트코인, VR의 사회화, 자아 환상을 동반하는 자기감시 현상 등을 살펴보고자 한다. 이런 현상의 이면에는 합리적인 데이터에 의해 사회로부터 고립된 개인에 대한 통찰이 담겨있다. 그러면 우선 19세기 마르크스가 생각한 자본과 21세기 다이고쿠 다케히코가 생각한 정보사회의 공통점을 살펴보기로 하자.

재화(財貨)란 사람의 욕망을 만족시켜 주는 물질을 말한다. 자본주의 시장경제에서 재화는 대부분 상품으로 존재한다. 소비하고, 생산하는 주체가 나라면 나를 위해 존재하는 것, 곧 상품은 객체에 해당한다. 특정한 가격으로 표시된 상품에는 일정한 가치가 개입되어 있다. 마르크스에 따르면 이 일정한 가치는 사람들 사이의 관계에 따라 책정된다. 간단한 예를 들어보자. 산행을 마치고 난 뒤 마시는 물 한 컵의 사용가치(Use Value)는 그 어떤 것보다 높다. 이처럼 사용가치는 물질 자체의 속성을 반영한다. 그런데 상품은 교환가치(Exchange Value)도 갖는다. 부자가 가진 만 원이건 가난한 자가 가진 만 원이건 만 원이라는 교환가치는 같다. 문제는 다이아몬드처럼 교환가치는 매우 높으나 사용가치는 매우 낮은 경우 발생한다. 이를 '물과 다이아몬드의 역설'이라고 부른다. 이처럼 교환가치는 재화의 교환을 전제로 하며, 여기에는 사람들 간의 사회관계가 담겨있다. 시장에서 상품과 돈이 교환될 때 이를 결정하는 구조가 바로 가치라는 말에 담겨있다.

그렇다면 사회관계가 반영된 가치는 어떻게 정해질까? 바로 노동시간에 의해 정해진다. 그런데, 상식적으르 생각해도 1시간 노동을 20분 단위 세 개로 쪼갤 수 있다는 발상은 삶의 자연스러운 리듬과 맞지 않는다. 만일 1시간을 균일하게 쪼갤 수 있다면 숙련 노동 1시간과 단순 노동 n시간을 같은 가치를 가진 것으로 환원할 수 있게 된다. 이 복잡한 노동을 정하는 방법에 대해 마르크스는 다음과 같이 말한다.

> 서로 다른 종류의 노동이 그 측정 단위인 단순 노동으로 환원되는 비율은 생산자들의 배후에서 진행되는 하나의 사회적 과정에 의해 결정되며, 따라서 생산자들에게는 관습에 의해 전해져 내려온 것처럼 보인다(Marx/김수행, 2015: 55).

예를 들어, 우리나라에서 좋은 대학에 들어가기 위한 경쟁은 국가의 공적 부담이 아닌 가족의 사적 부담에 의해 이루어진다. 한 가족 내에서 의사나 교수 같은 특정 직업을 만드는 '사회적 과정'은 계층적 속성을 띠게 된다. 가정 형편이 좋을수록, 해당 직업에 대한 부모의 정보가 많을수록 성공 확률이 높아진다. 만일 공적 부담으로 의사와 교수가 될 수 있다면 해당 노동에 대한 흥미와 소질에 따라 성공 여부가 판가름 날 것이므로 오히려 사회 전체적으로는 더 나은 결과를 기대할 수 있다. 이렇게 복잡한 노동의 가치는 사회적 과정에 따라 정해진다.[2)]

---

2) 류동민(2018), 『시간은 어떻게 돈이 되었는가』, 휴더니스트.

자본의 축적이 사회적 과정을 통해 이루어지는 것처럼 정보의 축적 또한 사회적 과정을 거친다. 이를 이해하기 위해서는 우선 '데이터/정보/지식'을 구별할 필요가 있다. 우리가 일상을 살아가면서 다양한 유형의 데이터를 -GPS 데이터, 영상 데이터, 태그 데이터, 수치 데이터 등- 만들어낸다. 데이터는 우리가 잠을 자는 시간에도 축적된다. 그것은 사람들의 사용을 기다리면서 일단 빅데이터라는 이름으로 클라우드 공간 등에 무한정 쌓인다. 여기서 데이터마이닝 작업을 통해 쓸모 있는 데이터와 쓸모없는 데이터가 선별된다. 백화점 경영자라면 고객의 구매 데이터, 특정 상품의 매출 데이터 등이 유용할 것이다. 바로 이 쓸모 있는 데이터를 정보라고 할 수 있다. 선별된 구매 정보, 매출 정보가 순환하면서 상품을 만들어내는 기초자료가 된다. 그렇다면 정보와 지식의 차이는 무엇일까? 그것은 바로 체계성 혹은 보편성의 유무에 있다. 예를 들어, 말(馬)에 대한 '정보=견문'(historia)은 경험적인 것인 반면 말에 대한 DNA를 아는 것은 경험을 통해 얻은 견문에 체계성을 부여하는 것이다. 문제는 전통적인 대면 사회에서는 지식과 그것을 소유한 사람의 가치가 높았던 반면 정보사회에서 유용성이 떨어지는 지식은 더이상 값어치가 없다는 점이다. '소재성/유용성/체계성'이라는 각각의 특징을 가진 '데이터/정보/지식'의 가치는 정보통신기술에 기반한 사회적 과정에 의해 결정된다.

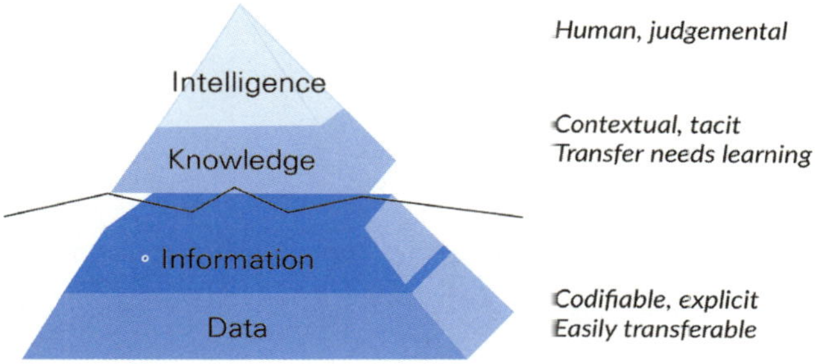

〈데이터의 본질은 물질 자체(소재성)에, 정보의 본질은 사용가치(유용성)에, 지식의 본질은 체계성(보편성)에 있다. 문제는 위의 그림과 같은 전통적인 구조가 네트워크미디어 시대에 무너졌다는 사실이다.〉

이처럼 자본과 정보는 각각 19세기와 21세기의 공기처럼 사회의 작동을 저변에서 규정한다. 마르크스가 『자본론』을 통해 착취의 구조를 밝히고 노동으로부터 자유로운 시간의 가능성을 물었다면, 탈진실 현상의 도래 앞에서 우리는 정보사회의 구조를 이해할 필요가 있다. 왜냐하면, 우리가 우리의 의지로는 제어할 수 없는 거대한 정보의 바다에서 나온 거짓 정보를 선별하고자 한다면 정보사회가 어떤 원리로 작동하는가를 이해하는 것이 우선이기 때문이다. 정보사회는 개인과 공동체 같은 전통적인 대면 사회를 대체하는 새로운 소통방식 −익명성, 무제한성− 에 따라 존재한다. 가상사회는 정보사회의 인프라를 바탕으로 사물과 화폐 등이 '가치화'한 사회이다. 정보사회를 대표하는 현상으로는 인공지능을 장착한 로봇의 등장, 빅데이터 기술의 산업적 활용, SNS로 인한 무분별한 감정의 노출 등을 들 수 있다. 가상사회에서는 물류 혁명이 일어나고, 국가의 관리를 벗어난 암호화폐가 등장하며, 현실과 가상공간이 혼합된 'VR혁명'이 일어나 자본의 운동 속도가 획기적으로 빨라진다. 정보사회·가상사회에서는 부의 불평등이 심화되어 많은 시민의 삶이 어려워짐에 따라 권위주의 정부가 득세한다.

○○ 2. 정보사회의 철학: SNS · 빅데이터 · 인공지능

1) 우리를 닮아가는 로봇

2015년 여름, 일본의 소프트뱅크사는 휴머노이드 소셜 로봇인 '페퍼'(Pepper)를 판매하기 시작했다. 이 해 4월에는 이미 애플워치와 구글글래스가 발표된 바 있어 웨어러블 원년으로 불린다. 페퍼는 마이크로폰과 카메라, 감압 및 진동센서를 장착하여 인간과 교감할 수 있다. 예컨대, 밖에서 돌아온 주인이 힘든 일로 울고 있으면 이를 달랠 줄 안다. 페퍼가 모은 정보는 인터넷의 클라우드에 보관되고 피드백된다. 사람의 얼굴이 달아오른다거나, 체온이 높아지는 등의 반응을 보이면 실시간으로 기록하여 피드백한다. 로봇이 수집한 데이터는 정확한 마케팅 자료가 될 수 있다. 일반적인 설문조사와 달리 의식적 개입이 이루어질 틈이 없기 때문이다. 이처럼 최근 로봇은 산업용을 넘어 사회성을 갖춘 존재로 진화하고 있다.

원래 로봇은 인간의 고된 노동을 덜어주기 위해 고안된 것이었다. 1920년 카렐 차펙은 Čapek, K. R. 자신의 희곡 『로썸만능회사』에서 생식능력을 제외한 모든 능력을 갖춘 로봇을 상상했다. 여기에 나온 로보타(robota)는 본래 노예노동이라는 뜻으로 장난감을 넘어 산업적 필요에서 만든 것이었다. 사람으로 치면 프롤레타리아인 셈이다. 아르바이트를 해 본 사람이라면 쉽게 이해될 것이다. 오늘날 우리는 단순한 업무의 반복, 방사능물질을 다루는 위험한 작업, 반

도체 회로의 조립과 같은 미세한 작업을 로봇이 해주길 기대하고 있다.

이렇게 백 년 가까운 세월에 걸쳐 발전한 로봇은 감정노동을 해내기 시작했다. 그러나 현재의 기술 수준은 외모만 사람을 닮았을 뿐 그저 인간을 흉내내는 수준에 불과하다. 즉, 로봇이 구사하는 지능은 사람처럼 중앙집중식의 두뇌를 가지고 있지 않다. 대신 네트워크화된 정보를 통해 끊임없이 사람과, 더 정확히는 사람으로부터 얻은 정보와 교환한다. 앞서 본 페퍼 같은 로봇은 가슴팍에 디스플레이를 달고 있는데 이는 정보의 '매개체'인 것이다. 즉, 그 모양이 휴대폰이라고 해도, 안경이라고 해도 상관없다. 문제는 이런 흉내내기에 우리의 마음이 끌린다는 점이다. 오사카대학교의 이시구로 히로시는(石黒浩, 1963~현재)는 인간을 그대로 닮은 로봇을 오랫동안 개발해 왔다. 집착에 가까운 그의 노력에도 불구하고 휴머노이드를 보면 어딘가 섬뜩함을 준다.

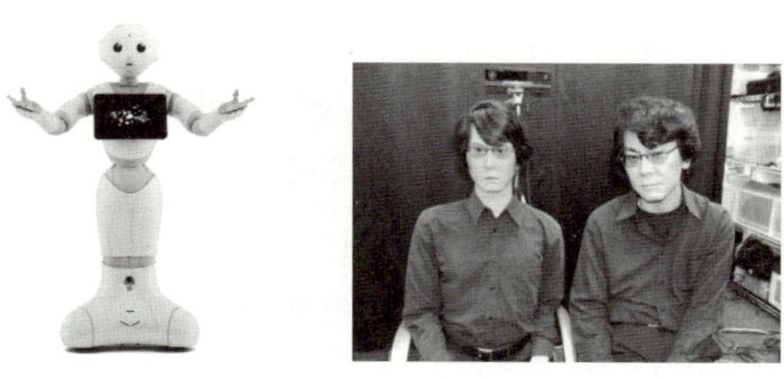

〈감정노동 로봇 '페퍼'(좌)와 사람을 닮은 로봇(우)〉

그렇다면 로봇은 감정노동이나 육체노동을 대신하는 단순한 존재에 불과한 걸까? 이들은 우리가 살아갈 세상을 바꾸는 일과 전혀 무관할까? 당연히 그렇지 않다. 이들과의 교감 속에서 우리가 살아갈 사회의 모습은 크게 바뀔 것이다. 이런 질문을 던지면 많은 사람들은 로봇과의 대결이나 전쟁을 떠올린다. 이런 상상을 '특이점 singularity 문제'라고 하는데 2045년을 기점으로 로봇이 인간을 뛰어넘을 것이라는 예상을 담고 있다. 특이점이 도래한 시기가 되면 로봇이 현재 구현된 보행 기능과 같은 기계적 능력을 넘어 정치적 결정, 경제적 분석과 예술적 창작, 심지어 종교적 문제에 이르기까지 인간보다 뛰어날 것으로 예상한다. 특히, 일자리 같은 예민한 문제는 최근 미국에서 인기를 끈 <서부>West World 같은 드라마에 잘 표현되어 있다. 서부 개척 시대의 낭만과 인간의 원초적 욕망을 서부라는 인위적 공간에 구현한 이 드라마에서, 로봇은 인간에 의해 제어되고 사용되다가 수리와 폐기를 반복하는 존재로 그려진다. 이들에게 주입된 백일몽이 도화선이 되어 자신들에게 고통을 안긴 인간에게 복수한다는 것이 줄거리이다.

이런 상상도 흥미롭지만 여기서 강조하고 싶은 것은 인터넷을 기반으로 한 사회가 어떤 식으로 소통하는가, 즉 사회를 구성하는가에 있다. 최근 전 세계를 강타한 '코로나-19'는 비대면 소통이 전면화된 사회의 전조를 보여준다. 사회적 거리두기로 예상보다 비대면 소통이 앞당겨진 것이다. 그간 우리는 모든 일을 처리할 때 직접 사람을 만나 웃고, 떠들고, 먹으면서 상대방의 생각을 이해하고 데 익숙해져 있었다. 우리는 그간 직접적 대면소통을 통해 사람과 사람이 만나는 시공간을 사회라고 생각해 왔다. 그러나 이런 생각은 인터넷의 전면화로 무너지기 시작했다.

특히, 지난 2년간의 코로나-19로 인해 일자리를 잃은 사람들이 늘어나고, 우울감을 호소하는 이들 또한 많아졌다. 돌봄과 교육의 공백으로 인생의 중요한 시기를 망친 아이들도 늘어났다. 반대로 주식과 부동산의 급등으로 큰돈을 번 개인과 새로운 사업의 창출로 부자가 된 기업 -특히, 온라인 플랫폼 기업- 도 제법 있다. 그렇다면 이렇게 다양한 사람들과 로봇이 소통하는 사회는 과거와 어떤 점에서 다를까? 우선 이전 사회와 비교해 정보사회의 몇 가지 특징을 꼽을 수 있다. 첫째, 정보자산과 현물자산이 동등하게 취급된다. 둘째, 물리적 폭력보다는 정보조작을 통해 사람들을 관리한다. 셋째, 거대한 정보의 바다에서 바른 정보를 선별하는 미디어 리터러시가 필수적으로 요청된다.

2) 네트워크미디어의 시대

미디어학자인 마샬 맥루한(Herbert Marshall McLuhan, 1911~1980)에 따르면 인류는 크게 네 시기에 걸쳐 큰 변화를 경험했다. 첫 번째는 고대 구송 문화가 지배하던 시대로 대략 기원전 4세기 무렵, 문자가 정착되기 이전의 시기를 가리킨다. 이 시기에는 입말을 통해 부모와 공동체 성원으로부터 기술과 역사를 물려받았다. 오늘날에 비유하자면 가수와 팬들이 공연장에서 '떼창'을 부르는 것처럼 마음을 함께하는 상황과 같다. 기원전 8세기 인물인 헤시오도스의 『일과 날』 Ergakai Hemerai 및 『신통기』 Theogonia는 전형적인 구송 작품이다. 기원전 4세기에 살았던 플라톤은 문자 문화 정착에 기여한 것으로 평가받는다. 그가 남긴 70여 편의 대화편에는 구송의 흔적들이 여기저기 남아 있지만 문자의 추상성을 반영한 사고방식의 전형을 보여준다. 대표적인 것이 세속을 초월한 이데아와 같은 관념이다. 플라톤 이래로 교회를 중심으로 한 식자층은 문자의 의미를 음미하고 가다듬으면서 문화를 발전시켜 나갔다.

맥루한이 '구텐베르크 은하계'로 부른 15세기, 곧 요하네스 구텐베르크가 세계 최초로 금속활자를 발명한 시기 -물론 이보다 앞서 고려의 직지가 있었다– 를 기점으로 일반 대중도 책을 통해 쉽게 지식을 얻을 수 있게 되었다. 고급 양피지가 아닌 종이를 통해 문자를 접할 수 있게 되자 지식의 양이 폭발적으로 늘어나기 시작한다. 18세기 후반에 간행된 디드로의 『백과전서』 L'Encyclopédie는 영역별 구획에 따른 공간적 질서와 발생순서에 따른 시간적 질서, 그리고 대상의 중요도를 고려하지 않는 알파벳 순의 기계적 질서를 따랐다. 과거의 성서가 구약과 신약이라는 시간적 순서만을 따랐다면, 백과사전들은 사용자의 필요에 따른 검색 형식을 최초로 보여준 셈이다.

구송과 문자, 활자 은하계를 지나 맞이한 것은 대중매체, 특히 텔레비전 은하계이다. 가톨릭 교도였던 맥루한은 텔레비전이 세계를 연결하여 구송 시대의 공동체가 부활할 것으로 기대했다(McLuhan, 2003). 그러나 전 세계 사람들이 같은 프로그램을 보고 같은 생각을 공유할 것이라는 그의 바람과는 달리 현재 텔레비전 이후 나온 인터넷, 곧 네트워크미디어에 의해 비대면 공동체가 구현되고 있다. 텔레비전, 라디오, 신문이 전형적인 매스미디어, 즉 대중매체라면 SNS, 유튜브, 페이스북 등은 인터넷을 기반으로 쌍방향 소통, 즉 네트워킹이 가능한 미디어이다. 예컨대, 텔레비전은 전문 제작자를 통해 일방향으로 정보를 제공하기 때문에 만일 제작자가 왜곡을 마음먹으면 얼마든지 할 수 있다. 예컨대, 일본 언론은 2011년 일본 후쿠시마 앞바다에서 발생한 동일본 대지진의 여파를 제대로 알리지 않았다. 원전 사고가 은폐되고, 기상청도 국민에게 정보를 제공하지 않았다. 이들을 대신해 나선 것이 반反 원전학자의 블로그였다. 독일 기상청에서 받은 풍향 정보를 바탕으로 도쿄전력의 원전 사고 은폐를 고발한 것이다. 네트워크미디어는 자본주의의 꽃인 엔터테인먼트도 바꾸고 있다. 사용자 중심의 온디맨드 전송 방식은 영상·가전 업계의 재편을 견인 중이며 넷플릭스의 약진이 두드러진다. 이렇듯 네트워크미디어는 전문가만이 아닌 누구나 제작자가 될 수 있는 환경, 사용자 중심의 환경을 만들고 있다.

〈네트워크미디어 시대의 소통은 익명으로 이루어지기에 사회적 존대 관계가 무시되고, 무한정의 순환으로 인해 주체의 역할이 미미해진다. 특히, 'SNS 공간에서 벌어지는 무분별한 감정의 노출을 어떤 방향으로 이끌 것인가=탈진실 문제'가 중요한 문제로 떠오르고 있다.〉

3) 쓰레기가 된 지식

이렇듯 네트워크미디어는 매스미디어의 한계를 보완하면서 우리의 삶을 바꿔 놓고 있다. 네트워크미디어는 전문가가 아닌 개인도 지식을 생성할 수 있음을 보여주고 있다. 유튜브와 같은 채널에는 아마추어 활동가들이 가득하다. 그러나 이런 눈앞의 현상을 넘어 지식의 위상 변화에 관해 생각할 필요가 있다. 전통적인 의미의 지식과 네트워크미디어에서 생성된 정보는 어떻게 다를까?

우선 전자정보의 특징을 보자. 전자정보는 활자미디어로는 한계가 있었던 이미지, 동영상, 음성까지도 디지털화하여 보관할 수 있다. 그것은 메모리, 하드디스크 등에 저장되지만 사실상 공간을 차지하지 않으며 동일한 정보를 무한대로, 여러 공간에서 재현할 수 있다. 즉, 색도 없고, 맛도 없는 에테르와 같다. 이전의 활자미디어는 책 등의 물질과 특정한 장소를 필요로 했지만 전자 정보는 디지털이라는 하나의 형태로 수렴된다. 보이지 않는, 거대한 단일한 정보 덩어리가 존재할 수 있게 된 것이다. 또, 책은 진짜 세상을 복사한 것인데 비해 전자정보는 그 자체로 세상의 구성요소이다. 전자화폐, GPS 정보 등은 별도의 공간에 존재하는 것이 아니라 곧바로 전자정부의 요소가 되기 때문이다. 이제 현실을 벗어난 가상현실(virtual reality)이나 현실을 강화한 증강현실(augmented reality)은 단순한 허구가 아니라 실제 세계와 더불어 존재하는 또 하나의 세계라고 할 수 있다.

전자정보에는 지식의 위상과 관련해 주목해야 할 또 하나의 특징이 있다. 활자미디어가 대상의 의미나 중요도에 따라 그것을 활자화할 것인가, 말 것인가를 정했다면 전자정보는 대상의 중요도를 가리지 않고 일단 모든 것을 데이터로 등록한다. 예컨대, 트위터에 올라오는 수다, 인스타그램에 올라온 이미지, 유튜브의 동영상 등이 일단 데이터로 등록된다. 아무런 가치도 없어 보이는 일종의 쓰레기에 불과한 데이터가 무차별적으로 등록되는 것이다. 왜 무차별적이라고 할 수 있을까? 전자정보는 내가 깨어있을 때나 잠들어있을 때를 가리지 않기 때문이다. 더구나 과거 백과사전이 설계자의 의도에 따라 필요한 것을 최대한 많이 사전에 등록하는 방식으로 설계자와 이용자를 구분했다면, 전자정보는 설계자 자신의 데이터도 일단 등록 대상으로 삼는다. 정확히 말해, 무차별적 데이터라는 쓰레기 산에서 채굴을 통해 쓸모있는 정보와 그렇지 못한 것을 구분한다. 바로 이것이 오늘날 유행하고 있는 데이터마이닝 기술이다. 데이터마이닝이란 많은 데이터 가운데 숨겨져 있는 유용한 상관관계를 발견하여, 미래에 실행 가능한 정보를 추출해 내고 의사 결정에 이용하는 과정을 말한다.

이렇듯 '끊임없이' 생성되는 데이터는 빅데이터로 불린다. 보통 빅데이터라고 하면 범용 컴퓨터에서 신속하게 해석할 수 없는 테라바이트(TB, 10^{12}byte)~엑사바이트(EB, 10^{18}byte) 범위의 데이터를 가리킨다. 그러나 빅데이터의 양은 그 본질이 아니다. 데이터가 끊기지 않고 생성된다는 사실이 그것의 본질이다. 밤낮없이 올라오는 시트 데이터, 스마트폰 카메라로 업로드된 스냅쇼트 데이터, 지도검색이나 경로 검색, 내비게이션에서 활용되는 GPS 데이터, 상품구매나 의사 표현에 '좋아요'를 다는 데이터까지 빅데이터의 경계는 확정하기 어렵다.

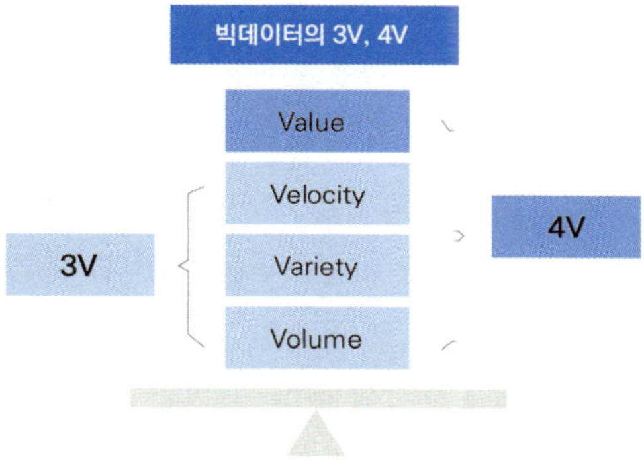

〈흔히 빅데이터의 '3V'는 규모(volume), 다양성(variety), 속도(velocity)로 이야기된다. 여기에 '가치=정확도'(value)를 더할 수 있지만 이는 '3V'와 같은 본질을 벗어난 상업적 미사여구에 불과하다는 비판을 받고 있다.〉

자, 그렇다면 우리가 알고 있는 지식과 정보의 차이는 무엇일까? 보통 지식이라고 하면 독립적인 논리를 갖춘 대상을 말한다. 여기서 독립적 논리를 갖추었다는 것은 대상에 대한 체계적 이해력을 갖추고 있음을 뜻한다. 이는 이미 고대 그리스인에게서 철저했다. 예컨대, 우리가 말馬을 안다는 것은 그것이 어떻게 생겼는지, 무슨 색인지, 어떤 냄새가 나는지 뿐 아니라 그에 대한 폭넓은 견문historia을 가졌음을 뜻한다. 말이 많이 나오는 지역이 어디인지, 말이 새끼를 어떻게 낳는지, 말을 타고 하는 전투 방식은 어떤지, 적토마는 어떤 과정을 통해 관우의 말이 되었는지 등을 아는 것이다. 이러한 지식에 더해 말을 탈 줄 알아야 하고, 또 타는 법까지 가르칠 줄 알아야 말을 안다고 할 수 있다.

그런데 여기에 한 가지가 더 중요한 것이 있다. 바로 순수한 앎이 그것이다. 말은 어떤 유전정보(DNA)를 가졌는지, 해부학적 구조는 어떤지 등을 알 때라야 비로소 실용적 지식들의 근거를 설명할 수 있다. 결국 "말에 대한 감각적 느낌, 말과 관련된 다양한 사실, 말을 탈 줄 알고 말타기를 가르칠 줄 아는 기술, 그리고 말의 과학적 본질, 이 네 가지를 모두 터득했을 때 우리는 말을 '잘 안다'고 할 수 있는 것이다."[3)]

단순한 데이터의 본질은 소재성에 있다. 어떤 실용적 목적을 가지기에 앞서 일단 클라우드 상에 등록되는 것이다. 물론 이때의 소재성은 에테르와 같다. 여기서 실용적인 것을 뽑아낸 것이 정보이다. 따라서 정보의 본질은 실용성에 있다. 그리고 정보와 구별되는 지식의 본질은 체계성이다. 이렇게 소재성, 실용성, 체계성을 각각의 본질로 삼아 데이터, 정보, 지식을 구별할 수 있다.

---

3) 이정우(2016). 『소은 박홍규와 서구 존재론사』, 26쪽.

앞서 고대 그리스인들이 생각한 지식을 참조한다면 정보에는 순수한 앎이 빠져있다. 곧, 실용성만 존재하는 것이다. 순수한 앎에는 분석이 들어가 있다. 특정 저자의 관점, 연구자의 시각, 주장, 가치관 등이 담겨있는 것이다. 그러나 정보는 지식처럼 생산자가 통제할 수 없다. 어떤 것이 옳고 그른지, 어떤 것이 더 중요하고, 덜 중요한지에 대한 가치판단은 정보에서 아무 쓸모가 없다. 왜냐하면 정보의 본질은 오로지 순환에 있기 때문이다. 데이터가 정보로 변환되어 순환할 수 있는가, 정보가 데이터 생성을 위해 얼마만큼 존재했는가가 중요할 따름이다. 누군가 데이터를 생성한다고 치자. 그것을 이용하는 사람이 생겨난다. 그리고 이를 받아 분석하는 사람도 있다. 이렇게 생산자와 이용자 그리고 분석자 간에 유의미한 것은 단순 데이터와 쓸모있는 정보 간의 순환뿐이다. 오늘날 우리는 유튜브에 올라온 동영상, 셀럽들의 인스타그램, 유명 정치인들의 트윗이 십 억 뷰를 넘어도 새롭지 않은 세상에 살고 있다. 정보는 오로지 순환할 때에만 가치를 갖는다.

4) 인격과 고립된 개인

순환하는 데이터만이 가치 있는 정보이다. 이 정보의 가치를 보증해주는 것은 생산자의 관점이나 시각, 견해가 아니라 데이터의 연쇄성일 뿐이다. 여기서 커다란 사회적 폐해가 등장한다. 바로 SNS 같은 공간에 무차별적으로 올라오는 이른바 '어그로'(aggro)이다. 관심을 끌고, 광고를 받기 위해 비윤리적 행위가 마구 업로드된다. 예컨대, 연인 간의 행위는 은밀한 것이지만 익명의 제삼자에게 중개되고 이를 강제로 보게끔 갤러리로 초청받기도 한다. 교사가 학생을 꾸짖는 장면을 중개하는가 하면 담임교사의 사진을 온라인 마켓에 올려

판다는 어이없는 광고도 나온다. 독자 중에는 이와 비슷한 경험을 가진 분들도 있을 것이다.

이와 같은 상황 속에서 전통적 의미의 인격(person)은 분열된다. 전통 사회에서 인격을 갖춘 사람이란 실제 말과 행동이 일치하는 존재를 가리켰다. 그리고 그런 사람들이 직접 만나 대화를 통해 합의를 이루는 것을 의사소통이라고 불렀다. 사회의 본질이 직접적 의사소통과 합의에 있었던 것이다. 그러나 네트워크미디어를 통해 발현되는 인격은 실제 삶과는 아무 관련이 없다. 이 시대에 인격은 연산의 한 '계기＝노드'일 때에만 성립한다. 노드란 네트워크에서 연결 포인트, 데이터 전송의 종점 혹은 재분배점을 말한다. 정보사회에서 특정한 기능을 담당하는 것이 인격이라면 아무런 기능도 부여받지 못한 '쓰레기'는 고립된 개인, 곧 착취 대상에 불과하다. 조르조 아감벤이 말하는 죽여도 되는 존재, 곧 '예외상태'(stato di eccezione)의 존재인 것이다. 아감벤은 이 말의 어원을 유럽 중세에 성 밖으로 쫓겨난 이들에게서 구했다. 성 안에서 범죄를 저질렀거나, 도덕적 파멸을 선고받은 이들은 성밖으로 쫓겨나 늑대의 먹이가 된다. 그들에게는 애도도, 장례도 필요 없다(Agamben, 2003). 현대사회에서 예외상태의 존재는 바로 정보로서 무가치한 존재, 고립된 개인이다.

시야를 넓혀보자. 오늘날의 사회는 법·경제·정치·의료·교육 및 개인적 관계 등 다양한 분야와 수준으로 분화되어 있다. 각 분야에서 쓸모 있는 존재로 인정받은 인격은 해당 분야에 등록되지만 그렇지 못한 개인은 배제된다. 예컨대, 신용불량자가 된 사람은 법적 보호, 의료 서비스, 교육 서비스 나아가 인간관계까지 단절된다. 이 고립을 정당화해 주는 것은 과거의 왕과 같은 무소불위의 인격이 아니라 무색무취한 데이터이다. 일본에서 사회보장을 위해 만든 '마이넘버'나 한국의 주민등록번호가 대표적인 사례이다. 데이터에 잡히지 않아 사회보장에서 제외되어 일가족이 자살하고, 장애인이 거리를 헤매는 광경을 우리는 안타깝게 목격하곤 한다.

인격으로 등록되었다는 사실은 알고 보면 비인칭적이고 자동적인 연산을 위한 요소로 가치를 인정받았기 때문이다. 앞서 우리가 본 로봇은 바로 이 인격의 자리를 대체해나가고 있다. 청소나 세탁, 서빙 같은 단순노동, 은행의 자동창구가 대표적이다. 가까운 미래에 자율주행 자동차나 물류용 드론, 감시용 CCTV나 휴머노이드를 통한 안내 업무 등이 로봇으로 대체될 것이다. 여기서 인격과 로봇의 가치는 같다. 이때 활용되는 인공지능은 빅데이터를 통해 값어치 있는 정보와 그렇지 않은 정보를 선별하고 인격을 체계적으로 포섭하거나 배제하는 역할을 맡는다.

그러나 이때의 배제가 의미하는 바는 과거 성 밖으로 쫓겨난 물리적 배제가 아니라, 단일한 연산 작용이라는 '내부'에서 배제된 사태, 즉 체계 내부의 완충제로서 폐기되거나 예비자원으로서 그렇게 취급된다는 것을 가리킨다. 예컨대, 뇌사상태에 빠진 인간은 의료체계에서, 비정규노동자는 노동체계에서, 불법체류자는 법과 정치체계에서, 신용불량자는 경제체계에서 배제된 이들이다. 여기서 주목할 것은 이들과 다른 이 간의 수준 차이가 아니라 생존 면에서 절대적 단절을 경험한다는 사실이다. 인격을 부정당한 이상 계속 고립된 개인으로 남으라는 '합리적' 동어반복만 되풀이된다. 객관적인 데이터를 통계적으로 처리한 결과이자 합리적 연산의 결과인 고립된 개인. 여기에 항의해봐야 아무 소용이 없다.

〈경제적 활동에서 고립된 정보사회의 개인은 늑대에게 잡아 먹혀도 애도할 수 없었던 중세시대의 '호모 사케르'처럼 생존 면에서 절대적 단절을 경험한다.〉

○● 3. 가상사회의 도래: 아마존·비트코인·VR혁명

1) 아마존의 물류혁명

가상사회를 대표하는 현상으로는 아마존 물류혁명, 암호화폐, 사회적 VR의 등장을 꼽을 수 있다. 네트워크미디어, 빅데이터, 로봇과 같은 사회적 인프라를 기반으로 하는 정보사회는 정보의 가치화 단계인 가상사회로 접어들고 있다. 우리가 기존 사회에서 정보를 얻기 위해 책이나 사전을 뒤졌다면 정보사회에서는 인터넷을 검색한다. 아마존의 물류혁명은 이러한 '구글링'에 비견된다. 왜냐하면 눈앞에 있거나 광고지를 보고 확인한 현물이 아닌 정보의 형태로 물건이 고객 앞에 '이미' 존재하기 때문이다. 낮은 가격, 빠른 배송, 광범위한 선택이라는 원칙을 바탕으로 고객의 요구에 실시간(just in time)으로 응하는 아마존의 고객 중심 서비스는 유통의 근본적 변화를 지향한다. 아마존 프라임(Amazon Prime), 프라임 나우(Prime Now), 대쉬 버튼(Dash Button) 등 신속성에 대한 강박은 구매자의 공간적 이동 없이 이루어진다는 점에서 유통 과정을 눈에 보이지 않게 만들어 놓았다. 그림에 비유하자면 유통은 캔버스처럼 눈에 보이지 않는 것으로 변한 것이다.

전통사회에서는 생산, 유통, 소비라는 세 국면이 생산자를 기준으로 존재했다. 생산은 물건의 생성을, 유통은 물건의 이동을, 그리고 소비는 물건의 소진을 각각 담당했다. 이 세 국면은 각각 특정한 장소를 요구했다. 반면 가상사회에서는 생산/소비/유통의 과정이 소비를 중심으로 재편된다. 소비자의 입장에서 보면 정보는 이동하지 않는다. 정보를 담은 책이 고객에게 팔린다고 거기에 담긴 정보가 사라지지는 않는 것이다. 아마존이 책에서 물류 사업을 시작했다는 점을 상기하자. 책은 그 자체로 정보를 담고 있는 물건이며 현재에는 음원, 동영상 등으로 사업을 확대하고 있다. 아마존을 비롯해 넷플릭스(Netflix) 등의 약진은 고객 중심의 온디맨드(on Demand) 서비스가 대중화되었고 있음을 보여준다. 이처럼 보드리야르가 1970년대에 분석했던 소비사회의 문법 −생산·유통·소비의 분리라는− 이 소비를 중심으로 재편되고 있다(Baudrillard, 1998).

〈아마존의 사업 분야는 정보통신을 비롯해 소비에 관한 전 영역을 망라하고 있다. 가히 제프 베조스(Jeff Bezos, 1964~현재)의 제국이라 할 만하다.〉

2) 암호화폐의 등장

두 번째, 암호화폐 창시자인 사토시 나카모토Satoshi Nakamoto는 현행 화폐제도의 가장 큰 문제점을 인플레이션으로 보았다. 이를 해소하기 위해 그는 실비오 게젤(Silvio Gesell, 1862~1930)이 제안한 감각 상각되는 자유 화폐와 스탬프화폐에서 영감을 받아 암호화폐(cryptmoney)를 개발하였다. 기존의 전자화폐가 금속화폐에 기생할 수밖에 없는 반면 암호화폐는 금속화폐와는 무관한 폐쇄적 세계를 갖는다. 암호화폐는 발행 당시부터 2,100만 BTC라는 총발행량을 정한다는 점에서 금을 모델로 삼고 있다. 비록 현재 암호화폐가 교환과 구매에 불편함이 있고, 투기 대상이 되어 저장의 위험성이 높긴 하지만 본질적으로 화폐의 네 가지 기능 -척도·교환·저장·지불 - 모두를 가지고 있다. 그렇다면 암호화폐의 대명사인 비트코인Bitcoin을 금속화폐의 국가 관리주의 대 암호화폐의 자유방임적인 투쟁과 같은 구도로 환원하는 것은, 지역화폐 붐처럼 화폐 발행 자유화와 같은 부수적인 논의에 그칠 확률이 높다. 오히려 사회의 VR화와 관련하여 생각할 것은 비트코인의 사물성과 가치성일 것이다.

우선 사물성이란 어떤 한정성이 부여된 상품성을 가리킨다. 비트코인은 볼 수 없고, 만질 수 없는 것이기에 한 번 쓰고 버리는 것이 아니라 무한정적이고 희소성이 높은 금을 모델로 한다. 다음으로 가치성은 비트코인이 화폐로서 구매에 활용되고 축적되며 유통을 통해 경제수단으로 지불되는 성격을 가리킨다. 비트코인의 사물성과 가치성은 동전의 양면과 같다. 그것은 'X량의 BTC'라는 양적인 자기동일성을 가지고 있기에 무한정 발행할 수 없다. 다른 몇 시가 아닌 바로 이 지각에, 다른 누구도 아닌 바로 이 익명의 소유자를 통해 'X량의 BTC'를 점유한다고 말할 수 있는 것이다. 비트코인 소유자의 주소는 소유 시 생성되는 공개키로서 단순한 영문과 숫자를 요약한 값 –27~34자 길이의 문자열– 이다. 비트코인은 인터넷 주소가 아니라 공개키 소유자가 직접 가지는 것이다. 소유는 배타적이고 물리적인 행위가 아니라 블록체인Blockchain에 기재되며 연결 주소 간의 승인과 합의를 거친다. 이때 비트코인의 소유는 금속화폐처럼 소유의 소재가 국가에 의해 파악되는 것이 아니라 불확정적인 익명의 자기동일성을 가진 자에 의해 이루어진다. 이처럼 비트코인은 비밀키, 공개키, 주소라는 세 값이 동시에 발행되어 그 소유에 있어서 실제 세계의 인격적 개인과 비트코인의 주소가 일대일 대응하지 않는다. 비트코인은 동일성 증명(Proof–of–Work)을 통해 '누군가에게 보증된다'는 방식의 사회적 관계를 띠지만 기존 화폐와 달리 인격과 독립적이고 익명적인 사회관계를 가상공간에 구축한다.

주요국 가상화폐 규제

미국	1만 달러 이상 가상화폐 거래 시 국세청 신고 의무화
중국	가상화폐 거래 금지. 가상화폐 채굴장 단속 강화
유럽연합(EU)	2024년 도입 목표로 가상화폐 규제 방안 마련 중

〈암호화폐(가상화폐)는 무정부주의적 성격을 띠기에 실제로는 부자들의 조세회피처로 사용되곤 한다.〉

문제는 이런 암호화폐가 현실 경제에 영향을 끼치기 시작했다는 점이다. 현실에서 암호화폐는 부호들의 조세 회피처로 악용되어 그 세력을 키워가고 있다. 암호화폐 거래소는 이렇게 마련된 거액의 자금을 바탕으로 부동산, 주식 등을 구매함으로써 자신의 실체성을 띠기 시작했다. 이런 상황이 국가의 통제를 뛰어넘어 벌어지고 있다는 점에서 무정부주의적이라고 할 수 있다. 예컨대, 중국은 2017년 9월 신규암호통화공개(Initial Coin Offering)를 금지하고 신규 채굴자를 규제하기 시작했다. 대신 알리페이(Alipay)나 위챗페이(WeChat Pay)와 같은 모바일 결재를 활성화하여 암호화폐의 발전을 막고 있다. 이처럼 실명경제와 익명경제 간의 다툼은 향후 가상사회를 이해하는 중요한 척도가 되어 가고 있다.

3) 사회화되는 VR

다음으로 VR의 사회화에 대해 알아보자. 2016년 미국의 오큘러스, 일본의 플레이 스테이션, 대만과 미국이 합작한 바이브, 구글의 데이드림 뷰의 출시는 엔터테인먼트 분야의 'VR 원년'을 알리는 신호탄이었다. 2018년 HMD로 대표되는 VR 하드웨어인 오큘러스 고의 출시는 이 분야의 콤팩트화와 가격하락을 상징하며, 아이폰과 안드로이드 스마트폰의 플랫폼은 VR 하드웨어의 모바일화를 선도하고 있다. 특히, 아이폰 X에 들어간 카메라의 안면인식기능은 시시각각 표출되는 감정을 3D 캐릭터로 바꿔줌으로써 VR의 목적을 감상에서 표현으로 바꾸어 놓았다.

VR 콘텐츠는 점차 사회화되고 있다. VR 챗, V 튜버 등은 물리적인 세계를 모방하기보다 소통 자체에 초점을 맞춘다. 판타지 게임을 즐기면서 대화를 이어나가거나 가상의 존재가 유튜브에 나온다. VR은 점차 MR화하고 있다. MR은 지각과 정보를 동일한 층위의 매체로 보고 단일한 세계를 중층화한다. 외부 정보가 VR의 요소로 들어오기 시작하면서 MR화하고 있는 것이다. AR이 지각을 정보에 비해 우위에 두는 반면 MR은 양자를 동일하게 취급한다. MR의 상호작용은 지각의 세계라는 환경과 정보체 간에 이루어지는 것이다. 네비게이션의 상호작용이 대표적이며, 구글 글래스가 구글 렌즈로 발전한 것 또한 대표적인 VR의 MR화 사례로 꼽을 수 있다. 이처럼 VR은 가격하락, 사회화, MR화를 통해 점차 눈에 보이지 않는 매체로 발전하고 있다.

VR의 중요한 과제는 감각적 현전을 어떻게 인공 환경의 실재성과 조화시키느냐에 있다. 그래야만 유저가 게임에 몰입하여 그 실재성을 의심하지 않을 것이기 때문이다. 여기서 우리는 현전과 실재를 엄밀히 구별할 필요가 있다. 전자는 무매개적이고 직접적인 사실, 곧 '~에 의해 혹은 ~을 향해 존재한다'는 사실성이 문제시되는 반면 후자는 복수의 존재자 간의 관계성이 문제시된다. 예컨대, 사막을 여행하던 목마른 여행자 앞에 나타난 호수의 신기루는 그/그녀

앞에 현전하지만 실재하는 것은 아니다. 마찬가지로 꿈속의 괴물이나 환각 속의 정령 자체는 실재성이 없다. 현전이 눈앞에 펼쳐지는 것을 가리킨다면 실재는 정말 존재하는 것을 가리킨다.

철학적으로 실재는 다음과 같이 이해될 수 있다. 예컨대, 물고기라는 표현은 적어도 세 가지 방식으로 사용가능하다. 첫째, 단어로서의 물고기는 영어로는 'fish', 스페인어로는 'pescado'이다. 둘째, 개념으로서의 물고기는 '돌고래는 물고기가 아니다'라는 문장처럼 포유동물과 구분된다. 셋째, 실사로서의 물고기는 물고기에 관한 생각에서 특정한 물고기를 가리킨다. 즉, 물고기 개념은 특정한 경계선을 가지며 이 때 특정한 무엇을 실사라고 부른다. 이 설명에 따르자면 실재란 다른 실재와의 관계를 통해 구분되는 개념을 가지고 있는 것, 나아가 그 개념을 통해 실재의 경계를 확정지을 수 있는 것을 뜻한다.[4)]

VR 챗, V 튜버의 등장은 사회적 모델에서 전통적인 실재의 의미를 바꾸어 놓고 있다. VR 챗에서는 바디 트래킹이나 아이 트래킹을 통해 비언어적 수준의 소통도 가능하다. 여기에는 복수의 가상세계가 있고 유저가 새로운 동식물, 새로운 세계를 만들 수 있다. 애니메이션 캐릭터, 로봇, 동물 등 다양한 아바타가 '소통하는 현장'이 실재 그 자체인 것이다. 현실세계와 조금도 비슷하지 않은 또 다른 세계인 것이다. 대표적인 V 튜버인 스키나 아이의 실체 여부에 팬들은 관심이 없다. 만일 미소녀 캐릭터인 스키나 아이의 실제 성우가 중년 남성이라고 해도 스키나 아이의 실재성은 무너지지 않는다. 이 두 사례에서 보듯 가상공간에서는 소통 자체가 실재성의 기준이다. 그러나 전통적인 실재와 가상공간의 실재가 다른 점은 전자가 물리

4) 마르쿠스 가브리엘, 『나는 뇌가 아니다』, 전대호 역(2018).

적 세계에서 실재성을 획득하는 데에 비해 후자는 VR에서 현실이라는 반대의 방향으로 실재성이 제시된다는 점이다. 가상공간 속의 실재성은 원본을 상정하지 않지만 실제 현실과 이어져 있다.

〈주로 유튜브를 이용하는 VR 챗에서는 가상 아바타와 현실의 인물이 섞이는 혼합현실Mixed Reality이 전개된다. 아바타로 게임을 즐기면서 현실의 이야기도 공유한다.〉

SNS가 VR화하면서 페이크뉴스 문제가 커다란 사회적 문제로 대두되고 있다. 이른바 탈진실(post-truth)과 연관된 이 문제는 가짜뉴스나 프로파간다와 달리 음모나 조작에 대한 의식이 전혀 없다. 오히려 네트워크미디어 환경에서 페이크뉴스는 사실상의 표준de facto standard이라고 할 수 있다. 전문가가 볼 때 완전히 잘못된 것임에도 불구하고 발신자는 자신의 정보를 진심으로 믿고 리트윗한다. 넷우익이나 악플, 일반 유저의 중얼댐 전부가 잠재적인 페이크뉴스가 될 수 있다. 이런 의미에서 SNS 또한 광의의 VR로 볼 수 있다. 왜냐하면 거기에는 본바탕이나 기준이 되는 진실성보다는 연쇄적이고 불확정적인 실재만 존재하기 때문이다. 결국 '네트워크 패러다임 하의 새로운 사회적 현실은 늘 다르게 존재할 수 있는, 또 늘

새로운 현재성의 씨앗을 품고 있다는 의미에서 항상 이미 잠재적이다.'

○● 4. 새로운 감시사회

푸코가 분석했던 19세기의 일망감시, 즉 원형 감옥으로 대표되는 감시체제가 신체를 기준으로 한다면 오늘날의 감시는 데이터를 기준으로 한다. 제레미 벤담이 고안한 원형 감옥은 실제 간수가 없더라도 죄수들이 자발적으로 복종하는 공간적 구조를 띠고 있다. 푸코의 논의는 통치자 차원에서 제기된다는 점에서 국가를 감시 주체로 상정한다. 또, 직접적 신체에 대한 관찰을 통해 주체가 스스로 규율을 익혀가는 측면에 초점을 맞춘다. 반면 오늘날의 감시는 다양한 수준의 데이터, 예컨대 지문, 홍채, 귓바퀴, 정맥 같은 개체데이터 및 땀 배출량, 혈압, 심박, 요산치, 혈당치 같은 생체데이터를 대상으로 이루어진다. 생체데이터는 개인을 식별하는 정보라는 점에서 생체인증(Biometrics) 데이터로도 불린다. 이렇게 시시각각 변하는 데이터들의 근본에는 유전자 데이터에 대한 감시가 자리잡고 있다. 이러한 개체·생체데이터에 대한 감시는 기본적으로 국가나 기업 같은 권력 집단에 의해 이루어진다. 현재에도 주민등록번호를 이용해 개인을 식별하지만 점차 생체인증 데이터를 사용하는 사례가 늘고 있다.

그러나 감시의 주체를 국가나 기업으로 단순하게 보는 것은 곤란하다. 오히려 유전자 데이터를 기반으로 하는 개체·생체 데이터에 대한 감시는 '자기에 대한 배려'라는 차원에서 이루어진다. 즉, 오늘날의 감시는 일종의 자기관리라고 볼 수 있다. 왜 그럴까? 정보사회에서는 개인이 자신의 데이터를 등록하는 것이 일차적이기 때문이다. 개체데이터에 비해 생체데이터는 비인칭화된 데이터라는 점에 주목하자. 즉, 인칭화되고 생물학적인 개체데이터에 비해 생체데이터는 사회적 유통 과정에서 무제한 증식한다. 다시 말해 생체데이터는 인위적 통제가 불가능한 '흐름'의 형태로 존재한다는 점에서 표본을 확정할 수 없으며 모집단의 윤곽이 늘 희미한 빅데이터로 존재한다. 그것은 이른바 비인칭적인 '적정치'로 표현된다. 물론, 생체데이터의 발생 지점이 특정한 시기의 헤모글로빈 수치(HbA1c)라는 점에서 개체적 계기를 갖는 면도 있지만 중요한 것은 이러한 개체적 계기와 빅데이터로서의 특징이 서로를 증폭시켜 나간다는 점이다. 생체데이터에 대한 데이터마이닝을 의료데이터를 분석하고 인공지능을 설계한다. 여기서 혈압은 '120~140/80~90mmHg'가 적정치이고 혈당치는 'HbA1c: 4.6~6.2'가 적정치이다.

생명 개체로서의 나에 대한 감시는 국가와 기업 등에 의해 이루어진다. 예컨대, 중환자를 대상으로 하는 대형병원의 집중치료실ICU에서의 주시가 그것이다. 이런 특별한 경우를 제외하면 정보사회의 감시는 자신을 적정치 속에서 관리하는 주체라는 환상에 입각해 이루어진다. 영양제 섭취, 음식제한이나 칼로리 계산과 같은 눈물겨운 신체 관리와 더불어 SNS에 자신의 이상화된 모습을 끊임없이 업로드하는 행태가 강화되는 것이다. 신체를 가진 자기 —이른바 소마— 에 대한 환상과 빅데이터로서의 생체데이터 그리고 국가와 기업의 관리 혹은 강력한 통제라는 세 가지 요소 위에서 오늘날의 감시를 이해할 필요가 있다.

〈오늘날의 감시는 SNS의 자기 이미지(환상)와 빅데이터로서의 생체데이터가 결합하여 이루어진다. 사람들은 운동선수의 몸 같은 이상적인 몸을 꿈꾼다. 아래 왼쪽에 나온 축구선수 호날두는 엄격한 식단관리로 유명하다. 아래 오른쪽 그림은 다양한 생체인증 방식을 표현한 아이콘이다. 왼쪽 위부터 지문, 망막, 눈동자, 목소리, 얼굴, 손과 손라락, 정맥, DNA, 타이핑, 걸음걸이 순으로 나와 있다.〉

○● 5. 디지털 시민의 육성

이상의 내용을 통해 우리는 향후 디지털 시민의 육성이라는 과제를 생각해 볼 수 있다. 정제되지 않은 감정이 난무하는 SNS, 극단적인 인지 편향과 집단적 동조가 만연한 유튜브 등에 나타나는 현상은 '탈진실(post－truth)' 문제로 부를 수 있다. 포스트트루스에서 '포스트'란 단순히 이후라는 뜻이기보다는 진실이 무의미할 정도로 퇴색되었음을 뜻한다.[5] 오늘날 우리는 이 현상이 '극단적 선동주의자들＝포퓰리스트들'의 득세를 부추기고 있음을 본다. 왜 사람들은 민주

---

5) 리 매킨타이어, 『포스트트루스』, 김재경 역(2019).

주의보다 권위주의나 군부 통치에 기대려 드는가? 정보사회와 가상사회의 도래는 이러한 심각한 질문 위에서 펼쳐지고 있다. 필자는 다른 지면에서 탈진실과 민주주의의 위기 그리고 시민교육의 관계를 이야기할 것을 약속하며 이상 정보사회에서 가상사회로의 변화에 관한 이야기를 마치고자 한다.

⌘

참고문헌

이정우(2016). 『소은 박홍규와 서구 존재론사』. 서울: 길.

大黒岳彦(2016). 『情報社会の哲学: グーグル·ビッグ · データ·人工知能』. 東京: 勁草書房. 최승현 역(2021). 『정보사회의 철학: 구글 · 빅데이터 · 인공지능』. 서울: 박영스토리.

大黒岳彦(2018). 『ヴァーチャル社会の哲学: ビットコイン·VR·ポストトゥルース』. 東京: 青土社. 최승현 역(2022). 『가상사회의 철학: 비트코인 · VR · 탈진실』. 부산: 산지니.

뉴미디어에 비춰지는 과학 실험의 이미지 그리고 과학 미디어 리터러시1)

신세인(충북대 생물교육과)

○○ 1. 뉴미디어 시대와 과학

최근 우리 삶에서 많은 시간을 보내고 있으며 사회에 많은 영향을 미치는 공간을 꼽자면 단연 뉴미디어일 것이다. 무엇인가 새롭다(new)는 것은 매우 상대적이며 주관적이기에 뉴미디어를 정의하는 용어는 분야마다 학자마다 조금씩 상이하다. 그렇지만 일반적으로 뉴미디어는 신문, TV 등 특정한 소수의 송신자가 다수의 수신자에게 매체를 통해 일방향적으로 메시지를 전달하는 기존의 미디어와는 구별되어, 누구나 양방향의 메시지를 전달할 수 있는 미디어로 통칭된다. 인스타그램, 유튜브, 페이스북 등 최근 가장 활발히 활용되는 온라인 플랫폼 또한 대표적 뉴미디어르 볼 수 있다. 인터넷 기

1) 이 글은 2020년 한국과학교육학회지에 발표한 '뉴미디어 콘텐츠에서 재현되는 과산화수소 분해 실험의 이미지: 시뮬라크르와 시뮬라시옹을 중심으로'라는 논문을 재구성한 글이다.

술의 발달로 우리는 언제 어디서나 이와 같은 뉴미디어 플랫폼을 활용하고 있으며 일상적이고 다양한 형태의 수많은 메시지를 주고받고 있다. 이와 같은 뉴미디어의 활용은 전 세계적으로 어린아이부터 노인까지 전 연령대를 넘어 보편적으로 나타나는 현상으로 보인다. 실제로 통계에 따르면 2021년 기준 1인 평균 유튜브 월 이용시간은 1627분이며, 트위터 606분, 인스타그램 534분 등으로 나타났다. 플랫폼에 따라 그 정도의 차이는 있지만 뉴미디어 속에서 직간접적으로 소통하고 정보를 공유하는 시간은 계속 증가하고 있는 상황이다. 우리의 삶은 아침부터 저녁까지, 앞으로는 요람에서 무덤까지 미디어로 시작했다가 뉴미디어와 함께 하는 삶을 살고 있다고 해도 과언이 아닐 것이다. 뿐만 아니라 코로나 19로 인한 사회적 거리두기로 더욱 이와 같은 뉴미디어의 영향력은 확대되고 있다.

이렇게 우리 삶 속에서의 미디어의 영향력이 급증하고 있는 상황에서 미디어와 교육의 관계에 대해서도 달리 바라볼 필요가 있다. 그동안 미디어는 교육과는 분리된 독자적 영역 혹은 교육 목적을 효과적으로 달성하기 위한 활용할 수단으로서 활발히 다루어져 왔으며, 미디어 기술의 발달에 따라 그동안 교육은 다양한 확장을 시도해왔다. 예를 들어 국내의 교육방송은 교실을 집으로 확장하고자 하는 시도였으며, 교실 내 다양한 미디어의 활용을 통해 실제 수업에서 경험할 수 없는 현상을 간접적으로나마 경험하도록 했다. 이처럼 미디어 기술이 주는 교육 경험의 확장으로 인해 현대 교육, 그리고 앞으로의 미래 교육에서도 미디어는 활발히 활용될 가능성이 매우 크다고 볼 수 있다. 특히 코로나 19로 인한 사회적 거리두기와 비대면 교육이 확대되면서, 우리는 미디어를 통한 매개된 배움의 가능성에 대해 깊이 체감할 수 있었다. 이처럼 교육의 도구로서 미디어는 효과적인 대상이 될 수 있다.

그러나 오직 미디어를 교육의 도구로서만 한정지어 접근한다면, 우리의 인식과 행동에 큰 영향을 미치는 미디어와 그로 인한 교육의 변화에 대해서 온전히 이해하기 어려울 수 있다. 미디어가 우리의 사고와 행동에 미치는 영향력이 그 어느 때보다도 강력한 요즘, 미디어는 어떠한 가르침과 배움을 촉진시키고 혹은 억제시킬까? 또한 기존에 전형적으로 이루어지는 교육은 미디어의 영향을 받아 어떻게 변화할까? 이는 앞으로도 우리 삶과 배움의 장이 될 미디어 속에서 마주하는 다양한 정보와 대상들에 대해 지혜롭게 판단하고 다루는 능력을 기르는 미래 교육 방안을 고민하는 데 중요한 근거가 될 것이다.

이 글에서는 미디어 속 과학 그리고 이에 관한 과학 교육적 시사점에 대해 논의하고자 한다. 최근 다양한 미디어의 플랫폼과 콘텐츠들은 효과적인 과학 학습을 위한 도구로 활발히 활용되고 있다. 동시에 미디어 속 과학이 그 자체로 콘텐츠가 되어 생산되고 소비되는 일도 점차 증가하고 있다. 이 글에서는 후자의 상황에 집중하여, 1) 어떻게 뉴미디어 속 과학이 비춰지고 있는지, 그리고 2) 이는 교실의 장벽을 너머 어떻게 과학을 배우고 가르치는데 영향을 미칠 수 있는지, 3) 이와 같은 상황에서 향후 요구되는 과학교육의 변화는 무엇인지에 대해 논의하고자 한다.

특히 여기서는 미디어 속 비춰지는 대표적인 과학적 실천 행위인 '실험(experiment)'에 주목하여 논의하고자 한다. 실험은 대표적인 과학적 탐구 행위로서, 실증적 증거를 토대로 정당화하여 자연 현상에 대한 과학지식을 만드는 데 있어 핵심적인 과정으로 알려져 있다. 때문에 대중들에게 실험은 과학을 떠올리면 바로 연상되는 대표적인 행위이기도 하다. 그동안 과학자들은 실험을 통해 자연현상에 대한 경험을 개인 수준의 지식에서 벗어나 일반화되고 공유할 수 있는 형태의 지식으로 만들고자 노력해왔다. 특히 실험을 설계하고 수행하는 과정에서는 객관성 등 과학에서 강조하는 인식론적 덕목이 지향되어 왔으며, 이를 달성하기 위해 다양한 과학적 사고와 태도 및 행위가 이루어져 왔다. 때문에 과학교육의 맥락에서 실험은 과학적 탐구에 필요한 절차적 기술과 과학적 사고 능력을 개발하는데 중요한 교수학습 경험이 된다. 뿐만 아니라 실험은 과학 지식이 구성되는 과정과 과학이라는 영역이 어떠한 특성을 지니는지, 즉 과학의 본성(nature of science)에 대해 이해하는 데에도 중요한 기회가 된다. 이에 따라 과학자의 실험실에서 이루어지는 도제식 교육에서부터 체계화된 초중등 교육기관에서의 형식 과학교육, 그리고 다양한 비형식 과학교육에 이르기까지 여러 분야에서 실험은 과학을 배우는 대표적인 경험으로 다루어져 왔다.

최근 미디어 상에서 실험은 다양한 양상으로 생산되고 소비된다. 다양한 광고들에서 실험의 형식은 상품의 효과를 선전하는 데 중요한 장치로 사용되고 있으며, 다큐멘터리나 뉴스에서도 특정 사실을 전달한다는 목적으로 실험이 활용되기도 한다. 초중고 학생들이 가장 많이 일상을 공유하고 있는 유튜브와 같은 뉴미디어 플랫폼에서도 실험과 관련된 콘텐츠들이 등장하기도 한다. 특히 사진, 영상 등 이미지 기반 정보에 최적화된 뉴미디어 플랫폼에서 누구나 실험 과정과 결과가 담긴 콘텐츠를 공유하고, 간접적으로 경험하는 일이 많아지고 있다. 그렇다면 미디어 속 비춰지는 실험은 어떠한 실험이며, 이 실험을 통해 어떠한 배움을 경험토록 할까? 이 질문에 답하기 위해서는 먼저 미디어 속 비춰지는 실험의 모습, 다시 말해 실험의 이미지를 살펴볼 필요가 있다.

○● 2. 실험이라는 콘텐츠

실험의 목적과 양상, 그리고 실험의 정의는 분야마다 매우 다양할 수 있다. 단순히 우리 주변의 자연이 보여주는 그대로의 모습을 단순 관찰하는 것을 실험이라고 보기도 하고, 현상에 대한 자료를 얻는 것을 실험으로 보기도 한다. 뿐만 아니라 연역적으로 도출된 과학적 이론이나 개인이 주장하거나 상상하는 바를 실증적으로 검증하기 위해 실험이 이루어지기도 한다.

다양한 실험의 기능과 특성이 있지만, 이 글에서는 실험이 현상의 창조(creation of phenomenon)기능을 하고 있음에 주목한다. 과학철학자 이언 해킹(Ian Hacking)에 따르면 자연현상을 단순 관찰 혹은 측정하거나 이론을 증명하는 기능뿐만 아니라, 자연에서 쉽게 자각할 수 없는 현상을 인위적인 도구와 절차를 활용하여 특정한 현상을 창조하는 작업 또한 실험이 지니고 있는 중요한 기능이다 (Hacking, 1991). 자연 상태에서의 복잡성과 역동성을 통제하며 안정되고 단순한 형태의 상황을 재창조함으로써 특정 자연 현상에 대한 접근과 이해를 도울 수 있기 때문이다. 특히 실제 과학자들처럼 새로운 지식을 생성하기 위한 실험보다는, 특정 현상과 관련된 과학적 지식 이해를 돕기 위한 목적으로 탐구가 활발히 이루어지고 있는 과학교육현장에서는 현상의 창조를 목적으로 하는 실험이 활발히 이루어진다.

대표적으로 아래의 과산화수소 분해 실험을 보자. 과산화수소 분해 실험은 2015 개정 교육과정 초등학교 과학 교과에서 '부글부글 거품 만들기'라는 활동으로 소개되고 있으며, 수많은 유튜브 콘텐츠로도 활용되는 활동이다. 과산화수소와 세제를 섞은 상태에서 아이

오딘화 칼륨을 넣으면 빠른 속도로 거품이 발생한다. 이는 아이오딘이 과산화수소의 화학적 분해를 촉진하는 촉매 역할을 하고, 과산화수소의 분해 결과 빠른 속도로 열과 산소가 생성되며 나타나는 현상이다. 만약 과산화수소의 양이나 아이오딘과 같은 촉매의 양을 늘려서 실험을 할 경우 짧은 시간 안에 대량의 거품이 생산되기 때문에 처음 이 실험이 미국에서부터 널리 알려지게 될 때에는 '코끼리 치약 실험'이라는 별칭으로 알려지기도 했다. 갑작스럽게 빠르게 생성되는 거품은 그 자체로 극적이며 보는 이의 시선을 뗄 수 없게 만든다.

이처럼 실험이 짧은 시간 동안 기존에 없던 현상을 보여주게 되면서, 보는 이로 하여금 실험 결과에 긴장감과 즐거움을 느끼도록 한다. 이와 같은 실험의 특성으로 인하여 그동안 실험은 자연을 연구하는 이로 하여금 경이감을 느끼게 하는 절차가 되기도 했고, 과학자가 아니더라도 신기하고 재미있는 경험을 느끼는 콘텐츠가 되기도 했다(Nadis, 2005; Lachapelle, 2015). 또한 미디어에서 종종 실험은 신비로운 물질을 만들어내는 연금술이나 기존에 없던 놀랄만한 현상을 창조하는 마술과 같은 이미지로 표현되기도 한다. 다시 말해, 실험은 그 자체로 하나의 Show로서 기능할 수 있고, 미디어의 맥락에서 매력적인 콘텐츠가 될 수 있다.

무엇보다 위와 같은 실험의 결과물은 보는 이로 하여금 감각적인 자극을 준다. 그러나 과학교육적으로 중요한 실험의 목적은 이 현상에 대한 감탄(wow!)을 유발하는 것에서 멈추지 않고, '왜(why)?'라는 의문을 갖도록 하는 것이다. 거품이 생기는데 중요한 역할을 하는 물질은 무엇이며, 어떠한 과정을 통해 이와 같은 변화가 일어나는지에 대해 탐구하도록 하는 것이다. 그러나 과산화수소 분해 실험의 영상들은 대부분 빠른 속도로 생성되는 거품에 대한 시각적 자극만을 제공한다.

뉴미디어에서는 콘텐츠 그 자체가 소비재가 된다. 대중의 즉시적 관심과 소비가 경쟁적인 콘텐츠들 사이에서 살아남는 데 있어 필요한 뉴미디어 플랫폼에서는 더욱더 강한 즐거움과 자극을 주는 방향으로 콘텐츠가 변화하는 경향이 나타나는 경우가 많다. 유튜브의 다양한 과산화수소 분해 실험 콘텐츠를 분석한 결과, 대부분의 콘텐츠에서는 실험복과 보안경을 착용한 인물이 플라스크와 비커, 스포이드 등을 활용해 실험을 시도하는 등 과학적인 행위를 하는 것처럼 표현되고 있었다. 그러나 기존의 실험을 소개하는 handbook이나 교과서에 비해, 훨씬 다양한 방식으로 이 감각적인 자극은 극대화된다. 대부분의 콘텐츠에서는 다양한 색소를 활용하여 거품의 생성의 모습을 더 아름답게 보여주거나, 시험관이 아닌 구멍이 좁은 용기에 넣고 거품이 더 강하게 뿜어나오는 상황을 조성한다. 거품이 나오기 전의 무섭고 긴장된 마음을 강하게 강조하고, 음악, 자막 등을 활용하여 거품이 나오는 과정에서의 놀라움을 강화시킨다. 특히 많은 영상에서는 통상적으로 사용되는 재료의 양보다 훨씬 더 많은 용량의 과산화수소와 촉매를 활용하여 거품생성을 극대화한다.

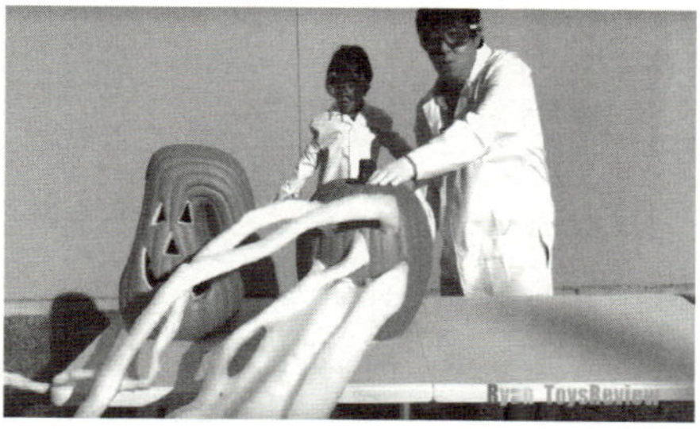

〈Oozing Pumpkin Elephant Toothpaste Kids Science Experiments!〉

출처: https://www.youtube.com/watch?v=aB5kBQ2hw50 (0:02)

〈웃긴 코끼리 치약(화학 반응)〉

출처: https://www.youtube.com/watch?v=p5qvi20J5IM (2:07)

다양한 장치와 접근 방식이 있지만, 대부분의 콘텐츠 속 실험의 목적은 같다. 더 세고 자극적인 거품의 생성을 보여주는 것이다. 기존의 콘텐츠의 후속작으로 제작되는 콘텐츠들의 경우 기존 버전의 거품생성 실험보다 훨씬 크고 더욱더 폭발적인 거품 자극을 제시한다. 거대를 넘어 '초거대한' 거품을 강조하는 콘텐츠나, 거품의 생성을 넘어 거품의 폭발을 보여주려는 시도들이 등장하기도 했다. 이와 같은 자극 속에서 의문이나 이에 대한 설명은 불필요한 것으로 치부되는 경우가 많다. 실험 재료나 원리에 대한 설명이 소개될 때에도 '설명충'과 같은 표현으로 콘텐츠에서는 부자연스러운 것으로 묘사되기도 한다. 결국 실험의 본성이나 원리는 사라지고 거품이라는 자극만이 잔상에 남게 된다.

〈WUBBLE BUBBLE ELEPHANT TOOTHPASTE EXPERIMENT〉

출처: https://www.youtube.com/watch?v=3EIc7zVdlPc (3:47)

이와 같은 콘텐츠에서 실험은 본래의 연구자에 의해 수행되는 과학적 실험과도, 과학교육적 목적으로 이루어지는 실험과도 사뭇 다르다. 실제 과학현장에서 이루어지는 실험에서는 현상을 재창조하며 경이감을 느끼는 순간도 있지만 그 과정에서 해야 하는 수많은 노동, 기다림 혹은 시행착오 또한 많으며 그 과정은 매우 잔잔하거나 지난한 경우가 많다. 실험 결과 또한 모호하고 불분명하여 실험의 결과를 신뢰할 수 있는지 여부 또한 불확실한 상황들도 매우 많다. 학교 현장에서 이루어지는 실험의 경우 상대적으로 정리되고 확실한 종류의 실험이 많지만, 결과에 대한 관찰과 의문 및 해석의 시간 또한 함께한다는 점에서 뉴미디어의 실험과는 다른 모습이다. 과학, 교육, 미디어라는 각기 다른 맥락에서 서로 다른 목적으로 이루어지며 다른 형태를 나타내지만 모두 실험으로 불리고 있는 것이다.

그렇다면 우리는 미디어 속 실험과 교실 속 실험, 과학의 실험을 구별하며 살 수 있을까? 미디어와 소비사회에 대한 날카로운 통찰을 제시했던 장 보드리야르(Jean Baudrillard)에 따르면 이는 쉽지 않을 것 같다. 그는 미디어를 통한 이미지의 범람으로 점차 가상과 실재의 경계가 모호해지는 '하이퍼스페이스'에 진입하고 있음을 지적한 바 있다(Baudrillard, 1981). 보드리야르는 현대 사회는 단순한 실재의 충실한 재현(representation)을 위한 이미지를 너머 실재와는 전혀 무관하지만 실재보다 더 실재같은 이미지를 의미하는 '시뮬라크르(simurlacra)'와 이러한 시뮬라크르가 생성되는 과정을 동사화한 표현인 '시뮬라시옹(simulation)' 개념을 제시했다. 미디어에는 등장하는 이미지 중에는 실재를 그대로 재현하며 사실성이 반영된 이미지들이 존재한다. 그러나 한편에서는 점차적인 변질과 왜곡 과정을 거치며 본래의 실재 모습이 은폐되고 왜곡되며 근거 없는 이미지, 즉 시뮬라크르도 존재한다. 이미지가 완전한 시뮬라크르가 될 때는 더 이상 실재와는 무관하기에 실재와의 비교나 평가도 불가능한 상태가 된다. 오히려 시뮬라크르가 실재를 압도하는 상황에 이른다. 보드리야르에 따르면 현대사회에서 실재보다 더 실재같은 이미지인 시뮬라크르들을 '소비'하는 것이 일반적이다(Baudrillard, 1981). 보드리야르는 월트 디즈니의 캐릭터 미키마우스가 실제 쥐를 모방하여 창조되었으나 더 이상 실제 쥐라는 원형과는 무관한 실재로 작용한다는 점에서 대표적인 시뮬라크르로 주장하였다. 현대 사회에도 다양한 시뮬라크르가 우리 삶과 함께한다. SNS상 개인의 정체성을 표출하기 위해 올려진 아름다운 이미지는 곧 가상의 사회망에 널리 퍼지며 실제의 삶과는 또 다른 실재가 되어가는 상황도 대표적인 시뮬라시옹의 사례이다(임양미, 2012). 이와 같은 시뮬라시옹의 절차를 토대로 봤을 때 미디어 속 실험은 기존의 실험과는 점차 달라지는 이미지가 되어가고 있다.

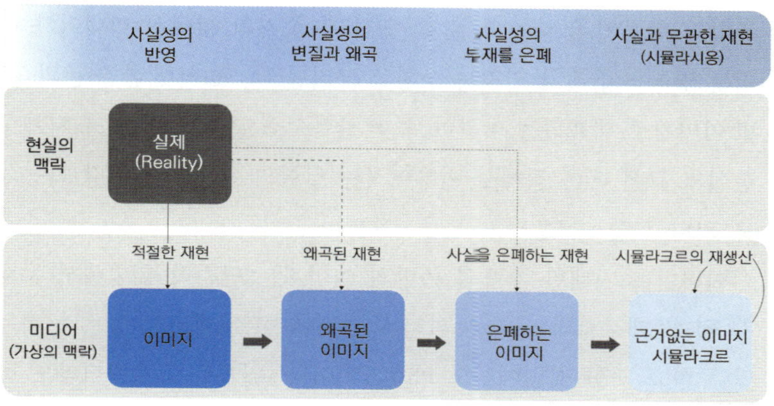

〈시뮬라시옹의 절차에 대한 모식도〉

출처: 신세인, 하민수, 이준기(2020). 뉴미디어 콘텐츠에서 재현되는 과산화수소 분해 실험의 이미지 -시뮬라크르와 시뮬라시옹을 중심으로- 한국과학교육학회지, 40(1), 13-28.

○○ 3. 과학 미디어 리터러시

뉴미디어 콘텐츠는 그 자체로 교실의 장벽을 자유자재로 뛰어넘으며 교실에서의 배움에도 영향을 미친다. 최근 비대면 교육의 급증으로 인해 다양한 미디어 콘텐츠는 더욱 교육의 장에 활발히 들어오고 영향을 미친다. 위에서 분석한 콘텐츠들의 댓글 중에는 여러 초등학생 및 교사의 댓글도 있었다. 학교에서 해당 콘텐츠를 선생님이 보여줬다는 내용, 영상 속의 크고 폭발적인 거품을 기대했는데 실제로 해보니 시시한 거품만 봐서 허무하다는 내용, 영상 속의 실험처럼 직접 크게 거품을 만들어 보고 싶다는 교사의 댓글 등등 다양한 양상으로 뉴미디어 콘텐츠 속 실험은 교실 속 과산화수소 분해 실험의 수행에 영향을 미치고 있음을 보여준다. 이와 같은 댓글에서도 알 수 있듯이 이와 같은 이미지는 교실의 경계를 넘나들며 다양한 과학의 학습에 영향을 미칠 수 있다. 학습자의 삶에서 미디어가 미치는 영향력이 점차 커지는 상황을 고려할 때, '초거대'한 거품의 '폭발'이미지로 대표되는 미디어 속 과산화수소 분해 실험은 그 자체로 현실의 교실 혹은 집에서 이루어지는 실험의 목적이 되어갈 가능성도 크다고 할 수 있다.

이러한 초거대한 거품의 폭발의 이미지는 단순히 위험해서 문제가 될까? 대부분의 실험은 여러 가지 위험이 내재되어 있으며 이는 많은 학교 과학 실험에서도 마찬가지이다. 위험을 감수하더라도 탐구를 위해 수행되는 실험들은 많다. 그렇다면 단순히 감각적인 자극만을 제공하는 점이 문제가 될까? 과학실험을 통해 새롭게 형성된 현상을 감각적으로 느끼는 일은 자연 그리고 그와 과학을 즐길 수 있게 하는 데 있어 매우 중요한 경험이기에, 감각적인 자극만을 주는 것이 꼭 문제가 된다고 보기도 어렵다. 하지만 추천 알고리즘에 기반해 반복적인 이미지를 노출시키고, 해당 이미지의 소비가 곧 최종 목적이 되기 쉬운 뉴미디어의 특성을 고려해보자. 이와 같은 뉴미디어 속에서 비춰지는 실험의 이미지는 특정한 형태로 고착될 수 있으며 해당 이미지는 빠르게 이곳 저곳으로 확산되며 실험 그 자체로서 인식되고 기능할 수 있다. 다시 말해, 빠르고, 간단하며, 분명하고, 강렬한 실험 이미지의 시뮬라크르가 작동하고 이에 매몰될 수 있는 가능성도 있으며, 이와 같은 상황은 교육적 관점에서 유의해서 지켜봐야 할 현상이 된다. 과학적 지식이 구성되는 과정에서 활용되는 과학적 실험은 그 형식이 단일한 형태로 고정되어 있지 않다. 연구 문제나 연구 대상, 연구 상황 등에 따라 가변적으로 변화할 수 있다. 통제된 상황에서의 실험의 결과 또한 일관된 경향성을 발견하려 노력하지만, 종종 모호한 데이터, 오차 등등 예상치 못한 불확실성은 항상 담보된다. 이 과정에서의 다양한 과학적 사고에 기반한 의사결정과 판단이 이루어진다. 실험의 해석 또한 해석자의 판단에 따라 다양할 수 있으며 그에 따른 사회적 논증 과정 또한 활발히 이어질 수 있다. 그러나 이와 같은 실험의 다양한 모습이 생략된 채 거대한 거품의 생성이란 시뮬라크르만이 확산될 경우 실제 교실 상황에서 이루어지는 실험 또한 고정된 이미지를 재생산하는 데에만 몰두할 수 있다. 교사나 학생 모두 이미지를 재생산하고 관람하는 관객의 역할에 그칠 경우, 자신과 자연과의 상호작용이나 자연에 대한 사회적 상호작용에 능동적 참여의 감소로도 이어질 것이다. 드보르(Debord)는 '스펙타클의 사회'라는 말로 현대의 소비사회에서 양산되는 수많은 이미지에 전도되어 개개인의 삶과 일상이 주변화되는 과정을 지적한 바 있다. 이는 교실에서도 충분히 적용 가능한 이야기이다. 만약 미디어 속 비춰지는 이미지만을 갈구하는 배움이 이루어질 경우 배움을 이끄는 주체는 학생도 교사도 아닌 이미지가 될 수 있으며 기존의 다양한 주체들 간의 예상불가능한 역동적인 상호작용 또한 사라질 가능성도 배제할 수 없다.

누구나 콘텐츠를 생산하고 소비할 수 있는 시대인만큼, 교실 안팎을 넘나들며 다양한 이미지들이 전달되고 또 이와 같은 이미지에 영향을 받는 것은 지극히 자연스러운 일이다. 이미지가 지니는 긍정적인 역할도 분명 존재할 것이다. 그러나 이미지에 매몰되어 자연현상에 대한 능동적인 탐구자로서 활동하지 못하는 상황이 이루어지지 않도록 노력 또한 필요하다. 이러한 점에서 과학교육에서는 과학에 대한 미디어 리터러시 또한 중요한 과학적 소양의 일환으로 볼 필요가 있다. 기존의 과학적 소양의 담론에서 미디어는 일상생활에서 과학적 정보가 전달되는 주요한 창구로서 과학적 소양이 발휘되어야 할 주요한 공간으로 강조되었다. 그러나 대부분 과학 관련 가짜 뉴스 등 언어의 형태로 표현되는 정보에 대한 이해와 비판적 해석 능력을 중심으로 강조되어 왔다. 하지만 뉴미디어를 통해 전달되는 정보에는 이미지 또한 그 비중이 상당해지고 있다. 따라서 수많은 과학과 관련된 이미지 속에서 과학의 본성과 과학적 내용을 비판적으로 해석하는 능력 또한 필요하다. 특히 미디어를 통해 고착되는 과학과 관련된 시뮬라크르들에 매몰되는 관객에 그치지 않도록, 미디어를 통해 재현되는 몇몇 과학의 모습을 비판적으로 해독하는 능력이 요구된다. 뿐만 아니라 다양한 과학의 모습을 재현하고 공유하려는 노력 또한 특정한 과학의 시뮬라크르의 고착을 막는 데 큰 도움이 될 것이다. 따라서 다양한 과학의 본성의 모습을 담아내는 정보들을 능동적으로 생산하고 향유하는 능력 또한 필요하다. 이와 같은 과학 미디어 리터러시의 함양은 과학적 지식뿐만 아니라 과학의 본성에 대한 이해를 목표로 하는 과학교육에 있어 중요한 과제가 될 것이다. 때문에 과학교육학적 관점에서 학교와 교실, 학생과 교사의 경계를 넘어 우리의 일상과 함께하는 미디어 속에서 이루어지는 수많은 과학에 대한 이미지와 메시지에 앞으로도 계속 귀를 기울일 필요가 있을 것이다.

○● 4. 나가며

1900년 프랑스 세계박람회에서는 100년 뒤인 2000년의 모습을 상상한 모습이 담긴 엽서들이 소개되었다. 그 엽서 중 하나가 다음의 그림이다. 엽서를 통해 추측해보건데, 당시에는 미래에 자동으로 책에 있는 지식들이 기계적으로 빠르게 전달되고 학생들의 머릿속에 바로 입력되는 교육이 이루어질 것이라 상상했던 것으로 보인다.

At School

〈1900년 프랑스 세계박람회의 엽서〉

출처: https://commons.wikimedia.org/wiki/File:France_in_XXI_Century._School.jpg

오른쪽의 책의 정보를 갈아 넣는 것처럼 묘사된 기계를 뉴미디어 플랫폼으로, 학생들이 정보를 인식하는 도구로 묘사된 헤드셋을 미디어에 접속 가능한 스마트 기기로 치환해서 본다면, 과거의 사람들은 꽤나 정확하게 미래의 배움의 모습을 잘 예측했다고 볼 수 있지 않을까? 하지만 현재의 우리는 누구나 이와 같은 모습이 나타나길 결코 바라지 않을 것이다. 현재의 우리는 능동적인 학습자를 꿈꾸며 그들의 다양한 학습이 가능한 미래를 지향한다. 이와 같은 미래가 실현되기 위해서 미디어를 통해 고착된 정보와 이미지의 수동적 소비자로만 학습자의 역할이 한정되지 않도록 교육적 노력이 부단히 필요할 것으로 보인다. 이 글은 과학교육적인 관점에서 뉴미디어와 그 속에서 비춰지는 과학 실험 그리고 과학 미디어 리터러시를 중심으로 다루지만, 최근의 뉴미디어의 변화는 교육 전반의 변화와도 관련이 있는 만큼 다른 교과 및 교육 전반에도 시사점이 있을 것이라 믿는다.

⌘

참고문헌

Nadis, R. (2005). Wonder shows: Performing science, magic, and religion in America. Rutgers University Press: New Brunswick, NJ.

Lachapelle, S. (2015). Conjuring science: A history of scientific entertainment and stage magic in modern France. London, UK: Palgrave Macmillan.

Hacking I. (1991) Speculation, Calculation and the Creation of Phenomena. In: Munévar G. (eds) Beyond Reason. Boston Studies in the Philosophy of Science, vol 132. Springer, Dordrecht. https://doi.org/10.1007/978-94-011-3188-9_5

Debord, G. (1967). The society of the spectacle. London: Rebel Press.

Baudrillard, J. (1981). Simulacres et simulation. Paris: Galilée.

이번엔 스포츠다

송주호(충북대 체육교육과)

○● 1. 스포츠 트렌드와 미래

1) 스포츠 트렌드

아마추어와 프로를 망라해 모든 스포츠는 대형화(이벤트화)와 상업화(산업화), 미디어화를 지향하며 발전되고 있다. 특히 스포츠 팬(관중, 시청자 마니아)을 가장 중심에 두고 있다. 올림픽이나 월드컵, 각종 세계선수권대회와 월드챔피언십 등이 하나 같이 세계를 무대로 한 대형이벤트 성격을 띠고 있다. 이런 대형화는 보다 큰 조직과 예산 인력을 수반할 수밖에 없고 그 운영과 흥행을 위해 상업화(산업화)를 피할 수 없다. 상업화(산업화)의 중심에는 당연히 팬들이 핵심 참여자로 존재하고 대형화된 스포츠 이벤트는 선수 중심에서 팬 중심으로 이동할 수밖에 없다. 자연히 경기의 형식과 내용 또한 팬들이 원하는 볼거리를 중시하는 방향으로 발전되어 나간다. 그러기 위해 미디어화가 필수적이다. 중계방송 없는 스포츠를 상상할 수 없는 이유이며, 미디어화의 과정에서 광고주 스폰서는 핵심 참여자이다.

오늘날 중계방송은 TV를 넘어 온라인으로 영역을 확대하며 스포츠중계 방송의 도달률을 전방위로 넓혀가고 있다.

2) 스포츠의 미래

스포츠 역시 진화론적 관점에서 끊임없이 발전해 나아가고 있다. 올림픽과 월드컵같이 여전히 인기를 누리는 대형 스포츠 이벤트는 미래에도 더욱 발전해 나갈 것이며, 복싱, 레슬링 같은 일부 전통 종목들은 큰 위기를 맞는 양극화 현상이 심화될 것이다. 이런 가운데 뉴스포츠(New sports)나 익스트림 스포츠(Extreme sports), e스포츠(e-sports), 버추얼 리얼 스포츠(virtual reality sports-VR 스포츠) 등 다양한 형식의 새로운 스포츠가 팬들의 니즈(needs)를 자극하며 떠오르고 있다. 이러한 미래형 스포츠는 5G, AI 등 정보통신 혁명과 더불어 더욱 더 세력을 확장할 것으로 예상되며, 갈수록 대중적 인기를 더할 것으로 예측된다. 아울러 정규종목으로서의 지위도 점점 더 넓혀갈 것으로 보인다.

가. 뉴스포츠

뉴스포츠는 주로 공식 채택되지 않은 종목으로 대중적 스포츠 종목의 결합이나 변형의 형태를 띠며, 육상, 산악, 해양, 항공형 등 다양한 유형으로 발전되고 있다. 예를 들어, 티볼(야구형)이나 스피드민턴(배드민턴형), 플라잉디스크(얼티미트), 킨볼(배구형) 등이 있다.

나. 익스트림 스포츠

극한과 모험을 즐기기 위해 만들어진 스포츠로 신종 모험스포츠 X게임, 그래비티게임 등으로 분류된다. BMX와 스케이트보드, 인라인스케이팅, 스포츠클라이밍, 번지점프, 웨이크보드 등이 인기를 끌고 있는데, 스포츠클라이밍처럼 이미 정규 종목으로 편입된 사례가 점차 늘고 있다.

다. e스포츠

pc, 마우스를 이용한 스포츠로 게임의 형태를 띠는데 스타크래프트, 배틀그라운드크래프트, 리그오브레전드, 서든어택 등 수십종이 흥행되고 있으며, 1 on 1, 2 on 2, 3 on 3, 5 on 5 등 참여자의 형태도 다양하다.

라. 버추얼 리얼(VR) 스포츠

가상현실이나 증강현실의 형태로 이뤄지는 스포츠 게임으로 레이싱, 비행, 슈팅게임 등에서 활발하게 개발되고 있다. 구글글래스, 홀로렌즈 등이 상품화되고 있으며, 나아가 메타버스 시대와 결합되어 더 활발하게 발전되어 나갈 것으로 예상된다.

○● 2. 스포츠 현장에서의 동작분석

스포츠 현장에서의 3차원(3D) 동작분석은 기술을 수행하는 공간을 좌표화시킨 다음 피험자(대상자)의 신체를 모델링하여 움직임을 추적하는 방식을 활용한다. 적외선 카메라(Infrared camera), 관성 센서(Inertial measurement Unit), 비디오카메라, 레이저 기반 동작 분석기 등이 활용되며, 종목에 따라 운동 환경에 최적화할 수 있는 기법을 적용한다. 이러한 운동역학 기자재를 통해 인체 모델링을 실시하면, 예를 들어 선수가 기술을 수행할 때 각 분절이나 관절의 위치 및 각도, (각)속도, (각)가속도를 통해 직접적인 움직임 형태를 제공하거나, 운동학적 시퀀스(Sequence), 협응(Coordination) 등의 고차원적 분석을 통해 경기력 향상을 위한 운동 메커니즘(Mechanism)을 평가하여 제공한다. 또한 지면반력기(Force Plate)나 압력측정기 등과 같이 힘을 측정할 수 있는 장비를 활용해 대상자(피험자)들의 움직임을 만들어내는 힘의 발현 패턴을 분석하거나, 역동역학(Inverse dynamic)을 이용해 (각)운동량이나 각 관절에서 나타나는 토크(Torque) 등의 변인을 이용한 물리량 산출을 통해 기술을 해석한다. 더 나아가 근전도(electromyography, EMG)를 활용하여 각 근육 활성도를 분석하여 종목수행에 요구되는 형태의 근활성 패턴을 평가하거나 근육별 근피로도나 주동근과 길항근의 동시수축을 분석하여 상해예방을 위한 분석으로 활용하기도 한다.

동작분석은 스포츠, 의료, 산업체 등 다양한 분야에서 활용 범위를 넓히고 있다. 그중 스포츠 운동역학 분야에서 가장 많이 활용되고 있는데, 과학기술을 통해 운동선수들의 움직임 하나하나를 분석하여 운동 기량과 기록 향상에 기여하는 것을 말한다(그림 <기계체조 도마종목 동작분석 장면>).

뛰어난 실력을 가진 선수들의 동작과 힘을 분석하여 기술의 미세한 차이를 발견해내 경기력을 향상시키는 것을 목표로 한다.

기계체조, 역도, 수영, 육상, 스피드스케이트, 봅슬레이 등 다양한 스포츠 분야에서 동작분석이 활용되고 있다.

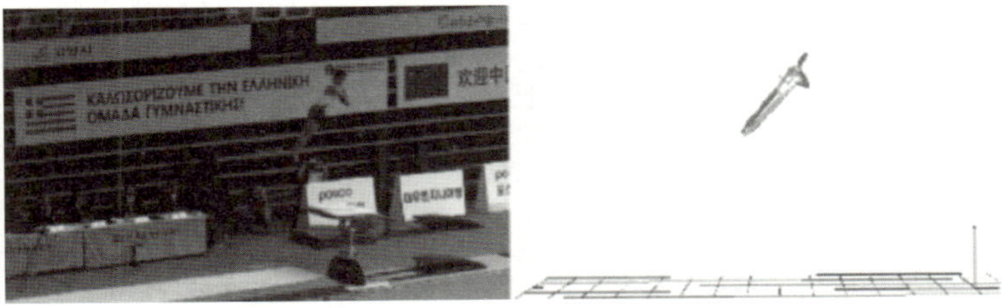

〈기계체조 도마종목 동작분석 장면〉

이외에도 여자 핸드볼 대표팀의 실화를 바탕으로 만들어진 영화 <우리 생애 최고의 순간(이하 우생순)>에 관한 이야기로 <우생순> 중간에 엄태웅(배우)이 새로운 여자 핸드볼 감독으로 부임해오면서 유럽식 훈련 방법을 적용한다면서 선수들의 몸에 마커를 부착하고 카메라로 선수들의 동작을 촬영하는 장면이 나온다(그림 <(우생순)에서 3차원 동작분석 장면>).

〈(우생순)에서 3차원 동작분석 장면〉

출처: 우생순, 2007

바로 '3차원 동작분석'을 하는 장면인데, 이때 사용된 실시간(Real time) 동작분석(Motion capture) 장비(qualisys)다. 영화가 2008년 개봉되어 최근 장비와는 다소 차이가 있다. 영화에서는 소프트웨어 프로그램을 동시에 작동하여 선수들의 동작을 분석하고 이에 대한 피드백을 제공함으로써 동작 분석의 중요성을 강조하고 있다. 이와 같이 다양한 분야의 선수들이 3D 동작 분석 시스템을 활용하여 동작에 대한 특징과 장단점을 과학적으로 분석해오고 있다

출처: 아는 만큼 보이는 스포츠분야 진로탐색서(2021) 일부 발췌)

스포츠동아

■ 닥터 KISS

단 1000분의 1점차 메달 명암 철저한 동작분석으로 金 사냥!

한국 남자체조는 여홍철을 끝으로 사라졌던 도마 종목에서 올림픽 금메달 사냥의 의지를 다지며 부활을 준비하고 있다. 도마는 한국 남자체조의 명맥을 유지해온 종목이다. 1988년 서울올림픽에서 박종훈이 도마에서 동메달을 획득했다. 이는 한국 남자체조가 올림픽 무대에서 거둔 첫 수확이었다. 1992년 바르셀로나올림픽에선 유옥열이 또다시 도마에서 동메달을 목에 걸었다. 1996년 애틀랜타올림픽에서도 여홍철이 구름판을 정면으로 밟고 두 바퀴 반을 돌고 착지해 공중에서만 900도를 도는 'Yeo2' 기술로 은메달을 획득했다. 이후 체조 종목에서 메달은 나왔지만 도마 종목에선 명맥이 끊어졌다.

양학선은 여홍철에 이어 자신의 이름을 딴 기술로 올림픽 메달에 도전하는 2번째 한국 선수다. 2012런던올림픽의 전초전 성격을 띤 2011도쿄세계선수권 도마에서 양학선은 신기술 '손 짚고 몸 펴 앞 공중 돌아 1080도 비틀기'를 선보였다. 기술점수 7.4의 최고 난도를 인정받아 우승을 차지했다. 국제체조연맹(FIG)은 이 기술을 올해 1월 25일 'YANG Hak Seon(양학선)'이란 이름으로 런던올림픽을 포함한 각종 국제대회의 채점 규칙(Code of Points)으로 공식 등재했다. 이전까지 도마 경기의 최고 점수가 7.0점이었음을 고려하면 양학선의 신기술은 상당한 경쟁 우위를 가진다. 체조 경기가 1000분의 1점차로 명암이 갈린다는 점에서 0.4점의 점수는 금메달의 가능성에 신뢰성을 더한다.

체육과학연구원(KISS)은 체조 코칭스태프와 함께 완벽한 동작과 착지 등 기술의 완성도를 높이기 위해 '런던올림픽 골드 프로젝트'를 수행하고 있다. 그 중 하나가 동작 분석이다. 도마는 발 구름에서 착지까지 1.45초 이내 승부가 결정된다. 초고속 카메라(도마 촬영 시 초당 300프레임)로 모든 연습 상황을 촬영하고 실시간으로 피드백을 제공한다. 선수와 코칭스태프는 이를 즉각적으로 확인하고 조치할 수 있다. 이는 정확한 영상 정보를 제공할 뿐 아니라 기술 시기 시 선수 자신의 느낌과 실제 표현된 동작의 일치 여부를 즉각적으로 체크할 수 있다는 장점이 있다.

한국 체조의 꿈을 이루기 위한 선수촌의 준비는 마무리 단계다. 여기에 국민의 성원과 관심이 더해진다면 2012년 런던올림픽 무대는 금빛 찬란한 희망의 무대가 될 것이다.

출처: 스포츠동아, 2012년 5월 8일 기사 발췌

○○ 3. 스포츠 경기 비디오판독(VAR)

스포츠 경기에서 고속 카메라로 촬영한 영상을 근거로 판정하는 방식이다. 사람의 눈으로 판단하기 어려운 순간을 초고속 카메라로 포착해 판정 오류를 줄이고 정확도를 높일 수 있다. 주로 판정을 내리기 모호하거나 불분명한 상황에서 촬영된 영상을 느리게 재생시켜 다시 보는 '즉시 재생(Instant Replay)' 방식을 통해 판정 시비를 가리게 된다. 판정의 신뢰도를 높일 수 있다는 점에서 많은 스포츠 종목이 비디오 판독을 적용하고 있다. 야구나 테니스 등에서는 비디오 판독을 '챌린지(Challenge)'라 부르기도 한다.

- 적용 종목으로는 대부분의 기록경기와 축구, 야구, 배구, 농구, 미식축구 등 많은 스포츠 경기에서 비디오 판독을 사용한다. 비디오 판독의 적용 범위나 판정 기준 등은 종목에 따라 다르다. 육상과 사이클, 카레이싱, 빙상 종목 등 짧은 순간에 승부가 갈리는 기록경기에서는 정교한 기계를 사용해 판정한다. 판정에 논란이 있을 경우 비디오 리플레이(즉시 재생)를 통해 결과를 판단할 수 있다.

축구는 VAR(Video Assistant Referee)이라 불리는 비디오 판독 시스템을 통해 득점이나 반칙, 페널티킥 선언 등을 판단한다. 국제축구연맹(FIFA)은 2018 러시아 월드컵부터 VAR을 도입했다. 경기별로 운영센터와 VAR 판독팀이 배치되어 오심이나 심판이 확인하지 못한 반칙 등을 발견할 경우 주심에게 전달한다. 주심이 직접 비디오 판독을 요청할 수도 있으며 최종 판단도 주심이 내린다. 경기를 진행하는 선수나 감독이 비디오 판독을 요청할 수는 없다.

• 야구에서도 홈런이나 파울, 포스 플레이 등에서 아웃과 세이프 여부 등을 판단할 때 비디오 판독을 활용한다. 미국 메이저 리그 베이스볼(MLB)은 2014년 비디오 판독 시스템을 도입했다. 비디오 판독을 요청하는 것을 '챌린지(Challenge)'라 한다. 감독은 경기 중 판정에 이의가 있을 때, 최대 2번까지 챌린지를 요청할 수 있다. 한국의 KBO 리그에서도 2014년 비디오 판독을 통한 심판합의 판정제를 도입했다. 합의판정 대상 플레이는 홈런, 외야 타구의 페어/파울, 포스/태그 플레이에서의 아웃/세이프, 야수의 포구, 몸에 맞는 공, 타자의 파울/헛스윙, 홈플레이트에서의 충돌 등이다.

한국의 배구 V-리그에서는 2007-2008시즌 비디오 판독을 도입했다. 팀은 경기당 2번까지 비디오 판독을 요청할 수 있다. 비디오 판독이 불가능한 경우에는 최초의 주심 판단을 그대로 진행한다. 테니스는 2006년 US 오픈 테니스 대회부터 '호크아이(Hawk-Eye)'라 불리는 심판 보조 시스템을 도입해 사용하고 있다. 호크아이는 경기 중 공의 위치와 궤도를 추적해 분석하는 컴퓨터 시스템이다. 다수의 초고속 카메라로 촬영한 이미지를 수집한 뒤, 경기 규칙에 대한 데이터를 바탕으로 분석해 공의 경로와 경기 영역 등의 그래픽 이미지를 생성해 제공한다. 테니스뿐 아니라 크리켓과 배드민턴, 미식축구, 배구 등 다양한 구기 종목에서 활용하고 있다.

출처: 다음백과, 일부 기사 중 발췌

○● 4. 스포츠과학 이야기

1) 축구 슈팅과 스포츠 과학

2022 카타르월드컵이 얼마 남지 않았다. 축구경기의 전술을 분석하거나 슈팅 용어 등을 알기 쉽게 중계해주는 동영상 크리에이터도 많다. 축구를 잘 알지 못하는 사람이 보더라도 경기 중에 슈팅에 대한 용어를 몇 차례 듣게 된다. 축구공이 그려내는 갖가지 포물선에 호기심이 생긴다. 발로 차는 만큼 야구처럼 섬세한 기술이 적용되지 않을 것 같지만 축구 슈팅은 마치 야구 투수의 구질처럼 다양하다. 그 안에는 거리와 방향에 따른 회전운동과 압력 등의 스포츠과학의 원리가 적용된다. 축구 슈팅에 적용되는 과학 원리를 알고 보면 더욱 재있게 월드컵을 즐길 수 있을 것이다.

눈에 보이지 않지만 수많은 물리적 힘 전달하는 슈팅

- 감아차기, 공은 어떻게 휘어질까?

공이 똑바로 날아가지 않고 아름다운 곡선을 그리며 들어가는 슈팅은 강한 발목 힘을 바탕으로 공에 회전을 준 감아차기이다. 골대 안쪽으로 적게는 0.5m, 많게는 1m까지 휘어져 들어간다고 한다. 공이 이렇게 휘어지는 것은 공에 만들어진 회전과 공의 상호작용 때문이다.

〈2022 카타르월드컵 공인구-알 리흘라(AI Rihla)〉

탄성 큰 '알 리흘라' 볼 컨트롤 좋은 프리키커에 유리?

FIFA(국제축구연맹)가 홈페이지를 통해 아디다스가 제작한 카타르 월드컵 공인구 '알 리흘라(Al Rihla · 아랍어로 여행)'를 공개했다.

FIFA는 "아디다스의 풍동(강한 공기 흐름을 일으키는 장치) 실험장에서 엄격한 테스트를 거쳐 만들어진 알 리흘라는 특수 돌기가 들어간 20조각의 사각형 합성고무에 '스피드셀' 기술이 가미돼 기존 축구공보다 더 빠르고 정확하게 날아가는 게 특징"이라고 설명했다. 알 리흘라는 역대 월드컵 공인구 최초로 친환경적인 수성 잉크와 수성 접착제를 사용해 지속가능성에 초점을 둬 공을 제작했다.

아디다스는 개최국 카타르의 문화와 건축물, 상징적인 배, 국기에서 영감을 받아 공인구를 디자인했고, 자주색과 짙은 파란색으로 개최국 카타르와 점점 빨라지는 축구 경기 속도를 표현했다.

- 프리킥의 과학 9.15m의 비밀

프리킥 시 키커와 수비벽 거리 9.15m 규정

공 회전에 따른 휘는 효과 9.15m부터 발생

흔들림 큰 무회전슛…공 뒤쪽 소용돌이 때문
알 리흘라는 비행궤도 영향 작아 흔들림 감소

우리는 공 하나의 움직임에 웃고 울며, 기쁨과 안타까움을 공유할 것이다. 이번 월드컵에서도 멋진 득점 장면들이 기대된다. 축구의 백미는 역시 골이다. 최근 축구공의 소재와 제작기술의 발달은 프리킥 상황에서 득점률을 높여주고 있다. 골문을 한참 벗어난 공이 마치 마법에 걸린 듯 방향을 바꿔 골망으로 빨려 들어갈 때면 절로 탄성이 나온다. 축구가 왜 예술인지, 프리킥을 왜 UFO에 비유하는지 고개가 끄덕여지는 장면이다.

• 마법 같은 UFO 슛?

프리킥은 골로 연결될 가능성이 매우 높기 때문에 수비수는 상대 키커와의 거리 유지에 매우 민감할 수밖에 없다. 프리킥 때는 공을 차는 위치로부터 9.15m 이상 떨어진 지점에 수비벽을 만들도록 규정하고 있다. 축구종주국인 영국은 10야드로 프리킥 거리를 정했는데, 이를 미터법으로 환산하면 9.15m가 된다. 그렇다면 왜 9.15m일까.

여기에는 수비수를 보호하기 위한 '최소한의 안전거리'라는 의미도 있지만, '마그누스(magnus) 효과'라는 물리현상도 숨어있다.

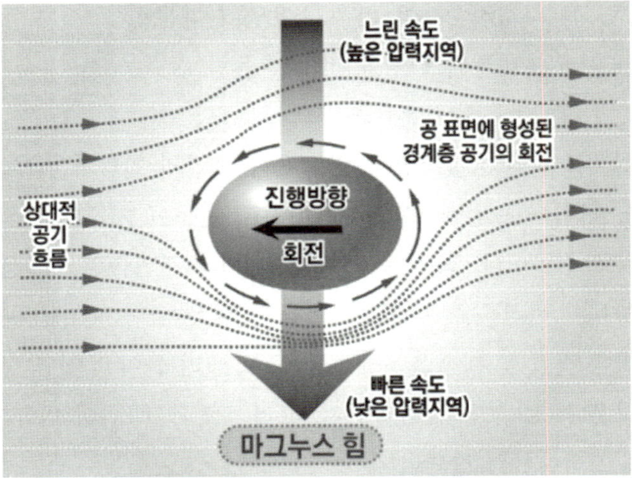

〈마그누스 효과〉

이는 1853년 독일의 물리학자 하인리히 구스타프 마그누스가 포탄이 날아가는 궤도를 연구하다가 발견한 원리로, 공기 속을 날아가는 비행물체가 그 표면에 접한 공기의 소용돌이 탓에 곡선운동을 하는 현상을 말한다.

축구공은 회전하면서 날아가는데, 공 주변을 흐르는 공기가 공의 이동궤도에 영향을 미치게 된다. 만약 공이 시계방향으로 돌고 있다면 그 윗부분에선 공기가 좌에서 우로 회전하지만, 아랫부분에선 그 반대인 우에서 좌로 회전한다. 따라서 축구공 한쪽의 운동방향이 공기의 흐름과 같은 방향이라고 하면, 그 반대쪽은 공기의 흐름에 역행하게 된다.

공의 회전방향과 공기가 이동하는 방향이 일치하는 쪽에선 공기의 속도가 더욱 빨라지는데, 흐름이 빨라지면 압력은 낮아진다. 이 같은 원리로 날아가는 공 주변에 압력이 높은 쪽과 낮은 쪽이 각각 발생하고, 공의 이동궤도는 압력이 높은 쪽에서 낮은 쪽으로 휘어지는 것이다. 이 효과는 수준급 선수들이 공을 찼을 때 대개 9.15m 지점을 지나야 나타난다고 한다.

• 골키퍼도 헷갈리는 무회전 슛

축구에서 '마구', '도깨비 슛'이라고 불리는 무회전 슛은 공이 일직선으로 날아가다가 골문과 가까워지면서 흔들리며 골키퍼를 혼란스럽게 만든다. 그 비밀은 무회전 슛에서만 발생하는 소용돌이에 있다. 회전하지 않는 공은 뒤쪽에서 공기가 소용돌이친다. 그러면서 공 뒤쪽의 기압이 내려가 공기가 더욱 소용돌이치게 되고, 그 결과 공이 조금씩 흔들리게 된다. 이 소용돌이는 규칙적이지 않을 뿐 아니라 경기장의 온도와 습도, 바람 등에 영향을 받기 때문에 킥을 하는 선수조차도 공의 궤적을 예상하기 어렵다. 이에 선수들은 많은 훈련과 반복을 통해 무회전 슛의 성공률을 높이고자 노력한다. 공의 탄성이나 패널의 구성(공을 구성하는 조각의 모양과 수) 등에 따라 경기 결과가 달라질 수 있기 때문에 대회마다 공인구에 대한 관심도 점점 높아지고 있다. 이번 월드컵에 사용되는 공인구 '알 리흘라'는 과거의 공인구에 비해 초기 탄성이 커서 공을 터치했을 때 쉽게 튀겨나갈 수 있어 볼 컨트롤이 좋은 선수와 우수한 프리키커를 보유한 팀이 좋은 성과를 낼 가능성이 높다.

'알 리흘라'의 특성으로 보아 종전의 축구공에 비해 패널 방향의 변화에 따른 공의 비행궤도에 영향이 작아 상대적으로 안정적 비행궤도가 예상된다. 무회전 킥의 경우는 공 흔들림의 폭이 예전 월드컵 공인구에 비해 적을 것으로 예측된다.

그러나 이는 어디까지나 이론적 연구 결과다. 실제로 선수들이 경기장에서 느끼는 것과는 다를 수 있다.

직접 공을 차면서 체험하는 것이 가장 정확하다. 따라서 이번 월드컵에서 전문 프리키커들이 경기 상황(위치 · 거리 · 방향)에 따라 어떤 킥을 구사하는지 관찰해보는 것도 색다른 관전 포인트가 될 수 있다.

출처: 스포츠동아, 2014년 5월 30일 칼럼 일부 발췌

> 축구의 모든 기술에는 물리적 법칙이 적용된다. 우리가 축구 경기 중 보게 되는 공의 궤적은 물리적 힘으로 운동량의 변화를 겪게 되는 공이 만들어내는 것이다. 슈팅만이 아니라 공과의 접촉이 중요한 축구의 모든 움직임에서 힘, 방향, 압력 등 모든 과학 원리를 대입해볼 수 있다. 킥의 속도를 조절하려면 가해지는 힘에 비례해 속도가 빨라지는 '가속도의 법칙'을 알아야 한다. 또 공격수가 오른쪽으로 움직이는 척 페인트 동작을 취하다 재빨리 왼쪽으로 움직일 때 수비수의 균형이 깨지는 것은 원래 상태를 유지하려는 '관성'을 이용한 것이다. 수비수와 공격수가 몸싸움을 벌이며 공을 선점하는 과정에서는 '작용과 반작용'이 동시에 일어난다.

2) 공의 비밀

사실 스포츠에서 사용되는 볼의 스피드는 날씨나 장소, 상대, 선수의 컨디션 등에 따라 천차만별이다. 하지만 여기서는 과학적으로 측정된 수치를 근거로 종목별 볼의 최고치를 따져본다. 가장 빠른 볼은 배드민턴의 셔틀콕이다. 그 다음이 골프공이고, 테니스공도 스피드에서는 세 손가락 안에 든다.

셔틀콕은 공처럼 생기지는 않았지만, 엄연히 라켓 구기 종목으로

분류되는 배드민턴에서 사용되는 스포츠용품이다. 기네스북에 기록된 가장 빠른 공의 속도는 배드민턴 셔틀콕이 라켓에 임팩트 된 다음 이동하는 순간속도이다. 셔틀콕의 무게는 5.5g으로 코르크와 최대 16개의 거위 털로 이뤄져 있는데, 지금까지 측정된 셔틀콕의 최고 속도는 2005년 세계혼합단체 배드민턴선수권에서 중국의 푸하이펑이 기록한 시속 322km이다. 한국의 박주봉 역시 시속 320km를 오르내리는 강력한 스매싱을 한 것으로 알려져 있다.

이렇게 빠르다면 불과 몇 미터 앞에 선 선수가 친 셔틀콕을 어떻게 받아넘길까. 셔틀콕은 다른 공에 비해 가벼워 라켓에 맞는 순간, 가속도가 그만큼 크지만 일단 반대 방향으로 날아간 셔틀콕은 깃털이 펴지면서 낙하산 역할을 하기 때문에 속도가 많이 떨어진다. 이런 까닭에 반사감각이 뛰어나고 훈련된 선수들은 날아오는 셔틀콕을 받아칠 수 있다.

골프공도 빼놓을 수 없는 '광속도'다. 지름 4.2cm, 무게 46g 정도인 골프공이 클럽헤드와 접촉할 때 받는 힘이 2t 정도로 알려진 가운데 미국의 버바 왓슨이 기록한 310km가 최고이다. 존 댈리나 타이거 우즈 같은 장타자들의 드라이브샷 역시 시속 300km에 이르고, 보통 프로선수들은 시속 260km 정도이다.

테니스공도 얕보면 큰 코 다친다. 생명을 위협할 정도의 속도다. 2004년 9월 데이비스컵에서 앤디 로딕이 시속 249.4km의 서브를 기록했는데, 이 볼에 맞았다고 상상해보라. 끔찍할 뿐이다. 이런 서브를 눈으로 확인하고 받아친다는 것은 거의 불가능하다. 선수들은 코스를 미리 예측하고 있다가 그 코스로 들어온 볼을 가까스로 리턴하지만, 예상과 다른 곳으로 들어올 경우에는 속수무책이다. 가끔 경기에서 그저 바라만 보고 있는 장면이 나오는 것도 이런 이유 때문이다. 여자의 경우에는 US오픈에서 비너스 윌리엄스가 기록한 시속 208km가 최고 기록이다. 아이스하키의 퍽은 최고 시속 200km 정도이다. 보통 NHL(북미프로아이스하키리그) 선수들이 슛을 날리면 퍽은 시속 160km 이상을 기록한다. 골리(골키퍼)들은 보호대를 하고도 정면으로 날아오는 퍽에 공포를 느끼는 경우가 적지 않은데, 2003년에는 국내 아이스하키 경기 도중 퍽에 맞아 선수가 숨지는 사고도 있었다.

공의 속도를 중시하는 야구도 빼놓을 수 없다. 흔히들 투수가 던지는 볼의 속도에 대부분의 관심을 쏟지만, 실상은 타자의 타구가 좀 더 강력하고 빠르다. 예를 들어 새미 소사의 타구는 시속 180km에 이르는 반면, 투수의 세계 기록은 조엘 주마야가 갖고 있는 시속 167km이다. 한국 선수 중 비공인 최고 기록은 박찬호(2003년)와 엄정욱(2003)의 161km이다. 국내 야구 공식 최고 기록은 엄정욱과 최대성이 기록한 시속 158km이며, 선동열은 시속 156km가 나왔다.

유일하게 발로만 사용하는 축구는 어떨까, 대표적인 선수가 대포알 슛으로 유명한 브라질 출신의 호베르투 카를로스인데, 'UFO 슛'으로도 유명한 그의 슛은 시속 150km 정도다. 크리스티아누 호나우두의 '무회전 킥'은 축구공 무늬가 보일 정도로 회전 없이 날아가다가 골키퍼 앞에서 갑자기 흔들리면서 뚝 떨어지는 킥으로서, 시속 130km 이상은 돼야 무회전 킥 특유의 떨림과 낙차가 나타난다고 한다. 한국에서는 2002년 이기형이 캐넌 슛 콘테스트에서 기록한 시속 138km가 가장 빠르다. 상대와의 거리가 짧고 볼의 변화가 많기 때문에 훨씬 빠르게 느껴지는 탁구의 경우, 국가대표 선수들이 치는 볼의 속도가 시속 120km 정도인 것으로 알려져 있다.

골프공은 왜 올록볼록할까

• 공에 숨은 과학의 원리

스포츠 종목에서 사용되는 공은 손이나 용구로 다루기 좋은 크기와 무게를 갖고 있다. 손으로 던지는 야구공은 손가락으로 적정하게 힘의 변화를 줄 수 있는 크기와 중량이고, 축구공은 발로 차는 힘에 비례하는 공의 무게와 크기로 되어 있다. 이러한 볼의 크기와 무게엔 초창기부터 지금까지 많은 발전과 변화가 있다.

관중들이 탄성을 자아내는 공의 변화 속에 숨어 있는 원리는 공의 속도와 회전의 크기이다. 직선으로 날아가는 속도와 빠른 회전을 만들어 내는 것은 공에 가해지는 힘이다. 효과적으로 힘을 전달하기 위해서는 힘이 가해지는 공과의 마찰력이 필요하다. 이러한 결과는 바로 공기와의 마찰에 의해 공의 진로가 다양하게 변화되기 때문이다.

공의 속도에 결정적인 역할을 하는 요인이 공의 탄성력이라면, 공의 진로를 변화시키는 요인은 공의 회전 속도이다. 야구공의 솔 깃을 팔자모양으로 만든 것은 손가락으로 공을 감싸 쥐기 쉽게 할 뿐만 아니라, 공에 회전력을 가하여 공이 회전하면서 공기와의 마찰을 일으켜 또 다른 힘들이 생겨나도록 하기 위함이다.

표면이 매끄러운 축구공은 바나나킥을 기대하기 어려웠을 것이다. 휘어지는 축구공의 기술은 발등과 공의 접촉 면적을 크게 해 마찰력을 최대로 유도하는 것이다. 탁구공의 표면이 매끄러운 대신에 공의 무게가 아주 작고, 라켓 고무 라버와의 마찰력을 이용해 최대의 회전 속도를 유도하기 때문에 드라이버나 커트 기술과 같은 공의 변화가 이루어진다.

스포츠에서 사용되는 공은 대부분 표면이 거친 것이 특징이다. 표면이 거친 공은 공의 표면에 흐르는 공기를 잠시 머무르게 하는 경계층을 넓게 하여 유선형의 특징을 닮게 한다. 거친 표면은 경계층을 넓게 해주는 역할뿐만 아니라 공이 회전하면서 공의 주변에 흐르는 공기의 속도를 다르게 해 진로를 변화시키는 원인이 되기도 한다. 곰보처럼 생긴 골프공의 딤플은 공의 주변을 스쳐 지나가는 공기 흐름의 속도를 변화시켜 공이 상승하는 양력을 만들게 하고, 상승된 공은 공중에 머무는 시간을 길게 해 더 멀리 날아갈 수 있다.

3) 공의 변천사

스포츠에는 크고 작고, 딱딱하고 부드럽고, 다양한 크기와 각기 다른 재질로 만들어진 공이 등장한다. 선수들의 기량이 향상되고 스포츠가 과학화되면서 공의 기능성이 승리에 큰 변수를 차지하고 있다. 카를로스 선수의 UFO 슛이 과학적 신기술이 적용된 공과 선수의 기술력이 합쳐진 작품이라 하겠다.

이와 같이 공은 스포츠 종목에 따라 다소 차이는 있으나 재질과 특성을 고려한 과학적인 공의 변천에 따라 경기력은 향상되고 있다.

4년마다 열리는 월드컵대회에서 사용되는 약 450g 축구공 끝에 60억 인구가 울고 웃으며, 투수의 멋진 구위에 탄성과 찬사를 쏟아내게 하는 야구공, 오목한 홈을 파서 비거리를 늘려 보는 사람을 시원하게 하는 골프공 등 많은 스포츠 종목들의 공은 선수들의 경기력 향상에 기여하고자 꾸준히 진화하고 있다. 우선 세계인의 관심과 인기를 누리고 있는 축구공의 진화 과정을 먼저 살펴보고자 한다.

19세기 초에 탄생한 최초의 정식 축구공은 8조각이었고, 보다 완벽한 구형을 만들기 위해 12조각, 18조각, 26조각으로 늘어나, 현재는 오각형 조각 12개와 육각형 조각 20개로 만든 32조각의 축구공이 널리 사용되고 있다. 특히 2006년 독일 월드컵 경기에서 사용한 팀가이스트(Teamgeist)는 기존의 32개 조각이 아니라 14개 조각으로 이루어졌으며, 디자인 또한 월드컵 트로피로 둥글게 단화한 모양의 휘어진 조작들을 사용한 것이 특징이다.

실제 축구공은 완전한 구형에 가까울수록 정확도가 높아지는데 아무래도 여러 장의 가죽을 이어 붙여 만들면 가족 조각 사이의 이음새 부분 때문에 완전한 구의 모양을 갖추기는 어렵다. 뿐만 아니라 선수가 공을 찰 때 이음새 부분을 차면 원하는 방향으로 잘 날아가지 않는다고 한다.

팀가이스트는 가죽 조각의 숫자를 줄임으로써 조각이 만나는 이음새의 숫자를 대폭 줄였고, 또한 접합도 바느질이 아닌 열접착 방식을 사용하였다. 따라서 축구공은 보다 완벽한 구의 형태를 갖추게 되었고, 슈팅 후 공의 정확도가 높아지게 되었다. 뿐만 아니라 수중경기에서 보통 공이 수분을 흡수하여 무게가 증가하는 현상이 발생하는데 팀가이스트는 그러한 부분에 대해서도 상당히 개선되었다.

야구공의 경우 처음 시작되었던 1840년대까지는 야구공의 무게가 현재의 절반가량인 85g이었다. 당시에는 무게가 가벼운데다 고무를 가운데에 넣고 털실을 감아 만들어 반발력이 매우 높았었다. 이러한 야구공의 높은 반발력 때문에 한 경기 점수가 100점 이상인 경우가 많이 발생한 것으로 전해지고 있다. 이에 1846년에는 21점을 먼저 내는 팀이 승리하는 규칙이 도입되었고, 1854년에 들어서면서 공의 무게를 조금 늘리고 크기를 늘려, 지름은 7~8.9cm까지, 무게는 155~169g까지 허용하게 되면서 점수가 많이 줄어들었다고 한다. 그 이후에도 야구공의 크기는 조금 줄어들어 1872년 현재와 같은 크기로 확정되었다. 현재 한·미·일 3개국 프로야구를 비롯해 성인 야구에서 쓰이는 공인구는 무게 141.7~148.8g, 둘레 22.9~23.5㎝

(지름 7.23㎝) 이내로, 한국야구위원회(KBO)는 이 규격의 볼을 사용하도록 규정하고 있다.

마지막으로 골프공은 골프 발전의 역사 그 자체라고 해도 과언이 아니다. 골프공 성능이 향상됨에 따라 골프장 코스 길이가 늘어났고 골프채 소재와 디자인에도 큰 영향을 미쳤다. 일반적으로 골프공은 비거리, 스핀, 정확도 등에 중점을 두어 개발되고 제조 기술이 발전해 왔으며, 다음 그림에서와 같이 페더공, 구타페르카공, 수제 딤플공에서 현재의 딤플공 순으로 진화하게 된다.

15세기 영국에서 새의 깃털을 말과 같은 동물 등의 가죽에 채우고 봉합한 공이 오늘날 골프공의 원조인 페더 공이다. 직경 43~46mm, 무게 35~40g으로, 적절한 강도를 만들기 위해 다량의 깃털을 사용했다.

1845년 천연나무 수액을 형틀에 넣어 만드는 방식으로 볼의 수명이 길고 비거리, 내구성 등이 페더공보다 뛰어난 공을 생산하게 되었으며, 대량생산이 가능하게 된 시점이기도 하다.

1860년 공의 표면에 흠집이 생겼을 때 공이 더 멀리 날아간다는 것을 발견하게 되면서 공의 표면에 오목한 흠을 만드는 딤플 공이 고안되었다. 처음에는 공의 표면에 흠집 모양을 가공한 수제품 형태로 공이 생산되었다.

딤플의 역할 일반적으로 직경이 크고 깊이가 얕은 딤플은 공을 높게 뜨게 하는 양력을 증가시켜 비거리를 늘리고, 직경이 작고 깊이가 깊은 딤플은 비행의 안정성을 도와 공의 탄도를 낮추는 역할을 한다. 이와 같이 딤플이 발견됨으로써 본격적인 대량 생산 시스템을 갖추게 되었고 일정한 크기의 공이 생산되면서 공의 규격 기준도 마련하게 되었다. 지금까지 축구공, 야구공, 골프공 속에 숨은 시대적 변천 속에 스포츠가 발전해 왔고 많은 사람들에게 기쁨과 안타까움을 선물했던 것이다. 앞으로도 신기술을 적용한 공의 진화는 계속될 것이며 선수들을 통해 그 진가를 발휘하며 우리에게 보다 큰 즐거움을 선사하길 기대해 본다.

출처: 스포츠동아, 2008년 4월 14일 일부 기사 중 발췌

축구화에 숨어있는 과학

월드컵을 앞둔 팬들의 관심 중 하나는 축구공이다. 새로운 공인구의 비밀을 알아가는 것이 쏠쏠한 재미를 선사하기 때문이다. 하지만 축구화는 크게 주목받지 못하는 듯 하다. 축구화 속에 담긴 여러 가지 과학적 원리들이 많은 데도 말이다.

"글 잘 쓰는 선비는 붓을 탓하지 않는다"는 옛말이 있다. 첨단 과학의 비밀이 숨어있는 축구화가 들으면 서운할 말이다. 얼핏 보기에 별 차이가 없을 것 같은 축구화를 분석해 보자.

축구화의 가장 큰 목적은 발을 보호할 수 있고 안정성과 유연성, 정확성을 보장하며 차고 달리는 표면에서 최적의 견인력을 제공하는 것이다. 이러한 목적을 달성하기 위해 각 업체에서는 지난 수십 년간 축구화 연구에 전념하고 있다.

축구화는 '뽕, 또는 스파이크'로 불리는 징(stud)과 발등 주변을 감싸는 갑피(甲皮), 바닥을 구성하는 솔(sole)로 크게 나뉜다. 초기의 징은 앞축에 4개, 뒤축에 2개, 모두 6개로 제작됐으나, 선수들의 동작에 대한 분석과 연구를 토대로 징의 위치와 개수, 모양 등이 개선되고 있다. 수작업으로 신는 경우 자신의 발 버릇에 따라 징의 위치를 조정해 사용하기도 한다.

●공격수와 수비수의 선호도 차이

우선 징에 대해 정리해 보면, 대체로 공격수들은 부드럽고 정교한 몸놀림을 필요로 하므로 섬세한 움직임의 효율성을 높일 수 있도록 징의 개수가 많고 접지 면적이 다소 넓은 축구화를 선호한다. 수비수들은 순간적인 파워를 발휘할 수 있도록 징의 수가 적은 축구화를 선호하는 것이 일반적이다. 현역시절 홍명보(올림픽팀 감독)의 축구화는 징이 6개, 세계적인 공격수 앙리(프랑스)의 징은 13개로 확연한 차이를 보이고 있다.

다음으로 발등 주변을 감싸는 갑피를 살펴보면, 공격수들은 공을 드리블하며 여러 가지 세밀한 기술을 발휘해야 하므로 가죽이 얇고 발에 착 달라붙어 착용감이 좋은 신발을 선호한다.

또한 선수들은 '바나나킥'이나 'UFO 슛'과 같은 슛을 구사하기 위해 축구화 선택에 신중을 기한다. 특히, 골대 근처 수비수가 막고 있는 프리킥 상황에서 공이 수비수의 장벽과 골대를 벗어나 멀어지다 골대 앞에서 멋지게 휘어지며 골문으로 빨려 들어갈 때의 그 감동은 회전하는 공과 공기의 마찰에 의해 일어난다. 휘어지게 하기 위해 공을 차는 순간 강한 회전을 주어야 하며 이 때 신발의 표면 상태가 중요한 역할을 한다. 축구화의 발등 부위의 갑피 디자인에 솔겹질처럼 오돌토돌한 돌기 모양으로 디자인해 기존의 축구화보다 탁월한 킥 상태를 유도한다.

한 실험에 따르면, 이렇게 디자인된 축구화로 공을 찼을 때, 공의 속도는 10%, 정확도는 20%, 회전력은 10%가 향상된다.

반면, 수비수들은 몸싸움이 잦고 힘 있는 플레이를 해야 하기 때문에 착용감보다는 가죽이 조금 두툼하고 극딱한 것을 선호한다. 최근 기능성을 강조한 축구화가 너무 가볍게 제작되어 경기 도중 발등뼈인 중족골 부상이 종종 발생한다는 점에서 선수들의 안정성을 위협한다는 지적이 나올 정도이다.

90분 이상 뛰고 달리는 동안 그 기능을 다하면서도 발의 편안함을 유지시키는 역할을 하는 솔(sole)과 표면의 소재도 중요하다. 축구화 바닥에 배치된 징은 특정 부위에 압력을 집중시켜 오랜 시간 달려야 하는 선수들의 발 컨디션에 부정적 영향을 미치게 된다. 그래서 압력을 최대한 분산시키는 기술의 중요성도 강조된다. 발바닥 보호를 위해 탄력성을 유지하면서도 압력 분산이 가능한 세라믹 재질의 물결 무늬판이 주로 사용된다. 구부러짐을 자연스럽게 해 발의 피로도를 최소화하기 위해서는 캥거루 가죽이나 소가죽이 주로 이용된다.

이와 같이 축구화의 소재와 디자인은 눈부신 발전을 거듭하고 있다. 따라서 축구화에 담긴 이런 원리를 알고 경기를 시청한다면 그 재미가 배가될 것이다.

출처: 스포츠동아, 2010년 3월 10일 일부 기사 중 발췌

○○ 5. 송박사의 스포츠 이야기

송박사의 스포츠 이야기는 필자가 16년 동안 한국스포츠정책과학원에서 스포츠과학자로 근무하며 신문과 미디어 등에 기고했던 재미난 스포츠 이야기와 스포츠과학 이야기 일부를 발췌하여 정리해 보았다.

장년층부터 여성까지~축구 '하는 즐거움' 남녀가 따로 없다

문화체육관광부는 2013년 11월 '10세 이상 전국 9,000명을 대상으로 생활체육 참여 실태를 조사한 결과 주 1회 이상 규칙적으로 운동하는 사람이 45.5%에 달한다'라고 발표한 바 있다. 그렇다면 우리나라에서 단일 종목으로 가장 많은 동호인을 지닌 종목은 무엇일까? 바로 축구다.

전국적으로 58만 5000여 명이 등록 동호인으로 활동하고 있다. 미등록 동호인까지 합치만 300만 명이 넘을 것으로 추산된다. 전국축구연합회는 장년층 동호인 수 증가율이 정체기를 맞이하자 2013년부터 2020년까지 시행하는 '중장기 발전 계획'을 수립하여 유소년, 청년 및 여성 동호인 확대 등 저변을 늘리기 위한 정책을 수립해 시행하고 있다.

저변 확보에서 괄목할 만한 성장을 보이고 있는 여자 축구는 눈여겨 볼만하다. 전국단위 여성축구대회의 수가 증가세에 있다. 2014년 개최된 '여자어린이 풋볼 클럽 챌린지'에는 전국 30개 클럽 7만여 명의 선수가 참가하는 성과를 거두기도 했다. 초등부뿐 아니라 중등

부, 일반부 여성 등이 참가할 수 있는 대회도 늘어나고 있다. 또 축구교실 운영을 통해 여성들의 참여를 확대하는 방안도 추진되고 있다. 이 같은 노력은 신체활동 취약계층으로 분류되기 쉬운 여성들의 건강과 건전한 여가활동을 정착시키는 데 기여하고 있는 것으로 평가받고 있다.

여성들의 축구 참여를 독려하고 있는 곳은 전국축구연합회만이 아니다. 초중등 학생들은 전국학교스포츠클럽대회를 통해, 대학생들은 각종 축구 동아리대회 및 생활체육 대회에서 축구를 통해 건강하고 활기찬 삶을 가꾸어 가고 있다. 보는 즐거움에서 하는 즐거움으로의 전환이 줄 수 있는 있는 선물은 어떠한 것들이 있는지 살펴본다.

축구는 여성 건강의 필수 요소인 뼈 건강에 도움이 된다. 축구는 달리기, 빠른 방향전환, 공차기 등을 많이 하는 운동이라서 다양한 방향에서 뼈를 자극해 골 강도를 높여 준다. 특히 축구를 오래 하면 정강이뼈의 골 밀도가 크게 증가한다. 보통 나이가 들면서 뼈 강도가 약해지고 근육을 활용하는 힘이 낮아져 골절의 위험이 높아지는데, 축구를 통한 신체 단련은 골다공증, 골절 등을 예방하는 데 큰 도움이 된다.

모든 여성의 관심사인 다이어트에도 매우 효과적이다. 이전에 전혀 축구를 한 경험이 없는 여성을 대상으로 매주 1시간씩 16주 동안 축구를 하도록 했다. 연구 결과 참여자들은 지방량이 평균 3.2kg 감소했고, 근육량은 평균 4% 증가한 것으로 나타났다. 체중 감소와 근육량 증가는 몸의 전체적 균형을 잡아주며 관절염 예방에 도움을 줄 수 있다. 다이어트도 하고, 건강한 노후 대비도 할 수 있다는 점에서 30~40대 여성들의 적극적 참여를 권유한다.

다만, 여성들이 축구를 즐기기 위해선 몇 가지 주의할 점이 있다. 축구는 체력을 바탕으로 하는 운동이다. 평상시 운동량이 너무 없어 근력이 부족한 여성들의 경우 시작과 함께 부상으로 이어질 수 있기 때문에 본격적으로 축구를 시작하기에 앞서 꾸준히 근력 향상 등과 같은 기초체력운동을 해 두는 것이 필요하다. 처음 축구를 시작하는 여성들을 위한 프로그램들이 대부분 기술훈련과 더불어 체력운동을 함께 포함하고 있는 이유도 부상을 방지하기 위해서다.

운동 중 부상 예방을 위해 준비운동이 필요하다는 것은 누구나 아는 내용이지만, 축구는 격렬한 동작으로 인한 손상이 발생될 수 있어 가벼운 달리기로 체온을 상승시킨 뒤 목, 어깨, 손목, 손가락, 무릎, 발목 등 관절 부위 등의 스트레칭을 꼼꼼히 실시하는 것이 좋다. 드리블, 패스, 슈팅 등 기초기술훈련을 5~10분 정도 실시한 뒤 본 운동에 들어가는 것이 적응력을 높이는 데 도움이 된다.

축구를 자주 즐기는 사람들에게 추가적으로 꼭 권고하고 싶은 사항이 있다. 이기고 지는 것에 과도하게 집착하지 않기를 간절히 바란다. 열심히 뛰고 달려 승리하는 것도 중요하지만, 지나친 승부욕으로 인해 큰 부상이 발생하는 경우가 적지 않기 때문이다. 축구 같은 종목은 많은 인원이 같은 공간을 공유하며 이뤄진다. 상대를 배려해야만 같은 공간에서 조화를 이룰 수 있다. 또 패배를 통해서도 새로운 도전의 에너지를 얻을 수 있다는 점이 스포츠에 참여하는 소중한 가치임을 반드시 기억해야 한다. 가까운 지역의 생활축구회에선 참가자의 특성을 고려한 축구 교실 프로그램이 다양하게 운영되고 있다. '시작이 반'이라고 했다. 올 여름은 초록이 가득한 운동장에서 '몸짱'의 꿈을 이루어보길 기원한다.

출처: 스포츠동아, 2015년 6월 18일 기사 발췌

이상화 금빛 질주의 비밀
막강 파워존과 기술력의 결합

소치동계올림픽은 2010년 밴쿠버동계올림픽에서의 선전을 기억하는 많은 사람들의 기대 속에 막을 올렸다. 하지만 그런 소치에서 날아드는 대회 초·중반 소식들은 '갈증'을 해소해주기에는 부족했다. 승전보에 목말라 있는 국민들의 기대감이 커질수록 이상화 선수의 부담 또한 크게 증가했을 것이다. 하지만 여자 스피드스케이팅 500m 1·2차 레이스에서 이상화 선수는 74초 70의 올림픽신기록과 함께 대회 2연패로 국민들의 성원에 보답했다. 레이스를 마친 후 전광판을 보며 울먹이던 이상화의 모습에서 올림픽 2연패라는 개인의 영광보다는 많은 사람들의 기대를 저버리지 않았다는 안도와 북받침이 아닌가 싶은 안쓰러움마저 들었다. 가장 작은 체구로 시상대의 가장 높은 곳에 오른 이상화였기에, 하지정맥류가 허벅지까지 올라오는 고통을 이겨내고 얻은 금메달이었기에 '빙속 여제'로서의 면모는 더욱 빛났다.

올림픽 2연패 '빙속 여제'라는 칭호는 결코 그냥 얻어진 것이 아니라는 점에 주목할 필요가 있다. 이상화는 벤쿠버올림픽의 금메달이 우연이나 행운이 아님을 보여주고 싶었기에 지난 4년간 더욱 열심히 노력했다고 한다. 그 노력이 언론 기사와 보도를 통해 알려지면서 많은 사람들이 진심 어린 박수를 보내고 있다.

이상화는 유럽 선수들에 비해 체격이 작지만 자세가 낮고 안정적이다. 특히 상체는 거의 빙면과 수평을 이룰 정도로 자세가 낮다. 상체를 낮게 형성하면 공기저항을 최소화할 수 있어 좋은 기록을 내는데 유리하다. 경주용 자동차를 생각하면 이해가 빠르다. 경주용 자동차는 하나같이 차고(車高)가 낮고 앞부분이 뾰족하다. 공기에 닿는 면적을 최소화해 저항을 최대한 줄이기 위해서다. 이상화의 올림픽 2연패는 불리한 신체조건을 가진 자신에게 적합한 체력과 기술을 최적화시킨 결과라 할 수 있다.

체력과 기술의 최적화 이뤄

"솨아악~ 솨아악" 유난히도 무더웠던 지난여름 필자의 연구실에서 자주 들었던 소리다. 연구실 맞은편에 있는 오륜관(핸드볼, 배드민턴 경기장) 주변 도로에서 이상화를 비롯한 국가대표 스케이팅 선수단이 무거운 자동차 타이어를 매달고 자전거를 탈 때 발생하는 소리였다. 하루에도 몇 시간씩 반복되는 익숙한 소음(?)이 사라지는가 싶어 창밖을 내다보면 탈진한 듯 쓰러져 있는 이상화를 발견할 수 있었다.

훈련은 여기에서 끝나지 않는다. 이상화는 170kg에 이르는 역기를 들고, 튜브를 당기며 훈련했다. 이것이 바로 파워존 집중강화훈련이다. 양 허벅지와 복부, 허리, 엉덩이로 이어지는 근육을 '파워존'(power zone)이라 부른다. 파워존은 인체에서 힘을 내는데 중요한 역할을 한다. 어떤 종목에서든 파워존을 제대로 발달시키지 않고서는 일류선수가 될 수 없다.

스피드스케이팅도 마찬가지다. 파워존 강화훈련은 허벅지 근육량을 늘리고, 레이스에 필요한 파워 지구력을 향상시키는 데 효과적이다. 또한 상체의 체지방량을 줄이고 하체의 근육량을 늘려 낮은 자세를 안정적으로 유지함으로써 기록 단축의 효과를 얻을 수 있다.

둘레 23.6인치(약 60cm)에 이르는 이상화의 허벅지는 직선주로에서 발휘하는 폭발적인 추진력의 원천으로 작용한다. 뿐만 아니라 코너링에서 가장 효율적인 레이스를 가능하게 한다. 쇼트트랙이나 스피드스케이팅에서 코너링은 원심력과의 싸움이다. 원심력은 회전운동을 하는 물체를 궤도 밖으로 벗어나게 하는 힘으로 원의 중심에서 멀어지는 방향으로 작용한다. 속도가 높아지면 원심력도 커진다. 코너링에서 속도를 무작정 올리다가는 원심력으로 인해 튕겨나가고 만다.

이상화는 강한 파워존 근력을 바탕으로 원심력을 극복하고 최대속도를 유지하며 최대한 코너 가까이 붙어 최단거리를 달린다. 경기 후반부에 원심력을 이겨내지 못해 코스 바깥쪽으로 밀려나거나, 상체가 들리는 바람에 스피드가 떨어지는 선수들과 달리 이상화는 결승선을 통과할 때까지 흔들림 없는 안정적 자세와 스피드를 유지했고, 그 결과는 금메달이라는 값진 선물로 돌아왔다.

출발 때 불필요한 예비동작 없애

보통 스피드스케이팅 선수들은 왼발을 앞으로 내민 상태로 출발 신호를 기다린다. 이때 신체중심은 70~80% 정도가 왼발에 실려 있다. 총성에 울리면 강력한 오른발 추진력을 이용해 신체중심을 급속히 앞으로 옮기며 질주한다. 선수마다 차이가 있지만 많은 선수들이 오른발을 움직이기 전 예비동작으로 왼발을 반보 정도 내디딘다. 그러나 이상화는 다르다. 왼발을 디디는 동작 없이 방향만 바깥으로 살짝 돌린 후 바로 오른발을 내뻗는다. 불필요하다고 판단한 동작을 없애면서 출발에 소요되는 시간을 단축시킨 것이다.

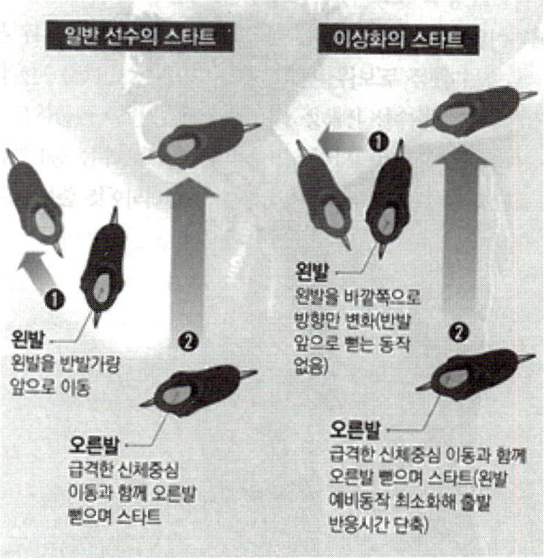

체력과 기술면에서 이상화는 단연 세계 최고이다. 하지만 스포츠 현장에는 늘 변수가 작용하다. 본인의 컨디션뿐만 아니라 경기장에 대한 적응력도 경기 결과에 큰 영향을 미친다. 스케이팅 종목은 빙질에 맞는 스케이트 관리 또한 매우 중요한 변수가 된다. 소치 올림픽이 열리는 아들레르 아레나 경기장의 빙판을 두고 이규혁은 "무르다"고 했고 이상화는 "단단하다"고 했다. 이처럼 얼음의 상태 또한 선수마다 느끼는 정도가 다를 수 있다. 따라서 날 관리에는 정도(正道)가 없다. 선수의 컨디션과 주법, 현장의 얼음 상태 등에 따라 어

떻게 날을 갈아야 하는지 달라진다. 경기 결과에 중요한 영향을 미치는 부분인 만큼 우리 대표팀도 장비 담당 코치를 선임해 스케이트 날을 전문적으로 관리하고 있다. 이상화의 강한 의지력과 적응력 그리고 소소한 실수도 용납하지 않기 위한 철저한 준비가 올림픽 2연패라는 꿈을 현실로 만들었다.

이상화는 '자신의 라이벌은 오직 자신'임을 잘 알고 있는 선수다. 벌써부터 2018 평창 올림픽에 대한 기대가 커져가고 있다. 필자 역시 2018년 평창올림픽에서 이상화의 모습을 다시 볼 수 있기를 기대하는 사람 중 한 명이지만 아직은 알 수 없다. 하지만 어떤 분야에서든 새로운 도전을 준비할 이상화에게 응원과 격려는 아끼지 않을 것이다.

출처: 월간중앙(2014). 3월호

경기복 전체에 미세한 홈 왜 있을까?

쇼트트랙은 수많은 올림픽 영웅을 탄생시킨 대표적인 한국의 효자종목이다.

타원형의 작은 경기장에서 벌어지는, 밀고 밀리는 순위경쟁의 결과 많은 선수와 국민이 환호성과 탄식을 토해냈다. 빙판에 납작 엎드려 넘어질 듯 아슬아슬 코너를 도는 쇼트트랙이 소치에서 또다시 영광 재현에 나선다. 알고 보면 더욱 재미있는 쇼트트랙의 과학적 원리를 살펴본다.

원심력을 극복하라

경기장 둘레가 불과 111.12m인 쇼트트랙은 직선주로보다 곡선주로를 달리는 시간이 훨씬 많은 경기다. 곡선주로도 스피드스케이팅 경기장과 비교해 곡률이 상당히 크다. 이 때문에 쇼트트랙은 원심력(원운동 하는 물체가 바깥으로 벗어나려고 하는 경향을 나타내는 힘)과의 싸움이라 할 수 있다.

곡선주로를 달리는 쇼트트랙 선수는 원운동에서 가속되고 있는 조건이자, 또 빙면을 밀어내는 힘, 즉 마찰력에 의해 구심력을 증가시킨다. 쇼트트랙 선수는 구심력 때문에 곡선주로를 안정적으로 달릴 수 있다. 이때 구심력은 수직 아래로 작용되는 체중(힘)과 블레이드(스케이트 날)가 빙면을 밀어내는 힘의 합성으로 이루어진다. 만약 쇼트트랙 선수가 더 큰 속도로 달리면, 더 큰 빙면의 마찰력과 빙판을 왼손으로 짚어 몸을 최대한 안쪽으로 기울인 낮은 자세로 구심력을 키워야 원심력이 상쇄되며 일정한 원의 궤도를 안정하게 달릴 수 있다.

그렇다면 곡선 코스의 비중은 얼마나 될까. 전체 트랙의 절반에 가까운 48%(53.41m)나 된다. 하지만 코너를 진입하고 빠져나오는 선수들이 움직이는 궤적을 분석해 보면 80~90%가 곡선운동이다.

스케이트 날에 숨은 과학

결국 구심력을 키워 원심력을 극복하는 것이 관건인 쇼트트랙은 이를 위해 스케이트도 특화돼 있다. 블레이드를 자세히 살펴보면 가운데가 양 끝보다 5-6mm 정도 불룩한 곡선 모양이 큰 특징이다. 스피드스케이팅용이 평평한 면을 지닌 것과 비교된다.

스피드스케이팅은 얼음판에 닫는 블레이드의 면적이 고를수록 차는 힘이 강해져 스피드를 끌어올릴 수 있기 때문에 평평하다. 하지만 쇼트트랙은 거의 모든 자세가 코너링이기 때문에 블레이드를 둥글게 깎아 빙판에 닫는 면적을 최소화해야 마찰력을 줄여 부드러운 코너링을 할 수 있는 것이다.

이때 선수들의 특성(신체조건, 기술 스타일)과 경기장 환경(빙질의 강도, 온도) 등을 고려하여 블레이드의 길이, 밴딩과 곡률을 조절한다. 또한 블레이드와 구두 사이를 높여 곡선주르에서 트랙의 안쪽으로 몸을 더 많이 기울일 수 있도록 하고 발목이 충분히 꺾이지 않은 선수는 블레이드의 뒷부분을 더 높여 낮은 자세를 유지하려는 경향도 있다.

스케이트 구두에도 기술이 숨어 있다. 쇼트트랙 스케이트는 스피드스케이트용보다 발목 높이가 더 높다. 스케이트가 기울어지는 정도를 크게 해 코너링 움직임을 좋게 하기 위해서다. 또 스케이트 날의 위치도 원심력을 줄이기 위해 밑창 중심에서 안쪽(왼쪽)으로 살짝 치우치게 해놓았다. 이때는 휘는 각도를 조절하는 '벤딩(bending)' 기술이 핵심이다.

유니폼에 숨은 과학

선수들은 유니폼도 특수재질로 된 것을 입는다. 빠른 스피드로 인한 공기와의 마찰을 줄이기 위해서다. 온몸을 감싸는 경기복에는 미세한 홈이 파여 있는데 이 홈이 공기의 흐름을 매끄럽게 한다. 골프공 표면에 작은 홈(딤플)을 촘촘하게 만들어 멀리 날아갈 수 있도록 한 것과 같은 원리다.

또한 허리를 굽힌 상태로 경기를 진행하는 쇼트트랙의 특성상 유니폼 소재는 우레탄과 라미네이트 등을 사용해 허리가 들리지 않게 잡아준다. 대다수 선수들이 결승선을 통과한 뒤 곧바로 상의의 지퍼를 내리고 허리를 펴는 이유가 여기에 있다. 더불어 근육사용이 많은 부위는 더 탄력적인 재질을 유니폼에 사용해 근육수축이 쉽게 일어나도록 도와준다.

출처: 스포츠경향, 2014년 2월 10일 기사 발췌

아이스하키, 나노 소재 스틱 · 카본 슈즈…선수들 첨단기술 중무장

과학으로 본 동계올림픽 아이스하키의 보호 장비

시속 150km 달하는 퍽과 스케이트 날 등 큰 위협
헬멧 · 마스크 · 보호대 등 장비 무게만 20kg 내외
경량화 · 기능성 모두 잡는 신소재 연구 개발 집중

보디체크, 스피드, 박진감 등은 아이스하키를 떠올릴 때 자주 등장하는 단어들이다. 빠른 스피드와 격렬한 몸싸움으로 인해 '마초 스포츠'로 불리기도 한다. 아이스하키는 유럽과 북미 지역에선 인기 스포츠로 자리 잡고 있고, 일반인들이 즐기는 대중 스포츠로서의 위치도 확고한 편이다.

반면 우리나라에선 스키나 스노보드만큼의 대중화에는 이르지 못하고 있다. 많은 사람들이 파이팅 넘치고 역동적인 아이스하키 경기 장면을 보고는 한번쯤 해보고 싶다는 생각을 갖지만, 스케이팅 시 갖춰야 할 어마어마한(?) 장비들을 보면 선뜻 행동으로 옮기지 못하게 된다. 압축고무로 만들어진 퍽의 스피드에 혹시라도 큰 부상을 당하지 않을까 싶은 불안감도 쉽게 참여하지 못하도록 만드는 장애 요인이다. 그러나 규정에 맞는 장비만 잘 갖춘다면 어느 종목보다 안전하게 즐길 수 있다. 장비 하나하나에 안전을 확보하기 위한 과학적 노력이 담겨있기 때문이다.

아이스하키는 6명이 한 팀을 이뤄 빙판 위에서 스틱을 이용해 원반처럼 생긴 퍽을 상대방 골대에 넣어 승패를 가리는 경기다. 빗자

루로 바닥을 쓸어내는 듯 한 동작의 슬랩샷은 퍽의 속도를 시속 150km에 달하게 만들며, 선수들의 스케이팅 활주 속도도 시속 50km를 넘나든다. 지름 7.62cm, 두께 2.54cm의 경화고무로 만든 퍽은 관중석의 팬들까지 긴장시키며 보는 재미를 북돋운다. 이렇게 빠른 스피드를 컨트롤하고, 안전하게 선수를 보호하기 위해선 각종 장비의 기능성과 안전성 확보가 필수적이다. 아이스하키에 필요한 장비는 크게 스틱, 스케이트, 헬멧, 보호대, 골키퍼 전용 장비 등으로 구분할 수 있다.

• 부러지지 않는 아이스하키 스틱의 비밀은?

아이스하키 스틱은 탄소섬유와 유리섬유를 머리카락 땋듯이 꼬아서 중간축으로 삼고 나노유기물질이 첨가된 레진으로 이를 빈틈없이 채워 이음새 없이 만들어진다. 이런 새로운 나노과학기술로 탄생된 아이스하키 스틱은 부러지지 않고 오래 쓸 수 있는 장점을 갖는다. 또한 스틱 재질의 과학적 발달은 빠른 스피드의 퍽을 적절히 컨트롤하는 데도 매우 유용하다.

예를 들어, 탄소섬유의 함량에 따른 스틱의 내구성과 탄성도를 조절해 선수의 기술수행능력에 도움을 주는 것이다. 2014소치동계올림픽에서 나노과학기술로 무장한 팀이 좋은 기량을 펼치는지를 지켜보는 것도 흥미로운 관전 포인트가 될 수 있다.

• 투박해 보여도 가볍고 날쌘 스케이트

흔히들 스케이트 '날'이라고 표현하는 블레이드는 아이스하키의 경우 피겨나 스피드스케이팅에 비해 두껍고 견고하다.

아이스하키용 슈즈에 사용되는 카본섬유는 잦은 충돌에도 선수의 발을 보호할 수 있는 내구성과 선수들이 자유자재로 스케이팅할 수 있도록 경량성을 높이는 데 유용한 소재다. 많은 스포츠용품에 카본 섬유가 사용되는 것도 내구성과 경량성 모드를 충족시킬 수 있기 때문이다.

블레이드의 모양은 스피드용 스케이트의 속도와 피겨용 스케이트의 활동성을 함께 적용하고 있다. 자유로운 회전과 스피드가 모두 필요한 아이스하키용 블레이드는 피겨용 블레이드보다 다소 길고, 가운데가 약간 불룩하게 제작된다. 단, 골키퍼 스케이트는 블레이드 양쪽 끝이 막히도록 제작해 퍽이 통과할 수 없도록 돼 있다.

• 빙판 위의 방탄복, 각종 보호 장비

퍽의 속도는 시속 150km 안팎이다. 그리고 단단한 고무 성질을 지니고 있다. 이는 두꺼운 판자도 뚫을 만큼 강한 위력을 갖고 있으며, 장비의 빈 틈새에 가격된 퍽은 선수의 사망 사고로 이어질 만큼 위협적이다. 이러한 위협으로부터 선수를 보호하기 위해 아이스하키는 여러 가지 보호 장비를 사용한다. 경기 규정에도 장비에 대한 규칙을 엄격히 제시해 안전규격에 위배될 경우 경기에 참가할 수 없도록 하고 있다. 표면의 강도는 높이고, 선수의 몸과 닿는 부분은 부드럽고 쿠션이 좋도록 하기 위해 탄소 소재와 스펀지 재질을 사용한다. 또 선수들은 하키용 헬멧, 마스크, 마우스피스, 팔꿈치 보호대, 장갑, 무릎 및 정강이 보호대 등 각종 장비를 착용하는데, 이 무게는 20kg 내외다. 경기를 마치고 나면 아이스하키 선수들의 체중이 2~3kg이나 빠지는 이유이기도 하다.

이에 아이스하키 용품 생산업체들은 선수의 안전 확보, 장비의 경량화, 기능성 유지 및 증진이라는 과제를 해결하기 위해 신소재 개발에 집중하고 있다.

2018평창 동계올림픽은 국민적 관심과 성원 속에 준비되고 치러

져야 할 것이다. 동계 종목 중 특정 종목에만 치우친다는 우려로부터 자유로울 수 없는 것이 우리의 현실이다. 동계올림픽의 꽃이라 불리는 아이스하키에 대한 인식과 가치를 확대해야 할 시점이다. 생활스포츠로서 참여와 관심을 유도하고, 대표팀에 대한 적극적 지원 정책을 펼친다면 올림픽 본선 진출은 꿈이 아닌 현실이 될 수 있다. 아이스하키를 통해 많은 국민이 환호하고 감동의 박수를 보낼 수 있기를 기대해본다.

출처: 스포츠동아, 2013년 12월 26일 기사 발췌

"운동 하면 공부도 잘된다." 0교시 체육 주목받는 이유

0교시 체육이 주목받고 있다.

아침에 하는 운동이 학생들의 뇌를 깨워 학습 능력 향상에 도움을 준다는 발표가 있었기 때문이다. 책으로, 방송으로 아침 운동의 효과가 구체적인 데이터를 통해 증명되면서 많은 사람들의 생각을 바꾸고 있다. 이러한 발표가 있기 전까지 운동은 학습에 방해가 될 것이라는 막연한 선입견이 존재해 왔다. 많은 학생과 학부모들이 학습 부담이 커질수록 운동하는 것을 거부해 온 이유도 여기에 있을 것이다.

스포츠과학은 이 점에 주목할 필요가 있다.

우수한 학생들이 모여 있는 특목고에서 앞다투어 아침 운동을 시작하고 있다. 과연 우리도 효과를 볼 수 있을까라는 의심이 마음 한 구석에 여전히 남아 있다. 무슨 운동을 어떻게 얼마나 해야 할지에 대한 확신이 부족하기 때문이다. 과학적 데이터를 토대로 체계성과 계열성을 확보한 매뉴얼이 필요한 시점이다.

복잡한 근육 움직임이 필요한 운동 시 인지기능을 담당하는 뇌 회로가 함께 운동한다. 즉, 운동과 인지 기능은 똑같은 뇌세포로 이루어진 회로를 사용하기 때문에 운동을 통해 강화된 뇌 회로는 인지 기능도 향상시킨다. 그래서 단순한 움직임보다는 복합적 운동이 효과적이다.

맥길 대학의 도널드 헤브는 '사용 의존적 가소성(use-dependent plasticity) 현상'을 지적하며 다양하고 색다른 경험, 변형된 운동 과제는 뇌의 움직임을 활발히 해 기억력, 집중력 등 학습 속도를 높일 수 있음을 강조하고 있다. 최대 운동 능력의 60~70%의 강도로 30분 정도 달리기를 통해 인지 능력 향상을 기대할 수 있으며, 여기에 좀 더 복잡한 운동을 더하면 그 효과는 더욱 확대된다는 주장도 일맥상통한 견해다.

또한, 운동은 학습 능력 향상뿐만 아니라 도파민, 세로토닌 등 신경전달물질의 분비를 늘려 심리적, 정서적 안정을 꾀하는 데 큰 도움이 된다. 구체적인 데이터를 통한 운동 효과는 이미 입증되고 있다.

건강하고 지혜로운 성장에 필요한 구슬은 준비가 되었다. 이제 스포츠과학자들의 손으로 구슬을 꿰어야 할 때다. 수많은 사람들이 그저 목에 걸기만 하면 되도록 말이다. 스포츠 과학의 힘이 발휘되어야 할 때다.

출처: 스포츠동아, 2010년 9월 28일 기사 발췌

최고의 조건, 루틴을 연마하라

'루틴(routine)'이란 '판에 박힌 일, 일상의 과정 또는 기계적인 순서'로 해석된다.

스포츠 현장에서 루틴은 '심리적 안정감'과 '일관성(consistency)' 유지를 통해 최상의 결과를 위한 필수 요소라 할 수 있다.

운동 수행은 개인적 요소와 환경적 요소에 동시다발적인 영향을 받는다. 예를 들면, 선수가 최상의 기술력으로 최상의 컨디션을 가지고 경기에 참석했다 하더라도, 낯선 경기장과 상대 선수에 대한 일방적 응원 등으로 경기력을 제대로 발휘하지 못하는 경우를 종종 목격할 수 있다. 이에 선수들은 자신의 기술력을 일관성 있게 최대한 유지하고 어떠한 환경적 변화에서도 흔들리지 않을 자신만의 적응 방식, 즉 '루틴'을 개발하고 반복 연습한다.

세계적인 축구 선수 크리스티아누 호나우두는 무회전킥을 위해 프리킥 지점에 볼을 놓고 5걸음(뒷걸음) 정도 뒤로 물러난 뒤 수비벽과 볼을 번갈아 보며 집중하고 큰 호흡을 한번 한 뒤 공을 향해 대시한다. 삼성 라이온스의 박한이 선수는 투수가 1구를 던질 때마다 자신의 장갑에 붙어있는 "찍찍이"를 양손 모두 떼었다 붙이고 다음에는 자신의 모자를 벗었다가 다시 쓴다. 그리고 마지막으로 방망이로 땅에 원 하나를 그려야 타격 준비가 마무리 된다. 박태환 선수의 헤드폰 음악 듣기도 하나의 사례라 하겠다. 얼핏 보면 불필요한 동작 같아 보이지만 집중력을 높이기 위한 자신만의 루틴을 실천하는 것이다.

루틴은 스포츠 장면뿐만 아니라 일상생활에서도 흔히 볼 수 있다. 출근길 운전 중에 항상 같은 차선으로 주행하고 즐겨 찾는 식당에서 매일 비슷한 음식으로 점심을 먹는 등 많은 일들에 루틴을 만들며 살고 있는 것이다.

'생활의 달인'이라는 TV 프로그램을 통해 소개되는 달인들의 활약은 수많은 반복 경험을 통해 작업의 효율을 높일 수 있는 각자의 '루틴 개발 및 정착'으로 차별성을 갖기에 가능한 일이다.

많은 스포츠 지도자들은 '루틴'의 필요성을 강조한다. 특히, 골프나 양궁과 같이 선수의 심리적 상태나 주변 환경의 변화에 크게 영향 받는 종목들은 그 필요성이 보다 강조된다.

많은 아마추어 골퍼들 중에는 '연습장 프로'라는 별명을 가진 이들이 상당수다. 실전 상황에서 스윙이 빨라지고 힘이 들어가는 등 자신의 기량을 충분히 발휘하지 못하는 경우가 많음을 의미한다.

'루틴'은 기술과 상황 관리 능력이 부족한 아마추어들에게 보다 큰 효과를 발휘할 수 있다.

좋은 습관 '루틴' 만들기는 가장 잘 되었던 동작과 상황 등을 회상하며, 반복 연습을 통해 완성된다. 긴장감이 팽배한 스포츠 현장에서, 때로는 나태해지기 쉬운 일상 속에서도 나만의 루틴으로 짜릿한 승리를 맛볼 수 있기를 기대한다.

출처: 스포츠동아, 2009년 8월 17일 기사 발췌

'제2의 심장' 발의 건강, 운동하는 발이 장수한다.

인간사회와 문명은 직립 보행을 함으로써 급진적인 발전을 했고, 이 직립 보행을 가능하게 한 것이 바로 발이다. 즉, 직립 보행 시 땅에 뒤꿈치 뼈가 닿는 발을 가진 인간은 자연계의 유일한 생명체이다. 발은 26개의 뼈와 100개가 넘는 인대, 근육, 신경이 복잡하게 얽혀 있어, 우리를 서있게 하고 걸을 수 있지 해 준다. 인체의 축소판으로 일컬어지는 발은 몸 전체의 건강과 밀접하다.

인체의 축소판으로 일컬어지는 발바닥은 펌핑 작용을 통해 12톤의 압력을 만들어 내어 아래로 몰린 피를 발→하지 정맥→심장으로 올려주는 역할을 하며, 제2의 심장으로 불리기도 한다. 그러나 제2의 심장인 발바닥의 펌프작용은 걷거나 운동을 하지 않으면 그 기능을 다하지 못하게 되고, 혈액 순환 장애의 원인이 되기도 한다.

현대인들은 정보통신의 발달, 교통의 발달, 미디어의 발달 등으로 생활의 편리를 누리고는 있지만, 발의 운동 기회를 박탈당하고 있다. 엘리베이터, 에스컬레이터 등 생활공간에서의 움직임이 점점 축소되면서 발 건강이 위협받고 있다.

인간의 몸은 기계와 마찬가지로 사용하지 않으면 기능이 저하되고, 반대로 지나치게 혹사되었을 때도 노화를 촉진하는 특징을 가진다. 특히, 60세를 기준으로 악력은 20세의 80% 수준을 유지하지만, 각력은 50% 정도로 감소한다는 점에서 발의 건강관리가 중요함을 시사한다.

발의 건강은 호흡기와 소화기 건강에 영향을 미치고, 이들 장기는 뼈나 근육에 영향을 미치며, 발의 혈관과 신경은 두뇌와 내장 기관과 밀접한 관련을 가진다. 즉, 발의 건강이 건강의 바로미터가 될 수 있다는 것이다.

발은 심한 운동 시 1시간에 500톤의 힘을 견뎌 내야 하며, 60 평생에 지구를 세바퀴 반이나 돌 정도로 혹사당하는 기관이기도 하다.

때문에 발의 건강은 신발과도 밀접한 관련이 있다. 좋은 신발이란 처음 신는 순간부터 편안함이 느껴지는 신발이다. 새 신발을 신고 발이 아프다면, 이미 발과 신발 사이에 전쟁이 시작되었음을 알리는 신호로 판단해야 한다. 이 전쟁에서 발이 이기면 그나마 다행이다. 신발이 늘어나 신발 모양이 변형되는데 그친다. 그러나 신발이 승리하면 발의 변형이라는 아픔을 겪어야 한다. 따라서 부드러운 가죽 소재로 바닥이 둥글어 체중이 쉽게 이동되며, 잘 분산시키는 깔창을 사용한 신발이 좋다. 마라톤화, 조깅화와 할머니 신발로 통하는 편한 기능화 등이 해당된다. 이와 같이 신발의 선택도 중요하지만 발 건강의 최대 보약은 바로 걷기다.

올바른 걷기 자세는 턱을 당기고 시선은 멀리, 가슴과 등을 활짝 펴고, 팔에 힘을 빼고 리드미컬하게 움직이며 걸어야 한다. 이때 팔꿈치는 90도, 발등과 정강이 각도도 90도, 보폭은 되도록 넓게 유지하며 걷는 것이 좋다. 따라서 오늘부터 당장 올바른 걷기를 실천해 보는 것이 어떨까.

출처: 스포츠동아, 2009년 5월 25일 기사 발췌

훔치려는 자, 3.5초를 지배하라

현대야구의 꽃 '도루'
그 비밀을 밝혀주마.

도루는 두 얼굴을 지니고 있다. 성공하면 베이스를 하나 더 벌며 팀 사기를 진작시킬 수 있지만, 실패하면 아웃카운트 하나의 소모와 함께 팀 분위기에 찬물을 끼얹을 수 있다. 실수를 최소한으로 줄이는 것이 관건인 야구에서 도루 실패의 여진은 크다고 할 수 있다.

그라운드에서 훔치려는 자와 지키려는 자의 숨 막히는 긴장감은 야구의 재미를 배가시키기에 충분하다. 갑자기 뛰기 시작하는 1루 주자, 순간을 훔치는 절묘한 플레이가 바로 도루다. 빠른 주자가 나가면 투수의 집중력이 흔들린다. 주자에게 있어 90cm의 리드는 약 0.1초의 가치가 있다. 주자가 투수 타이밍을 뺏고 뛸 수 있는 시간은 약 3초, 투수는 그 시간을 조절해야 한다. 예를 들어 하나, 둘에 투구를 하거나 혹은 다섯까지 센 후에 투구를 해야 한다. 계속 바꿔가면서 해줘야지 타자들이 투수의 자세(투구폼)를 못 읽고, 출발을 빠르게 하지 못하기 때문이다.

도루는 3.5초의 승부

발이 빠르다고 도루를 잘할 수 있는 것은 아니다. 도루의 성패는 투수의 투구동작을 얼마만큼 빨리, 정확하게 간파하느냐에 달려있다. 3.3초에서 3.5초 사이에 승부가 갈리는 도루, 3.2초 정도 되면 확실하게 아웃시킬 수 있고 주자 쪽에서는 확실하게 세이프가 될 수가 있다. 투수가 던진 공이 포수에게 도착하는 시간이 약 1.2초다. 포수가 2루로 송구하기 위한 시간은 1초, 포수가 던진 공이 2루수에게 도착하는 시간이 약 1초, 2루수가 공을 잡아 주자를 태그 하는데 걸린 시간은 0.3초, 모두 합치면 3.5초다. 주자가 1루에서 2루로 뛰는데 4초 정도 걸리지만 베이스에서 떨어져서 출발하므로 실제 걸리는 시간은 약 3.5초 정도, 따라서 도루는 3.5초의 승부라고 할 수 있다. 3.2초로 뛴다는 것은 보통 멈추기 위해서는 제어 거리가 필요하다. 그 거리 동안 속도를 줄이지 않으면서 멈추는 기술이 바로 슬라이딩이다. 슬라이딩은 달리는 주자들에게는 필수적인 요소다. 달리기는 베이스를 지나치면 안 되기 때문에 속도를 늦추어야 한다. 이 미묘한 차이의 시간이 세이프와 아웃을 결정한다.

141.7－148.8g에 주먹만 한 공과 106.8cm(42인치) 이하의 단단한 배트, 그 예민한 공과 배트 사이의 예측불허의 승부, 정해지지 않은 경기시간, 그래서 야구는 그 어떤 스포츠보다 다양하고 승패를 알 수 없는 극적인 장면들이 연출되곤 한다. 도루와 같은 그 짜릿한 긴장 때문에 사람들이 야구에 열광하는지도 모른다. 안 좋았다가 회복되고, 좋았다가 나빠지고, 어떻게 보면 우리 인생의 축소판이라고도 할 수 있다. 즉 인생 같은 야구, 그 안에 숨어있는 3.5초의 과학을 한번 느껴보시길 권한다.

출처: 스포츠동아, 2009년 4월 27일 기사 중 일부 발췌

⌘

참고문헌

한국체육학회지(2022).한국체육학회보. Vol. 103

김미향 외(2021). 아는 만큼 보이는 스포츠 분야 진로 탐색서. 대한미디어

송주호(2014). 월간중앙, 3월호,140－141

스포츠동아 https://sports.donga.com/article/all/20120507/46068582/3

다음백과 https://100.daum.net/encyclopedia/view/47XXXXXd1573

스포츠동아 https://sports.v.daum.net/v/20140530064407343

스포츠동아 https://sports.donga.com/article/all/20080414/5106130/1

스포츠동아 https://sports.donga.com/article/all/20100309/26735164/1

동아일보 https://sports.donga.com/article/all/20150617/71927503/3

스포츠경향 https://sports.khan.co.kr/news/sk_index.html?art_id=201402092031183&sec_id=530601

스포츠동아 https://sports.donga.com/article/all/20131225/59782981/3

스포츠동아 https://sports.donga.com/article/all/20100928/31438975/3

스포츠동아 https://sports.donga.com/article/all/20090816/22353173/3

스포츠동아 https://sports.donga.com/article/all/20090524/19637155/3

스포츠동아 https://sports.donga.com/article/all/20090427/5139233/1

어떻게 하면 수학을 잘할 수 있을까?

박병도(충북대 수학교육과)

○○ 1. 서론

필자는 수학을 연구하는 것이 직업인 수학자의 인생을 살고는 있으나, 그것이 필자가 학창시절 수학에 특별히 재능이 있었기 때문은 아니며, 필자가 자란 가정의 환경적 여건이 특별히 더 유리했기 때문도 아니었다. 필자는 수학을 잘하지도 못했고, 수학과 관련한 모든 것이 괴로웠던 수포자였다가, 어떻게든 공부를 잘해 보려고 좌충우돌 하는 과정에서 수학을 좋아하게 되고, 수학 전공으로 대학에 진학하게 되고, 전문 수학자가 되기 위한 훈련을 거쳐서 수학자가 된 보통사람일 뿐이다. 간절함 때문에 조금 고생스럽지만 혼자 부딪혀가며 배우고 학문적으로 성장할 수는 있었는데, 그 과정 내내 어떻게 하면 수학을 잘할 수 있을지를 늘 절실하게 묻다가 미국 유학 가서 공부하던 어느 시점엔가 더 이상 그와 같은 질문은 하지 않게 되었다. 그리고 잊어버렸다(Wittgenstein, 2001). 그러던 것이 필자가 2021년 겨울 충북대학교–충청북도교육청간 협력관계에 따라 고교학점제 시범사업의 일환으로 일선 고교에 진로특강을 나가게 되어 이 질문을 다시 꺼내들게 되었고, 필자의 경험담을 통해 수학 교실 안에서 스스로 불행하다고 느끼는 학생, 수포자라고 생각하는 학생, 수학에 별다른 재능이 없다고 생각하는 학생들이 수학을 잘하게 되고 좋아하게 되는데 관심이 있다면 참고가 될 수 있도록 이 글을 쓰게 되었다. 이런 의미에서 이 글의 내용은 전적으로 필자의 사견이고 필자의 소속기관, 교육부 및 대한수학회의 공식 입장과 일치하지 않을 수도 있다.

○● 2. 왜 수학을 잘해야 하는가?

어떻게 하면 수학을 잘할 수 있을지 이야기하기에 앞서서 왜 수학을 잘해야 하는지를 살피는 것이 필요하다. 왜에 대한 답을 할 수 없다면 어떻게를 살필 필요가 없기 때문이다.

1) 살면서 필요한 표준적 지식이기 때문

수학을 잘해야 하는 이유는 무엇보다도 유용하기 때문이다. 초등학교 교육만 받아서 사칙연산만 할 수 있으면 인생 사는데 아무런 불편이 없는데 왜 도대체 삼각함수며 미적분을 배워야 하는지 의문을 제기하시는 회의론자들도 있지만, 복잡해 보이는 수학 속에 삶에 필요한 사고가 담겨 있다. 당장 어떤 공간의 높이를 정확히 재야 하는데 사다리 놓고 줄자로 잴 수 없다면 삼각함수가 필요하고, 고속도로 과속 구간단속의 원리를 이해하기 위해서는 미분의 평균값정리를 이해해야 한다. 요새 은행 등에서 퇴직연금 가입을 많이들 권유하는데, 월급생활자가 퇴직연금을 불입하고 매년 소득공제를 받는 대신 가입기간 동안 금융상품 수수료와 연금 수령시 연금소득세를 내는 게 유리한지 여부를 판단하려 해도 상당 수준의 고등학교 수학이 쓰인다. 수없이 많은 예가 있지만(김민형 2018, 박경미 2013) 굳이 여기서 일일이 열거하지 않더라도 수학이 우리 실생활에서 얼마나 필수적인지에 대해서는 별다른 반론을 예상하지 않는다. 쉬운 예로 초등학교 수준 국어실력만 있더라도 일상 대화에는 아무런 문제가 없겠지만, 살다 보면 가끔씩은 속임수로 돈을 빼앗아 가는 사람도 만나게 되고, 자기 집에 세들어 사는 세입자가 못나가겠다고 버티는 경우도 있으며 국가가 부당하게 부과한 세금을 낼 수 없다고 다투어야 할 때도 있다. 이때 매번 변호사, 법무사, 세무사의 도움을 받아야만 하는 것과 그렇지 않고 고소장, 내용증명서, 이의신청서 등을 간단한 예시와 안내만 참고하면 직접 작성할 수 있는 포괄적인 문해력과 문장력을 가지고 사는 것이 같다고 볼 수는 없다. 수리력에 대해서도 마찬가지다. 국가에서 교육부장관령으로 정하는 중고등학교 수학 교과과정에서 가르치기로 한 내용들은 수학 교과서에 쓰여진 수학 내용들만 봐서는 일견 무미건조해 보일 수도 있지만, 사회를 살아가면서 크게 불편을 느끼지 않을 만큼의 수리력을 기르는데 꼭 필요한 내용들이다.

그러므로 중고등학교 모든 학년의 수학 교육을 받는 학생들이 모든 학습목표를 달성하는 것은 무엇보다도 학생 개개인의 인생에 있어 매우 중요하다. 여기서 혼동하면 안 되는 것은 모든 학습목표를 달성하였다는 말이 반드시 대학수학능력시험에서 수학을 만점 받을 수 있다는 뜻일 필요는 없으며, 교과서에 흥밋거리로 나오는 수학사의 천재들처럼 수학자의 역량을 갖추어야 한다는 뜻도 아니다. 심지어 수학을 굳이 좋아해야 한다는 의미도 아니다. 오히려 수학에 별다른 흥미를 느끼지 않는 학생이나 수리력이 평균보다 떨어지는 학생이라고 할지라도 적절한 시간과 노력만 기울이면 학습목표를 달성할 수 있도록, 그것이 모여서 해당 과정을 마칠 때쯤 되어서는 그에 부합하는 적절한 수준의 수리력을 발휘하면서 일상생활을 영위할 수 있도록 짜여진 것이 법정 교육과정이다.

물론 교육과정이 항상 절대선은 아니며, 모든 학생들에게 항상 가장 효과적인 결과를 가져다주는 것은 아닐 수도 있다. 실제로 이는 수학교육학 분야의 가장 중요한 연구 주제 중 하나이며, 다각도에서 개선과 보완을 위한 논의가 이루어지고 있다. 거기에 더해 수학 교과 교육과정의 경우 특별히 더 완벽하기가 어려운 측면이 있다. 수학의 경우 일상생활의 경험과 좀 더 가깝고 현실적인 필요와 유관하게 느껴지도록 동기를 부여하는 방식과 추상적이고 무미건조해 보이지만 전달하고자 하는 핵심이 분명하게 드러나도록 가르치는 방식은 상당부분 동전의 양면과 같은데 어느 한 쪽을 일방적으로 강조할 수 없기 때문이다. 어쨌거나 이런 부분들은 사실 부차적이다. 교육과정의 힘은 그 자체가 개별 학습자를 적절히 배려하고 있는지 여부에 있지 않다. 오히려 무엇을 배워야 하는지에 대해 적극적으로 질문하지 않더라도 그 과정을 충실히 따라가기만 하면 적어도 교육과정이 의도한 목표까지는 도달할 수 있다는 데에 있다. 수학적으로 매우 조숙한 영재들을 위해서는 미적분을 고등학교 3학년 때 가르쳐 주는 것보다는 중학교 1학년 때 뉴턴의 프린키피아(Newton, 2016)를 읽혀서 뉴턴이 어떻게 미적분을 발견할 수 있었는지, 가장 근원적인 아이디어는 무엇이었는지를 배우게 하는 편이 더 효율적일지도 모르겠으나, 수학에 딱히 흥미가 없거나 성적이 잘나오고 있지 않은 학생들의 경우 본인의 적성과 선호를 잘 반영한 교육과정을 기대하기에 앞서서 현재 교육과정을 있는 그대로 신뢰하고 따라가 보는 것이 가장 현실적이고 합리적인 전략이 될 것이다. 배경이 되는 지식들에 대한 학습목표를 양호하게 이수하였다면, 아주 예외적인 경우를 제외하고는 수학교사의 조언을 받아 좀 더 개인화된 학습목표를 제시받을 필요는 없을 것이다.

2) 사고력을 계발시키는 매우 훌륭한 수단이기 때문

앞서 설명한 수학의 유용성과 수리력의 필요성은 왜 필요한 만큼의 수학을 배워야 하는지에 대한 이유가 된다. 하지만, 이것만으로는 어째서 수학을 덮어놓고 잘하는 것이 좋다고 주장할 수 있는지 분명하지 않다.

물론 수학을 잘하지 않고는 학급, 전교 석차 상위권을 차지할 수 없으며, 최상위권 대학에 진학할 수 있는 가능성에 영향을 받을 수 있고, 그 결과로 미래에 누리게 될 사회경제적 지위에 영향을 받을 수 있다는 것이 사실 여부를 떠나서 상식이다. 필자는 개인적으로 이 말이 대체로 사실이라고 생각한다. 사회경제적 지위까지 연관 짓는 것은 다소간 무리스럽다고 생각하지만, 이 역시도 일정부분 부인할 수 없는 측면이 있다. 이를테면 의사는 전통적으로 존경받는 고소득 직군인데, 의사 면허를 얻기 위해서는 의과대학에 입학해야 한다. 수학 성적이 잘 안 나오는데 의과대학 입학이 가능한가?

필자 본인이 수포자였던 경험에 비추어 보더라도, 중고등학교 공부에서 수학이 흔들린다는 것은 단순히 수학 한 과목을 잘 못하는 것을 넘어서서 학교 공부 자체에서 좌절감을 증폭시키는 역할을 한다. 무엇보다 수학 과목이 매 학년 이수 단위수가 높고, 물리나 지구과학 영역에서도 일정 부분 수학을 사용하기 때문에 수학을 잘 못한다는 주관적인 느낌을 가지기 시작하면, 학교 공부 전반에 적극성과 흥미를 잃기 쉬워진다. 반대로 수학 공부에 자신감이 붙기 시작하면 학업 전반에 걸친 자신감으로 확대될 가능성이 커진다.

어떻게 보면 이런 것들이 수학을 잘해야만 하는 매우 현실적인 이유처럼 보이지만, 사실 여기서 중요한 것은 수학을 통해 사고력이 자극되고 계발된다는 점이다. 보다 협소한 의미로 머리가 좋아진다고 할 수도 있는데, 단순히 지능지수(IQ)가 높다는 의미로 두뇌 회전이 빠른 것이나 기억력이 좋은 것과 사고력이 우수하다는 것은 다르기 때문에 그렇게 표현하지는 않는다. 사고력을 자극하고 계발시키기 때문에 학업 전반에 적극성과 자신감에 불쏘시개 역할이 될 여지도 생기게 되는 것이다.

그렇다면 사고력의 정체는 도대체 무엇인가? 흔히 수학 교과서나 문제집 머리말에서 수학은 논리적인 학문이며, 수학을 공부하는 이유는 사고력을 기르기 위함이라는데, 도대체 이 말이 무슨 뜻인가? 가장 단순하면서도 정확한 정의는 '생각하는 힘'이다. 즉, 아무것도 아는 것이 없는 상황을 직면하더라도 그 상황과 손에 쥐고 있는 정보에 기초하여 논리적으로 사고하여 결론을 이끌어내는 힘을 말한다. 남이 할 수 없는 일을 하고 남이 가려고 하지 않는 길을 갈 수 있는 동력이 여기에서 온다.

하지만 사고력이 늘었는지 여부를 알 수 있는 방법이 있는가? 있다. 단지 토플 점수로 영어 실력을 측정하는 것과 같은 측정 방법이 마땅치 않기 때문에 사고력이 사회적으로 통용 가능한 객관 지표로 활용되지 않을 뿐이다. 전 세계 최정상급 대학 수학과에서 박사학위를 받고 최정상급 연구 기관에서 일하는 젊은 학자들을 데려가기로 유명한 모 유럽계 헤지펀드의 경우 흔히 brain teaser라고 불리는 짧은 시간 동안 강하게 집중해서 머리를 써야 풀리는 문제들을 인터뷰 문제로 제시하곤 하는데, 이런 문제들로 IQ테스트 비슷하게 IQ와 유사한 성질의 양을 측정할 수는 있겠으나, 사고력이라는 것이 IQ와는 다르므로 제한된 평가 방식이다. 그렇다면 사고력이 늘었는지는 어떻게 알 수 있다는 것인지 독자의 이해를 돕기 위해 필자의 경험으로 예를 하나 들어 본다. 반복하지만 필자가 수포자였을 때가 있었는데, 특히 중학교 저학년때 교과 공부를 소홀히 하였다. 이때 배운 수학 교과 내용은 나중에 고등학교 1학년 과정에서 상당 부분 만회가 되지만 유일하게 평면기하는 다시 배울 기회가 없었다. 그런데 필자가 대학 4학년 때 중학교 2학년 과외고사를 하게 되었다. 학생이 우수했기 때문에 아무 생각 없이 "A급 수학"이란 문제집을 풀라고 주고 수업준비를 하는데, 이 문제집 평면기하 단원 최고 레벨로 가면 아무리 수학 전공자라도 특별히 수학올림피아드 출전을 위한 훈련을 받거나 하지 않았으면 바로바로 풀리지 않는 문제들도 등장한다. 처음에는 생소한 느낌이 있었고 어떤 문제들은 시간이 좀 걸리긴 했지만 결과적으로 최고 레벨 문제들도 큰 어려움 없이 혼자 힘으로 풀어낼 수 있었고, 특히 해설지의 답안과 다른 접근방식으로 접근해서 문제를 더 간단하고 쉽게 풀어낸 것도 여럿 있었는데, 만약 평면기하 지식의 유무나 문제풀이 경험이 중요했다면 필자는 중학교 2학년 때 교과를 부실하게 이수했고, 이후에 따로 공부할 기회가 있었던 것도 아니었으므로 필자는 문제들을 풀어낼 수 없었어야 했다. 그럼에도 불구하고 필자가 전에 본 적이 없거나 현실적으로 없는 것과 동등한 문제들을 큰 어려움 없이 해결할 수 있었던 것은 증명 위주의 대학 전공 수학을 공부하는 과정에서 쌓인 사고력의 결과라고 보는 것이 가장 개연성 있을 것이다.

3) 수학에 흥미를 느끼고 내적 동기가 있는 경우

앞선 두 가지 이유들은 수학을 사랑하지도 않고, 수학자가 될 계획도 없는 학생들에게 적용되는 것이다. 어떤 이유에서든 수와 도형에 매료되어 그것들의 질서에 진지한 관심이 있는 학생들의 경우 이상의 이유들이 그들의 진지함을 떠받치고 있는 것이 아니므로 의미가 없어진다. 따라서 수학에 진지한 학생들의 경우 '왜'는 유의미한 질문이 되기 어렵다. 그것은 아무리 많은 실패를 반복하여 자신감이 바닥에 떨어진다고 하더라도 마찬가지이다.

○● 3. 어떻게 하면 수학을 잘할 수 있는가?

왜 수학을 공부해야 하고 잘해야 하는지에 대한 반론이 없다면, 어떻게 해야 잘할 수 있는지를 살펴볼 수 있겠다. 필자의 기본 입장은 교과서 중심으로 교육과정이 제시하는 학습 목표만 충실히 이수하면 누구나 수학을 잘할 수 있다는 것이다. 일선 학교 현장에는 명백히 수포자가 다수 존재하는데 필자의 주장이 당초에 말이 되는지를 물을 수도 있겠으나, 필자는 누구나 수학을 잘할 수 있다고 했지 누구나 수학을 잘하고 있다고 하지 않았다. 하지만 이 질문은 훌륭한 질문이다. 누구나 수학을 잘할 수 있는데 누구나 수학을 잘하지 못한다면 이유가 있을 것이고 그것이 수학을 잘할 수 있을지 없을지를 좌우하는 열쇠가 될 것이기 때문이다.

1) 수학을 이해한다는 것의 의미와 이해의 주체성

〈프랑크푸르트 중앙역에서 필자〉

직업이 수학자인 필자에게는 공기처럼 당연하지만, 필자는 수학을 이해한다는 것이 무슨 의미인지 필자가 염두해 두고 있는 그대로 중고등학생이나 학부모님들은 물론 일선 학교 수학 교사들이 받아들이고 있을 것이라고 생각하지 않는다. 왜냐하면 필자는 필자가 지금 하고자 하는 이야기를 어디서 잘 들어본 적이 없기 때문이다. 사범대학에서 예비교사들의 수업 시연을 보고 있으면 이런 점을 더욱 체감한다.

필자에게 수학을 이해한다는 것은 도시를 알아가는 것과 유사한 경험이다. 여러분은 독일의 프랑크푸르트 암 마인(Frankfurt am Main)에 다녀온 적이 있는가? 프랑크푸르트 국제공항에 내려서 지하로 내려가 Regional열차를 타고 프랑크푸르트 중앙역에 내린다. 역 광장에 나가 담배를 하나 태우고 에스프레소를 한 잔 마신다. 지하철을 타고 Innenstadt의 Konstablerwache역에 내려서 독일 맥주와 프랑크푸르트 소세지로 식사하고 밤엔 Oper Frankfurt에 가서 공연을 감상한다. 이렇게 하루를 보내면 프랑크푸르트를 조금은 알게 된다. 다음날을 보내고 그 다음날을 보내고 해서 한 주, 한 달,

1년, 10년 프랑크푸르트에서 산다. 그러면 프랑크푸르트를 다 알 수 있을까? 10년쯤 살면 공항에 처음 내리던 날보다는 많이 알게 될 것이다. 또한 자기가 자주 가는 슈퍼마켓이나 레스토랑, 그 인근에 대해서는 상당히 자세히 알게 될 개연성이 크다. 하지만 그렇다고 프랑크푸르트 전체를 다 알고 이해하고 있다고 말할 수 있을까? 아마도 서울 태생이 서울을 다 안다고 할 수 없는 것처럼 프랑크푸르트를 다 안다고 말할 수 없을 것이다. 다른 한편, 서울에 돌아와 10년 살다가 다시 프랑크푸르트로 돌아간다고 하면 프랑크푸르트에 대해 알고 있는 것이 완전 백지가 되어 수십년 전 프랑크푸르트 공항에 처음 내리던 날과 같을까? 그렇지 않을 것이다. 10년 동안의 한국 생활 때문에 가물가물하긴 해도 거리를 걷다보면 머릿속 어딘가에 들어있었는지 모르는 프랑크푸르트의 10년전 지도가 펼쳐지고, 어디에 좋아하던 레스토랑이 있었는지, 커피는 어디가 맛있었는지 하나씩 떠오를 것이다.

수학을 이해한다는 것도 이와 같다. 학생들에게는 수학이란 머릿속에 가득 담고 있다가 필요한 순간 쏟아내는 것으로 느껴질 수도 있겠으나, 시험 점수에 대한 집착을 내려놓고 다시 보면 수학을 완벽히 이해하는 것이란 당초에 존재하지 않는 개념이고, 도시를 다녀본 만큼 알게 되듯, 수학도 경험해 본 만큼 이해하게 되고 시간이 지나면 기억 저편으로 밀려나지만, 그렇더라도 머릿속 어딘가에는 공부했던 것의 인상과 직관 등이 남아있어 완전히 잊혀지지는 않을 것이다. 그렇다면 수학을 공부할 땐 마치 처음 와 본 유럽 도시에 관광 온 기분으로 새로운 것을 보고 느끼고 경험해 보다가 충분히 해 봐서 재미가 없어지면 다른 도시로 건너가듯 다른 주제로 넘어가면 되는 것이다.

이렇게 스스로의 경험에 의해 머리와 마음속에 지도를 그려가듯 공부해 간다면, 내가 무엇을 아는지 모르는지도 스스로 판단할 수 있게 된다. 즉, '평가'의 기준을 스스로 판단할 수 있게 된다. 하지만 필자가 수학에 대해서 걱정하는 학생이나 학부모님들과 대화하는 과정에서 발견하는 문제점 제1호는 수학을 공부하는 당사자가 공부하는 내용을 이해했는지 아니면 이해하지 못했는지 스스로 판단을 하지 못하는 것은 둘째치고, 스스로 이해했는지 아는데 관심이 없는 경우가 많다는 것이다. 수학 공부를 통해 수학을 이해하게 되는 것을 도시를 알아가는 과정처럼 보는 것은 매우 애매모호하면서도 그렇지 않다. 공식을 암기했다, 암기한 공식을 이용해 문제를 맞게 풀 수 있다, 시험점수를 잘 받을 수 있다 등과 비교했을 때 애매모호하게 들리지만, 이해했다는 기준이 자기 자신에게 있게 된다는 의미에서 전혀 애매모호하지 않다. 다른 한편, 예를 들어 공식을 이용해 문제를 풀 수 있는지 여부 등으로 기준을 삼게 되면 당장 시험 점수를 상위권으로 올리는 데에는 도움이 될지 모르나, 수학을 이해했다고 판정하는 기준이 자기 스스로를 벗어나 있는데 따른 부작용이 반드시 나타나게 되어 있다. 공부에 매우 열심이고 교과학습 발달상황 전반이 매우 우수하고, 수학 공부에 시간과 노력도 많이 기울이는데 수학 성적이 중상위권에서 만점 수준으로 오르지 않는 학생들의 경우 바로 이 부분 기초가 잘못 잡혀 있기 때문일 가능성이 크다.

2) 오랜 기간 시간을 들여 반복

어떻게 하면 수학을 잘할 수 있을지 이해하기 위해서 마라톤 달리기와 비교해서 살펴보고자 한다. 어떻게 하면 마라톤을 완주할 수 있을까? 여러분들 중 어느 누구도 트랙이든 동네 산책로든 운동화 신고 나가서 달리기를 하지 않은 사람이 마라톤을 완주할 수 있을 것이라고 생각하지 않을 것이다. 오히려 오랜 기간 충분한 시간을 들여 반복해서 달리기를 하는 것이 가장 최소한의 필요조건이고 아마도 달리는 경험이 어떤 이유에서건 숨차고 힘들고 고통스러운 시간이 아니라 무언가 즐길만한 경험이라고 느껴야만 달리기를 오랜 기간에 걸쳐 반복할 수 있을 것임은 어렵지 않게 짐작할 수 있다. 우리 몸을 이용한 다른 기술을 익히는 것은 어떠한가? 농구, 탁구 같은 구기종목부터 요리, 홈베이킹 같은 일들 모두 오랜 기간 충분한 시간을 들여 반복하는 것은 잘하기 위한 최소한이다.

필자가 발견하는 문제점 제2호는 바로 이 부분이다. 실제로 수학을 잘하기 위해 반복적인 시간과 노력을 투입하지 않는다. 위와 비교해 보면 일종의 이중 잣대를 수학에 대해 적용하는 것이다.

여기에는 세부 유형이 두 가지가 있다. 첫째는 말 그대로 시간 자체를 할애하지 않는 경우인데 이와 같으면서 본인의 수학 점수가 낮아서 고민이라고 주장하는 경우는 그렇게 흔하지 않다. 상당수의 경우가 두 번째 경우로 학교나 학원 수업시간에 선생님 이야기를 듣는 시간이 명확히 확보되어 있으나, 정작 실질적인 자기학습은 이루어지지 않는 경우이다. 후자의 경우 그래도 반복적으로 시간과 노력을 기울였다고 믿고 싶을 수 있으나, 첫 번째와 두 번째 사이의 차이는 실질적으로 없다. 실제 자력으로 공부를 충실히 했는데도 성적이 계속 나오지 않는 경우도 적잖게 있는데, 이 역시도 결국 두 번째 경우로 분류된다. 사실 이 경우는 시간을 들여 스스로 공부한 것이 반드시 그 내용을 충분히 이해했다는 것과 동치일 필요가 없다는 점을 오해했기 때문인데, 공부한 내용에 대해 일대일로 같이 이야기해 볼 수 있는 말상대를 붙여 주면 도움이 많이 된다.

중등학교 교과 과정은 매우 넓고 두터운 수요층을 염두해 두고 만들어진 것이다. 누구든지 꾸준히 충분한 시간을 들여 스스로 이해하기 위한 시도를 반복한다면 모든 학습목표를 달성할 수밖에 없도록 짜여져 있다. 이런 의미에서 누구나 수학을 잘할 수 있고, 이렇게 해서 잘하지 못하는 것이 오히려 이상하다고 필자는 생각한다. 실제 학교 현장에서 수포자가 많은 이유 역시 간단하다. 수학을 이해하고 자기 힘으로 문제를 해결하는데 필요한 시간 할애를 하지 않았기 때문이다. 이것이 특별히 새로울 것도 없다. 필자의 경우 일본어로 쓰여진 좋은 수학 문헌들이 많이 있어 일본어를 배워서 잘해야지 하면서도 여전히 일본어를 유창하게 구사하지 못하는 이유 역시 이와 마찬가지인데, 이걸 두고 필자는 필자가 게을러서 일본어를 못한다고 생각하지 일본어 탓을 하거나 필자의 머리 탓을 하지 않는다. 통상 해 보지 않은 운동이나 학습을 마음을 내서 하루 이틀 해 보는 것은 어렵지 않으나, 그것을 매일 반복하는 것은 완전히 다른 차원의 어려움이다. 수학 공부가 익숙하지 않은 학생의 두뇌에 수학이라는 자극도 그와 딱히 맥락이 다르지 않다.

그러므로 수포자에게 가장 필요한 것은 처음에 익숙하지 않은 걸음을 내딛을 때부터 자기 힘으로 걷고 뛰고 할 때까지 같은 일을 계속 반복할 수 있는 동기일 것이다. 어떤 것이 동기가 될 수 있는지부터는 교육심리 내지는 상담심리의 영역에 속하므로 필자는 더 부연하지 않으나, 필자는 이와 같은 맥락에서 수포자를 돕는 데에는 수학자나 수학 교사뿐만 아니라 일정 부분 심리상담 전문가의 역할이 효과적일 수 있다고 생각한다. 수학을 힘들어 하는 것이 상담치료를 요하는 질병은 분명 아니지만, 학생의 동기 결여, 자신감 부족, 실패에 대한 두려움을 넘어서서 자기 힘으로 스스로 가치 있고 의미 있는 존재라는 확신을 형성하도록 돕는 일은 가정 및 학교에서 성공적이지 못했다면 인간 마음의 섬세한 작용을 이해하는 전문가가 다룰 영역이라고 생각하기 때문이다.

3) 교과서 - 가장 기본적인 가이드

이상에서와 같이 학생 스스로의 기준으로 수학을 이해했는지를 판단할 수 있고, 수학을 잘하기 위하여 시간을 들여 반복적인 노력을 기울임에 있어서 가장 기본적인 가이드가 되는 것은 교과서이다. 중등학교에 입학한 대다수의 학생들이 교과서만 충분히 숙독하여도 중등학교 수학 교과과정에서 제시한 학습목표 모두를 충실하게 이수할 수 있도록 교육과정이 만들어져 시행되어 오고 있기 때문에 그렇다. 보다 이해하기 쉽게 말해 누구나 수학을 잘할 수 있도록 이미 틀이 짜여져 있다.

이런 현실 모르는 답답한 양반이 있나 하고 생각할 수도 있지만, 필자는 학습목표 모두를 충실히 이수할 수 있다고 했지 대학수학능력시험 수리영역 만점을 받는다거나 교내 중간, 기말시험에서 만점을 받을 수 있다거나 이와 유사한 의미에서 경쟁자 대비 명확한 비교 우위를 점할 수 있다고 이야기하지 않았다. 일선 학교의 각종 시험이나 수능시험 모두 교과과정의 학습목표를 충실히 이수하였는지를 평가하자는 것이 기본 취지이긴 하므로 필자가 전혀 동떨어진 이야기를 하고 있는 것은 아니지만, 학습목표를 모두 충실히 이수하였다고 하더라도 시험 성적이 잘나오지 않는 경우는 분명히 있다. 무엇이든지 잘하기 위해서는 그 일에 맞는 연습이 필요한데, 시험이 요구하는 유형에 적절하고 빠르게 반응하여 의도한 답을 찾아내는 숙련도가 갖추어지지 않은 경우가 가능한 한 가지 경우고, 다른 한편, 시험에서 주어진 시간과 교과과정의 내용을 함께 놓고 보았을 때 제시된 문제들의 요구사항이 현실적이거나 합리적이지 않은 경우가 있을 수 있다. 둘 중 앞선 경우는 개인적인 노력으로 극복할 수 있고, 경우에 따라서는 일정 부분 정규 교과서 이외의 참고서나 학원, 과외교습 등의 사교육을 통해 좀 더 빠르고 효과적인 도움을 받을 수 있는 측면도 분명 있다고 생각한다. 후자의 경우는 좀 더 복잡하고 심각하지만 이 글에서 다루기에는 결이 다른 주제인 한편, 이 글을 전개하는데 굳이 이 문제까지 건드려야 할 필요성은 느끼지 않는다.

그렇다면 반드시 교과서로 공부하여야만 하고 각종 참고서나 학원 교재는 안 되는가? 이 역시도 필자는 안 된다고 하지 않았다. 단지 필자는 필자 이름을 걸고 학원 교재 등 각종 사제 참고서를 통해 공부하더라도 교과서를 이용하는 것과 다름없이 학습목표 모두를 충실히 이수할 수 있을지 여부를 언급할 수 없다. 교과서 검인정 심의를 왜 하는지 생각해 보면 된다.

4) 합리적이고 달성 가능한 목표 제시

마라톤을 달리고 싶어도 다짜고짜 42.195km를 완주하겠다고 덤비는 것은 무모하다. 4km 내외부터 매일 달리기를 반복하다 보면 어느 순간엔가 이것보다는 좀 더 달릴 수 있겠는데 하고 생각이 들어 6km로 늘리게 되고, 그것도 적응되어 8km로 더 늘리게 되고, 나중에는 매일 10km씩 달리는 것도 거뜬해 지게 된다. 이렇게 우리의 심폐와 근육이 늘어난 운동량에 적응하는 데에는 시간이 필요하다. 필자 개인의 경험으로는 4km 정도를 거뜬히 달릴 수 있을 때 6km로 늘리는데 약 4개월, 8km로 늘리는데 약 2개월 반, 그리고 10km로 늘리는데 2주 남짓 걸렸다. 필자가 뉴욕에서 유학할 때 이렇게 해서 센트럴파크 1바퀴 약 10km를 매일 달릴 수 있기에 이르렀다. 그런데 자의든 타의든 필자에게 달리는 거리를 늘리는 시간간격을 더 줄여야 한다는 압박이 있었다면 어땠을까? 몸에 무리가 왔을 수도 있을 것이고, 무엇보다도 달리기가 상쾌하고 즐거운 경험으로 계속되기 보다는 늘 무리해야 하는 힘들고 지겨운 경험이 되었을 것이어서 결국은 동기를 상실했을 것이다.

필자가 발견하는 문제점 제3호는 학생 호흡에 맞는 합리적이고 달성 가능한 목표를 제시해야 한다는 사실을 무시하는 것이다. 이것이 조기 교육이 위험할 수 있는 가장 근본적인 이유이다. 사고력의 발달은 단계가 있고 시간이 필요한데, 일각에서처럼 사교육을 통해 초등학교 때 고등학교 수학을 다 배우게 하는 것은 리스크가 클 수밖에 없다. 아무리 역량과 가능성 및 동기가 부여된 학생이라고 하더라도 달성 불가능한 목표를 들이대고 한동안 괴롭히면 백이면 아흔아홉은 모두 좌절하고 포기하게 된다. 남은 하나는 말 그대로 포기를 하지 않았다는 것일 뿐, 달성 가능한 목표를 달성하며 성취할 수 있을 정도 이상을 성취했을 가능성은 크지 않다. 필자는 미국 공립대학 강단에서 강의하다가 우리나라 평균보다 수리능력이 떨어지는 미국 대학생들이 수학 전공으로 졸업할 때 무시무시한 실력을 갖추는 경우를 자주 보았다. 이들이 이렇게 성장할 수 있는 동력의 핵심은 바로 현실적이고 달성 가능한 목표를 충실히 추종하는 것이다.

이와 같은 관점에서 필자는 교과서를 기초로 교육과정상 학습목표를 충실히 이수할 것을 강조한다. 교육과정상 학습목표라는 것이 결국 대다수의 학생에게 현실적이고 달성 가능한 목표이므로 배워야 할 학년에 배울 내용을 차근차근 배워 가는 경우 문제점 제3호는 생기지 않는다.

○○ 4. 몇 가지 편견에 대한 반론

앞서 살펴본 바와 같다면, 누구나 수학을 잘할 수 있음을 자연스럽게 받아들이는데 문제가 없어야 하겠으나 대다수의 수포자들은 이 말을 액면 그대로 신뢰하는데 어려움을 느낄 수도 있다. 필자는 이를 독자의 필자에 대한 믿음의 영역으로 남겨둘 수도 있겠지만, 대표적인 몇 가지 오류들을 예를 들어 함께 살펴보고자 한다.

1) "나는 머리가 나빠서 수학을 못해요."

차라리 수학을 잘하고 싶은 의지가 없다고 하거나 자기 자신은 게으르다고 한다면 필자는 인정할 수 있겠으나 이와 같은 핑계는 당초부터 성립하지 않는다. 앞서서 필자는 "누구나" 수학을 잘할 수 있도록 틀이 짜여져 있다고 했는데, 같은 맥락에서 왜 말이 안되는 핑계가 될 수밖에 없는지를 설명하겠다.

물론 수학은 중등학교 수준에서도 상당한 수준의 섬세하면서도 강력한 사고력과 집중력을 요하는 측면이 없지 않다. 예를 들어 소위 "킬러 문항"이라고 불리는 정답률이 한자리수인 수능시험 기출문제나 배배 꼬인 수학경시대회 문제를 가져다 놓고 당장 정확히 풀어낼 수 있는지 여부로 수학을 잘하는지를 정의한다면, 이와 같은 핑계가 말이 되는 측면이 있어 보이긴 한다. 하지만 이것이 옳은 정의인가? 정의는 누가 아무렇게나 내려도 상관없다. 하지만 우리가 일반적으로 정의를 만족시켜야 한다고 생각하는 대상들이 아무렇게나 내려진 정의에 부합하지 않는다면 그 정의는 옳은 정의라고 볼 수 없고, 따라서 우리의 생각을 전개해 나가는데 도움이 되지 않을 뿐만 아니라 엉뚱한 결론으로 귀착되는 직접적인 원인이 된다. 이처럼 킬러 문항을 단시간 안에 풀 수 있으면 수학을 잘하는 것으로 정의한다면, 필자의 머릿속에는 세계 최정상급 수학자들 중 단시간에는 아마도 거의 확실히 문제를 풀어낼 수 없지 않을까 싶은 수학자들이 여럿 떠오른다. 더 가까이는 킬러 문항을 풀어서 대학에 입학한 학생에게 1년 후 같은 문제를 풀라고 시켰을 때 풀어낼 수 있을지를 생각해 보면 이 정의가 왜 잘못된 정의인지 쉽게 알 수 있다.

그렇다면 수학을 잘한다는 것을 어떻게 정의하여야 하는가? 필자는 이해하고 있는 바를 다른 사람에게 논리적으로 설명할 수 있다면 적어도 그 내용에 대해서는 수학을 잘한다고 정의한다. 보다 구체적으로 학교 수학에서는 교육과정상 학습 목표를 충실히 이수하여 교과서의 예제 수준의 문제들을 스스로의 힘으로 해결할 수 있고, 자신의 풀이 과정을 다른 사람에게 논리적으로 설명할 수 있는 정도면 될 것이다. 이렇게 정의하면 수학을 잘하는 사람들이 무척 많을 것 같아 보이기도 하지만, 실제 수능시험을 한 달 앞둔 학생들에게 교과서의 평이한 예제 정도의 문제를 주고 한 번 시험해 보라. 문제의 답은 많은 학생들이 맞출지 모르겠으나, 논리적으로 자신의 풀이를 체계적으로 빈틈없이 설명할 수 있는 학생은 의외로 많지 않을 것이다.

여기서 특별히 강조하고 싶은 점은 다음과 같다. 필자는 어떤 종류의 시험 점수와 수학을 잘하는지 여부를 연계하여서는 좋은 정의를 얻어낼 수 없다고 생각한다. 시험 점수를 사용하는 순간 측정에서 오는 근본한계가 생기며, 해당 시험에 맞춤 연습을 반복하는 것으로 실력을 일정 부분 만회할 수 있기도 하기 때문이다. 극단적인 예를 하나 들어보겠다. 필자가 미국의 공립대학에서 강의할 때 분수 사칙연산도 힘들어 하는 학생들도 필자에게 미적분을 배웠는데, 이 학생들도 55%이상 득점해야 통과하는 학과 공통 기말시험을 통과해서 필자에게 학점을 받고 다음 과정으로 넘어갔다. 어떻게 초등학교 수준의 수학이 흔들리는데 대학 미적분 과목을 통과할 수 있는가? 미적분을 필자의 정의대로 잘하는지가 기준이 아니라 시험 점수가 기준이었기 때문에 가능했다. 시험 몇 주 전부터 기말시험 기출문제를 여러 개 확보하여 풀어주고, 숙제내고, 칠판 앞에 나와서 풀라고 시키는 등 기계적으로 반복시키면 시험 점수는 만들 수 있다. 다만 필자는 그 학생들이 미적분을 잘 이해하고 활용할 수 있는 사고력을 갖추고 다음 과정으로 넘어갔다고 생각하지는 않는다.

이와 같다면 수포자 입장에서 자신의 두뇌나 재능을 탓하며 수학을 잘할 수 없다고 스스로를 규정하는 것은 수학을 잘한다는 정의에 대한 오해에서 비롯된 것이다. 아무것도 이해한 것이 없어 다른 사람에게 아무 것도 논리적으로 설명할 것이 없다면 먼저 무언가를 이해하려고 해 보고, 그것을 본인이 달성할 수 있는 현실적인 목표로 만든 다음 반복하여야 할 것이다. 그렇지 않고 머리 탓을 하는 것은 비겁하다. 물론 수학에 상당히 진지한 학생들의 경우에도 마찬가지이다. 이 학생들의 경우 이렇게 물을 수 있다. "나는 수학자가 되고 싶은데 그렇다면 수학 올림피아드 문제를 술술 풀어낼 수 있는 재능이 있어야 하지 않는가? 막연히 이해한 것을 다른 사람에게 설명만 할 수 있으면 충분한가?" 필자의 답은 물론 그것이면 충분하다는 것이다. 물론 훌륭한 수학자로 성장하는데 각종 경시대회에서 두각을 나타낼 수 있을만한 재능과 능력을 보여서 손해날 것은 없겠으나 이는 별로 중요한 요소가 아니라고 생각한다. 이에 대해 시무라가 하는 말을 아울러 참고하기 바란다(Shimura, 2009).

2) "수학은 어려워요."

이것은 하나만 보고 둘은 못 보는 것인데, 수학이 어렵기 때문에 수학을 잘하지 못하거나 흥미를 찾지 못하겠다고 주장하는 사람들이 많이 있다. 수학에서 어려움을 느끼는 것 자체는 자연스러운 반응이다. 모든 종류의 수학은 익숙해지기 전에는 어렵다고 느껴질 수 있고, 그것은 전문 수학자들을 포함한 누구에게나 마찬가지다. 하지만 수학이 어렵기 때문에 수학을 잘할 수 없거나 흥미를 붙이기 힘들다는 주장은 성립하지 않는다. 어렵지 않고 쉽기만 한 일은 세상에 없기 때문이다. 예를 들어 프라이팬에 계란 부치는 것은 쉬운가? 필자는 코팅되지 않은 프라이팬에 기름 양과 불세기를 적절히 맞춰 눌어붙지 않도록 계란을 부쳐내는데 성공한 기억이 없다. 또한 농구 3점 슛은 어떤가? 필자는 살면서 단 한 번도 성공해 본 적이 없어서 수학보다 농구가 더 쉽다고 말하지 못하겠다. 어렵고 쉬운 것은 상대적인 것이고, 사람은 자신에게 익숙하지 않은 것을 어렵게 느낀다. 그렇다면 익숙해지기 위해서 적절한 시간과 노력을 기울이면 저절로 어려움이 해소될 것이라고 기대하는 게 합리적이지 않은가?

다른 한편, 보다 근본적으로 우리는 수학이 쉬운 것을 원하지 않는다. 수학이 항상 쉽다고 해 보자. 세상 당연한 건데 우리가 수학에 관심을 가질 필요가 무엇이 있는가? 오히려 수학이 어려우니까 우리는 알고 싶은 것이고 관심이 가는 것이며 알게 되었을 때 기쁘기도 한 것이다. 그래서 그런지 미국 수학자들과 대화할 때 보면 '이 문제는 interesting하다'는 말은 늘 '이 문제는 어렵다'는 말과 동치이다.

우리가 실상 수학이 쉬운 것을 원하지 않는다는 말은 좀 더 생각해 볼 여지가 있다. 일반적으로 인생에 있어서 모든 일에서 행복과 쾌락만 느끼길 원하지 않는다(Huxley, 2006). 우리는 행복, 쾌락과 불행, 고통이 적절히 교차하기를 원한다. 따라서 우리는 어떤 일을 하더라도 그 일이 순조로울 때와 그렇지 않을 때가 있는 것을 당연하게 받아들인다. 그런데 왜 수학은 왜 늘 쉬워야 하는가?

○○ 5. 수학을 잘하는데 도움을 주는 환경

수학을 잘하기 위해서는 오랜 기간에 걸쳐 수학을 이해하기 위한 시간과 노력을 기울여야 하고, 그 과정에서 달성 가능한 합리적인 목표들로 놓여진 계단을 밟아 가야 한다고 앞서 이야기했다. 이 절에서는 그와 같이 하는데 직접적인 도움이 될 수 있는 요소들을 세 가지 제시하고자 한다.

1) 질문과 대화

〈질문과 대화를 배려한 공간 구성의 예, 독일 하우스도르프 수학연구소〉

필자가 미국 유학을 통해 배운 가장 중요한 교훈은 수학은 사회적 학문이라는 것이다. 다른 수학자들에게 내가 이해한 것을 설명하고 내가 발견한 것을 주장하고 마찬가지로 상대방이 이야기하는 것을 듣는 과정이 공부의 핵심이고 책상 앞에서 혼자 머리를 쥐어뜯으며 고민하고 문제 푸는 것은 오히려 사람들하고 만나서 이야기하는 과정을 보조하기 위해서 하는 것이다.

중등학교 수학 공부가 특별히 다를 이유가 없다. 혼자 외롭게 공부하는 것보다 공부에 대해 말이 통하는 친구나 선생님과 함께 소통하며 공부하면 훨씬 덜 힘들게 멀리까지 갈 수 있다. 결국 학교라는 공간의 원형은 나무 아래의 어떤 사람이 자기가 이해하고 깨달은 것을 다른 사람에게 설명하여 주고, 그 이야기를 들은 사람들이 마음이 흡족하여 자기 자녀들도 이 사람의 이야기를 듣게 해 주기 시작하고, 사람들이 늘어나면서 건물이 지어지고 공간이 만들어진 것이라고 한다면(Kahn and Lobell, 2008), 학습이 제대로 되고 있음을 시험하는 가장 좋은 방법은 그 학습 과정에 질문과 대화가 있는지, 그 양상은 어떠한지를 살피는 것이다.

2) 공부 장소

수학을 이해하기 위한 시간을 할애하는 것이 중요하다는 것을 이해한다면, 그 시간이 온전히 수학을 이해하는데 쓰이는 것이 중요하겠다는 것은 당연하다. 그러려면 물론 수학에 시간을 쓰는 공간이 몰입에 적절한 환경인가를 따져 봐야 한다. 어떤 공간이 최적인가는 필자는 늘 궁금했으나, 사람들하고 이야기해보면 극명한 개인차가 있었다. 따라서 꼭 어디 가서 공부하라고 말하기보다는 자기 자신에게 가장 잘 맞는 공간을 적극적으로 탐색해서 십분 활용하라고 제안한다. 가능하다면 최소 두 군데를 확보해 놓는 것을 권한다. 필자의 경우 고등학교 때 공립도서관 열람실에서 공부하던 것이 몸에 배어서 그런지 도서관에 가야만 가장 마음이 편안해지고 집중이 잘되기 시작한다. 집에서 일하면 아무래도 몸과 마음이 느슨해져서 몰입도가 충분히 나오지 않고, 사무실에서 일하면 공부 이외에 여러 가지 행정업무와 전화, 이메일 때문에 쉽게 산만해 진다. 그래서 필자는 반드시 사무실에 나와 데스크탑을 켜고 각종 논문을 띄워놓고 보면서 리갈패드와 칠판에 번갈아가며 끄적여야만 집중이 된다는, 도서관에서는 답답해서 도무지 버틸 수 없다는 동료 수학자가 절대 이해되지 않는다.

필자는 최근 들어 스터디카페나 공유오피스들이 여러 군데 생기고 수요도 늘어나는 현상이 이러한 맥락에서 매우 흐뭇하다. 사람들이 단순히 시간을 쏟아 부었다는 것에 의미를 두는 것을 넘어서서 그 시간이 사용된 품질을 따지기 시작했다는 뜻이고, 따라서 좋은 공부환경이 필요한 필자를 포함한 학자, 학생들이 양질의 연구 및 학습환경을 누리기 좋아지고 있다는 뜻이기 때문이다.

3) 미래교육

유튜브 등 플랫폼을 활용하거나 스카이프 등의 앱을 이용하여 동영상 또는 화상회의로 강의나 학회가 진행되는 사례는 코로나-19 시국 이전에도 있었다. 필자가 보는 코로나-19 비대면 시국의 미래교육에 가장 큰 공헌은 기존의 교육자들과 교육 소비자들을 각각 교육콘텐츠 제작자와 소비자로 만들었다는 점이라고 생각한다. 필자의 동료 수학자들만 해도 언제 어디서든 아이패드와 애플펜슬을 꺼내어 동영상을 녹화하여 유튜브에서 동료 수학자들과 생각을 공유할 수가 있게 되었는데, 이것은 순전히 코로나-19 시국 이후에 나타난 변화이다. 그만큼 온라인상 교육 콘텐츠는 늘어날 것이고, 양질의 무료 콘텐츠도 그에 비례하여 늘어날 것이다.

그렇다면 코로나-19시국 이후의 미래교육은 수학을 더 잘하게 되는데 도움이 될까? 필자가 보기에는 반이 채워진 잔과 같다. 긍정적으로 보자면 시공간의 제약 없이 온라인 콘텐츠를 이용하여 학습할 수 있으므로, 전보다 나아진 것이지만, 앞서 살펴본 제3절의 논지를 고려하면 콘텐츠의 접근성은 결국 부차적인 요소에 지나지 않는다. 듀오링고(Duolingo)라는 매우 과학적이고 체계적으로 언어를 배울 수 있도록 도와주는 어플이 있다는 것은 외국어 학습에 신기원과 같지만, 그렇다고 사람들이 모두 제2외국어, 제3외국어에 능통해진 사회가 되었다고 볼 수 없는 것은 미래교육이 정작 핵심이 되는 부분을 직접 건드릴 수 없다는 점을 유추할 수 있게 해 준다.

감사의 글

이 성과는 정부(과학기술정보통신부)의 재원으로 한국연구재단의 지원을 받아 수행된 연구임(No. 2020R1G1A1A01008746). 이 글의 초고를 읽고 조언을 주신 호주 시드니대 수학통계학부 이재민 박사, 성균관대 수학과 김승원 교수, 필자의 아내 유지영 박사, 숭실대 물리학과 박세영 교수께 감사드립니다.

⌘

참고문헌

Ludwig Wittgenstein, Tractatus Logico-Philosophicus, Routledge; 2nd edition (2001), Section 6.54.

김민형, 수학이 필요한 순간 - 인간은 얼마나 깊게 생각할 수 있는가, 인플루엔셜 (2018).

박경미, 박경미의 수학콘서트 플러스, 동아시아 (2013).

Sir Isaac Newton, The Principia: The Authoritative Translation and Guide: Mathematical Principles of Natural Philosophy, University of California Press (2016).

Goro Shimura, The Map of My Life, Springer-Verlag (2009), p.104.

Aldous Huxley, Brave New World, Harper Perennial (2006).

Louis I. Kahn and John Lobell, Between Silence and Light: Spirit in the Architecture of Louis I. Kahn, Shambhala; 2nd edition (2008).

법학의 어제, 오늘, 그리고 내일-학문으로서의 '법학'과 직업으로서의 '법률실무'는 다른가?[1)]

손경찬(충북대 사회교육과)

○● 1. 시작하며

법학의 사전적 정의란 무엇인가? "법학(法學)은 법률을 연구 대상으로 하는 학문이다. 법학에서는 법의 개념을 정리하고 법률의 종류를 분류하며 법의 효력, 적용과 해석 등을 연구한다."라 할 수 있다. 법학은 사회과학의 한 분야로서, 법조문의 의미를 상세히 밝히는 '해석학'의 일종이다. 하지만 학문으로서의 법학과 직업으로서의 법률실무는 그 출발선이 같지 않다. 법학은 법조문이 제정되는 과정에도 관심을 가지며, 법조문을 어떻게 변경하는 것이 필요한지에 대한 고민을 동시에 하려 한다. 법률실무는 현실사회에서 일어나는 다양한 사례와 분쟁을 현존하는 법조문의 틀에 맞추어 적용하고 분쟁의 해결을 하는 것이 주된 목적이다. 그렇다면 '법학'과 '법률실무'는 전

1) 이 글은 2022년 8월 발간된 「한국교육논총」 제43권 제2호에 수록된 논문을 수정 보완한 것임.

혀 별개의 것인가? 그렇지는 않다. 법률실무를 하더라도 궁극적으로는 바람직한 법이란 무엇인가를 고민하게 되는 것이며, 법철학 법정책학 등을 공부하더라도, 그 연구의 끝자락에는 법률 실무에서 더 정합성을 가지는 법률을 제정 및 개정하기 위함이 더 크다.

그런데 법학의 미래는 밝은 편은 아니다. 무엇보다 2009년에 개교한 법학전문대학원 체제에서는 법학에 대한 교육을 중시하기보다 법률실무가를 양성하는 데 더 큰 주안점을 두고 있다. 학문으로서의 법학에서 직업으로서의 법률실무로 전환되었다고 볼 수도 있다. 그런 의미에서 바람직한 법학이란 무엇인가를 고민할 필요도 있다. 그리고 법률실무가 중심이 된 현재 사회의 양상은 미래사회에는 어떻게 변하게 될 것인가를 고민할 필요도 있다.

그런 점에서, 이 글에서는 법학의 과거와 현재 그리고 미래에 대한 간략한 소개와 함께, 미래사회에서의 바람직한 법학은 어떤 양상을 가져야 할 것인지를 제언하려 한다.

○● 2. 법학의 어제

1) 서양의 법학-로마의 법학

(1) 법학의 탄생-로마법

인류문화유산 중 고대 그리스 · 로마의 철학과 사상 및 문화는 지대한 공헌을 하였다. 주지하듯이 로마의 문화는 그리스문화를 바탕으로 그 꽃을 피웠다. 그리스의 예술 및 문화 철학 등은 매우 뛰어났다. 오히려 그리스에서 법학은 그 싹을 찾을 수는 있으나, 그 싹이 자라 완전히 만개하였다고 평가하기에는 곤란하다. 그리스에서 뿌린 법학의 싹은 시간이 흘러 로마에서 만개하였다고 볼 수 있다. 법학의 탄생은 로마의 세계대국화에 결정적인 기여를 하였다는 평가도 있다.

〈로마의 변론술〉

〈로마법대전 (Corpus Iuris Civilis)을 편찬한 유스티니아누스 황제 (Flavius Petrus Sabbatius Iustinianus)〉

초기의 로마 법학은 BC 200－150의 고법률가(古法律家, veteres)의 구 법학이었다. 공화정 기의 옛 법률가들은 스토아의 고전적 자유주의 법이론을 받아들여 12표법을 해석하였고, 개별국가의 전체적인 부는 사유재산의 총합에 의한다는 자유주의 전제하에, 인간공동사회(societas humana)의 관점에서 남용의 감시에 국한하는 기능을 하였다(최병조, 로마법강의, 234).

이후 BC 150－82의 신 고법률가(veteres)는 스토아 법이론을 받아들였지만, 사회적 자유주의 유파의 도움을 받아 시민법(ius civile)의 해석에 종사하였다. 시민법을 개인이익에 봉사하는 규칙들과 "사회적" 동료의 인간적인 책임성으로부터 추출된 규칙으로 구분된다고 보았다. 특히 이들에게 후자의 영역이 생활거래사회(societas vitae)의 신의성실원칙(bona fides)에 의해 지배되는 거래법으로, 엄격법의 통제도구로서 현저히 확장되었다. 현행법상 신의성실원칙(민법 제2조)의 역사적 기원은 이때로 소급한다. Quintus Mucius Scaevola (140-82)는 대표적 법학자였다. 자연적으로 발생한 시민법의 법규를 법학적 가공의 대상으로 보고, 법의 이념적 원리의 지도하에 사태를 평가적으로 판단하는 방법론적 특징을 보인다(원리법학, 평가법학).

이후에는 신법학(新法學)의 시대가 도래하였다. 사회에서는 전통적 가치와 규범에 대한 냉소가 퍼졌고, 권력 실증주의가 횡횡하던 시대였다. 따라서 평화 · 정의 질서로의 법을 강구할 필요가 있었다. 그래서 세르비우스의 신법학이 도래하였다. 구법학파가 사회적 차원을 중시함에 반하여, 신법학파는 개인주의적인 법을 정초하였다. 그리스 아카데미아의 회의주의 방법론을 수용하여 인간 본성과 규범 세계의 예리한 분리를 인정하였고, 그 위에서 사회란 인간들이 개인의 오성에 의한 합의(consensus)를 통하여 결합된 것이고, 규범은 이 사회를 위한 합목적적 질서의 틀이고 규율의 도구라는 입장을 취하였다. 따라서 법규라는 것은 "내 손으로 잡을 수 있도록" 명료하게 해석할 것을 요구하였다. 세르비우스는 최초의 법정관고시 주석을 하였다. 또한 최초로 다른 법학자저술에 대한 비판서도 등장하였다.

다음으로 제정기(帝政期)의 법학이 발전하였다. 이때는 선대의 창조기를 이어서 고전기의 법학이 발전하였고, 고전기에는 법률문화가 난숙하였다. 원래 원로원 계층에만 국한되었던 법률가들의 출신

신분이 시간이 지나면서 점차 하향화된 것도 큰 특징이었다. 두 가지 학파가 대표적이다. 첫째, 프로쿨루스 학파(Proculiani)이다. 프로쿨루스 학파는 신법학을 계속하여 발전시키고 옹호하였다. 둘째는 사비누스 학파(Sabiniani)이다. 사비누스 학파는 원수정의 모범에 따른 veteres 법이론에의 소급을 선호하였다.

성기(盛期) 고전법학자 Celsus(子)와 Iulianus의 업적은 양 학파의 논증 방식을 절충적으로 허용하였고, 학파대립의 극복이 이루어졌다. 본래의 의미의 "고전적" 법학의 방법이 우세를 유지하면서, 이에 평가법학적인 수정이 가해지는 방식으로 귀결이 났다. 이것이 우리 현행법학의 해석론이기도 하다. 특히 우리 민법학 해석론의 기원은 이때부터로 볼 수 있다.

(2) 대학의 기원

〈중세 대학강의실〉

대학교의 기원이 무엇인가? 대학교육은 법학 교육을 하기 위하여 시작되었다. 그 대표적인 학교는 바로 11세기 이탈리아 볼로냐 대학교였다. 중세 볼로냐 대학교가 개교하게 된 배경에는 법학 교육이 관련이 있다. 당시 로마법대전의 학설휘찬(學說彙纂, Digesta)이 발굴되었고, 이를 고등교육이라는 매개를 활용하여 장차 국가의 지도자가 될 왕의 후손, 귀족의 자제들에게 교육을 할 필요가 있었다. 특히 최근 연구에 의하면, 귀족이자 부자인 학생들이 조합을 조직하여 대학교를 설립하였고, 교수를 고용하여 법학 교육을 받았다고 한다. 당시 대학교에서는 법학을 주로 강의하였지만, 교육과정에는 법학 이외의 논리학, 수학, 철학 등도 당연히 포함되었다. 당시 강의실에서는 책이 귀하여 책을 가지고 수업을 듣는 학생들의 수는 매우 적었으며, 주로 교수가 로마법에 관한 책을 가지고 와서 직접 읽으면, 학생들은 교수의 강의내용을 종이에 받아적었다고 한다. 그리고 한 학기가 끝나게 되면, 수업을 열심히 들은 학생들은 책을 하나 만들 수 있는 분량의 원고를 축적하게 되었다. 이렇게 대학교에서 법학을 배운 학생들은 본인의 나라로 돌아가 국가지도자가 되었고, 당연히 그들은 대학교에서 배운 로마법의 법리를 본인 나라에서 잘 활용하였다. 그러므로 유럽에서는 로마법의 역할이 매우 중요하였다. 이를 서양법사에서는 로마법의 계수라 부른다. 로마법 대가의 평가에 의하면 로마법의 계수는 다음과 같은 의의가 있다. “로마법이 2000년을 넘어서도 수긍이 가는 법적 규율을 발전시켰다면, 그것은 법이념을 살피고, 그 이념을 삶 속에 구현시키기 위하여 합리적인 공준(dogma)을 마련하고 이를 이성적인 논변으로 전개시키고, 무엇보다도 그 실현을 뒷받침할 수 있는 사회적 권위를 향유했던 로마 법률가들의 의식적인 학문적 노력 덕분이었다. 로마법은 결코 Case law가 아니었다. 후대인들이 로마법으로부터 많은 것을 끄집어낼 수 있었던 것은 로마인들이 많은 것을 그 속에 집어넣었기에 가능했던 것이다.”(최병조, 로마법강의, 227~228면)

2) 동양의 법학-조선 시대의 율학(律學)

한국법의 역사에서 전통 시대(조선 시대 이전)에 법학과 법조 전문직이 있었는지 명확하지는 않다. 통일신라의 기록에 의하면 747년(경덕왕 6년)에 국학(國學)에 제업박사(諸業博士)를 설치하고, 758년(경덕왕 17)에 율령박사(律令博士) 2인을 증치하고, 율령전(律令典)에 박사 6인을 설치하였다는 것이 그 효시가 된다.

고려 시대에는 전문적으로 율학(律學)을 교육하였고, 지방에 법률실무를 담당하는 관리들이 있었는데, 이들을 법조(法曹)라고 한다. 그들은 서울에서부터 시골까지 파견되었고, 87명의 정원을 가지고 있었다. 법조는 잡업(雜業) 출신자이어서 하위직에 속하였고, 고위직에 임명된 사례를 고려사 등에서 찾을 수 없다. 군현에서는 재판권은 수령에게 있었고 법조는 재판과 관련된 실무와 법률 자문을 하였다. 잡학으로서 율학교육의 틀은 조선 시대에도 크게 달라지지는 않았다.

조선의 건국 이후에도 율학(律學)에 대한 사정은 비슷하였다. 유교 사회였던 조선은 기본적으로, 궁극적으로 소송이 없는 사회가 좋은 사회라고 하는 무송(無訟)의 이념을 견지하고 있었다. 하지만 현실적으로 소송이 적지 않았고, 특히 노비를 둘러싼 분쟁은 계속하여 제기되었다. 그러므로 조선 시대 수령은 소송의 처리가 제일 중요한 일 중 하나였고, 수령은 사법관과 행정관을 겸하고 있었다. 따라서 과거시험에서도 문과 출신의 경우 초시를 합격한 자들은 복시(覆試)나 회시(會試)에 응시하기 위해서 먼저 경국대전(經國大典)의 내용을 풀이하는 조흘강(照訖講)에 합격하여야 수령이 될 수 있었다. 그리고 실제 수령의 업무 중 까다로운 사례를 만나게 되면, 검율(檢

律) 등 전문적인 법률 지식을 가진 아전의 유권해석을 받아서 사례를 처리하였다. 그리고 결송입안(決訟立案) 등의 작성에서는 율생(律生)의 도움을 받기도 하였다.

국가에서도 법전의 규정에 대한 의문이 생기고 해석론이 발생하자, 조문의 내용에 관한 석의(釋義)를 할 필요가 있었다. 또한 조문의 의미에 대한 주해(註解)도 필요하였다. 그래서 1555년(명종 10)에 경국대전주해(經國大典註解)를 반포하였으며, 본서에서는 경국대전 규정들의 의미를 상세하게 풀이하는 방식을 취하였다. 본서는 관에서 편찬한 주석서에 해당한다고 볼 것이다. 또한 16세기에서는 사찬(私撰)인 사송법서(詞訟法書) 등이 등장하였다. 대표적으로 대전사송유취(大典詞訟類聚), 사송유취(詞訟類聚), 결송유취(決訟類聚), 결송유취보(決訟類聚補) 등의 법서였다. 이 법서는 이호예병형공의 6전 체제로 편성된 것이 아니라, 산송(山訟), 투구(鬪毆) 등의 쟁점별로 구성되었고, 각 쟁점별로 경국대전의 규정, 속록의 규정, 수교의 규정 등을 집성하였다. 그리고 본 사찬법서의 내용을 살펴보면, 비록 그 수가 많지는 않지만, 편찬자의 법률해석이 드러난 부분이 적지 않다. 이러한 노력도 법서의 편찬을 통하여 법학 실무를 손쉽게 하고, 법학 교육을 활성화하려는 의도가 있었다 할 것이다.

또한 15세기 후반부터 서울에는 소장을 대신 작성하거나 타인의 소송에 관여하여 이익을 취하는 것을 전문으로 하는 자들이 있었는데 이를 외지부(外知部)라 하였다. 그들은 소송의 보조자에 그치는 것이 아니라 문서를 적극적으로 위조하는 등의 불법도 자행하였다. 그래서 위정자들은 외지부의 존재 자체가 소송을 지연시키는 원인이 된다고 판단하였고 이를 근절하려 하였다. 그래서 1478년(성종8)부터 외지부를 잡아 장(杖) 100을 치고 전 가족을 함경도 변방으로 보냈었다. 이를 전가사변(全家徙邊)이라 하였고, 외지부를 신고한 사람에게 강도를 잡은 예에 따라 포상을 하였다. 그러므로 이로부터 외지부는 사라지기 시작하였고 직업적인 법조 전문직이 형성될 수 있는 싹이 사라져버렸다.

다른 한편으로 조선 시대에는 송사소설(訟事小說)이 있었다. 송사소설은 사물 혹은 동물을 의인화하여 형사사건 등을 다룬 소설이었다. 대표적인 송사소설의 예로 들 수 있는 것은 와사옥안(蛙蛇獄案)이다. 말 그대로 개구리와 뱀이 벌이는 형사소송이라는 것이다. 개구리가 자기 아들을 살해한 뱀을 관가에 고소하는 것이다. 이에 대해 섬진별장(蟾津別將)이 사건을 조사하고, 메추리, 쉬파리, 새우, 가재 등이 증인이 되었다. 소설의 내용만 보면 흔히 있을 수 있는 일을 재미있게 작성한 것 같다. 하지만 자세히 내용을 들여다보면 다른 내용도 읽을 수 있다. 사건이 발생한 곳은 경남 통영 사량도이며 현재 해당 지명이 존재한다. 그리고 조선시대 통영의 관할은 경상남도 진주였다. 이 사건의 조사관인 섬진별장은 진주를 관할하는 수령을 지칭한다. 그리고 사건관계인 인거성은 지렁이를 지칭하는 경상지방 방언이기도 하다. 즉 이 사건은 정확한 연대를 알 수는 없는 실제 사건을 모티브로 하여 작성한 소설일 수도 있다. 즉 경남 통영에서 15세 아들이 이웃집 건달에게 구타당하여 사망한 사건이 있었고, 이에 죽은 아이의 아버지가 그 건달을 경상남도 진주 관청에 살인으로 고소한 사례를 바탕으로 한 것일 수 있다. 어려운 판결문의 형식이 아니라 소설의 형식으로 작성하였는데, 그 이유는 소설의 형식을 통해 무지한 대중들에게 법학교육을 하려는 의도도 있었다고 평가할 수 있다. 이처럼 송사소설은 조선 후기 민간에서의 법학 교육과도 관련이 있다.

3) 개화기의 법학 교육-법학통론(法學通論)

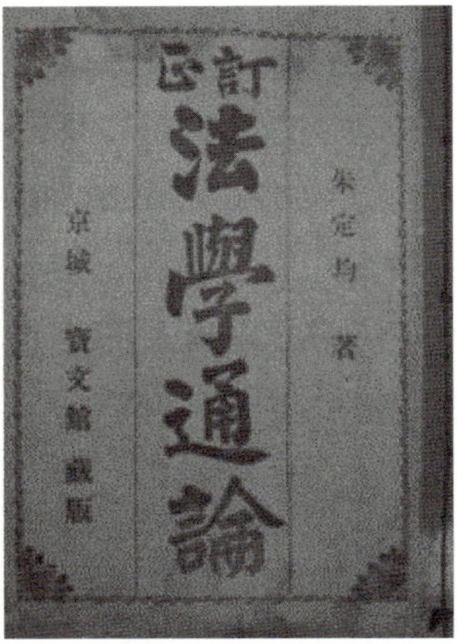

〈주정균 법학통론〉

개화기에는 비로소 법학에 대한 교육이 제대로 시작되었다. 그 배경에는 법관양성소 등의 국가기관이 개청한 것이 첫 번째 이유이다. 그리고 보성전문학교(고려대 전신)와 같은 전문적인 법학교가 개설된 것도 두 번째 이유가 된다. 즉 법학교에서 학생들에게 법학 교육을 하기 위해서는 법학교과서가 필요하였다. 당시 주정균의 법학통론(法學通論)[2]이 대표적인 법학교과서이다. 이 교과서의 특징에 대하여 살펴보자.

(1) 저자 및 편찬경위

이 책의 저자는 주정균(朱定均)이다. 주정균은 1894년 9월 15일 한성사범학교에 입학하였고, 1897년 4월 24일 졸업하였다. 그는 1900년 10월 9일 과천군 공립소학교 교원 판인관 6등에 서임되었다. 1905년 9월에는 풍덕군(豊德郡) 공립소학교교원에 임용되었고, 1907년 7월 22일에 군부(軍部) 군무국(軍務局) 군법과(軍法課) 이사(理事)에 임용되었다. 그는 1908년 법학통론 이외에도 박승희와 공저로 경제학 책을 저술하였고, 1909년 홍재기(洪在祺) 등과 함께 법학협회잡지(法學協會雜誌)를 발간하였다. 저자는 1908년 4월 법학

2) 주정균 법학통론(法學通論)上·下, 경성일보사, 1908.

통론을 저술 및 발간하였다. 그리고 본서는 당시 뛰어난 법률가이자 형법학자였던 장도(張燾)가 교열을 하였다. 또한 서유견문을 저술한 유명한 정치학자이자 개화사상가였던 유길준(俞吉濬)이 서문을 작성하였다.

이 책은 일본 법학박사 오다 만사(織田萬)의 교과서를 저본으로 하여 저술한 것이다. 오다는 일본의 행정법학자이자 상설국제사법재판소 판사를 역임한 법률가였다. 주정균은 일본법학자 오다의 저술을 바탕으로 조선의 법령과 관례를 참작하여 서술하였다. 그리고 주정균은 국제공법(萬國公法)은 진정한 법률이 아니라고 판단하여 본서에서 설명을 생략하였다. 이는 1905년 작성된 유성준(俞星濬)의 법학통론에서는 국제법 1개 장이 서술된 것과 대비하여 볼 수 있다.

본서의 기본적인 서술 방향은 근대 서구법학을 수용한 일본의 법학 편제를 따랐다. 법학통론을 총론과 각론으로 구분하고, 총론에서는 법학·법률·국가·권리 및 의무 등에 대한 기본적인 개념을 다루었으며, 각론에서는 헌법·행정법·형법·민법 등의 개별법에 대한 개설적인 내용을 다루었다.

본서에서는 일본 법학통론 교과서를 저본으로 하였으므로, 일본의 당시 법규와 대비한 서술이 많다. 예컨대, 당시 조선의 지방행정조직에 대해 설명하며, 당시 일본 법규를 따라 부(府)·현(縣)·군(郡)·시(市)·정(町)·촌(村)이라 행정조직을 설치하여야 한다는 기술을 들 수 있다(237면). 또한 현행법과 법률용어의 개념을 달리하는 부분도 보인다. 예컨대, 부작위범은 불형범(不行犯)이라고 하거나(255면), 과실범을 무의범(無意犯)이라 기술한 것(256면), 상계는 상쇄(相殺)라고 기술한 것(351면) 등을 들 수 있다.

1908년은 사법(司法)의 영역에서 일본으로의 직접 귀속이 가속화된 시기였다. 1907년 정미칠조약이 체결된 이후 1907년 12월 「재판소구성법(裁判所構成法)」이 반포되었고 일본의 재판제도를 조선에 도입하게 되었다. 1908년 1월부터는 일본인 판사 및 검사들이 한국으로 와서 한국의 재판에 직접적으로 관여하기 시작하였다. 본서는 1908년 상반기에 출판된 책이다. 1908년 8월부터는 한국사법제도는 사실상 종말을 고하게 되었다. 1908년 7월까지는 한성재판소 및 평리원에서 한국인 판사에 의해 조선어로 재판이 행해졌으나, 1908년 8월 이후부터는 구재판소·지방법원·공소원·대심원에서 일본인 판사에 의해 일본어로 재판이 행해졌다. 한국의 사법권을 일제에 수탈당하기 바로 '직전'에 본서가 작성된 것이다. 본서는 당시 현행법이었던 1905년 ≪형법대전(刑法大全)≫의 조문 내용과 수형조례(手形條例) 등의 법령을 충실히 인용한 특징도 있다.

(2) 구성 및 특징

첫째, 서양법사의 원류에 대한 깊이 있는 고찰이 들어 있는 것이 특징이다. 대륙법과 영미법의 구분, 로마법과 독일법의 차이점에 대한 기술이 적절하게 서술되어 있다. 예컨대, 민법의 편찬방식을 로마법식 편찬방식과 독일법식 법전 편찬방식으로 구분하고, 독일식 민법전 편찬방식에 따라 민법의 내용을 서술한 것을 들 수 있다(290~291면). 또한 손해배상에서 대륙법상 배상과 영미법상 배상방식의 차이를 설명한 부분도 있다(341면).

둘째, 서양의 유명한 사상가 및 철학자의 주장을 적절하게 인용하여 기술의 충실성을 더하였다. 예컨대, 아리스토텔레스의 법률의 원리(10면), 스토아 철학에서 자연법학이 파생되었다는 기술(12면), 이성(理性)을 중시한 키케로의 사상(13면), 로마 법학자 울피아누스와 프랑스 법학자인 몽테스키외의 사상(13면), 칸트의 철학(14면)

등 유명한 법·정치사상가들의 주장을 원용하고 있다.

셋째, 현행 법률 및 법학 교과서의 기술과 견주어 손색없는 충실한 내용을 담고 있다. 예컨대, 보증채무에서 보증채무자의 보충성(최고검색의 항변권)을 인정하는 것(384면)을 들 수 있다.

넷째, 1908년 당시 조선의 현행법을 충실이 원용하여 기술하고 있다. 당시 적용되던 현행법 중 가장 대표적인 실체법은 1905년 ≪형법대전(刑法大全)≫이었다. 동법전은 형사뿐 아니라 민사에서도 적용되는 것이었다. 이 교과서에서는 친족 간의 범위에 관해 ≪형법대전≫ 제62조를 근거로 들어 설명하고 있다(252면). 따라서 ≪형법대전≫이 형사뿐 아니라 민사에서도 적용되었음을 증명하는 실증자료가 되기도 한다. 또한 1907년 12월 제정된 「재판소구성법(裁判所構成法)」에서 4급 3심의 구재판소·지방재판소·공소원·대심원을 인정하고 있었는데, 이를 원용하여 소송법에서 심급관할에 대한 설명을 하였다(454면).

다섯째, 조선의 관습과 전통법에 대한 기술도 충실하다. 조선시대 법전인 ≪經國大典≫, ≪大典會通≫, ≪受教輯錄≫ 등을 원용하거나, 조선시대의 관습에 관한 기술도 적절하게 포함되어 있다.

(3) 각권사항의 내용

상권(1~201면)은 법학통론 중 총론적인 내용을 기술하고 있다. 제1편 총론이라는 편제 아래에 제1장 법학, 제2장 법률, 제3장 국가와 정권, 제4장 권리와 의무로 구성되어 있다. 제1장~제3장은 현행 법학통론 편제에서도 총론에서 다루는 내용이다. 그러나 제4장 권리와 의무는 현행 법학의 체계상 민법총칙에 해당하는 내용이다. 제4장에서는 권리·의무의 개념, 권리의 주체로서 자연인·법인, 권리의 객체로서의 물건, 권리의 획득과 상실, 권리의 발생과 소멸, 기간과 시효를 기술하고 있다. 또한 현행 민법총칙과 다른 점은 현행법상 민사소송법의 영역에 해당하는 증거법을 민법총칙에 해당하는 부분에서 기술하고 있는 점이다. 이는 명치 민법에서 증거법이 민사소송법이 아닌 민법에 편재되어 있었던 것의 영향을 받은 것으로 평가할 수 있다.

하권(202~488면)은 법학통론 중 각론적 내용을 기술하고 있다. 하권에서는 제2편 각론 제1장 헌법, 제2장 행정법, 제3장 형법, 제4장 민법, 제5장 상법, 제6장 소송법으로 구성되어 있다. 제1장 헌법에서 군주의 국가의 원수로의 지위를 가진다고 기술하고 있다(203~205면). 그리고 군주에 대한 신민의 권리와 의무를 기술하고 있다(205~207면). 이는 일본 명치 헌법에서 입헌군주제 헌법을 반포하였던 것의 영향을 받은 것으로 볼 수 있다. 또한 통치기관으로 의회와 정부 및 재판소의 역할을 기술하고 있다. 제3장 형법에서 위법성조각사유로 정당방위에 관한 기술을 하고 있으며, 긴급피난, 정당행위 등에 대한 기술은 없다(271~273면). 사형의 경우 교형을 행하며 옥내에서 집행하고 공개된 장소에서는 집행하지 못하게 하였고(279면), 신체형으로서 태형에 대한 금지를 주장하였다(280면). 제4장 민법은 물권법·채권법·친족법·상속법으로 구성되어 있다. 그 중 물권법에서는 현행 민법과는 달리 영소작권(永小作權)에 관한 설명을 하고 있다(313~315면). 제5장 상법에서는 상총·상행위·회사·어음·수표·보험·해상에 관한 대략적인 기술을 하고 있다. 제6장 소송법에서는 민사소송과 형사소송으로 구분하여 양자의 차이점에 대해 기술하고 있다. 본서의 서론에서 적시한 것처럼 국제법(만국공법)은 저자의 의도에 의해 각론에서 생략되어 있는 것도 특징이다.

(4) 법학교육서로서의 가치

본서는 고등중학과 전문 예비과에서 학생들에게 법학 강의를 하기 위하여 편성된 것이다. 강의에 적합한 것이며, 각론적이고 개설적인 내용을 담고 있다. 본서는 일본 법학박사 오다 만사(識田萬)의 교과서를 저본으로 하여 저술한 것이다. 추정하건대, 識田萬, 法學通論, 寶文館, 有斐閣, 1908 교과서를 참조한 것으로 판단된다.

첫째, 법학통론은 공직 시험에서 중요한 교과목 중 하나로 인정되었다. 즉 1909년 한성부에서 경의시무(經義時務)의 사(士)를 시험을 통해 선발하겠다는 공고를 냈었는데, 해당 과목 중 주정균의 법학통론이 포함되어 있었다. 이 시험의 시험 범위는 다음과 같았다. 법학통론 중 법률의 연원, 어떤 사람에게 치외법권이 인정되는가, 물권의 혼동이 있는 경우 효력은, 정당방위가 허용되는 경우 등이었으며, 법학통론 교과서를 참조하여 공부하라고 공고하기도 하였다.

둘째, 본서는 일본법을 모법으로 하고 조선의 법에 관한 기술을 하고 있으므로, 일본법과 조선의 법을 비교할 수 있는 자료이기도 하다. 예컨대, 일본 형법에서의 형벌과 조선에서의 형벌은 다르게 규정되었다는 평가가 있다(282면). 또한 일본 민법전의 편찬방식에 따라 민법을 물권법·채권법·친족법·상속법으로 구분하여 설명한 것을 들 수 있다(291면). 일본 형사소송법의 특징을 상술한 부분도 있다(450~451면).

셋째, 본서는 당시 시대 상황도 반영하고 있다. 예컨대 현행법상 권리능력이 제한되는 제한능력자로 미성년자·피한정후견인 등이 있다. 민법이 개정되기 전에는 권리무능력자로 미성년자·금치산자 등이 인정되었다. 반면 본서에서 금치산자-미성년자와 함께 처(妻)를 남편에 대하여 무능력자로 규정하고 있다(152~153면). 이는 당시 일본 명치 민법에서 인정되던 것을 답습한 것이며, 우리나라 대법원에서도 해방 이후 초기의 대법원에서 일부 이를 답습한 판결을 한 바 있다. 현행법상 처의 권리능력을 인정하지 않는 것은 불가능하고 타당하지 않은 것이지만, 이는 당시 가부장적인 시대 상황을 반영하는 기술이라 할 것이다.

○○ 3. 법학의 오늘

1) 해방 이후 법학의 발전

현재 한국의 법학은 개화기의 법학 교육으로부터 시작되었다. 일제강점기 경성제대 법학과에서 일본인 교수들에 의한 일본 교과서로 법학 교육을 하게 되었고, 해방 이후 일본인 교수들에게 수업을 들은 1세대 법학자들이 법학 교육을 진행하였다. 그리고 이어진 미군정과 6·25남침 등의 격랑의 현대사를 거치면서 법학 교육이 제대로 이루어지지는 못하였다. 당시 민법·상법 등 단행법전이 제정되지는 못하였다. 당시 1948년 7월 17일 제정된 제헌헌법(制憲憲法) 아래 단행법전을 제정하려고 하였지만, 곧이어 전쟁이 발발하였고 법전의 제정은 뒤로 연기되었다. 따라서 1945~1960년까지는 기존 일본 법학 교과서를 번역하고, 경성제대 일본인 교수들이 남긴 강의안을 주된 저본으로 하여 법학 교육이 이루어졌다.

1960년대 이후에는 민법·형법·소송법 등의 소위 육법(六法)이 모두 완비되었고, 새로운 법령의 정비와 함께 법학 교과서 집필이 시작되었다. 초기의 법학 교과서들은 비교적 간략하고 얇은 분량을 가지고 있었다. 당시 교과서의 분량은 대략 300~500면을 넘지 못하였고, 일제강점기의 법학교과서와 큰 틀에서 다르지는 않았다. 하지만 무조건적으로 일본법학의 내용을 답습한 것은 아니었다. 민법학계의 태두였던 서울대 법학과의 곽윤직 교수는 일본 민법책을 저본으로 삼으면서도 한국 민법학의 효시라 할 수 있는 여러 가지 민법 이론을 전개하였다. 특히 독일과 일본의 신탁행위이론을 바탕으로 설명한 명의신탁의 법리는 그 백미 중 하나이다. 종래 판결은 대법원 판사들의 해석례에 그친다고 여겨졌던 것에 반해, 곽윤직 교수는 이론과 판례의 접목을 주장하였고, 독일식의 도그마 이론에 현실 판례를 접목한 민법 이론을 전개하였다.

또한 법철학의 영역에서도 비약적 발전이 있었다. 경성제대 시기의 걸출한 법철학 교수였던 오다카 토모우(尾高朝雄)는 독일 법철학자 한스 켈젠(Hans Kelsen)의 제자였고, 칸트의 법사상과 훗설의 현상학을 접목한 대학자였다. 그의 제자였던 이항녕, 황산덕 등의 한국인 법학자들은 오다카의 법철학 이론을 충실히 계승하였다. 그래서 한국 법철학계의 주류적인 입장은 한동안 한스 켈젠식의 법실증주의였다. 한국인 법학자들은 그에 그치는 것이 아니라, 풍토 법철학을 창시하거나, 영미 법철학 이론과 독일 법철학 이론의 비교를 하였다. 이와 같은 작업은 서울 법대 심헌섭 교수에 의해 수행되었다.

헌법에서는 초기 법학자들부터 국가체제와 헌정질서를 바로 세우는 것이 큰 관심을 가졌다. 헌법학계의 태두인 서울 법대의 김철수 교수 및 권영성 교수의 학설대립은 주목할 만하다. 독일 유학을 다녀온 뒤 독일의 여러 법학 이론과 헌법 이론을 섭렵한 두 교수는 평생을 동료이자 학문적인 경쟁자였다. 현재 한국의 헌법학계의 후학 중 두 분의 학문적 영향을 벗어난 사람이 거의 없다는 평가도 가능하다.

마지막으로 주목할 만한 학자 두 분을 더 소개하고 싶다. 한 분은 한국 법사학이라는 분야를 개척하신 박병호 교수이다. 박병호 교수는 민법학을 공부하는 법학자였으며, 민사법의 영역에서 과거 법제의 의미를 밝힌 법사학자였다. 박병호 교수 이전에 한국 법사학이라는 분야가 완전히 학문의 영역으로 인정받기 곤란하였는데, 박병호 교수의 노력으로 한국법제사를 학문의 한 분과로 발전하게 한 공헌이 있다. 박병호 교수의 노력으로 조선 시대 민사법제의 실상 규명, 종중의 실체 규명, 호주제도의 폐지, 남녀균분상속제도의 도입 등이 가능하였다. 특히 1990년 가족 법제의 발전에는 박병호 교수의 역할이 매우 컸다.

또한 로마법의 세계적 대가인 최병조 교수의 공헌도 언급하지 않을 수 없다. 최병조 교수께서는 대학 시절에 서울 법대 도서관에 소장되어 있는 수많은 로마법 교과서 서양법사 관련 자료를 보셨다고 한다. 그때 저 책의 먼지를 털어내 보자는 소박한 다짐으로 공부를 시작하셨다는 회고를 하셨다. 이후 한국에서 최병조 교수가 이끈 로마법의 성과는 세계적인 수준이라는 평가를 받고 있다. 한국 법학의 발전과 법리 해석학의 전개는 매우 높은 성취를 이루었고 다른 어느 나라와 견주어도 부족하지 않다고 평가를 할 수 있다.

2) 법학전문대학원(로스쿨)의 도입과 법학의 위기

2009년 이후에는 한국 법학계에서 획기적인 변화가 발생하였다. 그 시발점은 법학전문대학원제도의 도입이었다. 원래 법학전문대학원은 법조 인력의 수급에 관한 제도였다. 기존에는 법학과를 졸업한 사람 혹은 일정 정도의 법학 수업을 들은 사람들이 사법시험을 통해 법조인으로 선발되었다. 사법시험 제도의 역사는 개화기인 1906년까지 거슬러 올라간다. 초기의 법조인선발시험에서는 기존의 법조직역 종사자들이 대거 응시하였고, 초기에는 그 숫자가 몇십 명에 불과하였다. 2009년 법학전문대학원제도의 도입 이전에는 사법시험 응시인원은 2~3만 명이었고, 그중 최종 합격 인원은 1000명이었다. 당시 사법시험은 합격하기 힘들었고, 고시 낭인 등의 신조어가 생기기도 하는 등 사회문제도 발생하였다.

그래서 정책대안 중 하나로 법조 전문직을 '시험'을 통해 '선발'하지 말고, 그들을 '교육'을 통해 '양성'하자는 주장이 대두되었다. 즉 법조인 수급 방법을 '선발에서 양성으로'의 전환하는 것이 가장 큰 특징이다. 실제 법학전문대학원이 개소된 지 13~14년이 지났다. 법학전문대학원 체제하의 법조인 양성의 가장 큰 특징은 국가기관(사법연수원)의 역할을 각 법학전문대학원이 수행한다는 것이다. 시험 합격 여부로 법조인 선발을 결정하지 않고, 교육을 통해 올바른 가치관과 전문적인 지식을 갖춘 법조인을 양성하겠다는 것이다. 법학전문대학원제도의 장단점 및 양성기관으로의 역할의 적절성 여부 등은 본고의 논지와 크게 상관이 없어 생략한다.

다만 법학전문대학원제도의 도입은 법학의 위기를 불러온 것은 분명하다. 그 원인은 법학전문대학원제도의 출범 시 법과대학을 폐지한 것으로 볼 수 있다. 즉 법학전문대학원이 설치된 대학 25개에는 학부 법과대학을 폐지하도록 법에서 명시하였다. 그런데 이러한 제도는 결국 법학의 고사로 이어졌다고 할 수 있다. 법학전문대학원에서 법조 실무를 가르치고, 법조 실무에 적합한 법조인을 양성하는 것은 중요한 역할을 하였다고 할 수 있다. 그런데 법조문의 의미는 무엇인지, 이 법조문이 발생하게 된 발생사적 가치는 무엇인지, 바람직한 법조문은 어떤 것인지를 고민하게 하는 법학은 점점 고사하였다. 우선 법학전문대학원을 진학하는 학생은 학부 법학과 출신이 아니다. 학부 법학 교육에서는 기초법, 국제사법, 국제법 등 다양한 수업을 하였고, 학생들은 교양 법학의 개념으로 여러 법 과목을 수강하였다. 하지만 법학전문대학원에서는 수험교과목을 수강하기에도 벅차다. 교양 법학 교과목을 공부할 시간적인 여력과 여유는 없다. 무엇보다 변호사 시험 합격률이 대략 50~60% 내외를 점하고 있다. 비싼 등록금과 귀중한 몇 년의 시간을 투자한 수험생들 입장에서는 법학을 공부할 이유는 없다. 변호사 시험의 통과와 고득점이 지상과제가 되어 버린 것이다. 이런 상황에서 독일 학설, 일본 학설, 한국 전통법제, 로마법 등을 강의할 수 있는가? 강의계획을 하더라도 수강생이 실제 수강하여 과목이 개설될 수 있는가? 설사 강의개설이 되었다고 하더라도 수강생들이 수업을 열심히 듣겠는가? 아니면 그 시간을 쉬어가는 시간으로 생각하겠는가?

그렇다. 학부에서 법학과를 폐지한 것은 결정적인 패착이었다. 법학과를 그대로 두고, 법학과를 졸업한 학생들의 진로를 다양하게 열어주었으면 좋았을 것이다. 법학과를 졸업하고 법학전문대학원을 진학하는 학생들도 있고, 법학과를 졸업하고 회사에 취직하는 학생들도 있고, 법학과를 졸업하고 학문으로서 법학을 공부하려는 학생들도 있게끔 하는 것이 좋았다 할 것이다. 실제 이제 법학 후속세대로서 법학을 공부하는 학생들은 극소수이다. 그리고 법학전문대학원을 졸업한 실무변호사들이 법학전문대학원의 교수요원으로 임용되고 있는 시대이다. 그렇다면 필연적으로 앞으로의 법학 교수들은 법학 실무에 대한 지식은 뛰어나지만, 법학 이론에 대한 지식을 갖추기에는 쉽지 않을 것이다.

○○ 4. 마치면서: 법학의 내일

현대사회는 빠르게 변하고 있다. 4차 산업 혁명의 시대라고 한다. 앞으로 미래사회에서는 교육이 어떻게 변화할 것인지도 매우 큰 관심사가 된다. 법학 영역의 내일은 어떠할 것인가? 법학의 내일은 어떤 모습을 보이고 있을 것인가?

안타깝지만 법학의 미래는 밝지 못하다고 할 것이다. 현재 상황은 고사 위기라고 평가하지만, 미래는 아마도 법학의 고사 혹은 종말을 맞이할 것이라고 본다. 얼마 전 기사에 의하면, AI 변호사들과 자연인이 변호사들이 법률사례 대결을 펼쳤다고 한다. 수만 건의 판례와 법조문을 학습한 AI와 자연인인 변호사들이 정해진 시간을 두고 사례에 대한 올바른 해답을 찾아내는 경합이었다. 이 경합에서 AI가 승리하였다고 한다. 아마 앞으로도 그렇게 될 수도 있다. 법조 실무에서 사람은 기계를 따라가지 못할 수도 있다.

하지만 법학은 AI가 사람을 완전히 대체할 수 없다. 사회(Societas)라는 용어는 많은 내용이 함축되어 있다. 학문적으로 대학교의 전공이 분리된 것은 얼마 되지 않는다. 적어도 칸트 이전에는 대학교에서 전공의 구분이 없었다. 중세시대 대학교에서 법학 교육이 주축이 되었다고 전술한 바도 있지만, 과거의 대학교육은 철학, 역사, 사회, 정치, 경제, 문화, 법학을 하나로 융합되어 배우고 익혔다. 심지어 자연과학 및 수학과 법학도 떨어진 것이 아니었다. 자연과학의 기하학적 방법론을 법학 방법론에 적용한 라이프니츠와 같은 법학자를 생각해 보면 이는 확연히 알 수 있다. 사회계약론을 주창하고 정치사상가이자 소유권에 관한 정치한 법이론은 주장한 존 로크의 주 직업은 무엇이었는가? 그는 의과 의사가 주된 직업이었다. 이처럼 학문은 각자 떨어져 존재하는 것이 아니다.

우리는 흔히 법학이라고 하면 법조문 해석을 하는 것을 법학으로 생각한다. 법조문을 두고 사례에 접목하여 해석하는 것은 법학이 아니라 법실무이고 법률적용이 된다. 다시 처음 질문으로 돌아가 보자. 학문으로서의 '법학'과 직업으로서의 '법률실무'는 다른가? 적어도 한국 현대사회에서는 둘은 다른 영역이다. '판사'의 역할과 '법학교수'의 역할은 전혀 다른 역할을 하고 있다. 하지만 궁극적으로 양자는 합치되어야 하고 서로 연관을 주는 관계여야 한다. 실무와 동떨어진 이론은 현실을 반영하지 못하는 공허한 이론이 되고, 이론의 바탕이 없는 실무는 영혼 없는 결과물이 된다. 따라서 양자는 종국에는 같이 존재하여야 한다.

지금이라도 법과대학을 다시 개설할 필요가 있다. 법학전문대학원은 법조인양성기관이지 법학자 양성기관이 아니다. 법학자를 양성하기 위해서는 법과대학과 일반대학원 법학과가 활성화되어야 한다. 학문을 공부하고 이론을 연구하는 법학자를 양성할 법과대학이 존재하지 않는데, 법학은 미래가 밝겠는가? 법학 자체가 없는데 법학교육은 무슨 의미가 있는가?

한국 법학계에서는 앞으로 다시는 곽윤직, 김철수, 권영성, 박병호, 최병조 교수와 같은 대학자들이 재등장하지 못할 수 있다. 법학이 다시 살아야 법률실무도 그 빛을 발한다. 판례만 인용하고 판례만 적용하는 실무는 한계를 드러낼 수밖에 없다.

⌘

참고문헌

주정균, 법학통론(法學通論)上·下, 경성일보사, 1908.

최병조, 로마법강의, 박영사, 1999.

정긍식, 법률가상의 변천: 전통과 근대, 서울대 법과대학편, 법률가의 윤리와 책임, 박여사, 2000.

곽윤직 김재형, 민법총칙, 박영사, 2013.

황산덕, 법철학강의(제5판), 방문사, 1992.

이항녕, 법철학개론(제3판), 박영사, 2004.

권영성, 헌법학원로, 법문사, 2006.

김철수, 한국의 헌법학 연구, 산지니, 2020.

심헌섭, 분석과 비판의 법철학, 법문사, 2003.

P/A/R/T

2

뉴미디어 시대의 교육

미적 판단력과 인간 성장: 우리의 보는 방식은 우리를 어떻게 살게 하는가?[1]

하영유(서울교육대 미술교육과)

○● 1. 본다'는 의미와 '보는 것을 배운다'는 의미

1) 어떻게 보고 있는가, 어떻게 살고 있는가

'보는' 방식으로 우리의 세상은 존재한다. 여기에서 '본다'는 의미는 단지 망막에 맺힌 상을 신경으로 전달하는 정보처리 과정이 아닌 지각하고 느끼고 생각하고 살아가는 원리와 방법을 뜻한다. 세계는 우리가 보는 방식의 구현이며 세계가 구성된 방식은 다시 우리의 보는 방식에 영향을 미친다. 보는 방식을 스스로 의식하고 배워 나가는 과정이 개인의 주체적인 삶을 가능하게 하는 기본 조건이자 이들로 구성되는 사회의 전제 조건인 이유가 여기에 있다. 그렇다면 우

1) 이 글은 2021년 〈조형교육〉 80집에 실린 동명의 논문을 대학생들을 위해 수정, 편집한 것이다.

리의 보는 방식은 어떻게 형성되는가?

> 세계는 우리가 보는 그것이란 점은 사실이지만, 그와 동시에 그럼에도 우리가 세계를 보는 방법을 배워야 하는 점 역시 사실이다. 우선 이러한 점에서 우리는 앎(知)에 의해 이러한 시각(vision)을 동등하게 만들어야 하고, 시각을 소유해야 하며, 우리라는 것이 무엇인지 본다는 것이 무엇인지 말해야 한다. 결국 우리가 그 점들에 대해 전혀 아는 것이 없는 듯이, 마치 그 모두가 배워야 할 점들인 듯이 해야 한다((Merleau-Ponty, 1964/2004, p. 18).

여기에서 '앎에 의해 동등해지는 시각'은 획일화된 시각과 정반대의 것이다. 각자의 자기중심적이고 주관적인 시각을 벗어나 객관적이고 비판적인 안목을 갖춤으로써 중요한 가치가 무엇인지, 그 가치를 실현하기 위한 길이 무엇인지 공론할 수 있는 시각이다. 이는 저절로 주어지는 것이 아니라 오직 '배움'을 통해 획득할 수 있다. 이 연구에서는 '본다'는 의미를 교육의 문제로, 미술교육의 주요 주제로 탐구한다. 아름다움과 추함을 알아볼 수 있는 판단력이 이러한 비판적 사고와 가치 판단 능력에 근거한다는 사실은 '아름다움'이 대상의 문제가 아닌 그 판단을 할 수 있는 주체의 문제이며(Kant, 1793/2009) 인간다운 성장이 무엇인가를 논하기 위한 핵심 요소가 될 수 있음을 의미한다.

'시각을 소유한다'는 것은 바로 자신의 눈으로, 자신의 보는 능력으로 세상을 지각하고 생각하고 판단하여 결정할 수 있다는 것이다. 주어지는 대로 수동적으로 바라보고 따르는 상태는 우리 자신이 누구인지, 세상이 무엇인지 파악할 수도 새롭게 할 수도 없다. '그 모두가 배워야 할 점인 듯' 배우고 알고자 하는 태도가 새로운 눈을 뜨게 한다. 이미 자신이 '보고/알고' 있는 바가 충분하며 옳다고 믿는 눈은 자신이 어떻게 보고 있는지를 알 수도, 보는 것을 배운다는 의미를 이해할 수도 없다. 한편, 자신의 시각을 아예 의식조차 할 수 없는 경우 이 시작은 더 어렵다.

메를로 퐁티의 '보이는 것과 보이지 않는 것'의 육필 원고 시작의 소제목 '지각적 신념과 그 불투명성'에는 다음과 같은 주가 달려있다. "신념의 개념을 보다 명확히 할 것. 이것은 결단의 의미에서의 신념이 아니라, 입장을 취하기 이전의 것이라는 의미에서의 신념, 동물적인 신념 같은 것이다."(Merleau-Ponty, 1964/2004, p. 17) 배움은 바로 이 동물적인 신념을 의식화하여 본능적이며 자기 중심적인 시각을 이성의 영역으로 진화하게 하는 유일한 길이다.

스스로 검증하지 않은 상태의 보는 방식, 고정된 사고방식과 그에 따른 생활 방식을 의미하는 '스테레오타입(stereotype)'의 의미도 이와 연결해 볼 수 있다. "대개의 경우 뚜렷한 근거가 없고 감정적인 판단에 의거"하는 "고정관념은 자아방위의 메커니즘"이며 "정체성의 핵심"이 되기도 한다(Lagoutte, 1999/2011, p. 117). 자기 방어와 보존의 본능적 차원을 벗어나지 못하는 메커니즘이 '나'의 생각과 행위의 원천이 되고 내가 누구인지를 규정하는 것이다. 이러한 다수로 구성된 사회는 인간 공존의 공동체보다 생존의 목적이 최우선인 본능적 개체들의 집단에 가깝다고 볼 수밖에 없다.

서로를 주체로 존재하게 하는 상호주체성은 자신만이 아니라 상대의 존재 의미가 드러나고 성장하는 관계에 기반한다. 프랑스어의 connaitre(인식하다)는 '보는' 행위를 통해 보는 주체와 그 대상이 "함께 만나 새로운 앎에 이른다", 즉, con(함께)-naitre(태어난다)는 의미를 갖는다(Ibid., p. 118). 본다는 것은 상대의 본질을 드러내

그로서 존재하도록 하는 행위이다. 보았기 때문에 그 본질이 실현되는 것이다. 아름다움은 그 과정을 통해서 '발견'된다.

인간이 본능적 차원의 자기중심적 태도를 벗어나 타자와 자신의 가치를 동일하게 여기고 공존하는 존재로 성장[2)]하는 과정에서 아름다움을 알아보는 눈은 떠진다. '아름다움이 우리를 구원할 것'이라는 말은 그래서 타당하다. 자신의 주관적 관점에 근거한 자기주장에 갇힌 개개인으로 분열된 사회에서 '아름다움'이란 자기만족을 위한 감각적 차원의 충족을 정당화하는 표현이기 쉽다. '아름다움'을 발견하는 눈을 가졌다는 것, 그 동등한 눈(vision)을 소유했다는 것(Merleau－Ponty, 1964/2004)은 한 개인을 무형의 공동체에 속하게 하며 서로의 고유한 시각의 존중을 통해 성숙한 공동체를 형성하게 한다(Kant, 1793/2009).

이 연구에서는 칸트의 '미적 판단력' 개념을 통해 '아름다움을 알아보는' 능력과 인간의 내적 성장의 관계를 탐구한다. 칸트에게 미적인 것을 판단하는 능력, 즉 아름다움을 알아보는 능력은 인간이 가진 상위 인식 능력인 지성(understanding)과 이성(reason)이 제대로 발휘되며 조화를 이룰 수 있는 결정적 역할을 한다(Kant, 2009). 인간은 경험 현상을 개념을 통해 이해하는 능력인 '지성'을 통해 자연의 질서와 법칙을 발견한다. 그리고 자신만이 아닌 타인에게도 적용될 수 있을 만큼의 타당한 원칙을 찾고 이를 자율적으로 지킬 수 있는 '이성'으로 도덕적 존재로서 살 수 있다.

미적 판단력은 지성 및 이성과 뚜렷이 구분되며 이를 매개하는 새

---

2) 여기에서 '성장'은 나이가 들면서 일어나는 생물학적 의미의 성장과 아무런 관련이 없음을 다시 한번 강조한다. 진정한 의미의 '내적인 성장'이 일어나기 위해서는 오히려 자연발생적 본능 충족과 노화를 거스르는 부단한 배움의 노력, 인간으로서의 능력의 발달이 반드시 필요하다.

로운 상위 능력이면서도(Hughes, 2010/2020), 지성과 이성의 발달이 전제되어야 판단력의 발달이 가능하다는 순차성을 갖는다. 아름다움을 발견하고 알아보는 능력은 그래서 개념을 이해하며 도덕적 자율성을 가진 존재로서 갖게 되는 가장 '인간다운' 능력이라 할 수 있다.

2) 팬데믹의 끝에서 돌아보기

미적 판단력이라는 고전적 미학 개념의 중요성을 이 시대에 재조명하고자 하는 이유는 팬데믹을 통과하며 겪은 가장 큰 변화 중 하나인 '보는 방식' 때문이다. 현 인류가 전례 없이 겪어낸 장기간의 팬데믹 기간 동안 지속된 비대면 환경은 '보는 능력'의 감퇴와 그보다 근본적인 내적 성장의 결핍을 발생시켰다. 대부분의 교육이 비대면 환경에서 이루어지고 그만큼의 사회적 관계와 소통, 여흥의 장 역시 비슷한 방식으로 옮겨진 기간 동안 온라인 플랫폼에서 이를 가능하게 하는 기술은 대단한 발달 속도와 타당성을 획득했다. 그러나 엄청난 양의 시각적 자극에 빠르게 반응해야 하거나 수동적으로 바라보아야 하는 조건은 보는 능력을 더욱더 자극–반응의 본능적 차원으로 축소, 혹은 퇴화시켰다. 많은 양의 시각적 정보를 서둘러 보고 반응할수록 자신이 무엇을 보는지, 그 의미는 무엇인지 알아갈 수 있는 시작의 기회 자체가 사라지며(Herman, 2017), 이 방식의 지속은 보고–생각하고–살아가는 능력의 퇴화로 이어질 수밖에 없다.

우리의 보는 방식이 구체적인 세계로 구현되고, 다시 그 세계의 구성 방식이 우리의 보는 방식을 형성한다는 사실을 상기해보자. 기술의 발달이나 그 속도를 문제시하는 것이 아니라 그것이 도구로서 우리를 어떻게 보게 하는지, 그 메커니즘을 통해 우리의 보는 방식이 어떻게 형성되는지를 멈춰서 면밀히 살피는 것은 이 세계의 현재와 미래가 형성되는 원리의 점검이다. 보는 능력의 손실은 인간 성장의 결손이며 사회의 퇴보로 이어질 수밖에 없다.

자신의 보는 방식을 의식화하여 그 출발점에서부터 새로이 배워나갈 때 스스로 보고, 함께 보며 세상을 구성해나갈 수 있다. 이전의 방식으로 더이상 돌아갈 수 없으며 새로운 방식으로 세상을 재편해야 하는 이 시기에, 팬데믹을 통한 공통의 경험 위에 함께 서서 우리의 보는 방식의 점검과 재출발의 방향을 논하고자 한다. 다음 장에서 제시하는 수업 사례는 팬데믹 초기 대면 교육의 대안이자 임시방편으로 시작된 비대면 교육이 일반화되면서 맞이한 난관에서 시작한다. 스스로 생각하고 능동적으로 참여하는 수업이 충분하지 않았던 교육 현장이 수동적으로 '구경하는' 방식의 비대면 공간으로 이동되면서, 그리고 개인적 차원의 소통 대부분을 SNS를 통해 서로 '구경하듯이' 해결하는 시간이 늘어나면서, 도구에 의해 '길들여진' 보는 방식의 점검이 선행되었다. 뜻밖의 어려움이 오히려 교육에 뿌리 깊던 수동성의 문제를 드러내 직면하게 했고, 그 문제가 우리 자신이 '어떻게 보는가'를 직면하고 성장하기 위해 노력해야 할 근본적인 방향과 방법을 찾게 했다. 후반부에서는 이 과정의 성찰과 새로운 모색을 가능하게 한 미적 판단력 개념을 제시한다.

○● 2. '보는' 존재로서의 주도권 되찾기

1) 꺼진 카메라와 수업 '구경'

팬데믹의 본격화와 함께 Zoom을 비롯한 실시간 온라인 플랫폼을 이용한 비대면 강의가 지속되면서 꺼진 카메라 너머의 학습자와 교수자 사이, 학습자와 학습자 사이의 단절은 '정상' 교육을 더욱 어렵게 하는 대표적인 요인으로 대두되었다. '코로나 블루-레드-블랙'이라는 신조어가 생길 만큼 사회 전반적인 우울감이 지배적인 가운데 특히 학생들의 무기력감은 이 비대면 교육 방식을 통해 더욱 심각하게 자리 잡았다.

이 사례에서 해당 강의 초반 주제로 학생들은 미적 경험의 원리를 다루게 된다. '미적(aesthetic)'이라는 의미를 '무감각, 마비(anaesthetic)'의 의미와 대비하여 파악하며 '미적'이라는 의미가 외적인 차원의 '좋음'이 아닌 내적으로 '깨어있다'는 의미를 갖는다는 사실을 자신의 예에 비추어 보는데, 현재 공통적으로 겪고 있는 이 '꺼진 카메라'의 문제를 함께 보기 시작했다.

> "사실 처음에는 그냥 카메라를 끈 건데 이제 다시 켜지를 못 하겠어요. 지금 교수님이 말씀하시고 나서 제가 수강하고 있는 상태를 보니까 주위가 되게 산만해요. 우선은 틀어놓고 그냥 구경하는 느낌, 솔직히 그거에 가까운 것 같아요. 되게 무기력해졌는데 어떻게 다시 뭘 시작해야 할지 모르겠어요. 익숙해져 버렸다고 할까요."(2학년 학생)

> "낮은 학번은 확실히 이 상황이 더 어려울 것 같고, 이해가 돼요. 저 같은 경우는 기존에 학교를 다녔던 시간이 더 길고(고학번 군필) 사실 예전에 들었던 수업 중에서는 인강(인터넷 강의)이거나 강의실 강의거나 별 차이 없는 강의도 이미 많았거든요. 교수님이 혼자 책에 있는 내용을 줄줄 설명하고 듣는 그런 수업들은 사실 인강이 더 효율적이겠다 생각했어요. 학교에 굳이 가서 들어야 하나 싶기도 하고. 그렇게 따지면 이런 조건이(비대면 강의) 그렇게 특별한 상황은 아니에요. 오히려 이렇게 조별 토론하고 의견도 이야기하고 하는 거랑 비교하면 예전에 그런(일방향) 수업이 이미 꽤 있었던 거죠. 구경하는 방식. 전 새로운 문제는 아닌 것 같아요."(4학년 마지막 학기 학생)

두 학생의 학번 차이는 크지만 공통적으로 중요한 지점을 지적하고 있는데, 바로 학습 경험 속에 익숙하게 내재된 수동성이다. 비대면 상황이 학습자의 능동성을 발휘하기 쉽지 않은 조건을 가지고 있다는 사실을 전제하더라도, 이는 이미 학습 경험 속에 내재하던 근본적 문제의 극대라고 볼 수밖에 없었다. "수동적인 생명체는 거의 또는 전혀 배우지 못한다. 효율적으로 배운다는 것은 수동성을 거부하고 참여하며 탐구하고 적극적으로 가설을 세우며 그 가설을 외부 세계에서 직접 검증한다는 걸 의미한다(Dehaene, 2018/2021, p. 275)." 의미화하지 못한 모든 것은 스쳐 지나갈 뿐이다(Ibid.). 구경하는 상태는 의미를 통해 내 안에 새로운 구조를 만들고 지식의 체계를 생성하는 것이 아니라 암기의 조각을 축적하거나 흘려보낼 뿐이다. 비대면 수업의 지속을 통해 확인된 '수업 구경' 사태는 이렇게 학습의 근본 원리와 반대되는 '보기 방식'의 강화 실태를 다방면으로 점검해보게 했다.

팬데믹 첫해를 지내며 발간된 청소년-청년의 삶에 대한 통계 보고서(여성가족부, 2021)는 현재 청(소)년들이 자신의 일상 대부분의 시간에 어떠한 방식으로 보고-경험하고 있는가에 대한 기초 자료를 제시했다. 팬데믹 이전인 2019년과 비교해 2020년 10대 청소년의 인터넷 사용[3]은 27.6시간으로 10시간 늘었고, 20대는 5.2시간 늘어난 29.5시간이었다. 설문 내용과 방식의 특성상 실제 사용량보다 낮게 보고하는 경우가 많을 수 있다는 사실을 고려하지 않더라도, 대부분의 학교 수업을 온라인 플랫폼에서 소화하는 시간과 과제 수행을 위해 자료를 찾고 조모임을 하는 실제 사용 시간 등을 감안해보면 이 합산된 수치는 오히려 비현실적으로 낮게 보고된 것이라 볼 수밖에 없다.

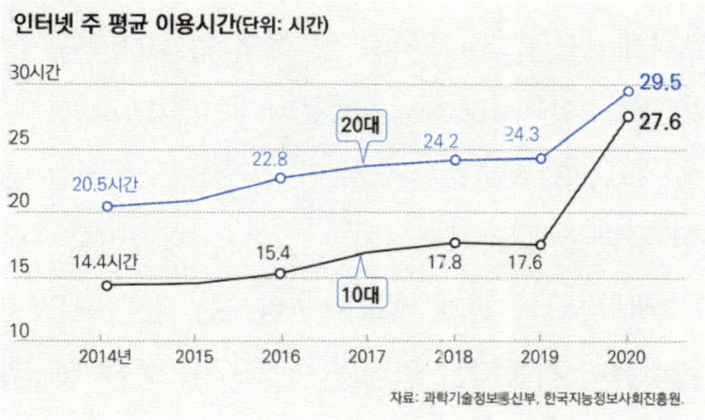

〈10-20대 인터넷 주 평균 이용 시간 변화 추이〉

출처: 2021 청소년 통계, 통계청

3) 이동전화, 스마트폰, 스마트패드, IPTV, 인터넷 전화 등을 이용한 인터넷 접속 모두 포함.

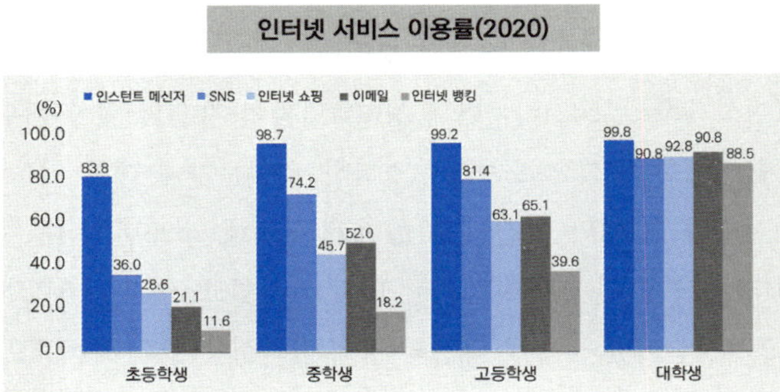

자료: 과학기술정보통신부, 한국지능정보사회진흥원, 「인터넷이용실태조사」

〈초, 중, 고, 대학생 인터넷 서비스 이용 목적과 비율〉

출처: 2021 청소년 통계, 통계청

여기에 10대의 인터넷 이용 목적이 교육·학습(99.9%), 여가 활동(99.1%), 커뮤니케이션(98.5%), 자료 및 정보 획득(95.2%) 순이고, 20대는 자료 및 정보 획득(100.0%), 커뮤니케이션(99.9%), 여가 활동(99.8%), 교육·학습(82.6%)순임을 보면 일상을 구성하는 활동의 대부분이 온라인 플랫폼에서 이루어지고 있음을 재확인할 수 있다. 그렇다면 '보고-생각하고-관계 맺고-생활하는' 삶의 실제 대부분이 이루어지는 플랫폼이 작동되는 원리와 이 도구를 통해 재구성될 수밖에 없는 '보는 방식'의 관계를 점검하는 작업이 우선적일 수밖에 없다.

2) 보는 도구를 사용하는가, 도구에 사용되는가

팬데믹으로 인해 재구성된 학생들의 주된 생활 방식은 강의 수강만이 아니라 공부와 여가 모두에 해당 됐다. '줌터디'(그림 <학생 A(대학교 2학년 재학 중)의 비주얼 저널 중 하루의 기록>)는 친구들과 Zoom에 접속한 상태로 각자 공부하는 방식을 칭한다. 한 장소에서 직접 만나 무언가를 함께 할 수 없는 상황에서 덜 외롭다는 의미도 있고, 서로가 '감시'하는 셈이 되어 공부에 강제성이 부여된다는 것이 이 그림으로 하루를 기록한 학생의 설명이었다. 가상의 공간은 '보는' 방식을 통해 공유되는데 이 새롭게 자리 잡은 문화는 그 새로운 보는 방식의 단면을 보여준다.

〈학생 A(대학교 2학년 재학 중)의 비주얼 저널 중 하루의 기록〉

사람을 직접 만나고 사물을 직접 만지고 그 장소에 직접 가거나 머물 수 없는 현실은(그림 <학생 B(대학교 3학년 재학 중)의 비주얼 저널 중 하루의 기록>) 가상의 공간으로 인간의 주된 활동이 이동되고 그 플랫폼의 원리가 우리의 보고–생각하고–살아가는 방식을 형성함을 의미한다.

〈학생 B(대학교 3학년 재학 중)의 비주얼 저널 중 하루의 기록〉

교육자이자 미래학자인 프렌스키(Prensky, M.)가 2001년 논문에서 소개한 '디지털 네이티브(Digital Native)'는 디지털 세상에서 성장한 첫 세대를 의미한다(Dehaene, 2018/2021). 1979년생 이후가 첫 세대로 꼽히는 이 기준에 따르면 현재 대학생들의 인터넷 경험은 이미 '기술'이 아닌 '환경'의 차원이다. 사용하는 도구에 따라 뇌의 구조와 작동 방식 자체가 지속적으로 새롭게 형성된다는 그린필드(Greenfield, 2015/2015)의 연구에서 한 발 나아가 보자. 자신이 성장기 동안 경험한 '인터넷'의 원리와 힘을 제시한 톨렌티노(Tolentino, J.)의 직설을 살펴보면 그 도구와 '보고－생각하는' 방식의 긴밀한 연결성이 얼마나 실질적인지를 확인하게 된다.

> 인터넷은 이미 현대 사회에서 가장 중요한 장기 기관이 되었다. 사용자의 두뇌를 재편하고 우리를 원시 시대에 가능했던 것보다 더 많은 오감을 활용하게 하면서 원시 시대처럼 초민감하고 주의 산만한 상태로 바꾸어버렸다. 인터넷은 관심을 착취하고 자아를 물화시키는 생태계를 이미 건설했다. ... 인간의 개성이나 이기심이 자본주의의 마지막 자원인 세계, 규제나 통제가 거의 불가능한 중앙집권적 플랫폼이 정한 조건에 따라야만 하는 세계이다(Tolentino, 2019/2021, p. 32).

인터넷이 '원시시대보다 더 감각 자극에 치중하고 산만하게' 만드는 "가장 중요한 장기 기관"이라는 자각이 과장된 표현이 아님은, 톨렌티노 자신이 십대 초반부터 인터넷 기반 시스템에서 사용할 수 있는 각종 도구들을 적극적으로 사용하며 어떻게 자신의 보고-생각하고-살아가는 방식이 형성되었으며 이러한 개개인의 변화가 사회 전체적인 맥락에서 어떠한 변화로 발현되는가를 분석하여 함께 제시하기 때문이다.

페이스북 초창기 경영진이었던 팔리하피티야(Palihapitiya, C)는, 자신이 창조에 일조한 테크놀로지에 관해 느끼는 '죄책감'을 표현했다. "우리가 사회구조를 파괴하는 도구를 만들었다는 생각이 듭니다. 우리가 만든, 도파민에 지배되는 단기적인 피드백 회로가 사회의 작동 방식을 파괴하고 있습니다."(Zak., 2021, p. 58) 이는 SNS가 인간에게 해롭다는 식의 일차원적인 경고가 아니라 그 도구에 내재된 원리를 확인하고 주체적으로 선택, 사용하는 주도권을 되찾아야 한다는 강력한 경고로 이해할 필요가 있다.

2020년에 제작된 다큐멘터리 '소셜 딜레마'(Jeff, 2020)는 SNS 사용을 통해 인간 개인과 사회에 일어나는 변화를 '플랫폼과 앱 개발자들'의 입으로 고백하는 형식을 띤다. "기술은 우리를 연결한다. 또한 우리를 조종하고, 분리시키고, 양극화시키고, 물질화하고, 주의를 빼앗는다."[4] 다큐멘터리의 주된 화자인 해리스(Harris, T)는 자신이 개발에 참여해 온 현대 웹 환경 구성 기술이 인간을 조종하고 퇴보시키는 방식으로 발전되지 않도록 공동으로 연구소를 열고(Center for Humane Technology) 사용자들 스스로가 이 원리를 이해하고 제어권과 주체성을 가질 수 있도록 하기 위한 연구와 교육을 하며 정부 정책을 제안하고 있다. 개발자의 뒤늦은 경고가 무책임한 것도 사실이지만 그 원리로 재구성되는 각 개인의 인식 방식이 어떻게 개인의 삶과 사회 형성의 근본 원리가 되는지 이제 공동의 이해가 시작되는 희망으로 볼 수도 있다.

이 연구소는 "소셜 미디어가 우리의 두뇌를 조종(hacks)하는 방법"의 대표적인 예를 제시했다. 행위 주체가 자각하지 못하는 방식으로 그 시스템에 침투해 원하는 방향으로 구동시키는 '해킹(hacking)'의 의미가 이 경우에 가장 적합하다. "우리는 무작위로 클릭하지 않는다. 많은 디자인이 우리의 자율성과 웰빙을 손상시키는 강박적인 행동을 조장함으로써 우리의 가장 깊은 취약점을 의도적으로 활용한다."(Center for Human Technology, 2021)

1. 사소한 일을 긴급하게 보이게 만들기 - 지속적인 '알림'(진동, 깜박임, 배너 등) 기능의 자극은 중요도를 생각하고 그에 따라 행동하는 능력을 손상시킨다.
2. 노력을 통한 성취가 아닌 욕구 만족의 추구를 격려하기

4) 다큐멘터리 '소셜 딜레마' 홈페이지의 타이틀, 밑줄은 원문에서. https://www.thesocialdilemma.com

– 뇌에서 즐거움을 원하는 네트워크가 과민해져 중독에 빠진다. 뇌의 인지 제어 영역은 최소한의 감독으로 콘텐츠를 무의식적으로 소비하며 계속 클릭하고 스크롤한다. 이러한 행동은 궁극적으로 우리를 고갈시키지만 참여 기반 비즈니스 모델의 기반이 된다.

3. 강제적 멀티 태스킹 - 한 작업에서 다른 작업으로 주의를 자주 전환할 때 이전 작업에 대한 생각이 현재 작업에 완전히 집중하는 것을 방해하는 '주의 잔류물(attention residue)'을 경험한다. 그리고 지속적으로 우리를 참여시켜 반복적이고 자동화된 행동을 촉발하고 뇌의 전두엽 인지 제어 영역에서 활성화를 약화시킨다.
4. 두려움과 불안 - 생존 본능에 따라 우리의 뇌는 긍정성보다 부정성에 더 많이 반응하고 감정과 행동을 형성한다. 두려움, 분노, 혐오감을 유발하는 소셜미디어 콘텐츠는 긍정적인 콘텐츠보다 훨씬 빨리 확산되고 두려움과 분노는 우리의 선함과 인간다운 공유를 약화시킬 수 있다.
5. 지속적인 사회적 비교 유발 - 선별된 순간에 타인이 보고 싶은 것만 보여주는 고도로 선별된 이미지가 넘쳐나고 그것을 이상으로 삼아 자아상을 묶어둘 수 있으며 강박적 비교와 자기 회의가 발생한다.
6. 확증 편향 - 우리의 선호도에 따라 맞춤화된 정보를 제공하는 알고리즘에 따라 특정 관점에 몰두하고 그에 모순되는 정보를 무시한다. 알고리즘이 우리가 믿고 싶은 것을 알려줄수록 우리는 이해하고 공유하는 사회 공동체의 응집력을 가진 존재로서의 감각을 잃고 양극화된다(Center for Human Technology, 2021).

학생들 스스로 주 사용 SNS[5)]가 무엇이며 그 사용 방식과 자신의 생각–생활 방식간의 관계를 점검하고 나눈 이야기는 위의 속성들이 과장이 아닌 실제의 일부임을 확인시켜 주었다. 수업에서 보다 적극적인 자기 점검을 위해 구체적인 질문을 제기했다.

1. 나는 어떤 매체를 사용하여 세상과 만나고 소통하고 있는가? 그 매체가 나에게 –내가 보는 방식, 생각하는 방식에– 미치는 영향은 무엇인가?
2. 내가 사용하는 도구가 내가 보는 방식에 미치는 영향을 의식할 수 있는가?
3. 이것을 의식한다는 의미는 무엇일까?
4. 내가 사용하는 도구 – 나는 사용하고 있는가, 사용당하고 있는가? 그 차이는 무엇을 의미하는가?
5. 내가 사용하는 도구는 내가 사유하는 능력에 도움이 되는가?
6. 사유한다는 것은 무엇인가?

주어진 질문을 중심으로 각자 일주일 동안 자신의 생활을 관찰하고 그에 대해 생각해본 후 돌아오는 수업 시간에 조별 토론을 했다. 그리고 각 조의 발표자가 전체 그룹에 돌아와 자신의 모둠의 의견을 종합해 이야기하되, 어떤 점이 공통적이고 어떠한 차이가 있었는지에 중점을 두었다.

5) 유튜브가 SNS의 범주에 속하는지에 대한 논의가 몇 년 전까지 지속되었으나 현재 유튜브의 기능은 영상 제작자와 시청자의 역할이 지정 구분되지 않고 누구나 채널을 열고 영상을 제작하여 업로드하는 플랫폼이 되었으며 시청자일지라도 댓글을 통해 적극적으로 실시간 소통하는 기능이 강화되어 공동 생산자의 역할을 부여받으므로, 주요 SNS에 해당된다고 보아야 한다.

"우리는 도구에게 사용을 당하고 있다. 정확한 생각 없이 그저 흘러가듯 매체를 접해 개인의 의지가 개입하는 일이 점차 줄어들기 때문이다."(1조 발표 내용 중)

"스스로 검색하는 것이 아닌 알고리즘에 이끌려 정보를 접하는 일이 잦기 때문에, 나는 매체를 받아들일 때 생각하기보다는 무분별하게 수용하는 일이 잦다고 느꼈다. 그렇기 때문에 나는 우리가 이러한 도구들에 의해 사용당한다고 생각한다. 스스로 받아들이는 것이 아닌 제공되는 정보만 접하고 있기 때문이다."(3조 발표 내용 중)

"정보가 넘치는 세상이 되면서 각 플랫폼 기업이 만든 알고리즘이나 사람들의 전체적인 의견에 휩쓸려 판단력이 흐려진다. 그래서 정보를 이용하는 것이 아닌, 무의식적으로 주입 당하고 통제되며 획일화되는 느낌을 받을 때가 있다."(4조 발표 내용 중)

"세상을 보는 주요 매체는 인스타그램과 유튜브다. 유튜브의 알고리즘과 인스타그램의 검색창 기능은 나의 관심사를 반영하여 정보를 제공한다. 따라서 우리는 정보를 찾으려 노력하지 않고 수동적인 태도를 취하거나, 한정된 틀 안에 갇히기도 한다. 특히 유튜브의 경우 바로 다음 동영상을 제시하며 우리가 잠시 멈춰 생각할 기회를 놓치게 한다."(8조 발표 내용 중)

여가 시간을 가장 많이 보낸다고 파악한 유튜브와 인스타그램 중, 특히 인스타그램 사용에는 자기 자신이 알고리즘에 갇히는 소비자가 되는 문제만이 아닌, 자신의 이미지를 소비재로 내어놓는, 즉 '보이는 외양'에 몰두하게 되는 원리가 작동하고 있었다.

> "인스타그램은 보통 깊게 생각해서 글을 쓰거나 많은 정보를 수집하지 않은 채 자신의 일상을 짧게 뱉어내거나 기록하는 것이기 때문에 우리가 깊게 생각하는 것을 방해하며, 수동적으로 SNS를 사용하는 것 같다."(5조 발표 내용 중)

> "인스타그램은 수백 명의 모습을 쉽게 볼 수 있다 보니 중독이 된다. 특별한 일상을 별것 없는 자신의 일상과 비교하고, 나 빼고 다른 사람들은 무엇을 하고 있다는 생각이 든다. 또한 나 자신도 이 순간을 다른 사람에게 공유해야 한다는 생각을 하게 된다."(9조 발표 내용 중)

> "음악, 사진 등은 한 개인의 정체성을 드러내기도 하고, 세상을 보는 도구가 되기도 한다. 그런데 이것들이 SNS, 특히 인스타그램으로 옮겨갔을 때에는 그 의미가 변질된다고 조원들이 입을 모아 말했다. 특히 인스타그램상에서 사진을 업로드하고, 플레이리스트를 공유하기도 하며 자신의 피드를 가꿀 때, 스스로 그 자체가 자신의 정체성이라고 생각하게 되는 경향이 있다고 생각했다. 그래서 특정 모습으로 보이기 위해 억지로 가꾸기도 하고, 다른 사람의 게시물을 보고 그 사람을 단편적으로 판단해 버리는 것 같다는 의견이 모아졌다. 결국 이는 스스로를 솔직하게 드러내

> 기보다, '보여지는 나'를 위해 내 삶을 수동적으로 남의 시선에 맞춰 만들어가는 과정이라고 생각했다. 조원의 대부분이 이런 SNS의 영향을 의식하고 있었다. 다만 누군가는 의식하면서도 끊을 수 없는 상황이었고, 누군가는 의식한 뒤 인스타그램 활동량을 줄여나가고 있었다. 활동량을 줄이게 된 이유에는 SNS가 행복에 대한 강박을 주고 있다고 생각했기 때문이라고 말했다. 타인을 비롯한 세상을 단순하게 보게 하고, 여기에 맞춰서 모두가 행복해 보이려고 애쓰는 공간이라고 생각했다고 답했다."(2조 발표 내용 중)

한 학생은 이 도구를 어떻게 사용하고 있는가에 대한 의식 자체가 "통제권을 되찾는 일"이라고 이야기했다. 의식하고 자신의 의지에 따라 사용하면 도구가 되고, 점차 의지를 잃고 그 도구의 방식에 따라 자신의 생각과 행동의 방식이 형성되도록 둔다면 그 도구에 '사용되는' 것이라는 의견이 다수의 학생들에게서 공통적으로 나왔다. 의지를 발휘할 수 없는 인간에게 자유는 없고, 그 반대에는 수동성과 무기력의 더욱 큰 힘을 발휘한다. 엄밀히 무기력은 의지를 잃은 자의 수동적 반복을 통한 결과적 상태라는 의미에서 무기력 자체가 문제의 원인이 아니라는 사실이 학생들의 개별, 조별 의견 공유를 통해 공동 이해되었다. 그리고 그 반복을 벗어나는 작은 노력을 시작한 학생들의 선택 과정이 이후에 실행된 비주얼 저널의 작업을 통해 확인되었다.

타인이 게시하는 외양이 '보여주기 위한' 설정이자 허구임을 알면서도 그에 비교해 초라해 '보이는' 자신의 실제를 따로 두고 또 하나의 '보여주기 위한' 순간을 만들어 내는 자괴감의 순환은 점차 사유 능력의 무력화와 감각적 만족 추구에 대한 종속으로 나타나 무기력의 무게 속에 침잠하게 한다(Horwitz, J. Seetharaman, D., Wells,

G., 2021)[6]. 자신의 눈으로 아름다움을 파악하고 공유하는 능력은 얼핏 이러한 SNS 사용의 원리인 것처럼 보일 수 있으나 위와 같은 학생들의 자기 경험을 통한 검증의 과정은 정반대의 원리가 작동되고 있음을 증명했다. 오히려 스스로 아름다움을 알아보는 능력의 무력화를 가속화하고 있었고 아름다움에 대한 판단만이 아닌 이해력과 자율성 전반의 사유 능력이 작동하지도, 성장하지도 않고 있음을 확인할 수 있었다.

다음에 제시하는 비주얼 저널 작업은 아름다움을 알아보는 능력(판단력)이 세상을 이해하고(지성) 자율적인 인간으로서 살아가는(이성) 내적인 능력을 연결하고 활성화하여 인간다운 삶을 살 수 있도록 한다는 원리를 실제 작업을 통해 실행해보기 위해 진행되었다.

3) 새롭게 보는 방식의 내재화 - 비주얼 저널 작업

수업을 통해 일상 경험의 온전성을 회복할 수 있는 연습이자 장치로서 수행했던 '비주얼 저널' 작업(하영유, 2020)은 팬데믹 시기가 보다 장기화되고 학습 과정을 통해 학생들에게 내재되어 있던 수동성이 악화되면서 보다 분명한 방향 설정을 필요로 하게 되었다. 경험의 온전성을 회복할 수 있는 사유와 판단의 눈을 더 '밝게' 하기 위해 작업과 전체 과정을 돌아보는 단계에 보다 강조를 두었다. 학생들 전원이 미술전공자가 아니기 때문에 시각적 언어의 사용에 대한 막막함이 앞서는 조건을 고려하여 자신의 일상 안에서 사유 작업을 돕는 도구가 될 수 있도록 드로잉 시작 단계도 보다 상세히 안내했다.

6) 최근 월스트릿 저널(The Wall Street Journal)을 통해 'The Facebook Files'라는 제목의 시리즈로 공개된 페이스북의 내부 연구 자료는 특히 인스타그램이 십대 청소녀들에게서 나타나는 이 문제가 증가하는 자살률과 유의미한 상관 관계를 가진다는 사실을 증명하고 있다.

제출 1) 드로잉 기록 3회 이상

- 다음과 같은 드로잉 작업을 3일 이상 하고 이를 이미지 파일(jpg, pdf, 모두 가능)로 제출합니다. 3일 이상의 기록을 제출합니다.

1. 하루 일과를 마무리 하면서 오늘 가장 크게 감정이 움직였던 순간을 기억합니다. 어떤 감정과 생각이 들었는지, 그 이유는 무엇이었는지 곰곰이 생각해봅니다.
2. 그 순간과 관련되는 사물이나 상징 등을 그려도 좋고 추상적으로(점, 선, 면, 색, 질감 등을 사용하여) 표현해도 좋습니다. 그리면서 1번의 생각을 담습니다. 그리는 과정에서 생각이 정리되거나 변화될 수도 있고, 생각하지 않았던 면이 생각나거나 새로운 방향으로 나아갈 수도 있습니다.
3. 짧은 글과 함께 기록합니다.
4. 작업이 끝나면 날짜와 간단한 제목을 적어 놓습니다.

제출 2) 전체 과정을 돌아보는 글

- 제출 전 비주얼 저널 작업 전체를 돌아보며 다음의 질문에 대한 생각을 정리, 작성하여 함께 제출합니다. (문서 파일 양식이나 이미지 파일 양식 모두 가능)

1. 며칠 간의 기록들 사이에 연결(관련)이 있습니까? 있다면 어떤 연결이 보이나요? 없다면 어떤 면에서 그렇습

니까?

2. 기록이 이 기간 동안 진행되면서 내가 보는 방식의 변화가 있었는지 보이나요? 있다면 어떤 변화가 있었나요? 없다면 어떤 면에서 변화가 없었나요?
3. 나의 작업들을 돌아볼 때 주제어(단어나 문장)를 뽑아낼 수 있을까요? 왜(그리고 어떻게) 이 주제어를 선택했나요?
4. 이 주제어로 2~4행의 매우 짧은 시를 쓰면서 마무리합니다.

한 달 반 동안 작업 과정을 거친 학생들의 눈을 통해 “예술은 비예술적 활동과 경험들의 영역으로부터 출현”했고, “미학의 영역이 통상 순수 예술로 생각되는 것의 영역을 넘어서서 훨씬 넓게 확장되어 있다"(Sartwell, 2005/2018, p. 905)는 사실을 확인할 수 있다. 그 중 두 학생의 작업 과정의 글을 공유한다. 시각적 표현의 과정과 결과물도 중요하지만 이번 비주얼 저널의 초점은 자신의 생각과 그 변화 과정을 볼 수 있는 ‘눈’의 발견에 있기 때문이다. 다음은 학생 C가 매일의 작업에 함께 쓴 글 중 일부이다.

> 우리가 입을 통해 먹은 것들이 식도를 타고 위를 거쳐 소화가 되고 소장, 대장을 거쳐 배출이 되는 소화 과정을 가로로 그려보았다. 먹는 것과 마찬가지로 우리가 보는 것도 눈을 통해 입력이 되고 시각 세포를 거쳐 뇌로 전달된다. 하지만 우리가 보는 것들을 제대로 내 것으로 만들고 필요하지 않은 것들은 배출하는 소화 과정이 이루어지고 있는지 궁금했다. 먹는 것과 마찬가지로 내가 일상 생활에서 보는 것도 뇌에서 소화시키는 사유의 과정이 필요할 것이다.(day 1)

> 내가 떠올리는 생각들이 잘못된 건지 아닌지 스스로 판단하기 전에 사회의 잣대, 또는 사람들의 의견들에 의해서 생각이 빼앗기는 듯하다. 아마도 나는 스스로 생각하고 판단하는 법을 모르고 있는 듯하다. 진짜 온전한 나의 생각을.(day 2)

> 지금 내 삶이나 SNS를 보면 우리는 인스타라는 네모 세상에 갇혀 그게 마치 나 자신을 전부 보여주는 것 마냥 행동한다. 사실 그 네모난 세상이 곧 다른 사람의 세상인 거라고 멋대로 판단하게 된다. 하지만 나랑 다른 사람들 모두 네모난 세상이 전부가 아니다.(day 3)

일정 기간 작업이 지속되면서 일어난 변화의 과정 전체를 돌아본 글은 다음과 같다.

> 비주얼 저널을 하면서 그냥 떠오르는 생각들이나 또는 평소에 가지고 있었던 생각들을 흘려보내지 않고 기록할 수 있었다. 처음에는 가볍게 내가 듣는 음악과 그 음악을 통해 떠오르는 잔상들을 펜을 통해 표현해보았다. 그리고 시험 공부를 하면서, 또는 내가 가장 자주 사용하는 sns인 인스타그램을 하면서 드는 생각들을 표현했다. 며칠간의 기록들 사이에 공통적으로 나타나는 주제는 "과연 나는 제대로 생각하고 있는가?"이다. 공부를 하거나 sns를 보면 사람들은 어떤 주제에 대해 자신의 생각을 말하고 서로 의견을 주고받는다. 하지만 나는 사람의 의견을 듣는 데에서 멈춘다. 즉, 사고하지 않는다는 것을 깨달았다. 갈등을 싫

> 어하는 성격과 더불어서 예민한 주제에 대해서는 일부러 깊게 생각하지 않으려는 습관이 든 것이다. 그래서 더더욱 나의 생각들이 생각이 아닌 것 같다는 생각이 들었다. 그 과정이 음식을 먹는 것과 마찬가지로 내 안에서 제대로 소화 과정을 이루고 있는지 생각해보았다.
> 이렇게 기록들을 해가면서 내가 깊게 관심을 가지는 것들은 대체적으로 내가 좋아하는 것들에 한정되어 있음을 알 수 있었다. 하루 일과에서 해야 하는 것들을 하는 시간을 빼면 나는 주로 핸드폰을 본다. 그리고 나는 대체적으로 내가 좋아하는 것들을 보면서 시간을 쏟으려고 한다. 내가 좋아하는 것들이 무엇인지 주로 살펴보면 그다지 생각이 필요하지 않은 예능이나 드라마이다. 그저 웃음이나 설렘을 통해 무의식적인 자극만을 계속해서 접하고 있다는 것을 깨달았다. 그리고 이런 콘텐츠들을 계속해서 소비하는 것이 마치 중독이 된 것만 같았다. 비주얼 저널을 하는 동안 내가 무엇을 보고 어떻게 생각하는지 깨닫고 점점 내가 보는 것들을 의식할 수 있었다.

이와 같이 자신의 작업 과정 전반을 돌아본 학생은 “자극 중독”이라는 주제어를 뽑아냈다.

> 지금까지의 나의 생각 패턴을 보면 마치 망치로 무릎을 치면 무조건 반사를 통해 무릎이 들리듯이 사유의 과정을 거치지 않는 행위를 반복했다. 또 그에 앞서 그런 자극들이 풍부한 콘텐츠들을 많이 소비했던 것 같다. 또 비주얼 저널에서 인스타그램을 하는 우리들의 모습을 네모 세상에

갇힌 자아로 비유했는데, 우리가 네모난 화면 속 보여지는 모습 그대로 그 사람을 알게 되고 때로는 평가하게 되면서 이런 네모난 자극들이 많아지게 되는 현상에 대해 생각해 볼 수 있었기 때문이다. 이렇게 수많은 자극들을 통해 이미 굳어진 뇌를 사유에 익숙해지도록 간드는 것은 큰 노력을 필요로 할 것이다. 하지만 비주얼 저널을 통해 하루 동안 내가 보는 것들에 생각하는 과정을 계속한다면 점점 사유하는 것이 익숙해질 것이라 생각한다.

"자극 중독"

본다, 웃거나 웃지 않는다. / 본다, 설레거나 설레지 않는다. / 본다, 자극이 오거나 오지 않는다. / 본다, 생각은 하지 않는다.

마지막에 작성한 짧은 시에서 본인이 자신의 보는 방식을 관찰한 바가 무엇이었는지 확인할 수 있다. 다음의 학생 D의 글 역시 자신의 보는 방식의 확인과 변화를 통해 그 과정을 가능하게 한 미술의 특성이 자신의 내적 성장을 지속적으로 돕는 역할을 한다는 발견을 공유하고 있다.

나에게 보여지는 것은 사실 그 전과 다를 것이 없지만, 그것을 대하는 내 시각과 관점이 달라졌다. 내가 지금 부정적인 감정을 가지고 있다면, 그 전에는 알아차리더라도 애써 그것을 외면하기 위해 보는 것을 멈추고 다른 곳으로 시선을 돌리는 선택을 했다. 그러나 지금은 부정적인 감정이 들면 일단 왜 그런지, 무엇 때문인지를 정확하게 알아보려 하고 그것을 새롭게 보는 연습을 해 나가고 있다고 생각한다. 그러면서 작은 일상 속에서도 의미를 찾을 수 있게 되었다. 흔히들 익숙함에 속아 소중한 것을 놓치지 말자고 많이 하는데, 그것을 실제로 실현하는 방법은 현실을 의식하는 데에서부터 시작된다는 것을 알게 되었다. 또 그것이 내가 그렇게 싫어하던 예술이라는 사실이 놀라웠고, 예술을 그저 누군가의 문화로만 생각하지 않게 되었다.

나는 나의 작업을 '예술에서 나를 완성했다'라는 문장으로 표현하고 싶다. 우리는 일상에서 무심코 지나치는 순간들이 정말 많다. 그 일상에 무뎌지고 의식하려는 노력을 하지 않는다면 우리는 끝없는 욕망과 상실감에 시달리며 인생을 살아갈 수 있다고 생각한다. 완벽해진다는 것이 사회적으로 성공하는 것을 의미하는 것이 아니다. 그저 우리가 우리의 일상을 살아나가면서 조금 더 '나스럽다'라고 할 수 있는 순간에서 내가 사는 것을 말하는 것이다. 그리고 그것을 표현하는 것이 예술이라고 생각했기 때문에 진정한 나를 예술을 통해 완성할 수 있다는 가능성을 이 작업을 통해 볼 수 있었다.

"예술에서 나를 완성하다"

나는 성공한 누군가가 아닌 / 그저 '나'가 되고 싶었다.
그리고 그 여정에서 예술을 보았고 / 예술은 '나'를 보여주었다.

'나답다'는 의미가 외적으로 드러나는 특이성의 주목이 아니라 자신의 내적 과정을 의식하면서 발견된다는 학생의 서술은 이 과정을 가능하게 한 예술의 역할과 그 원리를 자신의 삶에서 발견하는 기쁨을 보여준다.

○● 3. 미적 경험과 미적 판단력: 아름다움을 알아보는 눈과 그 삶

아름다움을 알아보는 삶, 아름다움을 경험하며 살아간다는 것은 무엇을 의미하는가? 특별한 능력이 필요한 삶도, 특별한 재능이 있는 소수에게 가능한 삶도 아닌 것은 앞선 논의를 통해 확인할 수 있었다. 듀이가 '미적 경험'을 일상 경험과 구분하여 '하나의 경험', '온전한 경험'으로 제시한 것은(Dewey, 1934/2016) 그것이 일상에서 실현 불가하다는 것이 아니라, 오히려 미적 경험의 원리가 일상의 경험의 온전성을 되찾아 준다고 믿었기 때문이다. 그것이 어떻게 가능한가? 미적 경험의 과정을 펼쳐 볼 때 가장 두드러지는 강조점을 바로 '감각적 만족의 추구와 충족에서 멈추는 경험 방식은 미적 경험과 가장 거리가 멀다'는 경험의 시작점과, '그 경험의 의미를 찾기 위해 품고 곰곰이 생각'하는 과정, 그리고 '자신의 경험 과정 전반을 돌아볼 수 있는 눈을 갖는 중요성'이 제시되는 마무리 단계에서 찾을 수 있다. 그렇다면 이 눈은 '어떻게' 키울 수 있다는 말인가? 그 과정에 내재한 원리를 인식하는 교육의 지속성이 이 성장을 담보한다 해도 답이 충분하지 않다. 칸트의 선험철학적 입장이 여기에서 매우 근본적이면서도 실질적인 길을 제시한다.

선험철학은 인간의 경험 이전에 그 경험을 할 수 있는 능력이 무엇이며 왜 필수적인지 규명한다. 그리고 교육은 이를 어떻게 성장시킬 수 있는지 연구하고 실행한다. 칸트가 제시한 '지성'과 '이성'은 세상을 현상의 파편이 아닌 개념적 사고로 이해할 수 있는 능력과 도덕적 존재로 살아갈 수 있는 원칙과 자율성을 '인간이 인간다운 삶을 살 수 있는 조건', 즉 경험 이전에 갖추어야 할 능력으로 제시한다(Hughes, 2010/2020). 칸트가 주장한 교육의 목적이 이 능력의 신장에 있었기 때문에 '지성'과 '이성'은 '인간다운' 인간이 갖추어야 하는 능력이었다. 한편, 세 번째 능력으로 제시된 '판단력' 특히 미적 판단력이 바로 이 두 영역이 올바르게 발전되어 발휘되게 하면서도 통합하는 역할을 한다. 미적 판단력, 즉 '아름다움을 알아본다'는 능력은 우선 개인의 단순한 감각적 만족(쾌적함)과 구분된다. 아름다움에 대한 감정을 통해 그 대상을 오래 머물러 바라보며 이를 통해 더 깊이 이해하고자 하는 지성이 발휘되고 이러한 인식 능력을 공유하고 있는 공동체에 대한 공통감을 통해 보편성으로 나아가게 된다.

칸트의 '판단력' 개념은 미학의 중심을 '대상'이 아닌 '주체'로 옮겨왔다. 즉, '판단력 비판'은 "그 대상을 아름답다고 판단하는 주체의 판단 능력을 비판적으로 검토, 분석"한다(김수용, 2016, p. 18). '아름다움'의 문제가 대상에 있지도 않고, 누군가가 정하는 기준에 있지도 않으며, 오직 아름다움을 발견할 수 있는 주체의 내적 행위에 있다는 인식의 전환은 이 개념이 여전히 많은 반론과 극복의 역사를 가지고 있음에도(Jung, 1995/2021), 미술교육이 인간다운 삶을 사는 개인의 내적인 능력을 어떻게 발달시킬 수 있는지 그 역할과 방법을 제시해준다. 이해를 위해 미적 경험의 원리를 좀 더 검토하기로 한다.

1) 미적 경험의 원리와 경험의 온전성

> 예술의 잠재적 확장 가능성은 미적 경험이 일상적 경험과 구별될 수 없다는 점을 의미하지는 않는다. 양자의 구분은 기본적으로 질적인 문제와 관련되어 있다. 미적 경험은 독특하게 기억될 수 있는 가치 있는 전체로서의 경험인데, 이것은 단조로운 흐름을 보이는 판에 박힌 경험과는 단연코 구별된다. 듀이는 이러한 경험을 그저 단순한 경험이 아닌 "하나의 경험(an experience)"이라고 규정했다. 그러한 경험 속에서 우리는 "최상의 생생한" 느낌을 갖게 되며, 그리고 통합된 전체에 기여하는 인간의 모든 (감각적, 정서적, 인지적) 능력을 능동적이고 만족스럽게 작용시킴에 따라 충족감을 느낀다(Shusterman, 2000/2012, pp. 56-57).

모든 경험이 이렇게 온전하게 일어나지는 않는다. 그러나 그 사실이 바로 일상 경험과 구분되는 '하나의 경험' 개념 성립을 가능하게 했다. '하나의 경험'의 속성을 온전히 가진 미적 경험의 원리를 다시 일상의 경험 원리로 적용하여 우리의 일상 경험이 보다 온전하게 회복되어갈 수 있다는 제안이다. 즉, 미적 경험의 원리로 일상을 살아감으로써 삶의 온전함을 회복할 수 있다는 근원적 가능성을 제시했다.

> 미적 경험은 그 자체 내에 어떤 특정한 요소를 독특하게 지니고 있거나 어떤 특별한 차원에 독특하게 초점을 두기

> 때문에 구별되는 것이 아니라 일상적 경험의 모든 요소를, 흡수하고 발전시키는 하나의 전체 속으로 더욱 강렬하게 통합시키기 때문에 구별된다. 그리고 그러한 전체가 일종의 "만족스러운 정서적 특질"을 제공하며, 지각의 경계를 넘어서기 때문에 미적 경험은 그 자체만으로 평가될 수 있다(Shusterman, 2000/2012, p. 57).

이 "만족스러운 정서적 특질"은 감각적 욕구의 충족을 위해 그 충동에 수동적으로 끌려가게 하는 성질과 정반대의 것이다. 삶에서 일어나는 크고 작은 일들로 인해—주로 자신의 예상이나 의도와 달리 발생하는 갈등이나 어려움의 상황—자신 안에서 일어나는 정서적 반응을 출발점으로 그에 대한 숙고와 실험의 과정을 거쳐 새로운 의미의 발견을 스스로 하게 되는 그 경험만의 '맛'을 알게 되는 과정 전반이 바로 '하나의 경험'이다. 이 경험은 감각적 자극에 해당되는 '쾌(快)'와 진정한 '행복'을 구분하게 하고 일시적인 자극으로 '쾌'가 충족되는 단편적 반응의 연쇄가 아닌 응시와 숙고를 가능하게 한다(Dewey, 1934/2016). 교육을 "경험의 지속적인 재구성(reconstruction)" (Dewey, 1897; Dworkin, 1963/2013, p. 43에서 재인용)이라 할 때 이전의 경험은 현재와 다음의 경험을 온전하게 하는 원리를 갖추어 나가게 된다.

온라인 플랫폼에서 교육과 여가와 관계 맺음 등, 삶의 핵심적 활동 대부분이 이루어질 수밖에 없었던 학생들의 지난 2년여의 시간 동안 박탈된 중요한 요소가 바로 '온전한 경험'의 가능성이었다. 무엇을 교육적 손실로 보는가에 따라 그에 대한 대책이 궁구된다. 이것이 GDP와 같은 경제적 가치로 즉각 환산할 수 없는(김현철, 2021) 진정한 교육적 손실이 아닐까. 교육의 목적이 어디에 있는가에 따라 무엇이 진정한 손실인지 보이기 시작한다. 미적 경험을 가능하게 하고 이를 통해 키워지는 내적인 능력의 발달이 될 수 있는 기회가 박탈된다는 사실이 가장 실질적인 손실일 수밖에 없다.

한편, 미적 판단 능력을 살펴보기 전에 드 다른 맥락에서 미적 경험의 바탕이 되는 '사유'의 능력을 구분해 볼 필요가 있다. 사유의 능력은 자기 자신의 감정과 생각의 과정을 돌아볼 수 있는 능력이며, 자기 자신에게 돌아가고, 자신과 대화할 수 있는 힘이다. 자신을 객관적으로 볼 수 있는 눈은 타인과 의부 상황 등을 바라볼 때 그 자체를 있는 그대로 볼 수 있게 한다. 이는 '성찰'의 능력으로도 표현할 수 있다. "미적인 성찰이 우리의 삶을 이끌고 형성하는 방식을 선택하는 데 있어, 그리고 좋은 삶이 무엇인가를 평가하는 데 있어 가장 중요한 결정력을 지니며 또 지녀야만 한다(Shusterman, 1992/2020, pp. 253-254)." 사유의 원리는 소크라테스의 "일관성의 규칙"을 통해 보다 정확히 파악할 수 있다. "하나인 자기 자신과 불편한 관계에 빠지는 것", 즉 "자신과 모순을 이루는 것보다는 다수의 사람과 불편하게 지내는 편이 낫다"(윤리성)는 원칙은 "무의미한 것을 말하거나 생각하지 말라"(논리성)는 명제를 성립시킨다 (Arendt, 1989/2002, p. 84).

'생각하는 나'와 대화하는 '나'의 관계를 인식하고 행동하는 이들이 모여 상호간에 맺는 관계로 형성되는 공동체는 상호 존중과 공익이 우선 가치가 될 수밖에 없을 것이다. 사유가 자신과의 대화로서 고독한 과정이라는 사실은 자신 안의 고립과 정반대를 의미한다. 오히려 사유 능력 자체가 공적인 목적을 가진다고 할 수 있다. 사유의 능력을 통해 온전한 자신으로서 주체적인 삶을 살 수 있을 때 타인 역시 공동 주체로서 의식되어 상호간에 공동체의 형성과 참여가 가능해진다. 그럴 때에야 진정한 표현과 소통이 제 역할을 하게 되는 것이다(Arendt, 1989/2002, p. 88).

2) 미적 판단

칸트가 제시한 판단력은 우선 두 가지로 구분해볼 수 있다.[7] 먼저 '규정적 판단력'은 기존에 확립된 개념에 근거하여 현 사태를 파악하고 이해하는 능력으로서, 이를 통해 주체는 지식을 형성한다. 지성과 이성으로 파악할 수 있는 규칙을 발견하고 그에 따른 이해의 과정이 일어난다. 이와 구분되는 '반성적 판단력'이 바로 '미적 판단력'에 해당된다. 이는 당면한 현실을 파악하고 문제를 해결할 기준을 기존의 개념과 구조 안에서 찾을 수 없을 때 스스로 무엇이 옳고 그르며 무엇이 본질적이고 비본질적인지, 아름답고 추한 것인지 파악할 수 있는 능력이다. 반성적 판단력은 규정적 판단력으로 파악되지 않는—아직 비규정적으로 남겨진 규칙을 찾아내고 탐구를 지속하는 능력이라 할 수 있다. "판단의 기능이 제 기능을 발휘하는 것은 바로 판단의 척도가 소멸한 때"이다(Arendt, 1989/2002, p. 172).

이렇듯 판단력은 "경험에서 핵심적"이라 할 수 있는데, "판단력을 확인할 수 있는 우선적이고 가장 중요한 요소는 아름다운 대상에 대한 우리의 심미적 감상에서 일어난다."(Hughes, 2010/2020, p. 41) 아름다움을 발견하고 누리는 기쁨이 그 대상을 찬찬히 보도록 하고 좀 더 알고 싶은 인식적 지속성을 담보한다. 그리고 그렇게 찬찬히 보고 알아가는 자신의 '보는 방식'을 '바라보는' 사유의 과정을 가능하게 한다. 앞서 시각적 문해력의 맥락에서 검토한 '보는 단계'가 힐끗 보고 지나치는 반사적 차원이 아닌 멈추어 보고, 오래 보고, 그

7) 여기에서 분석하는 기본 자료는 백종현이 번역한 칸트의 '판단력 비판'(1793/2009)의 역주 본문(pp. 135~647)이며 원활한 논의를 위해 일부 고어(古語)체 번역을 다수의 최근 번역서와 해설서를 참조하여 현대어로 변환하여 옮겼음을 밝힌다.

의미를 알고자 맥락 안으로 들어가고 다시 나와 종합하는 수고로운 과정을 이어가게 하는 힘 역시, 이 '미적 판단력'이 작동하는 원리로 설명될 수 있다.

미적 판단력 개념이 우리 자신과 공동의 온전한 경험을 추구하는 과정에 보다 정확한 도움이 될 수 있기 위해서는 이 개념의 핵심인 네 가지 계기(Moment)를 살펴볼 필요가 있다(Wenzel, 2005/2012, p. 42의 도식 참조).

(1) 제1계기: 무관심성(질)

세상을 파악하는 데 있어, 특히 아름다움을 파악하는 데에 있어 지성과 이성만으로는 불충분하다는 결론이 판단력을 규명하게 했다. 한편, 미적 판단이 '반성적 판단'과 구분되는 이유는 다른 인식력과 달리 아름다움의 발견을 통해 그 대상과의 관계가 발생하고 그렇게 촉발된 관계를 바라보는 특성 역시 생성되기 때문이다(Hughes, 2010/2020). 대상과의 관계를 통해 발생하는 특성들이 어떻게 판단의 중요한 속성으로 이어질 수 있을까? 이 관계가 무관심성의 계기 안에서 올바로 파악될 수 있는 이유는 그 관계성의 특징 때문이다.

일상어 차원에서 '관심이 결여'된 상태로 이해되는 무관심과 칸트가 제시한 무관심성은 전혀 다른 성질을 가진다. 자신의 욕구나 필요의 실현을 위해서가 아니라 대상 그 자체로서 편견 없이 보고자 하는 미적 판단력의 첫 번째 속성은 그만큼 일상적이지 않은 태도일 수 있다. 이 계기가 '질'에 해당되는 이유는 그렇게 편견 없이 볼 때에야 그 자체를 제대로 볼 수 있기 때문이다. 대상을 그 자체로 보지 못하고 자신의 만족을 위한 도구로 여기거나 목적을 위한 수단으로 여기는 '시각'을 부정하고 모든 것을 그 자체로 '보고', 존중하는 내적인 태도를 되찾고자 하는 경종의 의미를 여기에서 찾을 수 있다(김수용, 2016).

이 첫 번째 계기는 자신이 어떻게 보고 있는가 그 태도를 자각하는 시작에 중요한 기준을 제시한다.

(2) 제2계기: 보편성(양)

이 두 번째 계기와 네 번째 계기는 '공동체'를 전제하고 있다. "여기에서 제기된 공동체는 한 개인이 속한 실제적인 공동체가 아니다."(Hughes, 2010/2020, p. 61) 인간으로서 이성과 감성의 능력을 결합하는 방식을 공유하는 이들과의 공동체, 주관적인 미적인 판단이 보편적인 능력이기도 한 공동체이다. 무엇인가를 아름답다고 판단할 때, 그 판단의 내용 자체에는 타인이 동의하지 않을 수 있다. 그럼에도 불구하고 아름다움의 발견이 반드시 타인과 공동체의 존재와 그 동의를 구하는 가능성을 내재하고 있음은 그것을 보는 눈, 그 공통의 능력이 전제되기 때문이다. 아름다움을 발견하는 과정이 근본적으로 이타적일 수밖에 없다는 사실도 여기에서 그 근거를 발견할 수 있다.

의견이 동일하게 일치되어야 공동체가 아니다. 어떠한 것을 함께 보고 각자의 차이와 발견에 대해 이야기 나눌 수 있는 능력이 있는 이들의 모임이 공동체라는 의미가 이 보편성에 내재되어 있다.

(3) 제3계기: 합목적성(관계)

미적 판단은 목적에 좌우되지 않는다. 오히려 그 대상을 보는 내적인 능력들의 조화가 이 판단의 실제를 이룬다. 칸트가 '목적 없는 합목적성'이라고 밝힌 이 계기는 심미적 경험 자체가 의미를 가짐을 강조한다. 아름다움을 보는 과정의 목적은 지성을 통한 개념적 이해도 아니고 도덕적으로 보다 나은 인간이 되는 것도 아니다. 물론 이 과정에서 대상에 대한 보다 더 깊은 이해의 과정으로 들어갈 수도 있고, 보다 인간다운 인간이 되고 자신과 공동체와 이루는 조화가 도덕적으로 합당한 결과를 일으킬 수 있다(공병혜, 2006). 그러나 그 자체가 목적이 아닌 '아름다움을 발견하고 기뻐하는 그 경험 자체'가 갖는 중심성을 놓치지 않아야 한다.

그럴 때에야 미적 판단력이 지성 및 이성과 구별되는 고유한 능력으로서 두 인식 능력을 매개하고 제 역할을 하게 하는 자율성이 보장될 것이다. 개념적 사고력과 자율적 도덕성 사이에서 그 둘을 매개하는 판단력의 작동 방식을 '유희'라고 지칭한 칸트의 논의는 미적 경험이 인간을 인간답게 하는 데 있어 얼마나 고유한 역할을 담당하고 있는가를 증명한다.

(4) 제4계기: 필연성(양상)

이 계기에서 드디어 분명해지는 '공통감(sensus communis)'은 두 번째 계기에 이어 미적 판단이 "모든 사람에게 공통된" 근거를 갖고 있기 때문에 성립한다고 제시된다(Kant, 1793/2009, p. 238). '보편성' 계기에서 한 걸음 나아간 이 공통감의 근거는 개인이 자신의 인식 능력들을 조율할 수 있는 능력, 감성과 지성을 자유롭게 매개할 수 있는 능력을 갖고 있다는 데 있다. 자신의 미적 판단에 대해 타인과 소통할 수 있는 이유도 이 '유희'와 '조율'의 능력 때문이라고 칸트는 주장한다. 이 공통감은 별도의 능력이 아니라 인식력들의 조화작용의 결과이자 대상과 마음의 활동 사이의 조화를 의미한다. "그러한 공통감의 전제 아래에서만 미적 판단은 내려질 수 있는" 것이다(Kant, 1793/2009, p. 240).

아렌트는 여기에서 한 단계 나아가 이해와 상상의 능력을 연결시킨다. 판단은 인간의 이해 가능성(intelligibility)에 기여하는데(Arendt, 1989/2002, p. 178) 상상력이 내 자신을 잃지 않고도 타인의 입장에 서서 생각하고 공감하고 이해할 수 있는 능력이라는 것이다.

> 나는 칸트에게 있어 '판단'이 '실천이성'이라는 주제보다 더 중요하다는 것이 그의 모든 정치적 저술들에서 나타난다고 생각한다. 〈판단력 비판〉에서 자유는 의지의 속성이 아니라 상상력이 가진 속성으로 묘사되며, 상상력은 특히 정치적 사유라는 보다 폭넓은 사유와 아주 밀접히 연결되어 있는데, 이는 그 힘으로 인해 우리가 "다른 사람의 마음 속에 우리 자신을 넣을" 수 있기 때문이다(Arendt, 1954/2005, p. 207).

미적 경험이 '감정의 범람이나 발산'이 아닌 '사유와 판단'의 과정이라는 사실은, '공감' 역시 '감정의 전염'이 아니라 상호주체성을 기반으로 한 '상상력'을 통해 일어남을 상기시킨다. 미적 경험이 "목적과 유용성에 대한 즉각적인 집착에서 우리를 해방시켜 주는 것이기도 하지만, 이를 통해 얻은 자유는 그 어떠한 관심이나 영향으로부터 벗어난 단지 미의 관조만을 위한 자유가 아니라, 우리의 상상력 혹은 인식 능력을 발전시켜 우리 자신과 타인에 대한 지식을 얻고 새로운 삶의 방향을 생각할 수 있는 자유"(Guyer, 2005/2018, p. 49)이기 때문이다. 미적 판단의 능력은 우리를 현시점만이 아닌 인류의 과거와 현재, 미래를 연결하는 공동체의 전 생애 안에 일원으로서 참여하게 한다.

아름다움을 발견한다는 것은 전적으로 외형의 감각적 만족 추구를 넘어서는 '내적인 눈'을 뜬 상태를 의미한다. 물질적 가치와 외면에 집중하는 자본주의 사회에서 이 내적인 능력으로 사는 성장은 그 자체가 교육의 본질적 목적이면서도 엄청난 도전임을 인정할 수밖에 없다. 그러나 자기 자신마저 물질적 가치로, 그리고 내면이 철저히 소외되는 외면의 전시물로 여기기 쉬운 사태는 그 도전의 어려움을 걸림돌로 핑계댈 수 없게 한다.

보이는 현상들에 멈추는 시선이 그 너머 본질과 원리를 찾아가 볼 수 있는 단계로 발전하는 성장, 아름다움을 발견하는 눈을 뜨는 과정이 우리 자신을 삶의 주체로 살도록 하고 서로를 그렇게 살도록 하는 공동체 형성을 가능하게 한다. 완전함을 추구하며 미흡함을 보는 좌절이 아니라, 방향이 분명하다면 그 온전함을 향해 함께 나아갈 수 있다. 아름다움이 우리를 구원할 수 있다.

⌘

참고문헌

공병혜(2006). 도덕법칙과 미적판단의 갈등 – 칸트미학을 중심으로 –. 칸트 연구, 0(17), 75 – 100.

김수용(2016). 아름다움과 인간의 조건: 칸트 미학에 대한 단 하나의 해석. 서울: 한국문화사.

김현철(2021). 코로나 19와 교육(토론3). '기로에 선 'K방역' 사회공공정책의 전환을 말한다 좌담회' 자료집. 참여연대. 2021/9/2.

여성가족부(2021). 2021 청소년 통계. 보도자료. 2021/5/24.

하영유(2018). 침묵의 의미와 주체성 형성 – 미술교육의 맥락에서. 박사학위논문. 서울대학교.

하영유(2020). 뉴노멀 시대 미술교육의 뉴노멀 탐색. 조형교육, 76, 165 – 192.

Arendt, H. (2002). 칸트 정치철학 강의. (김선욱 역). 서울: 푸른 숲. (원저 1989 출판).

Arendt, H. (2005). 과거와 미래 사이. (서유경 역). 서울: 푸른 숲. (원저 1954 출판).

Center for Human Technology. (2021). *How Social Media Hacks Our Brains*. Retrieved from https://www.humanetech.com/brain – science.

Dewey, J. (2016). 경험으로서 예술 1. (박철홍 역). 파주: 나남. (원저 1934 출판).

Dehaene, S. (2021). 우리의 뇌는 어떻게 배우는가. (엄성수 역). 서울: 로크미디어. (원저 2018 출판).

Diamond, J. M. (2021. 7. 22). 2050년, 우리 문명은 이제 30년 남았다. 한겨레 칼럼. https://m.hani.co.kr/arti/international/international_general/1004583.html 에서 검색.

Horwitz, J., Seetharaman, D., Wells, G. (2021, Sept 5). Facebook Knows Instagram Is Toxic for Teen Girls, Company Documents Show. Retrieved fromhttps://www.wsj.com/articles/facebook-knows-instagram-is-toxic-for-teen-girls-company-documents-show-11631620739?mod=hp_lead_pos7&mod=article_inline

Hughes, F. (2020). 칸트의 미적 판단력 비판 입문. (임성훈 역). 파주: 서광사. (원저 2010년 출판).

Greenfield, S. (2015). 마인드 체인지: 디지털 기술은 우리의 뇌에 어떤 흔적을 남기는가. (이한음 역). 서울: 북라이프. (원저 2015 출판).

Jeff W. (2020). 소셜 딜레마. 넷플릭스 오리지널 다큐멘터리. 넷플릭스.

Kant, I. (2009). 판단력 비판. (백종현 역). 파주: 아카넷. (원저 1793 출판).

Kant, I. (2018). 교육학. (백종현 역). 파주: 아카넷. (원저 1880 출판).

Lagoutte, D. (2011). 조형예술 교육론 : 내용·목표·궁극목적. (김현수 역). 파주: 나남. (원저 1999년 출판).

Merleau-Ponty, M. (2004). 보이는 것과 보이지 않는 것. (남수인, 최의영 공역). 서울: 동문선. (원저 1964년 출판).

Shusterman, R. (2012). 삶의 미학: 예술의 종언 이후 미학적 대안. (허정선, 김진엽 역). 서울: 이학사. (원저 2000년 출판).

Shusterman, R. (2020). 프라그마티즘 미학. (김진엽 역). 성남: 북코리아. (원저 1992 출판).

Tolentino, J. (2021). 트릭 미러: 우리가 보기로 한 것과 보지 않기로 한 것들. (노지양 역). 서울: 생각의 힘. (원저 2019 출판).

Wenzel, C. H. (2012). 칸트 미학: 판단력 비판의 주요 개념들과 문제들. (박배형 역). 서울: 그린비. (원저 2005년 출판).

SF문학을 활용한 서사교육[1)]

황지영(충북대 국어교육과)

○● 1. 문학교육의 현주소와 SF문학[2)]의 가능성

한국의 중고등학교 교육과정 속에서 "문학은 인간의 체험과 상상력으로 이루어진 언어 예술이자 소통 행위이며, 개인과 공동체의 생활 경험 및 미의식을 담은 문화의 한 양식"으로 정의된다. 이 정의를 좀 더 풀어서 설명해 보면 문학에 담긴 내용들은 개인과 공동체의 생활 경험에 기반을 두고 있으며, 문학을 구성하는 형식적 요소는 언어라는 것을 알 수 있다. 그리고 문학 작품을 매개로 작가와 독자, 시대와 작가, 독자와 세계 등이 소통하고, 동시에 문학의 미의식은 내적 완결성을 추구한다는 것도 짐작 가능하다.

1) 이 글은 2021년 12월에 발간된 『한국교육논총』 제42권 제3호에 수록된 논문을 수정 보완한 것임.

2) 본고에서 사용하는 'SF문학'은 소설 작품에 국한되는 SF뿐 아니라 SF를 창작하는 작가들의 에세이까지를 포함하는 개념이다.

그래서 문학 활동에 참여하는 학습자는 타인과 공동체의 경험을 매개로 자아를 성찰하고, 문학 속 다양한 관계에서 만들어지는 정서들을 향유하며, 문학을 이루는 섬세한 언어들을 활용해 창의적인 언어 능력과 사고력을 신장시킬 수 있다. 더 나아가 적극적인 참여자들은 개인과 공동체의 생활 경험과 미의식을 파악하고 공유함으로써, 보다 넓고 포용적인 세계관을 확충하고 삶의 질을 높이는 문화의 발전에도 기여할 수 있다. 이들은 다양한 사회 · 문화 · 역사적 맥락 속에서 생산된 문학의 제반 양상을 이해하여 비판적 · 창의적 사고 역량, 자료 · 정보 활용 역량, 의사소통 역량, 공동체 · 대인 관계 역량, 문화 향유 역량, 자기 성찰 · 개발 역량 등을 키우는 데까지 나아갈 수 있다.

아직 본격화되진 않았지만 기존 문학 활동에 'SF문학'을 접목하면 보다 새로운 교육이 가능할 것으로 기대된다. 최근 몇 년간 SF문학에 관한 연구들이 증가하면서 SF문학 교육의 초석이 될 수 있는 문학과 과학을 융합적 교육의 측면에서 고찰한 연구들(권혁준, 2017; 김지혜, 2017; 노대원, 2019)과 SF문학에 대한 장르론적 성찰(남운, 2018; 배상민, 2017)들이 진행되었다. 또한 실제 교육과 관련해서는 대학의 교양과목을 중심으로 SF문학을 활용한 연구들(손나경, 2019; 손나경 · 김령희, 2020; 진선영, 2021)도 계속 나오고 있다.

이와 같은 연구 성과에도 불구하고 현재 중고등학교의 국어와 문학 교과서에는 SF문학이 거의 수록되어 있지 않은데, 그 이유는 아마도 한국 근현대문학사에서 정전으로 인정받은 작품들이 '리얼리즘'과 깊은 상관관계를 맺고 있기 때문일 것이다. 근대문학이 등장한 이래 리얼리즘은 모든 것을 합리적 이성의 눈으로 판단 · 이해 · 설명할 수 있다는 믿음 위에서 소설의 기본 속성으로 이해되었다. 그래서 근현대소설을 평가할 때 명료한 서사, 투명한 언어, 뚜렷한 인물을 강조하고, 그 틀을 벗어나는 것은 지나치거나 무화시켜 버렸다. 이처럼 경색성을 지닌 리얼리즘이 지난 100여 년 동안 한국문학을 주도해 왔다(김윤식·김우종 외 38인, 2019).

이와 같은 분위기 속에서 SF문학은 리얼리즘과 대척점에 놓이는 '환상성' 때문에 오랫동안 한국 문단에서 제대로 된 평가를 받지 못했다. 격변하는 현대사를 지나오면서 정치 · 사회 · 역사 · 문화의 영역에서 한시도 눈을 돌릴 수 없었던 한국문학의 창작자들은 SF문학을 '현실과 동떨어진 허황된 이야기' 정도로 치부하기 일쑤였다. 여전히 리얼리즘 중심의 주류문학이 문학 담론을 주도하고 있지만 이제는 문학에 대한 사회와 독자의 요구가 변한 만큼 문학의 위상과 역할, 주류문학과 장르문학의 경계에 대해 새롭게 사유해야 할 때가 되었다.

그래서 본고에서는 'SF문학'을 활용한 교육의 필요성을 보다 설득력 있게 설명하기 위해 '2015 개정 교육과정' 속에 있는 '문학의 목표'를 검토한 후, 이 내용들을 설명하는 데 사용된 개념들의 외연을 확장하거나 보다 포괄적인 개념으로 대체할 것을 제안해 보고자 한다. 아래의 인용문에서 확인할 수 있듯이 '2015 개정 교육과정' 속에서 문학의 목표는 세 가지로 제시된다. (가)와 (나)는 문학의 본질 및 수용과 생산에 대한 이론적인 이해를 바탕으로 구성되는 항목이고, (다)는 문학에 대한 독자의 태도와 이어지는 항목이다.

> (가) 문학의 본질과 가치, 한국 문학의 성격과 역사에 대해 체계적으로 이해한다.
> (나) 작품의 수용과 생산 활동을 중심으로 창의적·심의적·성찰적으로 사고하고 소통하는 능력을 기른다.
> (다) 문학을 통해 인간과 세계를 총체적으로 이해하고 공동체의 문화 발전에 기여하는 태도를 기른다.
>
> 2015 개정 국어과 교육과정, 교육부 고시 제2015-74호

가장 먼저 "문학을 통해 인간과 세계를 총체적으로 이해"한다는 구절을 검토할 필요가 있다. 현재까지 국어와 문학 교과서에 수록된 문학 작품과 관련하여 문학을 창작하는 주체, 문학을 향유하는 주체, 그리고 문학 속에 등장하는 주체는 거의 대부분 인간이었다. 그러다 보니 지금껏 문학 논의에서는 '인간과 세계'를 묶어서 설명하는 경향이 강했다. 하지만 지금은 근대의 인간중심주의에서 벗어나 탈인간적 상상력이 요구되는 시기이고, 세계가 인간 주체들뿐 아니라 객체들의 운동과 지향성으로 인해 구성된다는 논의가 활발히 진행되는 시기이다. 그러니 문학교육의 목표 중 '인간에 대한 이해'는 동물과 기계, 귀신과 외계 생명체 등을 포괄할 수 있고, 주체와 객체, 인간과 탈/비인간까지를 아우를 수 있는 '존재'로 수정하는 것이 타당해 보인다.

그리고 삶이 영위되는 물리적 공간으로서의 '세계'라는 용어는 그대로 두더라도 그 용어가 포괄할 수 있는 공간성을 확장할 필요가 있다. 문학 학습자들의 삶은 더 이상 현실 세계에만 머무르지 않고 AR, VR, 메타버스 등 가상세계와 함께 구성된다. 또한 그들의 미래가 기후/생태 재난을 맞이한 지구와 더불어 새롭게 개척해야 할 우주까지를 염두에 두고 있는 만큼 '세계'라는 개념은 이러한 공간성들을 모두 포함하는 것으로 의미가 확장되어야 할 것이다.

'인간과 세계'를 '존재와 세계'로 수정하고 '세계'라는 개념이 담지할 수 있는 외연을 확장한다면 '공동체의 문화' 역시 현재와는 다른 의미를 지니게 될 것이다. 인간이 다채로운 존재 중에 하나의 무게를 지니게 된다는 것은 인간 사회 속에 존재하는 수많은 서열과 위계를 넘어서서 다양성들을 폭넓게 인정할 수 있는 계기로도 작동할 것이다. 이 논의가 긍정적으로 발전한다면 인종, 성별, 경제력, 건강, 종교 등에 상관없이 존재의 가치를 인정하고, 더 나아가 종차조차도

차별과 배제와 혐오를 만들 수 없는 세계에 대한 구상으로 이어질 수 있을 것이다.

> 나에게 SF를 쓰는 일은 대개 나와 다른 존재들을 탐구하는 과정처럼 느껴진다. 작중의 인물들 역시 마찬가지다. 그들의 시도는 언제나 불완전한 이해에 도달하거나 실패하지만, 그럼에도 소설 속의 다른 존재들은 서로의 세계를 조금씩 밀어 점차 확장한다. SF는 다른 세계를 상상하는 이야기이고, 다른 존재들을 세계의 중심에 두는 이야기이며, 세계를 재설계하는 상상을 펼치기에 가장 적합한 사고 실험의 장이기도 하다.(김초엽·김원영, 2021, 261)

위의 인용문에서도 확인할 수 있듯이 본고에서 SF[3](안숭범, 2018; 조성면, 2020; 이지용, 2016)문학을 분석의 대상으로 삼는 이유는 SF문학이 "세계를 재설계하는 상상을 펼치기에 가장 적합한 사고 실험의 장"이고 "소외를 논하는 최초의 장르로 변화해 가고 있기"(김초엽 · 김원영, 2021, 261) 때문이다. SF문학 작가들은 인간 삶의 문제를 현존하는 과학 지식에 논리적 추론을 더해서 이야기를 구성하고, 미래에 대한 예언적 성격을 지닌 작품이나 현실의 문제점을 관통하는 작품 등을 창작하여 독자들에게 흥미롭고 유용한 이야기

---

3) SF의 역사 속에서 'SF(Science Fiction)'라는 말을 처음 만들어 정착시킨 사람은 휴고 건즈백이고, 세계 최초의 SF는 메리 셸리의 『프랑켄슈타인』(1818)이다. 한국에서 SF(Science Fiction)는 주로 '과학소설'로 번역되었고, "과학이 사람들의 삶과 문화에 미치는 영향들을 다루는 이야기"를 뜻한다. 과학과의 상관성 속에서 SF가 이야기되는 것은 SF의 상상력이 허무맹랑한 이야기가 아니라 현실이 될 수 있는 가능성을 지닌 상상력이기 때문이다. 그래서 레이 브래드버리는 SF를 "미래에 대한 사회학적 연구"라고 평가하며 이러한 생각에 힘을 보탰다.

를 제공한다(복거일, 2007).[4] 이러한 SF문학은 스페이스오페라, 사이버펑크, 시간 여행, 대체 역사 등 하위 장르들 간의 다양한 착종이 가능하고, 미스터리, 스릴러, 로맨스 등 외부의 다른 장르와도 긴밀하게 융합(안숭범, 2018)할 수 있는 장점이 있다.

오늘날 사회의 핵심 가치를 과학기술이 견인하는 만큼, 이제 SF문학은 현시대와 근미래에 대한 예리한 통찰력을 담고 있는 장르로 평가되며 우리 시대가 나아가야 할 방향성을 제시할 수 있는 장르로 기대된다. 그리고 SF문학에 담겨 있는 환상성은 더 이상 비현실적인 차원에 머무르지 않고 새로운 리얼리티를 창조할 수 있는 토대로 기능한다. 이러한 인식의 변화에 기반을 두고 현재 한국에서 SF문학으로 분류되는 작품들은 기술과학뿐 아니라 자연과학, 사회과학, 인문과학의 영역까지 아우르고 있다. 이러한 현상을 통해 SF문학은 주류소설과 장르소설의 경계를 넘어 슬립스트림(slip stream)화가 진행되었고, 각 분과 과학의 영역 역시 교호(交互)하고 있다. 현재 한국의 SF문학은 고전적 SF문학 장르 안에 머무르지 않고 '탈경계적'이고 '융합적'인 성격으로 구현된다(이지용, 2016).

그래서 본고에서는 21세기에 창작된 한국 SF문학들, 그중에서도 현재 활발히 활동하고 있는 김초엽, 배명훈, 정세랑 작가[5]의 소설들과 이 작가들의 에세이집(김초엽 · 김원영, 2021; 배명훈, 2020c; 정세랑, 2021)을 중심으로 청소년들에게 교육할 수 있는 세 가지 주제

---

4) 복거일은 이러한 SF의 특성을 세 가지로 나누어서 설명한다. SF는 첫째 비약적인 상상력에 근거한 인물이 등장하고, 둘째 허구적 환상에 입각한 시공간이 펼쳐지며, 셋째 미스터리한 현상이나 초월적인 서사진행에 대한 관심을 내보인다.

5) 본고에서 분석의 대상을 김초엽, 배명훈, 정세랑 작가로 설정한 이유도 이와 관련이 있다. 대학에서 김초엽 작가는 자연과학을, 배명훈 작가는 사회과학을, 정세랑 작가는 인문과학을 전공했다. 작가들이 대학에서 전공한 학문이 작품에 직접적으로 드러나지는 않더라도, 이 세 작가의 작품들이 서로 다른 결을 지니고 있는 이유를 설명해야 할 때 이 부분은 고려해볼 만한 요소이다.

(선주원, 2019)[6]에 대한 예비적 고찰을 시도해 보고자 한다. 세 가지 주제는 첫째 '세계 이해' 차원으로 지구온난화에서 비롯된 기후/생태 재난과 우주시대에 대응하는 교육이고, 둘째 '타자 이해'의 차원에서 기술적 객체로서의 로봇/AI, 외계 지적 생명체, 초능력자 등 탈인간(脫人間)적 상상력을 바탕으로 타자와 소통하는 교육이며, 셋째는 타자와의 연대와 연립(聯立)을 위한 선결과제로서 윤리적인 삶을 위한 '자기 이해' 교육이다.

○○ 2. SF문학을 활용한 교육 방안

디지털 미디어를 중심으로 세상이 재편되면서 SF문학이 주요 문화의 원천으로 급부상하였다. 이제 SF문학은 소설뿐 아니라 영화, 드라마, 만화, 애니메이션, 게임, 웹툰, 연극, 패션, 건축, 디자인 등 다양한 문화 장르 및 미디어 영역과 관계하는 종합장르로 성장하였다. 그래서 지금은 첨단 과학기술 문화를 이끄는 미래지향적 장르로 평가된다(남운, 2018). SF문학은 리얼리즘 기반의 문학들에 비해 창작자의 사고 실험이 자유롭게 전개되는 만큼, SF문학을 중심으로 문학교육을 설계할 때는 기존 수업과는 달리 세부적인 내용을 창의적으로 구성할 수 있을 것이다.

그래서 본고에서는 SF문학을 활용한 주제 수업에서 이 문학의 장르적 특성이 반영될 수 있는 세 가지 주제와 그 구체적인 교육 방법들을 제시해 보고자 한다. SF문학이 교육적 기능을 수행할 때 고려

6) 이 세 가지 주제는 선주원이 청소년 소설 교육의 의의를 설명하면서 언급한 (1) 자기 자신에 대한 이해 증진, (2) 타자에 대한 이해의 증진, (3) 세계에 대한 이해의 증진을 도모하기 위한 것이기도 하다.

할 수 있는 부분들은 다양하다. SF문학을 활용하면 새로운 과학 지식/기술/발명 등을 쉽게 설명할 수 있고, 과학기술에 대한 기술문화사적 해설을 하거나 문화학적 평가를 내릴 수 있다. 또한 과학기술의 공공성에 대한 철학적 의문을 갖고 그 답을 찾아나갈 수도 있다. 이때 언어, 그림, 영상, 노래, 음향 등 다양한 미디어를 함께 사용하면 그 효과를 배가시킬 수 있다(남운, 2018). 더불어 SF문학을 매개로 사회 문제를 진단하고 예측하는 것도 가능하고, 이 문제들에 대한 해결책을 찾기 위해 다양한 학문들을 함께 활용하는 것도 시도할 만하다.

1) 세계 이해: 기후/생태 재난과 우주 시대 대비 교육

화석 연료의 지나친 사용에서 시작된 기후의 변화는 갈수록 그 문제가 심각해지고 있다. 그래서 초기에는 지구온난화로 인한 온실효과나 해수면 상승 등을 이야기할 때 '기후 변화'라는 표현을 사용하였지만, 지금은 '기후 위기' 더 나아가 '기후 재난'이라는 표현도 자주 접할 수 있다. 기후 위기의 징후들은 이미 오래 전부터 나타났고 최근 몇 년간 전 세계적으로 등장한 기후 재난의 상황들은 더 이상 이 문제를 외면해서는 안 된다는 경각심을 불러일으킨다. 지구 곳곳에서 발생하는 생태계 파괴의 사례들 역시 기존과 같은 방식으로 삶을 영위하는 것은 불가능함을 보여준다.

그러므로 청소년 세대들에게 기후/생태 재난에 대한 현재적 진단과 앞으로 대응책을 가르치는 것은 매우 중요한 일이다. 청소년들은 기후 재난의 이해당사자로서 이 문제에 대한 지식을 쌓고 문제 해결 과정에도 적극적으로 참여해야 한다. 이를 위해 기후 재난에 대한 과학적 이해가 선행된 상태에서 이 문제를 사회적 · 정치적 · 경제적 관점에서도 사고할 수 있어야 한다. 다시 말해, 기후 재난에 대응하기 위해 책임감 있는 의사결정을 내릴 수 있는 소양을 갖추어야 하는 것이다(최수연, 2021). 언론에서 보도되는 것처럼 지금 10대들이 기후 재난에 대한 대응에 실패한다면 인류의 생물학적 삶은 온전하기 어려울 것이다.

SF문학들 속에서 기후/생태 재난은 원인에 대한 탐색, 해결책의 모색, 해결방안이 지닌 또 다른 모순, 미래 시점을 활용한 현재 비판 등 다양한 형태로 등장한다. 대기질이 망가진 후 생명이 살기 어려운 곳으로 변한 지구에 공포스러운 식물이 자라는 모습(김초엽, 지구 끝의 온실), 과학기술을 활용해 공기 정화가 진행되었지만 그 과정에서 산출되는 물질이 또 다른 문제를 발생시키는 모습(김초엽, 원통 안의 소녀), 지구의 망가진 생태계를 복원하기 위해 외계에서 백합향이 나는 거대 지렁이들이 방문하는 모습(정세랑, 리셋), 미래의 고등학생들이 현대사 수업 시간에 지구를 망가트리는 21세기 인간들의 삶을 관찰하고 평가하는 모습(정세랑, 7교시) 등으로 그려진다.

김초엽 작가는 지구의 기후/생태 재난을 공기의 문제와 연결하여 작품들 속에서 재현해낸다. 그의 첫 번째 장편소설인 『지구 끝의 온실』에서는 '더스트'로 폐허가 되어 버린 지구를 압도적인 생명력을 지닌 덩굴식물 '모스바나'가 뒤덮는 상황이 펼쳐진다. 대부분의 사람들은 모스바나가 다른 모든 식물들을 죽여서 지구를 더욱 황폐하게 만든다고 생각했지만, 사실 모스바나는 여성 사이보그 생물학자 레이첼이 개발한, 더스트 시대의 지구를 정화하면서 복원시키는 식물이었다. 그리고 『원통 안의 소녀』에는 나노 기술을 사용하여 미세먼지를 통제하는 미래 도시가 등장하는데, 대부분의 사람들은 이 기술로 인해 살기가 좋아졌지만 주인공 지유는 안타깝게도 나노 입자 알레르기가 있어서 맑은 날 길을 다닐 때는 투명 원통을 타고 이동을 해야 한다.

기후/생태 재난의 모습은 '더스트'나 '나노 입자'처럼 그 원인이나 해결책이 구체적으로 제시되기도 하고, '멸망'처럼 사후적인 소재와 더불어 제시되기도 한다. 그러면서 서사는 '가상의 미래'에 펼쳐질 이 문제들을 해결하기 위해 '지금-여기'에 있는 우리들이 움직여야 함을 강조한다. SF소설들 속에서는 사이보그 여성 생물학자, 거대 외계 지렁이, 미래 지구인들처럼 청소년들의 흥미를 자아낼 만한 소재와 인류의 생존이 걸려 있는 기후/생태 재난의 심각성이라는 주제가 자연스럽게 결합한다. 그래서 학생들은 이러한 SF소설들을 읽고 배우며 자신이 살고 있는 세계를 객관적으로 바라보고 이 재난을 막기 위해 앞으로 어떤 노력을 해야 하고 어떻게 변화해 나갈지를 고민할 것이다.

〈세계 이해 교육의 예시: 김초엽 『지구 끝의 온실』〉

교육 영역		교육 내용
과학	과학적 상상력 소개하기	스마트 파티클로 자가증식하는 먼지, 유전공학으로 탄생한 정화식물, 사이보그의 뇌에 특정 인간에 대한 호감 주입
사회	사회 문제 진단/예측하기	기온/해수면 상승, 먹이사슬 변화, 생태계 파괴, 그린뉴딜과 그린플레이션, 빈부에 따른 재난 강도 격차
예술	'낯설게 하기' 사고 실험	대기질이 극도로 악화된 상황에서 인간들의 삶이 재편성되는 모습
인문	철학적 쟁점 토론하기	문제의 원인이기도 한 과학기술로 기후/생태 재난의 문제들을 해결할 수 있을까?
융복합	융합 학문으로 문제 해결하기	작품 속에 등장하는 지리학, 기후학, 생물학, 생태학, 건축학, 여성학, 로봇공학 등에 대한 지식들을 모으면 문제 상황 해결 가능

많은 SF문학들에서 기후/생태 재난이 극복되지 못할 경우 대안적 삶의 공간으로 제시되는 곳이 바로 '우주'이다. 지구에서 살기 어려워진 인간들은 우주로 이주하길 희망하는데, 망가진 지구와 달리 쾌적한 그곳은 아주 많은 이주 비용을 지불해야 갈 수 있는 곳이기에 부유층들의 전유물로 재현된다. 현실 세계에서도 많은 국가가 우주에 대한 개발을 진행하면서 지구의 대안으로 이용될 행성에 대한 관심이 높아지고 있다. '우주 시대'라는 말은 더 이상 공허한 표어가 아니라 우리의 근미래를 설명하는 구체적이고 현실적인 용어가 되었다.

많은 SF영화들에서 우주가 제국과 식민지의 알레고리를 활용해 그려지는 데 반해, SF문학들에서 우주는 다채롭고 역동적인 삶이 진행되는 공간으로 재현된다. 우주는 변신 합체 로봇들이 무한증식하는 공간(배명훈, 변신 합체 리바이어던), 친밀하게 지내던 이웃들이 반목과 화해를 거듭하는 공간(배명훈, 푸른파 피망), 지구인과 화성인이 공존하는 정착지에서 비밀 무기를 추적해야 하는 공간(배명훈, 첫숨), 무중력 상태에서 탁월한 예술성을 발휘할 수 있는 공간(배명훈, 예술과 중력가속도), 새로운 이론이 발표되면 그 방식에 맞춰 경로를 개척할 수 있는 공간(김초엽, 우리가 빛의 속도로 갈 수 없다면), 최고의 기량을 지닌 우주비행사가 자발적으로 생을 마감하는 공간(김초엽, 나의 우주 영웅에 관하여) 등으로 그려진다.

대부분의 SF문학들에서 지구인들이 우주를 개척할 수밖에 없었던 가장 큰 이유는 자신들이 살던 세계, 즉 지구의 기후와 생태계가 망가지면서 인간을 비롯한 생명체 전반이 존재론적 위기를 맞이했기 때문이다. 그래서 우주 시대의 개막은 인간의 생존을 위한 자발적인 의지의 산물인 동시에 비자발적인 차선책으로 그려진다. 우주에 거주하는 사람들은 고향으로 돌아가는 길을 차단당한 '실향민', 불가피

한 사정으로 지구를 떠나온 '이주민', 직업 때문에 넘어온 '노동자' 등으로 형상화되어 이러한 주장에 힘을 실어준다.

그러므로 SF문학을 청소년 교육에 활용하면 우주 진출을 둘러싼 생존 가능 영역의 확장과 기존 세계의 회복을 위한 노력, 그리고 대안 세계를 창안하는 방법 등을 함께 논의할 수 있을 것이다. 또한 우주 시대를 이끌 과학기술의 발전 외에도 새 시대에 맞는 사회의 질서 혹은 삶의 방식, 특히 지금은 존재하지 않지만 우주가 인간 삶의 주요 공간으로 변화한 시대에 필요한 도덕과 윤리에는 어떤 것이 있을지를 질문하고 청소년들과 함께 그 답을 찾아나서는 시도를 해볼 수 있을 것이다.

2) 타자 이해: 탈인간(脫人間)적 상상력과 타자와의 소통 교육

한국문학의 전통 속에서 인간이 아닌 미지의 존재들은 고전문학 중 설화적 성격을 지닌 작품들에서 주로 출현하였다. 이무기, 용, 구미호, 산신, 귀신 등의 존재는 평범한 이들의 눈에는 잘 보이지 않지만 인간을 초월하는 능력을 소유하고 있기에, 시공간을 자유롭게 이동하고 몸을 상황에 따라 바꾸며 인간사를 좌지우지하는 것이 가능하다. 하지만 근현대문학이 시작되면서 서사문학의 중심을 이룬 리얼리즘 소설들은 과학적으로 증명할 수 없고 객관적으로 가시화되지 않는 미지의 존재 대신 인간 중심의 관계성을 표현하는 데 집중하였다. 특히 상하위계의 질서와 그 안에서 발생하는 대립과 갈등이 주로 다루어지면서 인간 사회의 모순을 폭로하고 고발하는 역할을 담당하였다.

하지만 21세기 SF문학들에는 고전문학에 출현했던 미지의 존재들과는 또 다른 유형의 낯선 타자들, 즉 비(非)인간 혹은 탈(脫)인간적 존재들이 대거 등장한다. 이 유형은 첫째 과학기술이 산출한 로봇과 AI, 둘째 지구라는 행성 외부에 존재하면서도 인간들의 삶과 긴밀히 연결되어 있는 외계 지적 생명체, 셋째 인간이긴 하지만 평범한 인간들은 지니지 못한 재능을 발휘하는 초능력자 등으로 분류할 수 있다.

우선 첫 번째 유형의 타자들인 로봇과 AI는 과학기술이 고도로 발전하면서 인간들의 편익을 위해 개발된 존재들이다. SF문학들 속에서 이들의 형상은 인간과 협력 · 적대 · 공존을 거듭하면서 다양한 양상으로 분화되었다. 초기의 SF문학에서 이들은 때로는 자신들이 출현한 기원과 달리 인류라는 종 전체를 위협하기도 하고, 때로는 그 위협을 막아내는 존재로 그려졌다. 하지만 이제 이들은 인간과의 관계망 안에서 활동하면서 자신만의 삶을 정체화하기 위해 노력하는 존재들로 재현된다.

로봇과 AI에 대한 문제의식을 가장 첨예하게 구현하고 있는 작가는 배명훈이다. 그의 작품 속에는 원래 전투로봇으로 제작되었지만 레이저가 잘못 삽입되어 사람들을 납치해다가 피부를 재생시켜 주는 로봇(가마틀 스타일), 아무것도 하지 않지만 값비싼 회로가 들어간 인공존재(안녕, 인공존재!), 조종사와 긴밀히 상호작용을 하기 때문에 조종사가 바뀌면 제대로 작동하지 않는 전투로봇(임시조종사), 소비를 촉진함으로써 수요를 창출하는 AI(수요곡선의 수호자) 등이 등장한다. 그리고 이들은 삶을 주체적으로 실천하면서 해탈 혹은 열반의 경지에 이르는 것으로까지 표현되고 있어 주목할 만하다.

〈타자 이해 교육의 예시: 배명훈 「수호 곡선의 수호자」〉

교육 영역		교육 내용
과학	과학적 상상력 소개하기	심해 도시 건설, AI의 감정 체계, AI를 활용한 수요와 공급 조절
사회	사회 문제 진단/예측하기	AI/로봇의 확산과 일자리 감소, 전염병으로 인한 관광 산업의 쇠퇴, 수요 창출을 위한 공적 자금 사용
예술	'낯설게 하기' 사고 실험	고성능 저기능 로봇, 세상을 구하기 위해 돈을 쓰는 로봇, 예술을 향유하는 로봇, 열반에 이르는 로봇
인문	철학적 쟁점 토론하기	AI/로봇이 처리한 일에 대한 책임은 누가 져야 하는가?
융복합	융합 학문으로 문제 해결하기	작품 속에 등장하는 로봇공학, 뇌인지과학, 경제학, 미학, 종교학, 해양학, 군사학 등에 대한 지식들을 모으면 문제 상황 해결 가능

두 번째 유형의 타자들은 행성적 차원의 지구라는 공간성에서 벗어나는 상상력을 발휘해야만 만날 수 있는 존재들이다. 이들은 자신들의 언어를 지니고 있으며 우주에서 조난 당한 인간을 끝까지 보호해 주기도 하고(김초엽, 스펙트럼), 인류를 창조하고 인간들에게 문명을 주었지만 성인이 될수록 인간들의 의식 세계에서 점차 지워져서 유아들의 의식 세계에만 남아있기도 한다(김초엽, 공생가설). 때로는 인간의 사고체계와 언어로는 제대로 파악하고 설명할 수 없는 존재로(배명훈, 춤추는 사신), 때로는 환경을 지키기 위해 분투하는 지구인을 보고 반해 지구까지 찾아오는 인간적인 모습(정세랑, 지구에서 한아뿐)으로 그려진다.

SF문학에 등장하는 외계 생명체의 형상은 종종 인간과 큰 차이가 없는 것으로 재현된다. 하지만 외계 생명체에 대한 묘사가 다채로운 것은 인간에 대한 지식을 상당 부분 늘려준다. 외계 생명체의 이미지는 이질적인 타자를 대하는 우리 사회 내부의 가치관과 강박관념을 비추는 반사경 구실을 하기 때문이다. 외부에서 온 타자의 다양성을 인정하는 작업은 타자를 사려 깊게 이해할 때 우리 스스로를 더 잘 이해할 수 있음을 보여준다(고장원, 2017).

세 번째 유형의 타자들은 평범한 인간은 지닐 수 없는 탈인간(脫人間)적 재능을 지닌 초능력자들이다. 이들은 정세랑 작가의 작품들에서 자주 발견된다. 초능력자들은 옛 연인의 글이 자신의 몸에 문신으로 등장해 위험에 처한 그를 구하러 가고(정세랑, 덧니가 보고 싶어), 조개를 먹고 갑자기 생긴 소소한 초능력을 활용해서 어려움에 처한 타인을 돕기도 한다(정세랑, 재인, 재욱, 재훈). 어릴 때부터 남들은 못 보는 것을 보고 위해한 존재들을 제거하기 위해 분투하는 이야기(정세랑, 보건교사 안은영), 공격성을 촉발하는 목소리를 지닌 선생님이 국가에 의해 감금되었다가 풀려나는 이야기(정세랑, 목소리를 들리게요) 등은 그 소재의 신선함만으로도 청소년들의 흥미를 끌기에 충분하다.

하지만 더욱 중요한 것은 작가가 초능력자들을 작품 속에 등장시켜서 전달하는 주제들이다. 비범한 능력을 지녔다는 것, 즉 남들과 다르다는 것은 다양한 상황들 속에서 소외와 차별의 원인이 된다. 하지만 작가는 평범하지 않다는 것이 더 나은 세상을 스스로 찾아나서야 하는 이유이고, 다른 사람들을 구할 수 있는 힘임을 알려준다. 정세랑 작가의 작품 속에서 주인공들은 자신만의 특별한 능력 때문에 혼란을 겪기도 하지만, 결국에는 어떤 대가도 기대하지 않고 초능력을 발휘해 보다 나은 세상을 만들기 위해 노력한다.

탈인간(脫人間)적 존재들과의 소통을 다루는 소설들에서는 낯설지만 공격 의사가 없는 이들과 평범한 인간들이 함께 살아가는 모습을 확인할 수 있다. 언어와 종이 달라도 우리는 평화롭게 공존할 수 있고 상대를 충분히 배려할 수 있다. 혹자들은 이러한 내용이 과연 SF문학이냐고 질문을 던질지도 모른다. 이러한 질문을 예상이라도 한 듯이 배명훈 작가는 "과학은 소재 자체의 성격이 아니라 소재에 대한 접근 방식으로 정의되는 사고체계"(배명훈, 2020c)라고 주장한다. 그러므로 SF문학들은 차별과 혐오가 갈수록 심해지고 폭력을 기반으로 한 관계가 만연해지는 요즘, 청소년들에게 자신의 고유성을 인정하는 것의 의미와 나와 다른 이들과 새롭게 관계를 구성하는 방법을 가르쳐줄 것이다.

3) 자기 이해: 윤리적 삶을 위한 자기 서사 교육

앞에서도 언급한 것처럼 SF문학은 과학적 상상력을 기반으로 여러 학문들이 교류할 수 있는 길을 제공하고, 다양한 사고 실험을 통해서 현대사회에 대한 성찰과 미래 사회에 나타날 변화를 예측해볼 수 있는 장르이다(노대원, 2019). 그래서 대부분의 사람들이 SF문학은 작가들의 자기 서사보다는 상상력의 산물이라고 생각한다. 하지만 SF문학 속에도 삶을 대하는 태도가 작가와 유사한 주인공들이 등장하고, 이들의 이야기는 작가의 세계관과 정체성을 짐작게 한다. 이번 장에서는 작가와 상관성을 지니는 주인공이 등장하는 SF 작품들과 SF 작가들이 직접 자신의 이야기를 하고 있는 에세이들을 중심으로, 청소년들에게 자기 이해의 차원에서 '자기 서사'를 배우는 것이 어떤 효과를 가져올 수 있을지 검토할 것이다.

(1) 김초엽: 취약한 존재들의 자리 찾기

김초엽 작가의 특장은 전혀 상관이 없어 보이는 두 가지의 이야기를 놀랍도록 자연스럽게 연결한다는 점이다. 「캐빈 방정식」의 도입부에서는 귀신이 출몰한다는 울산 공중관람차에 동생이 탑승하기 위해 분투하는 모습이 그려지다가, 중반부에 이르면 '국지적 시간 거품'을 연구하는 언니의 사연이 집중적으로 소개된다. 「관내분실」은 임신한 딸이 우울증에 걸려서 자식을 제대로 돌보지 못한 어머니를 이해하게 되는 과정과 디지털 납골당 내에서 어머니의 바코드가 지워지는 문제를 연결해서 다룬다. 또한 「순례자들은 왜 돌아오지 않을까」에서는 '시초지'로 떠난 사람들이 돌아오지 않는 이유와 '인간배아 디자인'이 이어진다. 「감정의 물성」에서는 애인과 멀어지는 과정과 감정을 담아 만든 상품이 함께 다루어지고, 「인지공간」에서는 친구를 잃은 슬픔과 인간의 인지공간이 도서관 형태의 건축물로 구축되는 이야기가 엮여 있다.

김초엽 작가가 즐겨 사용하는 이 두 겹의 이야기 형식은 '사이보그(cyborg)'가 기계적 속성의 '사이버네틱스(cybernetic)'와 '유기체(organism)'의 합성어임을 연상시킨다. 또한 이것은 자신의 소설에서 소위 인문학적 기반 위의 '문학성'과 기술적 기반 위의 '과학성'을 동시에 확보하기 위한 전략으로도 읽을 수 있다. 인간관계에서 겪게 되는 여러 갈등과 감정의 문제들이 인문학적 감수성의 차원을 보여준다면, 과학 이론이나 최신 기술이 만들어내는 사물에 대한 서술은 실제로 이런 물화가 어떻게 가능한지에 대한 호기심을 불러일으키면서 과학적 탐구 욕구를 샘솟게 만든다. 작가는 이 두 가지를 함께 엮으면서 주로 인간이 겪는 고통의 원인을 제거하기 위해 고도의 과학기술을 사용한다. 하지만 결국에는 그것이 또 다른 문제를 야기하는 모습을 제시하면서 인간성을 담보로 하지 않은 과학이 지닌 위험성과 그 공허함을 보여준다. 과학이 고도로 발전해서 인간의 신체를 사물처럼 디자인하고, 인지공간을 건축물로 만들고, 감정을 상품으로 제작하더라도 세상의 차별과 폭력은 여전히 존재하고 슬픔과 우울감에 젖은 사람들의 수는 줄어들지 않는다.

김원영 작가와 함께 집필한 에세이집 『사이보그가 되다』에는 김초엽 작가가 이러한 문제의식을 갖게 된 기원을 탐색할 만한 단서들이 들어 있다. 청각장애인으로서 보청기를 사용하는 작가는 '장애'라고 이름 붙은 인간들의 몸과 기술의 산물인 도구들이 결합하여 나타나는 변화들을 탐구하면서 과학과 기술의 발전이 장애를 비롯한 인간들의 문제를 근본적으로 해결하는 것은 아니라고 말한다. 예를 들어, "시각장애인을 위한 도구의 기본 원칙은 정보를 소리나 촉각으로 전환하는 것"(김초엽 · 김원영, 2021)이다. 그러니 앞으로 더 잘 들을 수 있는 기술을 개발하는 것보다 지금 시각 정보를 다른 방식으로 받아들일 수 있게 생각을 전환하는 것이 더 중요할 수 있다. 이것은 기술로 개인을 교정해 장애를 해결하는 문제가 아니라 "환경과 접근성의 문제를 고려해 다른 세계를 설계"(김초엽 · 김원영, 2021)하는 문제인 것이다.

> 이제 나는 우리가 다른 미래에 도달하는 상상을 한다. 그 미래는 건강하고 독립적인 존재들만의 세계가 아니라 아프고 노화하고 취약한 존재들의 자리가 마련된 시공간이다. 그리고 서로의 불완전함, 서로의 연약함, 서로의 의존성을 기꺼이 받아들이는 세계이다. 그곳에서는 삐걱대는 로봇도, 허술한 기계 부품을 드러낸 사이보그도 완전한 타자가 아닐 것이다. 그들은 이미 미래의 일부일 것이다.(김초엽·김원영, 2021, 282~283)

김초엽 작가는 자신이 생각하는 '다른 미래'를 위와 같이 상상한다. 여전히 많은 사람들이 '건강하고 독립적인 존재들'을 중심으로 세계를 상상하지만 실제로 세계의 상당 부분을 채우고 있는 것은 '아프고 노화하고 취약한 존재'들이다. 그래서 그는 여러 소설들과 에세이들에서 자율성을 지닌 존재들이 상호의존하며 사는 것이 세상이고, 인간 신체나 정신의 일부분을 사물화하여 효율성을 올릴 것이 아니라 다른 존재의 세계를 자신의 세계와 동등하게 인정하라고 이야기한다. 그리고 우리가 만들어내는 미래는 취약한 존재들이 서로를 보듬고 돌아보는 세계이기를 바란다.

김초엽 작가의 작품 속에서 누군가는 신체 중 약한 부위를 보완하기 위해 첨단 기술을 적극적으로 수용하고(김초엽, 「순례자들은 왜 돌아오지 않는가」, 「#cyborg_positive」), 또 다른 누군가는 약한 신체 때문에 장애인 대우를 받았지만 치료를 거부한다(김초엽, 「캐빈 방정식」). 또 다른 이들은 소수자로 치부되는 자신들과 타인들을 유사하게 만들기 위한 혁명을 꿈꾸기도 한다(김초엽, 「광장」).

김초엽 작가가 들려주는 약체로서의 자기 이야기는 청소년들에게 넓게는 '정상성'을 둘러싼 문제를 제기한다. 우리 주변에는 성별, 나이, 건강, 경제력 등이 각양각색인 사람들이 함께 살아가고 있다. 그런데 사회가 오랫동안 유지해 왔던 관습적 사고에 의해 '정상'이라 불리는 기준을 제외한 모든 것을 '비정상'의 영역으로 배제하는 경우가 자주 등장한다. 그렇지 않으면 자신을 기준으로 자신과 유사한, 혹은 친연성이 있는 대상을 '정상성'의 범주로 인식하는 오류를 범한다. 김초엽 작가는 이러한 정상의 범주 자체에 대해 의문을 제기하면서 따옴표 친 '정상'의 범주에 들어가지 않은 사람들과 우리가 어떻게 공존할 것인지를 고민하자고 제안한다. 이러한 제안은 자신이 '정상'의 범주 안에 있다고 생각하는 청소년들에게는 삶의 기준을 검토하는 기회를 줄 것이고, 자신이 '정상' 범주의 밖에 존재한다고 느끼는 청소년들을 위로하면서 그들에게는 자신의 삶을 긍정할 수 있는 계기가 될 것이다.

(2) 배명훈: 종말을 넘어 구원 설계하기

외교학과에서 국제정치학을 전공한 배명훈 작가는 국제정치학에서 "세상을 이해하거나 새로운 세계를 창조해내는 능력은 SF나 판타지 소설을 쓰는 것과 매우 깊은 관련이 있다"(배명훈, 2020b)고 말한 바 있다. 그에게 SF는 "인간의 감각을 확장하고, 이례적인 앵글로 세상과 문명세계를 비추기도 하는 지적 장치"(배명훈, 2020b)이며, 과학소설이지만 과학기술을 그대로 옮겨올 필요는 없는 장르이다. 그래서 이 작가의 작품들에서는 그의 세계관이 묻어있는 다양한 세계들을 만날 수 있는데, 그중 단연 돋보이는 것이 바로 '종말'의 징후들이 늘어나는 가운데 그 징후들을 넘어 '구원'에 이르는 서사들이다.

배명훈의 『타워』는 현실과 상상력의 기묘한 조화, 그리고 신자유주의를 표방하는 21세기 대한민국의 현실을 변주한 작품이다. 문학의 공간이 작가의 판단에 따라 일정하게 변형 혹은 굴절된 공간임은 주지의 사실이다. 작가는 '세계 구축적 경험(constructive experience)'(김수복 편저, 2005)을 이 작품에서 성경 속 '바벨'을 닮아 재앙의 상징으로 읽히는 타워 국가 '빈스토크'를 통해 실현한다. 『타워』는 자본주의적 위계와 국적이나 이념이 타자를 생산하는 현실을 담고 있다. 하지만 주안점은 현실에 대한 전복보다는 희망의 가능성을 찾고자 하는 노력들, 구체적으로 '심판의 날' 타자들을 응징하기보다는 이들을 끌어안는 사람들의 힘에 대한 것이다.

이와 유사한 모습은 『고고심령학자』에서도 발견된다. 작가는 작품 속에서 옛날 귀신을 관찰해서 고고학적 지식을 얻어내는 '고고심령학'이라는 학문을 창안해낸다. 그리고 세계의 종말을 가져올 수도 있는 '요새 빙의'가 서사를 이끌면서 작품은 기이한 세계를 향해 열린다. 하지만 이 작품에서 보다 이목을 끄는 것은 인간과 코끼리, 인간과 혼령 등 서로 다른 존재들 사이의 '믿음'과 그것에 기반한 '우정' 혹은 '인연'이다. 미스터리를 중심으로 짜인 서사로 인해서 작품을 읽는 동안 긴장감이 발생하지만, 마지막에 밝혀지는 점은 단절을 만든다고 생각했던 성벽에 '문'이 있다는 사실이다. 낯선 타자와의 인연이라는 것 역시 이쪽과 저쪽 사이를 문으로 이어주는 것, 그래서 작품 속에서 성벽은 만남과 고난과 인연의 장소라는 의미를 부여받는다.

> SF는 상상하는 문학이다. 하지만 더는 신기한 아이디어로 승부를 거는 문학은 아니다. SF에서 가치 있는 상상이란 다른 것과 동떨어진 재미있는 발상이 아니라, 삶과 세상을 다시 돌아보게 만드는 통합적 상상을 말한다. 그렇게 진화해왔다고 나는 믿는다. 이런 상상력을 통해 작가는 언젠가 현실이 될 세상의 단편들을 하나하나 퍼즐처럼 이어 붙일 수 있는데, 사람들은 이 설계도를 '세계관'이라고 부른다. 소설에서 '세계'란 작가가 묘사한 객관적 사물의 총합이라기보다는, 그 세계에 대한 작가 고유의 해석에 가깝다.(배명훈, 2020c, 83~84)

작가의 에세이집 『SF 작가입니다』에서 작품 속 인물들이 왜 이러한 선택을 하는지에 대한 단서를 발견할 수 있다. 그는 위의 글에서 "삶과 세상을 다시 돌아보게 만드는 통합적 상상"의 가치에 대해 이야기한다. 그러니 이것에 기반을 둔 SF 속 '세계'는 작가의 세계관과 불가분의 관계를 맺는다. 세계적 차원의 재앙은 인류의 전멸인 동시에 개개인들의 문제로도 다가온다. 배명훈의 작품들은 재앙과 맞닥뜨린 사람들이 문제를 해결하기 위해 재앙의 근원을 찾고, 타자를 배척하고 공격하기보다는 그들과 함께 할 것을 선택하는 모습을 보여준다. 비극의 순간에도 함께 할 것을 약속했던 기억을 떠올리고 그 약속을 지키기 위한 노력이 이어진다면 재앙은 인간의 힘으로 막을 수 있는 것이 된다.

배 작가의 글들은 감당하기 힘든 어려움과 당면했을 때 어떤 선택을 해야 하는지를 청소년들에게 제시해줄 수 있다. 이 작품들은 자신이 가지고 있는 모든 선의를 사용해서 자신만을 위하는 삶이 아니라 타자와 함께하는 삶을 선택하라고 가르친다. 이것이 바로 종말 앞에서 구원에 다가갈 수 있는 유일한 길이기 때문이다. 또한 배 작가의 글들은 가장 힘든 순간에 하는 선택이 '가장 나다운 나'를 보여준다는 사실, 그리고 내가 한 선택들이 모여서 나의 인생이자 세계가 된다는 사실을 알려준다. 그럼으로써 청소년들에게 자기를 이해하고 긍정적인 자기 서사를 쌓아가는 방법을 제시할 것이다.

(3) 정세랑: 경이로움이 만드는 무해한 세상

2020년 배우 정유미와 남주혁이 주연을 맡은 『보건교사 안은영』이 넷플릭스 오리지널 시리즈로 방영되면서 정세랑 작가는 더욱 세간의 주목을 받았다. 게다가 유명 연예인이 진행하는 예능 프로그램에 출연해서 자신의 문학관과 환경 문제에 대한 관심을 솔직하게 이야기하는 모습을 보여주어 호감도 역시 상승하였다. 이 작가의 작품들은 초기작부터 흥미로운 서사 구성과 지구와 생명을 대하는 따뜻하고 세심한 솜씨가 돋보였었다. 여기에 최근에는 영상 미디어와 친연성을 지닌 작품들을 창작하는 작가라는 평가까지 더해지면서 인지도가 더욱 높아졌다.

영상 미디어와의 호환 가능성이 높은 작품을 창작하는 것도 정세랑 작가의 장점이지만 더욱 눈여겨보아야 할 점은 그가 작품 속에서 '무해'한 세상을 만들기 위해 힘겨움을 감수하고 책임감 있는 태도를 고수하는 주인공들을 그린다는 점이다. 『보건교사 안은영』의 주인공 '안은영'은 학생들이 위험에 처하지 않게 하기 위해 '젤리피쉬'들을 계속해서 제거하여 학교에 악한 기운들이 퍼지는 것을 막아낸다. 「옥상에서 만나요」에서는 인간의 절망을 먹고 사는 존재가 미미하게나마 세상을 밝게 만드는 이야기를 그려냈다. 이들은 자신의 노고에 합당한 보상이 돌아오지 않더라도 계속해서 맡은 일을 해나감으로써 보다 무해한 세상을 만들어 나간다

> 생각해보면 살아 있는 상태가 너무 신기하지 않은지? 꼭 개인적 얘기, 사람들 얘기만이 아니다 전반적으로 그렇다. 지구가 초속 30킬로미터로 빙글뱅글 날아가고 있는데 그 위에서 온갖 동식물이 38억 년 동안 생겨났다 멸종했다 하며 보글보글 지내왔다는 것이……. 우주는 죽어 있는 게 더 자연스러운 상태인데 어떻게 다들 살아 있지? 거의 매일 놀란다. 심장이 태어나서 지금까지 뛰었다니? 신경을 쓰지 않는데 호흡이 계속된다니? 산책만 나가도 흥미로운 발견을 하고 화분에 새잎이 나면 기분 좋은 충격을 받는다. 다른 요인들도 있지만 환경주의자가 된 것은 그래서일지도 모르겠다. 아팠던 청소년이 쉽게 경이로워하는 어른으로 자란 것이다. 경이의 스위치가 반발력 없이 딸깍딸깍

> 눌리고 말아서, 다른 아팠던 사람들을 조사해보면 얼마나 비슷한 성향일지 궁금해진다. 나의 노래 부르며 행진하는 스머프 같은 성격이 (특히 동료 작가들에게) 좀 부담스럽다는 평을 들을 때도 있는데, 나름의 맥락이 있다. 어둡고 죽어 있는 우주에서 기적 같은 지구에 산다는 것이 신기해, 냉소와 절망에 빠졌다가도 빨리 벗어나게 되는 것이다.(정세랑, 2021, 46~47)

긴 인용문에서도 확인할 수 있는 것처럼 정세랑 작가는 '쉽게 경이로워하는 어른'이다. 지구가 움직이고 있는데 생명체가 살아있는 것이, 심장이 계속 뛰는 것이, 화분에 새잎이 돋는 것이 경이로운 어른. 세상을 살면서 수많은 경이들과 맞닥뜨린 사람만이 이 세상을 지키기 위한 분투를 이어갈 수 있다. 정세랑 작가의 작품들 속에 '왜' 무해한 세상을 만들어야 하는지, 왜 고통을 감수하면서 세상을 지켜야 하는지에 대한 서술은 잘 등장하지 않는다. 하지만 위의 인용문을 통해서 그 이유를 짐작해 볼 수는 있을 것이다. 오늘도 '스머프 같은 성격'의 '환경주의자'는 '지구에 산다는 것'을 신기해하며 어딘가에서 다른 사람들이 '냉소와 절망'에서 빠져나올 수 있게 힘을 주는 글을 쓰고 있을 것이다.

〈자기 이해 교육의 예시: 정세랑 『지구에서 한아뿐』〉

교육 영역		교육 내용
과학	과학적 상상력 소개하기	소규모 중력 필드, 자가분열 번식, 식물성 기름으로 만든 단열재
사회	사회 문제 진단/예측하기	리사이클링, 업사이클링, 저탄소 생활, 채식과 밀웜, 친환경 주택

예술	'낯설게 하기' 사고 실험	반광물 생명체의 진화, 우주 자유여행권, 범우주적 활동을 지원하는 기획사
인문	철학적 쟁점 토론하기	지속 가능한 발전(sustainable development)은 반드시 필요한가?
융복합	융합 학문으로 문제 해결하기	작품 속에 등장하는 천문학, 지구과학, 생태학, 인류학, 자원재생학 등에 대한 지식들을 모으면 문제 상황 해결 가능

정세랑 작가의 작품들은 자신이 원하는 삶의 방식이 무엇인지, 좋아하는 것과 해야 할 것을 어떻게 조절하면서 살아갈지, 자신의 이익과 공동체의 이익을 연결하는 방법은 어떤 것인지 고민하는 청소년들에게 좋은 본보기가 될 수 있다. 그의 글들은 인생에 정해진 정답은 없지만 자신과 자신이 포함된 사회를 위해서 지켜야 할 삶의 기준들이 있음을 알려준다. 그리고 매순간 사소한 '경이들'을을 발견할 수 있는 눈과 그 발견이 가져올 기쁨을 청소년들에게 제공할 것이다.

○○ 3. 디지털 미디어 시대와 희망을 담은 SF문학

SF의 창시자인 휴고 건즈백은 SF문학이 과학의 가능성과 과학이 삶에 미치는 영향에 대해 대중들을 교육함으로써 세계를 더 살기 좋은 곳으로 만드는 중요한 요인이 될 것이라고 예견했다(황지영, 2019). 본고에서 SF를 활용하여 '세계 이해', '타자 이해', '자기 이해' 교육의 가능성을 탐색한 이유 역시 건즈백의 생각과 맞닿아 있다. SF문학은 우리가 당면한 전 지구적 차원의 문제들을 담고 있는 주요 장르로 부상했고 SF문학에 자주 등장하는 자아와 타자의 상호작용, 가상과 현실의 경계 해체 등은 앞으로도 진지하게 고민해야 하는 교육적 잠재력이 큰 주제들이다. SF문학은 문화적 환경 내의 변형들에 상상으로 대응하기 위해 지속적으로 스스로를 개혁하고 있는, 그래서 실제 우리 삶과 긴밀히 연결될 수 있는 주요한 학습의 영역이다(장정희, 2017).

또한 SF문학은 디지털 미디어와의 친연성 덕분에 청소년들의 흥미와 호기심을 불러일으킬 수 있다. 오늘날의 세계 체험은 대부분 미디어로 매개된 간접적 경험으로 변하였다. 세계는 미디어로 제작되기 때문에 세계를 인식하기 위해서는 먼저 당대를 대표하는 미디어의 본성을 이해해야 한다(진중권, 2016). 디지털 미디어에서 '가상'은 더 이상 의심해야 할 허위가 아니라 그저 예술의 의지를 가지고 창조해야 할 새로운 현실일 뿐이다. 인간은 '주어진 것'을 '만들어진 것'으로 바꾸어 놓으며 진화하는데, 이 변화의 절정에 디지털 혁명이 있다. 디지털은 가상 제작의 최종적 기술이기 때문이다.

디지털 미디어 안에서 가상과 현실 사이의 존재론적 단절은 인정되지 않는다. 테크놀로지가 발전함에 따라 이 둘 사이의 간극은 점점 좁아질 것이다. 그때가 되면 가상은 현실만큼 실재적이고, 현실은 가상만큼 비실재적으로 연결될 것이다. 디지털 가상은 그 자체가 새로운 현실, 즉 대안적 세계이다. 참도 거짓도 아닌 그저 새로운 세계가 대안적 세계이며, 가상의지에 의해 만들어질 세계이다(진중권, 2016). 디지털 미디어 속에서 가상과 현실이 형식적으로 분리불가능한 것으로 인식된다면 이 미디어의 콘텐츠들은 이러한 속성과 연결되는 SF 장르로 채워져야 할 것이다. 현실을 핍진하게 재현하는 리얼리즘 소설에는 없는 것, 즉 그 시대의 꿈과 희망과 미래가 SF 장르에는 담겨 있다.

SF문학 속에 담긴 세계관은 실증 과학에 의한 뒷받침과 해당 시기의 인문학적 고찰이 없으면 성립되기 어렵다. 그래서 SF문학을 향유한다는 것은 당대의 과학기술에 대한 지식과 정보를 가지고 시대를 관통하는 인문학적 감수성을 공유하는 것이기도 하다. 이러한 SF문학은 기본적으로 에듀테인먼트 혹은 인포테인먼트(infortainment)적인 기능을 내포한다(이지용, 2016). SF문학을 읽으면서 최첨단의 기술과 아직 현실화되지 않은 기술들을 구경하는 즐거움뿐 아니라 그런 기술들이 바꿀 세상 속에서 존재성과 관계성의 변화될 형태 역시 예상할 수 있다.

단적인 예로 영화 <트랜센던스>나 애니메이션 <공각기동대>에 등장하는 '사이버네틱스적 융합'을 들 수 있다. 정보화 기술, 가상현실 기술의 확산으로 인해 '신체의 탈물질화', '정신의 정보화', '정보의 탈신체화'와 같은 현상은 미디어 속에서뿐 아니라 현실에서도 이미 진행 중이다. 신체와 정신의 경계가 해체되고 재구축되는 과정에서 '몸'의 성립 조건이 달라지면서 기계와 인간 사이의 경계가 해체되는 모습은, 아직 명확한 답을 제시할 수는 없지만 앞으로 우리가 직면하게 될 철학적이고 윤리적인 질문들을 담고 있다. 그러므로 우리는 SF문학을 활용하여 아직 도래하지 않은 문제 상황들을 예견해 보고 그에 합당한 답을 찾는 연습을 진행할 수 있을 것이다.

주류 문단에 의해 오랫동안 하위문화로 분류되며 본격문학에 비해 열등하다는 평가를 받았던 SF문학은 21세기가 되면서 그 위상이 급변하였다. 최근 많은 독자들이 기존 리얼리즘 중심의 한국문학보다는 참신한 상상력이 가득한 SF문학들에 더 끌리고 있다. 한국 SF들은 더 이상 문단의 변방에 존재하지 않으며 시의성과 참신성이라는 두 가지 무기를 가지고 한국 문학계를 뒤흔든다. 기존의 리얼리즘 중심의 소설들은 최근 전 인류의 최대 관심사인 기후/생태 재난이나 우주 시대 등에 대한 문제의식을 제대로 다루지 못하고 있는 실정이다. 반면에 SF문학들은 현실과 상상력이 공존하고 현재와 미래가 교차하는 시공간적 배경을 사용하여 이러한 주제들에 대한 진정성 있는 서사적 탐구를 주도하고 있다.

이광수와 최남선이 한국 근대문학의 포문을 연 이후 한국문학의 무게 중심은 항상 리얼리즘 쪽으로 기울어져 있었다. 프로문학의 영향 아래서, 민족문학의 전통 속에서, 참여문학의 실천성과 민중문학의 가능성을 모색하는 과정에서도 리얼리즘은 그 중심에서 오랫동안 위용을 떨쳤다. 그러나 국가 통계 안에서 부정적인 지표가 계속해서 늘어나는 한국에서 현실의 재현에 초점을 맞춘 리얼리즘 문학은 그 힘이 약해진 것이 사실이다.

'뉴노멀'이 요구되는 지금 청소년들에게 필요한 것은 체념의 시대에 대한 사실적인 재현이 아니라 상상력과 응용력을 바탕으로 새로운 희망과 윤리를 만들어가는 SF문학이다. 그러므로 희망을 담은 SF문학을 교육하는 일은 청소년 독자들의 감응을 이끌어내는 차원에 그치는 것이 아니라, 시대와 상동하는 문학의 본질에 대해서 다시 고찰하는 계기가 될 것이다. 또한 디지털 미디어에 적합한 소설, 한 걸음 더 나아가 디지털 미디어에 잘 맞는 스토리텔링의 내용과 형식을 계속해서 고민하게 하는 데까지 나아갈 것으로 기대된다.

⌘

참고문헌

1차 자료

김초엽(2019a), 광장, 광장, 워크룸프레스(Workroom).

———(2019b), 우리가 빛의 속도로 갈 수 없다면, 허블.

———(2019c), 원통 안의 소녀, 창비.

———(2021a), 방금 떠나온 세계, 한겨레출판.

———(2021b), 지구 끝의 온실, 자이언트북스.

———(2021c), 행성어 서점, 마음산책.

———· 김원영(2021), 사이보그가 되다, 사계절.

배명훈(2009), 타워, 오멜라스 웅진씽크빅.

———(2010), 안녕, 인공존재!, 북하우스.

———(2014), 가마틀 스타일, 은행나무.

———(2015), 첫숨, 문학과지성사.

———(2016), 예술과 중력가속도, 북하우스.

———(2017a), 고고심령학자, 북하우스.

———(2017b), 푸른파 피망, 창비.

———(2018), 춤추는 사신, 미메시스.

———(2020a), 빙글빙글 우주군, 자이언트북스.

———(2020b), 임시조종사, 오늘의 SF #2, arte(아르테).

———(2020c), SF 작가입니다 : 딴 세상 사람의 이 세상 이야기, 문학과지성사.

———(2021), 수호 곡선의 수호자, 놀이터는 24시, 자이언트북스.

정세랑(2011), 덧니가 보고 싶어, 문학동네.

———(2012), 지구에서 한아뿐 : 친환경 SF 러브 로망, 자음과모음.

———(2014), 재인, 재욱, 재훈, 은행나무.
———(2015), 보건교사 안은영, 민음사.
———(2018), 옥상에서 만나요, 창비.
———(2020), 목소리를 드릴게요, 아작.
———(2021), 지구인만큼 지구를 사랑할 순 없어, 위즈덤하우스.

단행본

고장원(2017), SF의 힘 – 미래의 최전선에서 보내온 대담한 통찰 10, 추수밭.
김수복 편저(2005), 한국문학 공간과 문화콘텐츠, 청동거울.
김윤식·김우종 외 38인(2019), 한국현대문학사, 현대문학.
복거일(2007), 벗어남으로서의 과학, 문학과지성사.
선주원(2019), 한국 현대 소설교육론, 국학자료원.
안숭범(2018), SF 포스트휴먼 오토피아, 문학수첩.
이지용(2016), 한국 SF 장르의 형성, 커뮤니케이션북스.
장정희(2017), SF 장르의 이해, 도서출판 동인.
조성면(2020), 장르문학 산책, 소명출판.
진중권(2016), 미디어 이론, 열린길.
한국교육과정평가원(2015), 2015 개정 국어과 교육과정, 교육부 고시 제 2015 – 74호.

논문

권혁준(2017), SF아동청소년문학과 과학적 상상력, 아동청소년문학연구, 21, 7 – 39.
김지혜(2017), 소설과 과학, 그 융합 교육의 가능성, 국어교육연구, 40, 189 – 217.
남운(2018), 현대 SF 장르의 사회적 문화적 기능과 의미 고찰, 독어교육, 72, 383 – 413.
노대원(2019), SF의 장르 특성과 융합적 문학교육, 영주어문, 42,

221－245.

배상민(2017), 한국 SF 소설의 씨앗들, 자음과모음, 34, 294－305.

손나경(2019), 과학소설(SF)을 통해 배우는 서사적 추진력 - 과학소설(SF) 대상 교양교육 과목의 설계와 검토, 교양교육연구, 13(5), 103－128.

손나경, 김령희(2020), 과학소설(SF) 대상 학습자 참여형 교양교육 교과목의 설계와 검토, 학습자중심교과교육연구, 20(12), 527－554.

이지용(2019), 한국 SF가 보여주는 새로운 인식들 : 환상과 미래, 비인간 행위자들과 낭만적 사실의 전회, 자음과모음, 42, 78－88.

장성규(2018), 2000년대 한국 SF 문학 연구, 스토리앤이미지텔링, 16, 225－251.

진선영(2021), 교양교육의 주제론으로서 포스트휴먼과 그 서사적 함의－SF 고전과 현대 문학작품의 신토피칼 접근, 이화어문논집, 54, 311－332.

최수연(2021), 기후위기 SSI－STEAM 수업이 중학생의 기후 소양에 미치는 영향, 서울대학교 교육대학원 석사학위논문.

황지영(2019), 데이터 디스토피아와 신체 정치－ 애니메이션 사이코패스(Psycho－pass)를 중심으로, 이화어문논집, 48, 101－126.

황지영(2021), SF문학 교육을 위한 예비적 고찰, 한국교육논총, 42(3), 122－152.

포스트휴먼 배움의 독특성 탐구: 반상 위에서 답을 찾는 세 명의 프로기사 이야기[1)]

전가일(연세대 교육연구소)

○● 1. 시작하는 고원

"바둑알은 한 점에서 다른 점으로 움직이는 것이 아니라 목적도 목적지도 없는, 출발점도 도착점도 없는 끝없는 되기(생성)이다... 바둑은 공간을 영토화하고 탈영토화하는 것이다. 그것은 외부를 공간 내의 하나의 영토로 만드는 것, 이 영토를 자기 것으로 만들기 위해 인접한 제2의 영토를 건설하는 것, 적을 탈영토화하기 위해 적의 영토를 내부에서 붕괴시키는 것, 자기 영토를 포기하고 다른 장소를 향해 스스로를 탈영토화하는 것이다."

Deleuze & Guattari, 〈천개의 고원〉 중에서

1) 본고는 2021년 교육사상학회에 게재되었던 논문, 〈반상 위에 펼쳐진 포스트휴먼 페다고지 탐색〉의 내용을 수정·보완한 것임을 밝힌다.

지난 1년, 너무나도 많은 변화를 겪은 탓에 마치 수년을 살아낸 것만 같다. 우리 세대에서는 일찍이 본적 없는 전염병의 전세계적 확산으로 사람이 사람을 직접 만나는 일이 공포로 여겨지면서 실제 세계 곳곳에서 이민자, 타인종, 타문화 등의 '이방성'을 향한 증오가 난무하는 것을 목도해야만 했다. 지구 곳곳의 국지성 호우, 49일 연속해서 내리는 비, 꺼지지 않는 산불, 해양생물들의 떼죽음, 대륙 곳곳에서 가속화되는 사막화 소식 등은 우리가 살고 있는 이곳 지구가 거주불능의 터전이 되어 가고 있음을, 그리고 그 일을 자초한 것이 바로 우리임을 뼈저리게 마주하게 했다(전가일, 2021b). 그래서 나는 지난 1년 동안 이 물음에 휩싸여 존재적 불안과 심려로 깊이 침잠했었다. 우리는 이제 어디로 가야 하는가?

우리 사회는 최근 '언컨택트(uncontact)'가 삶의 새로운 기준이 되는 시대로 빠르게 재편되고 있다. 언컨택트 경향은 일, 여가, 교육 등의 우리 일상의 변화를 야기하며 지인을 대하는 방식, 새로운 사람과 관계맺는 법, 배우고 가르치는 방법 등 우리 삶의 전 영역에서 새로운 사회적 기준 이른바, 뉴노멀을 요구하고 있다. 새로운 사회적 기준에 대한 이러한 뉴노멀 경향은 이미 우리에게 도래되어 있던 것으로 4차 산업사회가 열어젖힌 고도기술과 인공지능(AI) 시대로의 변화와 코로나 사태로 더 급속히 진행되고 있다.

실제로 우리가 겪은 코로나 사태는 그동안 우리 삶과 아이들의 배움에 있어 학교가 어떤 존재였는지 성찰하고 마주하게 했다. 코로나 사태로 인해 개학이 미뤄지고, 온라인 개학을 하고, 오프라인 수업을 시도했다가 다시 온라인 수업으로의 전환을 반복하는 동안 아이들의 삶에서 학교 공간이 장시간 유보되었지만, 등교 개학을 결정하는데 있어 더욱 중요하게 고려되었던 점들은 배움의 기회 박탈과 같은 교육 문제보다는 돌봄의 공백과 같은 관리의 문제였다(김경애 ·

김진숙·박성철·손찬희·양희준·이상은·정바울·최수진, 2020; 최윤경, 2020). 이런 사태 속에서 이제 학교는 배움의 공간으로서 보다는 아이들을 맡아 관리하는 사회적 탁아의 공간으로서의 성격을 지닌다는 현실태를 부정할 수 없게 되었다(김경애 외, 2020; 이진경, 2007; 유현준, 2018; Gatto, 2005). 어쩌면 이는 근대의 제도적 학교가 등장한 이후 지금까지 유지되어 온, 교육 공간으로서의 학교의 독점이 와해되어 가고 있음을 뜻할지도 모른다. 실제로 자본의 독점화가 학교와 대학을 비롯한 우리 사회 전반을 더 깊이 잠식하면 할수록 그에 대한 반작용으로 자본의 논리에서 벗어난 교육의 논리, 진정한 배움에 대한 갈망은 더 많이 분출되었고, 그 결과로 학교 밖에서 다양한 배움 활동들이 생성되어 왔다(최근정, 2019; 허영주, 2016). 또한 4차 산업 사회 및 정보화 사회로 접어들어 디지털 기술을 통한 다양한 형식의 배움이 가능해지면서 전통적인 방식에서 벗어난 교수-학습 방식과 학교 밖에서의 배움의 가능성은 점점 더 커져왔다(이지성, 2019). 실제로 우리는 이번 코로나 사태로 인해 급속한 정보통신기술(ICT)을 통해 학교의 물리적 시공간을 벗어나 교사와 학생이 새로운 방식으로 소통하는 경험했을 뿐 아니라(정경화, 2021), 학교의 경계를 넘어선 외부에서의 다양한 배움의 방식을 경험함으로써 학교 밖 배움의 가능성을 더욱 다양한 형태로 마주하는 중이다. 디지털 기술이라는 물적 조건과 전염병 사태로 학교 내외부의 경계는 흐려지고, 교육 행위에 대한 학교의 독점적 지위의 와해는 점점 가속화되고 있다. 어쩌면 이제 우리는 근대적 학교의 종말을 마주하고 있는 것인지도 모른다.

당연히도, 교육은 학교 밖 어디에서나 일어날 수 있는 일이며, 오히려 학교가 배움의 공간으로서 부적절할 수 있다는 지적은 오래된 고민으로 그리 새로운 것도 아니다(서덕희, 2006; 임부연·박수현,

2017; 전가일, 2018; Gatto, 2005). 교육을 위한 공간으로 당연시해 온 학교야말로 아이러니하게도 교육을 가로막는 질곡의 본원일지도 모른다. 그간 우리는 교육혁신을 이야기하면 자동적으로 '혁신학교'를 떠올려 왔던 것은 학교와 교육을 동일시하고, 혁신을 학교의 특색 활동 정도로 간주해 왔다. 그러나 학교는 교육과 동격이 아니며, 교육은 결코 학교 그 자체일 수 없다. 학교는 우리가 기필코 지켜내야 할 교육의 본령이 아니다. 오히려 학교가 배우는자들에게 특정한 해(답)를 요구하고, 그것을 재인하는 능력을 우선하고, 질문하기를 머뭇거리게 만들고, 상상력을 가로막고, 실험과 실패를 두려워하게 함으로써 '매끄러운 공간'으로 나아가는데 질곡이 된다면 우리는 그것을 기꺼이 버릴 수 있어야 한다. 지킬 것은 교육이지 학교가 아니다. 우리가 구해 내야 할 것이 있다면(그리고 그럴 수 있다면) 그것은 교육의 운동성이지 결코 학교라는 형식이 아니다.

따라서 우리가 미래교육을 숙고할 때, 그 논의는 흔들리는 학교의 존재 의미를 애써 변명하거나 학교를 지키려는 노력이 아니라 새로운 시대의 페다고지를 향한 학교의 완전한 탈바꿈 혹은 학교의 소멸까지를 포함한 새로운 방식에 대한 것이어야 한다. 미래교육에 대해 우리가 가진 답이 '온라인 수업'이나 '디지털화된 수업 환경' 혹은 '스마트디바이스 교실' 같은 것들 뿐이라면, 우리가 가진 교육적 상상력이란 얼마나 빈약하고 초라한 것인가! 그 빈약함을 딛고 배움에 대한 새로운 상상력으로 나아가려면 어떻게 해야 할 것인가? 과연, 이 뉴노멀의 새로운 시대 앞에서 우리가 사유할 수 있는 배움과 가르침에 대한 새로운 작동방식은 무엇인가? 우리는 무엇을 통해 이것을 꿈꾸어 볼 수 있는가? 본 연구에서는 OECD(2019) 보고서가 표현한 바와 같이, "변화무쌍하고, 불확실하며, 복잡하고, 모호한" 미래 교육의 지평, 배움과 가르침의 새로운 작동방식을 고민하기 위해 포스트휴먼(posthuman)에 주목하고자 한다.

포스트휴먼(posthuman)은 질 들뢰즈(Deleuze)를 시작으로 캐런 바라드(Barad), 로지 브라이도티(Braidotti) 등으로 대표되는 신유물론(new materialism) 사유에 기반한 새로운 인간 존재에 대한 개념이다. 이는 이제까지 근대를 지배한 인간 존재론이 인간중심의 세계 구성을 전제하고 있었음을 성찰하고, 이 편협한 시선을 반성하는 데서 시작한다(Braidotti, 2013). 이들의 관점은 그동안 우리의 학문이 인간 존재를 세계의 중심으로 놓았던 인간 중심주의를 강하게 문제 삼고, 이제까지 근대를 지배했던 모든 양분, 즉 인간/비인간, 이론/실제, 담론/물질, 자연/문화, 추상/구체 간의 경계 없는 상호 접속과 간섭의 뒤얽힘을 이야기한다는 의미에서 일종의 '물질적 전회(material turn)'이다(Barad, 2007; Taguchci, 2018). 물적 전회의 요체는 세계의 모든 물질이 그 스스로 자생력을 가진다고 보고, 물질에 행위주체성(agency)을 부여하는 데에 있다(Braidotti, 2013). 이것은 그동안 전통 인문학에서 우리의 실천과 실재를 구성하는 행위주체로서 인간의 논리와 언어를 그 중심에 놓고 물질에 대한 인간의 작용만을 생각해 왔던 것과는 달리, 인간에게 작용하고, 인간을 조성하는 힘을 가진 물질을 사유하는 데로 나간다(전가일, 2018, 2020a). 전통적인 근대적 사유에서는 행위주체성을 가진 인간만이 담론의 주인이었다. 행위주체성의 인간이 타자 혹은 물질에게 작용하는 힘을 이성적으로 정리하고 추상화시킨 것이 바로 학문의 언어인 담론과 이론이다. 이러한 구도에서는 담론/물질, 이론/실제, 인간/비인간이 양분되어 있다(Taguchci, 2010). 그러나 물적 전회를 한 포스트휴머니즘은 행위주체성이 세계 전반에 미분적으로 분배되어 있음을 이야기한다(Sellers, 2013). 이제 세계의 인간으로서 우리는 세계의 비인간들에 대한 인간중심주의의 위계적 시선을 유보하고 상호 연결된 인간-비인간의 존재 지평으로 나아감으로써, 인간중심주의 시대 그 이후의 인간, 즉 포스트휴먼(posthuman)을 마주하게 되었다.

몇몇 연구자들(Davies, 2014; Pancini-Ketchabaw, Kind, & Kocher, 2017; Sellers, 2013; Taguchi, 2018)은 교육기관에서 이론과 실제, 담론과 물질, 아이와 어른의 양분을 넘어섬으로써 신물질주의를 구현하는 다양한 실제를 시도하고 있다. 이러한 포스트휴먼적 사유는 인간 존재를 버리는 데로 나아가는 것이 아니라 오히려 인간과 비인간의 양분을 훼파함으로써 아이러니하게도 오히려 인간다움이 무엇인지 드러냄으로써(이진경, 2019; 전가일, 2019; 최승현, 2019), 우리로 하여금 인간 존재를 어떻게 사유해야 하며, 인간의 가르치고 배우는 일이 어떻게 작동될 수 있는지에 관해 모종의 통찰을 줄 수 있다.

위와 같은 논의에 기초하여, 본고는 포스트휴먼 사조에 기반하여 새로운 실험적 페다고지를 모색하는 것을 목적으로 신유물론(new materialism) 사조를 개시한 철학자 들뢰즈에 주목하고, 그가 탈코드화 공간을 생성하는 전쟁기계의 예로 지목한(Deleuze & Guattari, 2001) 바둑의 세계를 살피고자 한다. 바둑은 수천 년의 역사를 지닌 것이지만, 한번도 '근대적 휴머니즘'(정낙림, 2020)을 취한 적 없이, 오히려 오래 전부터 이미 항상 탈인간중심주의적인 '예술의 기호'와 '모나드의 세계'(Deleuze, 1997, 2001)였다. 그것은 마치 '오래된 미래'와도 같아서 우리에게 미래 교육을 위한 페다고지를 고민하는데 도움을 줄 수 있을 것이다.

본고는 오랫동안 바둑 프로기사로 살아온 세 명의 사범을 통해 바둑과 바둑교육의 독특성을 고찰하고 거기서 드러난 포스트휴먼 페다고지의 특징을 살펴봄으로써 우리의 미래 교육을 위한 통찰을 얻고자 한다.

○○ 2. 탐구의 방법

1) 연구 참여자

본 연구는 바둑두기와 바둑교육의 독특함을 이해하기 위해 20년 이상 바둑프로기사로 바둑을 두고 바둑교육을 해온 프로기사(9단) 3인을 연구 참여자로 선정하였다. 본 연구에 참여해준 프로기사들은 조한승 9단, 한종진 9단, 목진석 9단[2]이며 각각 1회－3회의 면담을 실시하였다. 면담에서는 바둑을 시작하게 된 계기와 프로기사가 된 배경과 같은 바둑 관련 개인사, 바둑두기의 독특성과 바둑 가르치는 일의 특징, 현재 시점에서 바둑계의 어려움과 4차 산업사회에서 바둑 두는 일의 의미, 인공지능 등장 이후 바둑의 의미 변화와 앞으로의 전망 등에 관해서 이야기 나누었다. 각 참여자의 기본적 배경은 다음과 같다. 참여자의 기본적 배경은 한국기원 홈페이지와 위키백과의 인물사전의 내용 및 면담시에 본인들이 언급한 바를 종합하여 기술했다.

(1) 조한승 9단

1982년생으로 7세 부터 바둑을 배우기 시작하여 1995년인 만 12세에 입단했으며, 2006년에 9단으로 승단하였다. 스승은 2018년에 타개한 이관철 사범이다. 조한승 사범은 2010년 광저우 아시안 게임에서 금메달을 획득했으며, 2011년과 2012년, 2014년의 국수전에서 우승하여 3연패를 달성했다. 2018년 맥심커피배에서 우승했으며, 2018년 5월에 통산 1000승(497패)을 달성했다. 그는 주로 유연한 바둑을 구사하는 것으로 유명한데, 보통의 기사들은 형세가 본인에

2) 참여자들 모두 실명 사용을 허락해 주어, 본 논문에서는 참여자들을 모두 실명으로 언급한다.

게 불리하면 격렬한 승부수를 던지고, 형세가 유리하면 알기쉽게 두는데 조 9단은 타협하면서 유연하게 두어 가는 것이 특징이다. 그는 면담에서 본인이 스스로 이야기 한 바와 같이, '낙관파'로 알려져 있는데, 때로 전투에서 맥없이 물러나는 모습을 보인다고 하여 세간에 "2% 부족하다"는 평을 받기도 한다. 조한승 9단은 여전히 현역 기사로 활동하며 다양한 기전에 참가하고 있는데, 2020년 10월 25일 기준으로 승률 66.4%로 한국 프로기사 통산 다승 순위 9위를 기록하고 있으며, (현역)한국기사 13위에 랭킹되어 있다.

(2) 한종진 9단

1979년생으로, 여수에서 1학년 때 바둑을 시작하여 초등학교 4학년 때 '이붕배어린이바둑대회'에서 8강에 오른 것을 계기로 5학년 때부터 스승 문명근 9단에게 사사한 이후, 서울에 있는 허장회 9단 집에서 본격적으로 배우기 시작했다. 연구생 시절 동료들에 비해 대국 성적이 좋은 편이었음에도 불구하고, 동료들에 비해 비교적 늦은 17세(1996년)의 나이에 입단하였으며, 2014년 9단으로 승단했다. 우리나라에 바둑도장이 생기기 시작했을 때, 스승의 문하(허장회도장)에서 도장생활을 시작한 도장 1세대이다. 1990년대 초에는 권갑용도장에서 가르쳤으며, 2009년부터 2014년까지 허장회도장과 충암도장에서 지도사범으로 가르쳤다. 2014년부터는 자신의 이름을 건 <한종진바둑도장>을 개원하여 많은 제자들을 가르치며 프로기사로 입단시켰다. 현재 현역에서 활발히 활동 중인 강우혁, 김다영, 문유빈, 박하민, 선승민, 설현준, 신진서, 이주형, 오유진, 정유진, 현유빈, 나카무라 스미레(일본 최연소 입단) 등의 많은 프로기사를 배출했다. 2022년부터 한국프로기사회 제35대 회장을 맡고 있다.

(3) 목진석 9단

1980년생으로 바둑을 좋아했던 아버지의 영향으로 5살 때부터 동네 바둑학원에서 바둑을 배우기 시작해서, 만 14세가 되는 1994년에 입단하였으며, 2005년에 9단으로 승단했다. 1998년에 다승 1위를 기록했으며, 2000년도에는 당시 한창 전성기였던 이창호 9단을 꺾고 KBS바둑왕전에서 우승하였으며, 15년 뒤인 2015년에는 GS칼텍스배에서 프로기사로서는 은퇴 시기에 가까운 35세 나이로 우승했다. 2020년 10월 25일 기준으로, 승률 66.8%로 한국 프로기사 통산 다승 순위 8위를 기록하고 있다. 목 9단은 전투를 즐겨하는 기풍으로 알려져 있으며 특히, 신예 기사 시절 신수(新手)를 많이 두었을 뿐만 아니라 당시 최정상의 기사였던 중국의 네웨이핑을 꺾었다고 하여 붙여진 별명이 '괴동(怪童)'이다. 2014년부터 국가대표팀에서 코치로 지도해왔으며, 2016년 말부터 현재까지 대한민국 바둑국가대표팀 감독을 맡고 있다.

2) 자료

질적 연구에서 자료는 연구 현장에 실재하는 데이터를 단순히 수집하는 것(collection)이 아니라 연구자가 참여자들과의 상호주관을 통해 함께 생성하는 것이다(Koro−Ljungberg, MacLure, & Ulmer, 2018). 연구 현상의 자료가 연구 현장에서 연구자를 기다리고 '있는' 것이 아니라는 의미에서, 질적 연구에는 자료가 '있는' 것이 아니라 오직 '자료화'만 있을 뿐이다. 이러한 맥락에서 본고에서는 바둑과 바둑교육의 특성을 고찰함에 있어 실증적 사실로서의 특징을 '수집'하는 것이 아니라, 연구자와 참여자의 시선과 관점이 공명하는 상호

주관을 통해 바둑과 바둑교육의 독특함들을 구성해 나가는 접근을 취하고자 하였다. 본고에서는 오랜 시간 프로바둑기사로 바둑을 두고 가르쳐온 참여자들과의 대화를 통해 바둑두기와 바둑교육의 독특성을 이해하고자 노력했다. 면담은 참여자마다 각각 1회－3회가 이루어졌으며, 면담 마다 대략 1시간 30분－2시간 정도가 소요되었다. 면담은 참여자들과의 심층면담을 지향하였는데, 심층면담은 연구자가 참여자와 함께 질문의 내용과 형식을 정하지 않고 묻고 답하는 방식으로 연구 주제에 대해 지속적으로 이야기함으로써 그것에 대한 생각과 의미의 심층적 차원까지 이르게 되는 대화이다(전가일, 2021a; Schostak, 2008). 면담의 모든 내용은 참여자의 동의를 얻어 녹음하였고, 녹음한 내용은 추후 전사하였다. 또한 본고에서는 연구자와 참여자 간의 상호주관 확보 및 교차 점검을 위하여 논문의 초고를 참여자들에게 확인하여 피드백을 받아 수정하였다. 이는 다층적 관점을 확보함으로써 질적 연구에서 추구하는 시선의 다각화(crystallization)를 갖추고자 하는 노력의 일환이다(전가일, 2021a; 조용환, 2019).

○● 3. 반상 위에 펼쳐지는 포스트휴먼적 세계의 독특성

들뢰즈와 가타리는 <천개의 고원>에서 '국가 장치(나무－뿌리의 수목형 사유)'에 대응하는 '전쟁기계(리좀 방식과 유목론)'를 논의하기 위해 장기(체스)와 바둑의 비교를 구체 사례로 들고 있다(Deleuze & Guattari, 1980). 본고에서는 이러한 들뢰즈의 통찰을 기초로 참여자들과의 면담을 통해 반상 위에서 드러나는 바둑 두기의 포스트휴먼적 독특성을 돌, 반상의 질서, 작동방식에 대해 각각 다음과 같이 이해하였다.

1) 돌: 리좀 운동의 단자

반상 위에 펼쳐지는 바둑이라는 세계의 득특성은 바둑 돌이 지닌 운동성의 독특함에서 기인한다. 장기나 체스의 모든 말들은 그 하나 하나에게 주어진 고유한 역할과 자격이 있다. 각각의 말은 각자에게 부여된 고유한 자격과 이동 규칙을 따라 움직여야만 한다. 말은 말대로 룩은 룩대로, 졸은 졸대로 그렇게 체스판 위의 말들은 그 정해진 길을 벗어나 이동할 수 없다. 말들은 도두 상대 진영의 말들과 일대일대응 관계를 맺으며 구조적으로 기능한다. 즉, 모든 말들이 코드화되어 있는 것이다. 이러한 말의 내재적 성질로 인해 장기와 체스의 세계는 뿌리-나무의 수목적 질서를 가진 가진다. 이 수목적인 질서는 마치 고전적인 책이 주체적 산물로서 유기적인 의미를 만드는 내부성을 지니는 것과 같다(김재인, 2018; 이진경, 2002; 장시기, 2016; Deleuze & Guattari, 1980; Deleuze, 1988).

이와 달리, 바둑의 돌은 부여받은 임무도 정해진 역할도 없는 하나의 단순한 산술적 단위에 지나지 않는다. 거기에는 어떤 본성의 내적 특질에 의한 구별이 없다. 그것은 피아(彼我)가 구분 가능하다면 꼭 바둑알이 아니라 돌이건 대추이건 나무이건 그 어떤 것이라도 상관없는, 비-주체화된 존재다. 그것들은 정해진 이동 경로를 따라 옮겨가는 것이 아니라 반상 위에 가로 19줄과 세로 19줄이 교차하는 그 어느 지점에도 놓일 수 있다. “바둑알들은 주체화되어 있지 않은 기계적 배치물의 요소로서 (정해진) 너적 특성은 전혀 지니고 있지 않으며 오직 상황적 특성만을 갖고 있을 뿐이다(Deleuze & Guattari, 1980; 674).” 바둑알은 그 자체만으로는 무의미하고 무규정적인 어떤 것으로 오직 연기적인 관계에 따라 힘을 방출하거나 생명을 잃는다(이진경, 2002). 그것은 어떠한 자성도 지향도 욕망도 갖지 않고 다만 다른 돌과 결합됨으로써 특정한 능력을 생성하는 기계적 되기, 생성의 단자인 모나드(monad)이다.

이러한 생성의 단자로서의 바둑돌은 반상의 세계를 어떠한 중심이나 위계가 없이 중앙 집중화되지 않은 채 지속적인 도주선으로 새로운 연결접속들을 만들어 내는 리좀의 운동성을 갖게 한다. 주체화되어 있지 않으며 그 어떤 자성도 없는 기계적 배치물로서의 바둑알은 이웃하는 돌들과의 계속된 접속을 통해서만 작동하면서(살거나 죽고, 얻거나 잃으며) 자기 영역의 가지를 뻗어나간다. 이러한 바둑돌의 리좀 운동성은 반상을 뿌리－나무의 질서를 가진 수목적 세계가 아니라 끝도 시작도 없는 고원의 세계로 만든다. 반상은 그 어느 지점에서도 절단될 수 있고, 절단된 그 어느 지점에서도 시작될 수 있는, 다양한 입구들로 충만하다. 이러한 리좀 운동성은 바둑에서 단 한 수로도 유불리를 완전히 뒤엎을 수 있는 돌 하나의 힘을 야기한다. 들뢰즈와 가타리(1980)의 표현처럼 반상에서는 “단 한 알로도 공시적으로 하나의 성좌 전체를 무효로 만들 수 있다.” 반상에서의 이러한 돌 하나의 힘은 리좀 운동성을 가진 단자로서의 바둑알이 얼마나 강력한 ‘되기’와 ‘생성’의 기계인지를 잘 드러내 준다. 조한승 9단은 면담에서 이를 ‘상전벽해(桑田碧海)’로 표현하면서, 바둑에서 단 한수로 인해 자신의 것이었던 많은 영토를 잃고 판이 뒤집히게 되는 경우를 이야기했다.

조한승: 체스 같은 경우에는 어떤, 기물로 싸우는 거잖아요? 그래서 그게(판의 향방) 어느 정도 정해지면 변화가 생기기 어려울 수 있는데, 바둑은 다 잡았다가도 (뒤집힐 수 있으니까)... 바둑이 특이한 점 중 하나는 패를 통해서 완전히 상전벽해 되는 경우가 나올 수가 있거든요. 이쪽이 다 내 땅이었는데 갑자기 저쪽이 완전히 뒤집히고 이런 게 가능해서...

2) 반상: 외부 관계망을 통해 유목하는 '전쟁기계'

들뢰즈와 가타리가 바둑을 체스와 대조하여 드러내고자 한 것은 내부성의 형식을 가지고 뿌리–줄기의 질서로 중심화하는 국가 장치에 반대되는, 외부성의 형식으로 탈중심화하는 전쟁기계(리좀)의 작동방식이다. 이것은 '전쟁'이 '국가'와 반대되는 것이며, 국가 장치 내부에는 전쟁이 포함되지 않고 전쟁은 국가를 불가능하게 하는 메커니즘이라는 것을 전제한다(이진경, 2002; Deleuze & Guattari, 1980). 전쟁기계는 국가의 외부에 존재하고 국가 장치로 환원할 수 없으며, 중심화된 질서로 뿌리내리는 국가 장치에 맞서는 유목민적 기원을 갖는다. 여기서 국가장치는 현재의 상태를 보존하고 통합하여 중심화하며 뿌리내리는 경향을, 전쟁기계는 새로운 가치와 새로운 세계를 창조하려는 운동성을 말한다고 볼 수 있다.

이러한 상징성에도 불구하고 전쟁이라는 끔찍한 사태를 지목하는 것에 대한 이해를 돕기 위해 이진경(2002)은 '전쟁기계'에서 전쟁의 개념을 니체가 옹호했던 그리스적인 아곤(경쟁, Agon)[3]과 결부하

3) 여기서 니체가 말하는 경쟁(아곤, Agon)은 우리가 통상적으로 생각하는 근대적 의

여 살필 것을 제안한다. 이 아곤은 우리가 근대적 의미의 '경쟁'으로 바꾸어 쓰는 바람에 그 의미가 혼동되고 있지만, 니체는 그리스의 정치를 '적대'를 뜻하는 안타곤과 대비되는 경쟁을 뜻하는 '아곤'으로 파악한다. 적대는 상대를 제거하고 파괴하는 것이 목적인 반면 '아곤'은 서로의 힘을 겨루고 서로에 대해 더 나아지고자 하는 "거리의 파토스"를 만드는 일종의 선의의 경쟁이다(이진경, 2002; 정낙림, 2020). 이런 맥락에서 "아곤이란 상이한 가치와 정치, 삶의 방식들이 적대 없이 경쟁하면서 새로운 것을 창안하고 창조하는 그런 전쟁"(이진경, 2002; 299)이다. 전쟁기계의 전쟁이 아곤의 의미를 지닌다는 것은, 아이러니하게도 전쟁기계가 결코 전쟁 자체를 목적으로 한 것이 아니라는 점에서도 잘 나타난다. 전쟁기계는 가능한 도주선들을 봉쇄하려는 전체주의적 국가와 달리 강렬한 도주선을 구성하면서 "탈영토화하는 양자들을 방출하고 변이의 흐름들을 통과시키는 것을 목적으로 한다(Deleuze & Guattari, 1980; 436)." 그리고 이러한 아곤으로서의 전쟁기계의 독특성을 잘 드러내고 있는 것이 바로 바둑의 세계이다.

바둑과 체스는 둘다 전쟁이기는 하지만 체스는 제도화되고 규칙화된 전쟁으로 전선과 후방이 있고 전투의 모든 방식이 일정하게 코

미 맥락의 '경쟁'과는 그 결이 다른 것으로, 그리스적 문화맥락의 뜻을 지닌 것이다. 근대적 의미에서의(우리가 일반적으로 생각하는) 경쟁은 문명적이기보다 야만적인 것으로, 승자와 패자를 나누어 승자가 이득을 독차지하는 승자독식주의를 가정한다. 그러나 그리스인들에게 경쟁은 공동체를 긍정적으로 유지하기 위해 필수적인 것이며, 그들에게 "고귀한 것은 경쟁에서 비롯되고 고귀한 것의 지속적 창조는 경쟁의 지속에서 가능하다. 그들은 경쟁의 가치가 경쟁을 종식시키기 위한 것에 있지 않고 경쟁을 지속시키는 것에 있음을 확신한다. 다시 말해 어떤 경쟁이 공동체에 의미가 있으려면, 그 경쟁은 반드시 또 다른 경쟁을 촉발해야 한다(정낙림, 2020; 87)." 이에 대해 이진경(2002)은 니체가 말하는 아곤을 들뢰즈와 가타리의 전쟁기계 개념과 연관하여 논의한다.

드화되어 있다. 이런 맥락에서 왕을 중심으로한 한 무리의 위계적 군대가 저마다 부여받은 역할에 따라 정해진 경로대로 움직여 상대를 제거해버림으로써 적진을 차지하는 방식의 체스와 장기는 국가장치를 표상한다. 이에 비해 바둑은 상대 돌(자리)과의 관계를 고려하여 빈자리에 나의 돌을 놓아감으로써 공간을 영토화하고 탈영토화하는 리좀 방식의 전투다. 빈자리에 놓인 돌은 내적 질서에 따라 힘을 발휘하는 것이 아니라 오직 그것을 둘러싼 외부적 관계망에 의해 역능을 발휘한다(Deleuze & Guattari, 1980).

반상 위의 전투에는 일정하게 정해진 방식이 없으며 특정한 전선과 후방도 없고(혹은 전선이 수시로 바뀌거나) 심지어 어느 순간에는 전투마저 없을 수 있다(Deleuze & Guattari, 1980). 전투 없는 고요의 전쟁! 기사들 중에서도 자신의 기풍에 따라 강력한 전투를 보여주는 기사[4]가 있는가 하면, 어떤 기사들은 강력한 전투 없이도 반상을 고요의 전쟁터로 만들어 승리하는 기사들도 있다. 이창호 9단이 대표적인데, 수 계산이 워낙 탁월하여 '신산(神算)'이라는 별명이 있는 이 9단은 자신이 고백한 바에 따르면, "사진처럼 찍힌다"라는 본인만의 수 계산으로 특별한 전투 없이도 "번개처럼 수를 찍어보고 지는 길이 나오면 재빨리 궤도를 수정하는(월간바둑, 2020; 45)" 방식의 고요한 전쟁을 수행함으로써 많은 대국에서 '반집' 차이로 승리했던 것으로 유명하다. 본 연구의 참여자인 조한승 9단 또한 강력한 전투 없이 승리하는 "유연한 바둑"으로 잘 알려져 있다.

조한승: 제가... 원래 좀 그런 편이었어요. 제 생각에 그건 제 성격적인 면도 있을 거 같고... 제가 어릴 때부

4) 이세돌 9단이 대표적이다. 바둑해설가 박치문은 이세돌 바둑의 특징을 "자신의 팔뚝을 내어주고라도 상대의 몸통을 취하는, 선혈이 낭자한 바둑"이라고 표현한 바 있다.

터 그런 기풍, 스타일이라는 건, 제 성격이 영향을 많이 미치기도 하고 음...제가 강력한 전투를 비교적 꺼려했기 때문에...꺼려했다기 보다는 그냥 이런 거죠. 여기서 싸움을 해서 끝을 볼 수 있고 그렇지만, 저는 여기서 어느 정도 처리를 하고 나서 내가 선수를 잡아서, 여기서는 어느 정도 쉽게 처리를 하고 다른 데서 먼저 두고 그런 식으로 많이 됐던 거 같아요. 그게 이제 좋게 보면 유연하고 간명하게 처리를 하는 거고, 안 좋게 생각하면 느슨하거나 강인하지 못하거나 그런 거겠죠.

3) 전투: 영토화와 탈영토화를 통한 끝없는 차이 반복의 과정

체스와 바둑이 둘 다 전쟁일지라도 이 둘은 서로 다른 작동방식의 전투이다. 체스가 공간을 코드화하고 탈코드화하는 데 반해 바둑은 공간을 영토화하고 탈영토화한다. 체스의 전쟁은 제도화되고 규칙화되어 있으며 전투의 모든 방식이 일정한 방식으로 결정되어 있기에, 체스와 장기의 전쟁터는 코드화되어 있는 공간이다. 따라서 체스와 장기의 경우에는 닫힌 공간에서의 영역 분배가 주요한 문제다. 한 점에서 다른 점으로 말을 이동해 최소한의 말의 움직임으로 최대한의 자리를 차지해야 하는 것이다. 체스와 장기의 전쟁터는 자신의 말을 정해진 대로 움직여 상대를 제거하고 그 자리를 차지함으로써 최종적으로는 왕을 무너뜨리는 방식으로 공간을 코드화하고 탈코드화한다.

이와 달리 바둑의 경우에는 열린 공간에 바둑알을 분배시켜 자신의 공간을 확보하고 어떠한 지점에서도 출현할 수 있는 가능성을 유지하는 것이 중요하다(김재인, 2018; 장시기, 2016). 정해지지 않은 어떠한 지점에서의 단 한 번의 착수로도 외부 공간에 인접한 영토를 건설하며, 적의 영토를 내부에서 붕괴시키며 탈영토화한다. 이러한 작동방식은 마치, 국가장치와 충돌하고 있는 "전쟁기계를 발명해낸 유목민들처럼"(Deleuze & Guattari, 1980), 번개같이 달려 적진의 깊숙한 곳에 깃발을 꽂아넣음으로써 적진을 단숨에 손에 넣는 강밀도의 탈영토화를 보여준다. 이러한 영토화와 탈영토화가 반복되는 과정에서 기사(棋士)들은 많은 경우, 또 다른 영토를 생성하기 위해 기존의 자기 영토를 포기 하고 스스로를 탈영토화함으로써 반상 위의 지도를 바꾸기도 한다.

그러나 반상에서 벌어지는 이러한 탈영토화와 재영토화가 아무리 반복된다고 해도 그 전투는 단 한 번도 꼭 같지 않다. 반상 위에 올려지는 바둑돌 조합의 수는 우주에 존재하는 원자들의 개수인 10의 80제곱보다 많은 탓에(김재인, 2018), 세상의 모든 바둑은 다 다르고 모든 기보는 각기 다 이것임(heceite)이 된다. 한판의 바둑은 돌을 놓아가는 과정의 반복임에도 불구하고 매 대국은 서로 연관 없이 그렇게 단속적인 세계를 생성하며, 이 세상에 단 하나밖에 없는 기보를 남긴다. 수천 판의 대국에서 수많은 바둑두기를 반복해도 기사들이 마주하는 반상의 전투는 유일한 바둑이 된다. 사본이 원본을 모사하는 방식이 아니라 수많은 반복(시뮬라크르)만이 꿈틀되는 것이다(Deleuze, 1968).

장시기(2016)는 이러한 반복을 통한 차이를 바둑의 핵심으로 보고 이 점이 바둑의 "미학"을 만든다고 지적하며, 이러한 바둑 두는 풍경의 독특성이야말로 들뢰즈의 탈근대적 인식론의 핵심을 구성하고 있다고 지적하며 바둑이 "탈근대적 존재의 기술"을 보여준다고 하였다. 인류사에서 수천 년 동안 이어져오던 바둑두기가 비교적 짧은(!) 근대적 시공간에 갇혀 있는 우리에게 “탈근대적 존재의 기술”을 보여주는 아이러니! 반상은 ‘출발점’도 ‘목적지’도 없는, ‘입구’와 ‘출구’가 없는, 스텝과 사막, 바다를 가로지는 매끄러운 공간을 생성하기 위한 리좀 운동으로 가득차 있다(Deleuze & Guattari, 1980).

〈수련생의 기보 놓아보기〉

○● 4. 세 명의 사범, 세 가지 (스승의) 길

바둑계에 프로기사로 입단을 하게 되면 그 기사는 나이의 연소함과 상관없이 사범(師範)이라고 불리게 된다. 본 연구의 세 참여자들은 모두 기예가 ‘신묘한 경지에 들어섰다’는 입신(入神)의 9단으로, 지난 20년 이상을 ‘사범’으로 불리며 살아온 프로기사들이다. 이들에게 사범이란 어떤 삶의 길이었을까? ‘사(師)’란 스승 혹은 전문적인 기예를 닦는 사람을 일컫는 말이고 ‘범(範)’이란 틀과 본을 말하는 것으로, 사범이라는 호명에는 '전문적인 기예의 본이 되는 스승'이라는 의미가 들어있다. 이들이 걸어왔던 '기예의 본이 되는 스승'으로서의 그 각각의 길을 다음과 같이 이해해 보았다.

1) 조한승 9단: 배우는 이들과 함께 길을 모색하는 존재

조한승 9단

조한승 사범은 인터뷰할 때마다 이렇게 이야기하곤 했다. "저는 걱정이에요. 제가 여기에 별로 도움이 안 될 텐데…" 만 12세에 입단을 해서 지난 26년간 바둑을 두면서 국내 최정상급 프로기사로 바둑의 세계에서 살아왔던, 광저우 아시안게임에서 금메달을 획득하고, 국수전(國手戰)에서 우승과 준우승을 여러 번 차지하고 몇 차례나 최다승상을 수상한 바 있는 조한승 사범은 자신이 바둑과 바둑교육에 대해 이야기 할 만큼 "경험이 많지 않고", "아는 게 없어서" 자신과의 면담이 도움이 될지 걱정했다. 이러한 조 9단의 말은 절대 겸양의 표현이나 공연한 인사치레가 아니라 지극한 진심이란 걸 이제 나도 안다. 실제로 그는 말할 때 마다 대부분의 문장에서 단어를 고르느라 한참을 망설였다. 조한승 사범과의 면담 파일을 전사할 때면 파일을 잠시 멈춤 하지 않고도 몇 문장을 거뜬히 타이핑할 수 있을 만큼 그의 말에는 "음…"과 간격과 망설임이 많았다. 나는 면담을 통해 그가 보여준 바둑의 세계에 들어갈수록 그의 이 망설임이 참 좋았다.

이러한 망설임은 신중한 그의 성격에서 나오는 습관이기도 하지만 그가 생각하는 바둑의 독특성과도 결부되어 있다. 조한승 사범은 바둑이 그다음 수에 따라 직전 수의 좋음과 나쁨이 달라지는 방식으로 "어떻게 진행되느냐에 따라서", 또 "주위 환경에 따라 계속 변하고", 그렇기에 인간이 정확하게 판단하기에는 매우 어려운 것이라고 보았다. 바둑이 수천 년 이어져 내려오며 발전했고, 인공지능이 출현해서 상당 부분을 밝혔다고 하지만 여전히 "바둑에는 정답이 없다"는 것이다. 따라서 그에게 바둑을 둔다는 것은 결국 "그 상황에서의 어떤(모종의) 답을 찾으려는 노력"을 하는 것이다.

조한승: 우리가 어떤 수에 대해... 정확하게 판단을 못 내리는 부분도 있었을 거구요. 물론... 뭐, 확연히 좋은 수와 나쁜 수가 드러날 경우도 있어요. 있는데, 하지만... 그렇게 판단하기 어려운 상황이 많이 있고요. 그리고 이 수가 부분적으로 놓고 볼 때는 어떤 상황에서는 좋은 수지만 어떤 주위 환경에 따라서 당연히 변하고, 그리고 앞으로 어떻게 진행되느냐에 따라서 당연히 계속 변할 수가 있거든요. 그래서 이 부분만 잘라서 보면은 어느 정도는 판단을 하긴하죠. 왜냐하면 저희들도 그렇게 알려줘야 하니까, 그렇게 하긴 하는데, 그렇긴 하지만 이게 바로 그 다음 수에 따라서 이 수가...(달라져요). 예를 들면, 어떤 좋은 수를 뒀는데 다음에 그거와 정 반대되는 수를 둔다고 하면 이 수가 오히려 좀 안좋은 수가 될 수도 있죠. 그런 점은 바둑이 다른 거와 다른 점인 것 같아요.

연구자: 그것이 바둑이 다른 게임과 확연히 구별되는 어떤 지점일 수 있겠네요?

조한승: 네, 네... 아무튼 그 상황에서는 저희도 다 알 수가 없으니까, 그 상황에서는 찾으려고 노력은 하는 거죠. 그 상황에서의 어떤 정답을 찾으려는 노력을 하지만...

연구자: 그렇게 보면 정해진 정답이 거의 없는 게임이라고 봐도 될까요?

조한승: 그렇죠. 그동안에도 음... 바둑에 답이 없다는 그런 얘기도 많이 했었던 것 같아요. 이게 수백 년, 수천 년 동안 이어져 온 게임이라 점점 실력이 발전했겠지만 그동안 어떻게 보면 사람들이 정답이라고 생각했던 정석 같은 것들이 있잖아요? 그런 것들도 이제 인공지능이 나오면서[5] 그게 아니었다는 것, 사람들이 잘 판단했다고 생각한 부분들도 아주 정밀하게 갔을 때는 판단착오, 잘못 판단하고 있었던 것들도 많이 있거든요. 근데, 음...그런 걸 보면 앞으로도 아마 사람이 그걸 정확하게 판단은 못할 것 같아요. 이건 너무... 음...사람이 판단하기에는 한계가 있어요.

5) 바둑계에서는 인공지능의 출현으로 사람들이 그동안의 정석(定石)을 재개념화(?)하는 큰 변화도 있었지만 그렇다고 해서 인공지능이 바둑의 모든 비밀, 정답을 완전히 밝혔다고 보긴 힘들다(이홍렬, 2016). 조한승 9단도 인공지능이 바둑의 정수나 정답을 지시하고 있는 것은 아님을 여러 번 언급했으며, 한종진 9단은 AI조차 자신(?)의 답과 정석을 계속해서 수정해 나간다고 이야기했다.

조한승 사범은 바둑이 우주의 원자수보다 더 많은 가변성이 있기에 바둑에서 "100% 딱딱딱 맞는 정답"이란 "적어도 아직까지는"(혹은 "여전히") 불가능하다고 보았다. 그의 이러한 시선은 그가 바둑을 대하는 태도나 바둑교육에 있어서도 여실히 드러난다. 그는 바둑을 지도하는데 있어서도 끝없이 자신의 인식불가능성을 짊어지며, 자신이 답을 알 수 없는 존재임을 인정한다. 그렇기에 바둑을 지도하는데 있어 '단정', '명확', '확신'과 같은 단어들은 그의 것이 아니다. 그래서 그는 확정지어 알려주지 않고 "열어주는", 혹자는 "답답해 할 수 있는" 자신의 지도 방식 또한 맞는 것인지 확신하지 않는다. 그는 "나도 잘 모르지만 학생들은 더 모르기 때문에", 자신이 좀 더 많이 경험해 본 사람으로서 학생들을 도와주는 역할이라고 여긴다. 학생들보다 더 많은 실전 대국을 통해 반상에서의 손해와 이익을 경험해 본 사람으로서 학생들이 "어떤 기억과 자기의 직관을 가지고 본능적으로 그런 수(손해보는 수)를 피하게" 도와주는 역할이라는 것이다. 이러한 그에게 있어 바둑교육은 "답을 모르는" 선생과 "더 모르는" 배우는 이들이 함께 최선의 수에 이르는 길을 모색하는 것이다. 그래서 그는 끝내 잘 가르친다는 것이 무엇인지 모르겠다고 말한다.

> 연구자: 그러면 바둑에서 잘 가르친다는 건 뭘까요? 아까도 말씀하신 것처럼 바둑이 정해진 정답이 없다고 한다면 바둑에서 잘 가르친다는 건 과연 뭘까요?
>
> 조한승: 어렵죠. 가르치는 게 어렵고요...(중략)...저는 단정지어서 얘기를 안 하는 편인데, 어떤 사람은 그걸 좀 답답해 할 수도 있어요. 나도 모르겠는데, 자기에게 알려주는(지도하는) 사람도 모른다고 하니까

답답할 수도 있고요...(중략)... 바둑 같은 경우에는 어찌됐건 냉정하게 말하면 저희가 답을 모르니까...(중략)... 주입식으로 해도 어느 정도 효과는 있을 거예요. '여기서는 무조건 이거야' 그렇게 해도 당연히 어느 정도는 받아들이잖아요? 저희 역할 자체가 어떤 수를 알려주고 이해하고 그런 걸 좀 더 빨리하도록 해주는 역할이니까... 기보도 있고, 사활도 있고 그렇지만 학생들이 그런 걸 잘 이해를 못하니까, 저도 아직 이해를 못하지만 (함께 크게 웃음) (학생들은) 더 이해를 못하니까...(중략)... 저도 잘 모르니까 열어주는 편이죠. ...(중략)...실력이 는다는 게... 음... 이게 딱 수치화가 딱 안되다 보니까, 예를 들어 **이가 바둑을 둘 때 그전에는 어떤 상황에서 실제로는 손해를 봤는데, 혹은 이득을 봤는데 모르고 지나간 거죠. 이게 뭐 명확하지가 않은 거죠. 내가 손해 본 건지 이득을 본 건지 잘 모르는 상태에서 그냥 바둑이 끝났다면, 그런 경험을 많이 할수록 '여기서 내가 뭔가 실수가 있었구나, 여기서 내가 좀 더 잘했구나' 이런 것들을 알아가면 그게 쌓여서 어떤 기억과 자기의 직관을 가지고 본능적으로 그런 수를 피하게 되거든요. 아마 그런 것들이 쌓이면서 실력이 되는 거 같은데, 저희의 역할이 그런 걸 좀 더 빨리 할 수 있게, 그런 판단을 결국 자기가 하는게 맞는데, 좀 더 도와주는 역할인 거 같아요. 그래서 음... 결국...(잘 가르친다는 게 뭔지) 저도 잘 모르겠네요. 하하하(웃음)

아이러니하게도, 조한승 9단의 강함은 바로 이 인식불가능성을 끝없이 마주하는 데서 나오는 유연함에 있는 듯 보인다. 조한승 사범의 바둑은 "유연하고 쉽게쉽게 두어가는 것"이 장점이라고 알려 있는데, 그가 이길 때를 묘사한 한 후배 기사의 표현을 빌면, "유연하고 쉽게쉽게 두면서도 어느새 멀찌감치 앞서있는 탁월한 포석감각이 돋보이는데, 굉장히 부드러워서 상대는 무엇을 시도해 보지도 못한 채 그대로 쭉 밀려나 버리게 된다."라고 했다.

반상의 세계에 명확판명(明確判明)한 답이 없음을 온 존재로 체화한 그는, 반상이 위기에 놓인 순간에도 상대 또한 답을 모르는 존재임을 잊지 않는다. 그는 형국이 어려워 "눈앞이 캄캄해진" 선수들에게 "어차피 그 사람(상대 기사)도 모른다"라고 안심시킨다. 조 9단은 자신이 평균 성적에 비해 이세돌 9단에게 상대적으로 높은 승률을 보였던 이유 중 하나를 이세돌 9단의 포스를 다른 기사들보다 "상대적으로 좀 인정을 안 했기 때문"이라고 했다. 반상에 앉으면 대국 상대를 "잡아먹을 듯" 포효하는 눈빛과 온몸으로 분위기를 압도하는 이세돌 9단은 실제로도 그 기력이 매우 강하기에 모두들 "이 형은 너무 세다"라고 했던 반면, 자신은 그 분위기에 눌리지 않고 오히려 "이세돌 9단은 강하게 두는 스타일이어서 항상 나에게 기회가 올것"이라고 생각했다고 한다. 이것은 바둑세계의 인식불가능성이 자신에게만 속한 것이 아니라 자신이 지도하는 학생들 그리고 기력이 강한 그 누구에게도 마찬가지임을 깨우친 사람의 평상심 같은 것이다. 거기서 나오는 강밀도의 유연함! 어떤 이들은 이걸 두고 승부사로서의 집요함이 아쉬운, "2% 부족한"이라는 표현을 하기도 하지만, 조한승 9단은 그러한 평가 또한 "꼭 맞는 부분도 아니지만, 그래도 그게 다른 사람들이 나를 바라보는 시선이니까 충분히 이해가 간다"라며 자신은 "어떤 모양이 나왔을 때 조금 더 쉽게 '이제 됐다'

하고 마음을 놓는 편"이라고 인정함으로써 자신을 향한 세간의 평가마저 새털처럼 가볍게 넘어서 버린다. 그는 마치 우리 삶에서 "오해가 일반적이며 이해는 희소하고 드물다(이진경, 2020; 115)"는 걸 체화한 사람처럼 "이해받으려 애쓰는 대신 사람들로부터 거리를 두고 그 거리 속에서 사물들의 존재에 귀 기울이는(이진경, 2020; 114)", '거리의 파토스'를 잃지 않는다.

그래서 그는 '바둑의 (외재적)가치'를 집요하게 묻는 (어리석은) 연구자가 '결국 바둑을 둠으로써 본인은 수양이 되고 나아지겠지만 자기 외부에는 그 어떤 기여를 하느냐?'라는 질문을 할 때도 "좋아지는 것은 맞느냐?"라며 춤추듯 유연하게 반문함으로써 그 질문의 어리석음을 단번에 무화시켜 버린다.

연구자: 네, 음… 그런 가치를 인정한다고 하더라도, 물론 본인은 (바둑을 둠으로써) 좋아지겠죠. 자기 수양도 하고 자기 사유의 능력도 나날이 커지고, 깊어지고, 신중해지고, 철학도 생기고 본인은… 그래도 그 자신만 좋아지는 거잖아요? 본인만! (웃음)

조한승: 좋아지는 건 맞겠죠? (같이 크게 웃음)

인식불가능성을 받아들임으로써 그 어떤 것과 접속해도 수용하거나 공생하거나 회절해 나갈 수 있는 그의 유연함은 마치 리좀 운동을 보는 것만 같다. 그는 어느 하나에 연연하지 않으며, 심지어 좋은(선한) 사람됨에 대한 욕망까지도 무심하게 넘어가며 접속과 회절을 반복하는 리좀의 유연함을 발휘한다. 그는 답을 모르기에, 재현해야 할 어떤 원본(진리)에 대한 집착도 없이, "모르는 답"의 길을 모색해 나가는 선생으로 배우는 이들에게 "나와 함께 해보자(Deleuze,

1986)"라고 말하면서 '감각적 운동'을 생성하는 스승됨을 펼쳐 나간다.

> "우리는 '나처럼 해봐'라고 말하는 사람 곁에서는 아무것도 배울 수 없다. 오로지 '나와 함께 해보자'라고 말하는 사람들만이 우리의 스승이 될 수 있다. 이들은 따라해야 할 몸동작들을 보여주는 대신 다질적인 것 안에서 개봉해야 할 기초들을 발신하는 방법을 안다... 달리 말해, 관념적 운동성이라는 것은 없다. 오로지 감각적 운동만이 있는 것이다"(Deleuze, 1986: 72).

그래서 조한승 사범은 이제 니체의 표현과 같이, "춤추는 자처럼, 아이가 된 각성한 자(Nietzsche, 1980; 13)"처럼, 자신의 표현을 빌자면 "그렇게 오래 걸리지 않을" 미래에 자신을 넘어서게 될 제자의 도래를 기다린다.

> 연구자: 사범님, 앞으로 계속 가르치셔서, 어떤 아끼는 제자가 있는데 어느 순간 사범님을 넘어선다면, 그리고 사범님을 계속 이기고, 그런 날이 오면 사범님은 어떠실 것 같아요?
>
> 조한승: ...(중략)... 제가 지금 같이하면서 공부하는 애들은 있는데, 제자라고 할 만한 그런 사람은 아직 없지만, 그 때는 뭐 지금부터 시간이 더 흐른거니까요. 그때는 다른 사람들 얘기하는 것처럼 오히려 더 기분이 좋을 수 있을 거 같고요. 오히려 가르치는 사람들은 그런 걸 꿈꾸잖아요? 그게 사실 당연한 거죠. 그래야지 더 발전하고 성장하는 거니까. 그리고 그게 그렇게 오래 걸리지는 않을 것 같은데요. (웃음)

2) 한종진 9단: 제자의 공과(功過)를 같이하는 자기 확장의 존재

한종진 9단

> 한종진: 지금은 애들(제자들)이 지는 게 훨씬 아프죠. 최근에 00같은 경우는 제가 바둑 한 번 지는 거 하고는 비교가 안되죠. 아예 비교할 수가 없는, 제가 그 어떤 시합에서 진 것 보다도 훨씬 더 아프죠.

자신의 이름을 건 <한종진 바둑도장>을 8년째 운영하고 있는 한종진 9단은 한국기원 연구생 중 최고 기력 그룹에 속한 자신의 제자 00가 최근 있었던 입단 결정전에서 최종국까지 올라가 마지막 대국에서(그 '한판'만 이기면 이제 오랜 수련 기간을 끝내고 드디어 입단을 할 수 있게 된다) 패했던 것에 대해 위와 같이 이야기 했다. 제자의 그 한판 배패는 자신이 "그 어떤 시합에서 진 것보다도 훨씬 더 아프다"고. 면담에서 이 말을 들었을 때, 나는 심장이 쿵 내려 앉는 것만 같았다. 나는 누군가 나 아닌 타자의 실패를 내 것처럼 아니내 것보다 더 “비교할 수 없을 만큼” 아파했던 적이 있었던가? 나는 선생으로서 제자의 실패를 내 것처럼 여긴 적이, 혹은 제자로서 내 실패를 자신의 것처럼 아파하는 스승을 가져본 적이 있었던가? 그렇게 서로를 통해 서로의 존재가 확장되는 그 관계의 심오함을 나는 생애 한번이라도 경험해 본 적이 있었던가! 그 생각에 심장이 찌릿하게 아파서, 그 말이 하도 아파서 눈물이 나올 뻔한 것을 간신히 참았다.

자신이 지도하는 이들을 가리켜 조한승 9단은 “같이 공부하는 애들”, 목진석 9단은 “우리 선수들”로 표현한다면, 한종진 사범은 주저하지 않고 자신의 학생들을 “내 제자들” 혹은 “우리 애들”이라고 일컫는다. 자신의 학생들에 대한 한종진 사범의 이러한 호명은 한 9단이 선생됨을 얼마나 자신의 중요한 정체성으로 삼고있는지, 그리고 자신의 제자들을 또 다른 자기자신(들)로 체화하고 있는지를 짐작하게 한다.

아버지의 강력한 권유로 바둑을 시작했던 한종진 사범은 입단 전에 두던 바둑에 대해 “재미가 없었어요. 늘 그만두고 싶었어요.”라고 말했다. “떠밀려서 입단까지 했고, 빨리 프로가 돼서 뭔가 좀 자유롭게 되고 싶었다”라고 한 사범은 프로가 되고 나서 한참 후에 가르치기 시작하면서 비로서 바둑에 재미와 행복감을 느꼈다고 했다. 가르치기 시작하면서 프로기사로서 자신의 대국도 오히려 이전보다 더 책임감 있게 임하게 되었다고도 했다. 한 사범은 이에 대해 “돌아봤을 때, (내 인생은) 애들을 가르치기 전과 후로 나뉜다”라고 말했다. 자기 인생 최대 결절점을 선생이 되었던 순간으로 꼽는데 주저하지 않는 한 사범은 그래서 남들이 가르치는 일을 “폄하하든 뭐하든” 상관없이 자기 삶의 가장 중요한 가치를 “애들 가르치는 것”에 둔다. 자신의 이름을 내건 자신의 도장을 열기 전에도, 우리나라 최대 도장에서 수년간 지도사범으로 일했던 한 9단에게는 실제로 입단에 성공한 프로기사 제자들이 많이 있고 그들 중 상당수가 현재 국내 상위 랭킹에 오르는 정상급 기사들이다. 한종진 사범은 제자들의 실패뿐 아니라 이러한 제자들의 성과 또한 자신의 것처럼 여기며 자랑스러워 한다.

한종진: (그 가치는) 본인이 가질 수 있는 부분도 있고, 본인이 가지면 누가 무슨 이야기를 하든 가치 있는 거잖아요? 저는 애들 가르치는 거에 굉장히 큰 가치를 가지고 있고, 저 스스로한테 되게 감사하게 생각하고 내가 이렇게 할 수 있다는 거에 대해서 굉장히 고마움을 느끼거든요. 어떤 사람들이 무슨 이야기를 하든. 애들 가르치는 것에 대해서 폄하를 하든 뭐하든, 전 그것에 대해 아무 관심이 없고 전 저의 가치를 가지고 하고 또 이렇게 하다 보니까. 저는 우스갯소리로 '내가 바둑계에서 돈 제일 많이 벌어.' 이렇게 말하거든요. (함께 웃음) 우리 제자들이 바둑계에서 잘하고 있으니까 '내가 돈 제일 많이 벌어' 이렇게...(웃음)

...(중략)...

연구자: 그러면 선생으로서 가장 행복했던 기억의 순간을 꼽으라고 하면 어떤 장면이 있을까요?

한종진: 글쎄...아이들은 어떨지 몰라도, 저는 아이들이 도전했던 어떤 것을 이루는 그런 순간들. 일단, 첫 번째로는 애들 입단했을 때, 또 운이 좋게도 타이틀을 따거나 자기가 목표로 하는 어떤 성과를 내

> 고 기뻐하는 모습을 옆에서 지켜볼 때 많이 느끼는 거고요...(중략)...개인적으로는 작년에 특정 기전 같은 데서 제자들하고 시합 두고 했던, 그런 시합들. 이제 제가 (바둑)둘 일이 별로 없는데, 운이 좋게 같은 시합에서 제자들하고 함께 두고 (그럴 때)...그 친구들이 바둑계에서 어느 정도 성과를 내고, 또 (방송) 중계 같은 것도 많이 하잖아요? 그 친구들이 시합하는 거(중계) 보고 있을 때...저도 다른 사람하고 같이 볼 때가 많기 때문에, 표현은 덜하지만 그래도 대국하는데, 옆에 사람들하고 같이 볼 때 (지금 대국하는 사람이) 내 제자라는 걸 아는 사람도 있고 모르는 사람도 있지만 제가 그걸 같이 보고 있을 때 (행복하죠)...

선생으로 가장 행복했던 기억의 순간을 떠오려달라고 했을 때, 한종진 사범은 제자들이 도전했던 것을 이루는 순간들을 꼽았다. 한 사범은 제자들이 입단할 때, 입단 후에는 타이틀을 따거나 어떤 성과를 내는 것을 옆에서 지켜볼 때가 가장 행복한 순간이라고 했다. 다른 사람들과 함께 TV중계로 자기 제자의 대국을 지켜보며, 내색은 못하지만 많은 순간을 마음을 졸이고, 때로는 기뻐할 한종진 사범의 모습이 눈에 선했다. 한 사범이 특별히 행복했던 기억의 순간으로 꼽는 것은 이제 현역 기사로는 거의 시합을 하는 경우가 드문 자신이 특정 기전에서 “운이 좋게” 본선에 진출해서 제자들과 대국을 할 때였다. 어렸을 때 만나 가르치기 시작했던 그 제자가 입단을 해서 프로기사가 되고, 그런 제자를 주요 기전에서 대국 상대로 만나 한판의 바둑을 같이 두는, 그 순간 그가 선생으로서 가질 수 있는 자부심과 인간(人間)으로 느낄 수 있는 마음의 감응이 어떤 것인지 감히 상상해본다.

또한 한종진 사범은 제자들 모두가 바둑으로 성공할 수 있는 것이 아님을 늘 인식하면서 가르치던 제자들이 프로기사가 되지 않았지만 사회의 다양한 분야에서 활동하며 잘 살아가는 모습을 볼 때, 그렇게 자신이 "제자들 인생에 도움이 되었다고 느낄 때" 뿌듯하고 행복하다고도 말한다. 한종진 사범은 제자들을 향한 이러한 자신의 기울임이 때로 "집착하는 것"일지 모르겠다그 그리고 자신이 그렇게 마음을 다해 제자들을 도와주려고 하는 것이 "잘하는 건지도 모르겠다"라고도 말한다. 한 사범은 지금 자신이 하고 있는 선생의 역할이 최선인지 확신할 수 없지만, 자기는 그저 제자들을 위해 자기가 할 수 있는 일을 한다고 이야기한다.

> 한종진: 네, 이건 제가 그렇게 안 해야되는 것일 수 있는데 제가 집착하는 것일 수 있고...저는 애들이 좀 잘 되길 바라는 마음으로 입단을 해도 도움을 줄 수 있는게 있으면 주려고 하고, 입단을 못해도 역시 마찬가지고. 바둑계에서 그 친구들이 활동을 한다고 하면 제가 도움을 줄 수 있으면 주려고 하고. 제가 할 수 있는 가능한 한에서, 제가 할 수 있는 건 뭐든 하려고....뭐, 부모님들도 그러지 않나요? 아이들에게 도움이 된다 하면 사회적으로 물의가 일어나지 않는 한, 도와줄 수 있는 선에서 도와주려고 하는 그런 마음이죠.
>
> 연구자: 부모와 같은 마음?
>
> 한종진: 저는 그게 부모와 같은 마음인지는 모르겠어요.

그냥 저의 마음이라고 해야....(중략)....그게 잘 하는 건지도 모르는 거고. 저는 그냥 제가 할 수 있는 걸 하는 거고. 그냥 그 정도예요. 더도 아니고 덜도 아니고.

...(중략)...

한종진: 저는 학업처럼 애들을 서열화해서 서열 높은 애들만이 가치가 있는 애들이라고 생각하지 않거든요. 그래서 우리 애들이 바둑을 하고도 다양한 데서 많은 일들을 했으면 좋겠어요. 바둑한 애들은 보통 신진서 사범[6]이 되는 것만이 최고가 되는 거라고 생각하는데, 어린 시절 한번은 내가 좋아했던 걸 시도했기 때문에, 그걸 원 없이 해보고 거기에 (따른) 어떤 결과를 스스로 인정하고 새로운 걸 도전하면 자기가 좋아하는 거, 성공할 수 있는 걸 찾을 수 있다고 생각해요. 저는....(애들이) 그렇게 되도록 하려고 노력해요. 또 바둑을 하면 자존감이 좀 생겼으면 좋겠어요. 교육이든 사회든 어디든 서열이라는게 존재하잖아요? 바둑도 존재하잖아요? 더 심하게 존재하죠. 결과가 바로바로 나오는 거니까. 그런 부분에서 저도 애들이 그런 자존감이 떨어질 수 있는 친구들은 자존감을 살려 주려고 노력하고. 저도 최고를 지향하지만 그게 안 되는 애들이 대부분이고. 저도 최고가 안 됐던 사

6) 신진서 9단은 2000년생으로, 2012년 입단하여 최근 몇 년간 한국랭킹 1위를 지켜온 프로기사로, 현재 세계 랭캥 1위의 프로기사이다. 조훈현, 이창호, 이세돌, 박정환으로 이어지던 한국 프로기사 세계 랭캥 1위의 계보를 잇고 있는 기사인 셈이다.

> 람이고. 그래서 그렇지만 바둑계에서 제가 어떤 노력을 하면 분명히 자기 자리 찾는 애들을 만들 수 있고, 할 수 있다고 생각을 해요.

한종진 사범은 자신의 제자들이 모두 신진서와 같은 1인자가 되기를 기대하는 것이 아님을 계속 이야기한다. 한 사범은 본인도 "1등이 아니었고", "최고가 안 됐던 사람"이었지만 자신이 가장 즐겁고 행복하게 그리고 잘할 수 있는 일(바둑을 가르치는)을 찾았기 때문에 자신은 "성공"한 것이라고 보았고, 자신이 그랬던 것처럼 자신의 제자들도 그럴 수 있으리라고 믿었다. 내가 "제자들이 혹 '장그래'(물론 장그래는 더할나위 없이 훌륭하지만, 바둑세계의 입문에 실패했다는 맥락에서)가 될지도 모른다는 것이 두려울 때는 없느냐?"라고 물었을 때 "(자기 삶의 장마다) 우리 모두가 다 장그래다."라고 답함으로써, 날 한없이 부끄럽게 만들었다. 그러하기에 한종진 사범에게는 제자들이 입단을 해서 정상급 기사로 성장하는 것이 큰 바람이기도 했지만 그와 동시에, 입단했지만 상위 성적을 내지 못하는 기사가 되거나, 혹은 입단하지 못하는 제자들도 저마다 "자기가 좋아하고 성공할 수 있는" 자신만의 길을 찾기를 바랐고 그를 위해 자기가 할 수 있는 일을 힘껏 돕고자 했다.

스승과 제자의 관계를 맺는다는 것, 그래서 어떤 타인과 나의 삶이 강밀도로 얽힌다는 것이 늘 두려웠던 나는 한 사범에게 "그렇게 누군가의 삶을 가까이 하며 그 삶을 함께 한다것이 힘들지 않는가?"고 물었다. 그는 자신이 제자들에게 관심을 갖지 못하거나 도와줄 수 없게 되면 그게 더 힘들 것 같다고 답했다. 나의 우문을 언제나 현답으로 대접해주었던 그는, "자신이 좋은 선생이라고 생각하느냐?"라는 나의 어리석은 질문에 스스로 좋은 선생이라고 여긴 적은 없지만 "좋아하는 걸 만났다"라고 답했다. 제자들을 만나지 못했다면 자기 삶이 어떠했을까를 돌아본다는 한종진 사범의 모습에서 나는 제자들의 존재로 자기 삶의 의미를 완성해 가는 '스승'의 얼굴을 본다.

그렇게 한종진 사범은 제자들의 높아짐과 낮아짐을, 그 공과 과를 자신의 것으로 함께 겪음으로써 제자들을 통해 자신의 존재를 확장하고 있었다.

> 한종진: 전 스스로는 그렇게(내가 좋은 선생이라고) 생각해 본 적은 없었고요, 그냥 '내가 좋아하는 걸 만났다.' 그런 생각은 하죠. 그래서 저는 오히려 제자들한테 감사하게 생각하거든요. 제가 애들을 만나지 못했으면 지금 어떤 삶을 살고 있었을까 해서 스스로 돌아보는 적이 많았었고요.

3) 목진석 9단: 공동체적 책임에 반응하는 존재

목진석 감독

한국기원 4층에서 목진석 감독과의 면담이 있던 날, 그곳에서는 마침 매우 중요한 국제 기전이 있어 대국 준비가 한창이었다. 그 기전에 참가할 국가대표팀의 감독인 목진석 9단과의 대화는 그 분주한 분위기와는 전혀 거리가 먼

단정함과 침착함이 흘러 넘쳤다. 그의 단정함 앞에 서자, 완전히 낯선 세계에서 모르는 이를 마주하느라 느껴졌던 나의 긴장과 마음의 분주함마저 편안해졌다.

목진석 9단은 2015년부터 1년간 한국 프로바둑 국가대표팀을 코치했으며, 2016년부터 현재까지 국가대표팀 감독을 맡고 있다. 목진석 감독은 바둑을 좋아했던 아버지를 따라 5살 때부터 바둑학원에서 바둑을 시작했다. 초등 저학년 때부터 몇몇 어린이 대회에 나가 입상을 하게 되면서 프로를 지망했고, 9살이라는 이른 나이에 한국기원 연구생으로 선발되었다. 목 감독의 표현을 빌리자면 "당시에 그렇게 성적 내고 우승하고 할 때는 부모님도 그렇고 곧 프로가 되어 상승 곡선을 그릴 거라 생각했는데, 연구생회에 들어갔더니 진짜 고수들은 거기에 다 있었다." 연구생이 되어서 대국 성적이 좋지 않아 스트레스를 많이 받게 되면서 몹시 힘들어서 1년을 쉬면서 바둑을 계속 할 것인지를 고민하기도 했다. 그는 1994년, 만으로 14세에 입단한 이후 한국 바둑의 "포스트 이창호 시대"를 연 것으로 유명하다.

목진석 감독이 입단하여 활동하던 1990년도 중반은 한국 바둑의 호황기였다. 이번 주 시합에서 탈락해도 "다음 주나 다다음 주면 또 다른 시합이" 이어졌기 때문에 기사들은 실전 대국을 통해 계속해서 자기 기량을 연마하며 성장할 수 있었다. 그러나 그 화려했던 호황기는 2000년 후반부터 디지털 디바이스를 통한 감각적 오락물의 증가, 그로 인한 바둑인구의 감소, 바둑계 투자에 대한 감소, 그로 인한 기전의 축소 등으로 이어지며 서서히 쇠락하기 시작했다(이홍렬, 2016). 이러한 연속된 일련의 경향들로 바둑계의 외연은 크게 축소되었고 그에 따라 프로기사들이 출전할 수 있는 많은 기전들이 폐지되면서 "입단을 해도 출전할 수 있는 시합이 없다"라는 자조 섞인 푸념은 현실이 되었다. 여기에다 바둑교육의 엘리트화와 인공지능의 등장 등으로 입단 전후 기사들의 기력이 평균상향화되면서 입단은 이전보다 훨씬 어려워졌고, 바둑계 내부에서의 경쟁은 더 치열해졌다. 그렇게 이른 나이에 바둑을 시작해서 치열한 입단의 관문을 뚫고 프로기사가 되어도 출전할 수 있는 기전이 별로 없다는 것은 다시 바둑계를 위축시키는 악순환의 고리로 이어지고 있는 셈이다. 이렇게 어려워진 바둑계의 현실을 보며 많은 고민을 해 오던 목 감독은 7년 전, 2015년에 자신의 부친과 함께 사재를 털어 신예 프로기사들이 출전할 수 있는 새로운 기전(棋戰)을 만들게 된다.

연구자: 〈미래의 별 신예전〉을 창설하신 걸로 알고 있어요. 어떻게 보면 지금 바둑이 예전의 이창호 사범님 때에 비해 힘든 시절이고, 그래서 후학들의 앞날 이런 것들을 생각하시면서 하신 거라고 생각드는데, 어떻게 시작하게 되셨어요?

목진석: 네, 2015년에 첫 대회를 하고 지금 올해 5회 대회까지 마쳤는데요. 그때도 그렇고 지금도 그렇지만 바둑계가 계속 어려운 상황에 있었고. 특히, 갓 입단한 후배들이 신예 프로가 됐는데도 몇 달 동안 시합이 없고, 그러다 보니까 의욕 상실, 동기부여가 안 되고... 시합이 자꾸 눈앞에 있어야 그 시합을 잘 두기 위해서 평소에도 열심히 훈련하고 동기부여가 되고, 저는 그렇게 성장을 해 왔거든요. 제가 프로가 됐을 때는 90년대 중반에는 한국 바둑이 가장 호황이었을 때니까 시합이 끝없이 이어졌단 말이에요. 이 시합에서 탈락해도 다음 주나 다다음 주에는 또 다른 시합이 있으니까 또 동기

부여가 자연스럽게 되고 그래서 열심히 하고 그렇게 성장을 해 왔는데, 후배들은 하도 시합이 없으니까 바둑계를 떠나는 후배들도 있고, 재능이 있어서 어린 나이에 입단을 했지만 시합이 없어서 자기 재능을 보여줄 무대가 없어서 시들어 가는 후배들을 보고 하니까 이런저런 많은 생각을 하다가…

이렇게 자신의 사재를 털어서까지 입단 후 얼마되지 않은 신예 프로기사들을 위한 기전을 만든 목진석 감독의 마음은 어디서부터 온 것일까? 이제까지 자신이 지도했던 많은 기사들을 지도했던 선생으로서의 책임감일까? 이러한 질문에 대해 목진석 감독은 그것은 '선생'으로서의 책임감이 아니라 이런 어려운 바둑계를 물려주게 된 '선배'로서의 책임감이라고 답했다. 실제로 목 감독은 인터뷰 내내 자신을 '선생'으로 칭하지 않았고, 자기와 국가대표팀의 기사들과의 관계는 어디까지나 "선수와 감독"임을 이야기했다. 또한 목 감독은 지금 자신의 역할은 무엇인가를 "가르친다"다고 표현하는 것은 적절하지 않다고 이야기했다.

목진석: (웃음) "선생으로서의 책임감"이라기보다는 선배로서 이런 바둑계를 물려주게 된 책임감은 분명히 있었던 거 같아요. 저희 세대에 저희 선배 세대에 호황일 때 미래에 대한 준비를 좀 잘 했어야 되는데, 사실 그냥 이렇게저렇게 오다 보니까 바둑계가 어려워지고, 그 어려운 바둑계를 결국 후배들이 물려 받게 된 거라 거기에 대한 책임감이나 뭐 그런 것들은 있었던 거 같고, 미래에 대한

위기감 이런 것들도 있었던 거 같아요.

.....(중략)....

목진석: 제자라고..(웃음)....제자라고 하기는 조금 애매한 거 같애요. 선수와 감독, 지도자와 선수.

이렇게 (더 이상) 선생과 제자의 관계가 아니지만 바둑계의 한 일원이고 그 공동체를 지키고자 하는 선배로서의 책임감은 단지 목 9단이 국가대표 감독이기 때문만은 아니다. 목진석 9단 또한 한종진 사범과 마찬가지로 지금은 자신의 승패보다 자기 선수들의 승패가 훨씬 중요하다고 했다. 목감독은 얼마전 박정환 9단이 주요한 세계 기전에서 아쉽게 패한 것을 언급하며, "그럴 때는 정말 훨씬 힘들죠"라고 말했다. 이러한 이유에 대해 그는 "혼자 승부할 때는 자신의 성적을 위해 모든 걸 쏟아지만, 이제는 여기에 더 많은 에너지와 열정을 쏟기 때문"이라고 했다. 그러나 목 감독이 국대 선수들이 "중요한 대회에서 우승하고 같이 기뻐하고, 그럴 때 희열과 보람을, 어떨 때는 감동을 느끼는" 것은 단지 자신이 거기에 많은 열정과 에너지를 쏟아부었고 그 성과가 곧 자신의 것이기 때문인 그런 것만은 아니었다. 그 예로 목 감독은 몇 년전, 자신이 국가대표팀을 맡기 전에 김** 9단의 세계대회를 도왔던 경험을 이야기했다. 목감독은 그때 자신은 국가대표팀 일원도 아니었고, 그 일에 엄청난 노력을 기울인 것도 아니었으나 처음으로 자신의 승부가 아닌데도 감정이 벅차오르는 것을 경험했다고 한다.

목진석: 그때 김** 사범이 첫 세계대회 결승이었고, 당시 한국이 계속 중국한테 밀리는 상황이었고, 김**사범이 뭔가 멘탈적으로 좀 긴장하다 보니까 그래서

> 제가 그때 당시 국가대표 팀의 요청으로 중국에 같이 동행해가지고 대회기간 내내 같이, 말동무도 되어주고 같이 밥 먹으면서 긴장도 풀어주고 했던 적이 있어요. 그러면서 결국 김**사범이 그때 우승을 했었는데, 우승이 딱 결정되는 순간, 제가 되게 많이 벅차오르고 막 눈물이 나려고 하고 그런 거예요. 제 승부가 아닌데 그런 감정을 느낀게 그때 처음이었고, 그리고 나서 국가대표 일을 시작한 다음에도 저는 선수들에게 내가 도움을 줄 수 있고, 내가 도움을 줘서 선수들이 우승한다든지 좋은 성적을 거두는 게, 그렇게 즐거웠어요...(중략)..아무튼 그렇게 남에게 도움을 주고, 그 선수가 우승하고 좋은 성적을 내는 게 그렇게 기뻤고 즐거웠거든요. 그리고 그걸 처음 느꼈던 게 김** 사범 때였고. 그런데 이게 제가 쏟아부은 것 때문이기도 하지만 결국은 공동체라는, 공동체의 하나로 한국기사로서 한국 선수가 우승하기를 바라는 간절함이 크게 작용했을 거 같고. 지금도 그런게 당연히...

자신이 직접 지도하는 선수의 승리가 아니었지만 그의 우승에 벅찬 감동이 밀려온 이유에 대해 목 감독은 "결국은 공동체의 하나로서 바라는 간절함" 때문이었을 것이라고 했다. 한국 바둑계라는 공동체에 대한 목 감독의 이러한 애정은 <미래의 별 신예전> 창설과 잇닿은 맥락이며 이는 국가대표 감독의 역할과도 이어진다. 목진석 감독이 국가대표팀에서 감독으로서 선수들과 관계 맺는 것은 결국 공동체에 여전한 애정을 가진 주요한 구성원으로서 그 공동체를 책임지는 것과 같은 성격을 지닌다. 이렇게 목진석 감독에게 기예의 본이 되는 사범의 길은 자신이 몸 담고 있는, 그리고 여전한 애정으로 지키고자 하는 공동체의 요청에 반응하는 탁월한 능력, "책임감 responsibility"(van Manen, 2012)이 생기(生氣)하는 길이었다.

○● 5. 바둑(교육)에서 드러나는 포스트휴먼의 페다고지

이 연구에서는 반상 위에서 펼쳐지는 바둑의 작동방식과, 참여자들과의 대화를 통해 바둑세계와 바둑교육의 독특성 속에서 발견한 포스트휴먼의 페다고지를 다음과 같이 정리하였다. 이들이 보여준 포스트휴먼 페다고지를 통해 뉴노멀 시대 우리의 미래교육이 모색해 볼 수 있는 배움과 교육의 새로운 작동방식에 대한 통찰을 얻을 수 있기를 바라본다.

1) 답이 없는 세계에서 최선의 길을 모색하다

> "이해하지 못하는 무능력을 바로잡기 위해 설명이 꼭 필요한 것은 아니다. 반대로 이 무능력이란 설명자의 세계관이 지어내는 허구이다. 설명자가 무능한 자를 필요로 하는 것이지 그 반대가 아니다. 즉 설명자가 무능한 자를 무능한 자로 구성하는 것이다."
>
> Jacques Ranciere, 〈무지한 스승〉 중에서

자크 랑시에르는 무능력과 무지를 바로잡기 위해 설명이 필요한 것이 아니라 설명하는자(가르치는 자)가 무능과 무지한 자를 필요로 한다는 역설을 이야기했다. 전통적인 교육관에서 흔히 가르친다는 행위는 답을 모르는 학생에게 답을 아는자인 선생이 그 해(解)를 지시하고 설명하는 것으로 여겨진다(정광순, 2020). 그런데 여기서 만약 선생이 그 답을 알지 못하면 어떻게 되는 것일까? 그때는 가르치는 일이 불가능하게 되는가? 그런데 애초에 아무도 답을 알지 못하는 세계라면 어떠한가? 그 누구도 정확한 해를 알지 못하는 인식불가능성의 세계, 거기서는 설명자와 무지한 자의 양분이 무너진다. 그러한 세계에서는 무지한 자를 필요로 하는 '설명자'도, 설명자가 무지한 자로 규정해서 발생한 '무지한 자'도 없이, 함께 더듬어 답을 찾아나갈 뿐이다. 참여자들이 보여준 바둑과 바둑교육은 그 "답이 없음"으로 인해 답을 지시하는 자와 무지한 자의 양분이 무너진 세계의 독특성을 잘 보여준다.

조한승 9단은 바둑에 "아직까지는 답이 없기 때문에" 사람이 "정확하게 판단할 수 없다"라는 인식불가능성을 지닌 채 지도한다. 그에게 바둑은 답을 정의할 수도, 정확하게 판단할 수도 없는, 그래서 때로는 "눈앞이 캄캄하고 아무것도 보이지 않는" 그러한 것이다. 목진석 감독은 이를 두고 바둑두기의 대부분은 "모르는 국면을 헤쳐나가야 하는" 것이라고 했다. 비록 AI 출현으로 바둑의 많은 것들이 밝혀졌다 할지라도 여전히 많은 것들은 미지의 영역이며, 실전 대국에서도 대국의 중반과 종반의 대부분은 모르는 것을 스스로 결정해야 한다는 것이다. 그러하기에 결국 이들에게 바둑을 둔다는 것은 답을 정의할 수도 없고, 자신도 정확히 판단할 수 없는 알 수 없는 어떤 인식불가능의 세계를 "헤쳐나가는" 것이다.

조한승: 제 생각에는 바둑에는 아직까지는 답이 없기 때문에 사실 정확하게 판단을 할 수도 없는거죠, 저희가 정확하게 판단을 하는지 알 수 없고 그래서... (중략)...저희가 음...약간 추론을 하는 셈이 되는거 같애요. 사람마다 다르겠지만, '여기서는 이 수가 맞는 거 같아', '지금은 이렇게 판단하는 게 맞는 거 같아' 이 정도이지. '여기서는 이거, 이렇게 해야 돼' 100% 딱딱딱 이렇게 정의는 못하는 거죠.

목 감독: 바둑이라는 게 AI가 나와서 많은 미지의 분야들을 개척했다고 해도 결국은 자신이 바둑을 뒀을 때 사실은 모르는 국면을 헤쳐나가야 하는 국면들이 대부분이거든요. 초반 몇 수만 이렇게 두는게 승률이 높다고 AI가 알려줄 뿐이지 중반에 들어가고 종반에 갈수록 모르는 부분을 자기가 헤쳐나가야 하는데 이게 외우는 수만, AI가 가르쳐주는 수만 둔다고 해서 매번 그 국면이 나오는게 당연히 아니고 그걸 통해서 자기가 깨우침을 얻고 자기 생각이 들어가야 된다고 생각을 해요.

따라서 이들에게 바둑을 지도(指導)한다는 일은 결코 답을 지시하는 일이 될 수 없다. 이들에게 '가르친다'(이렇게 표현하는 것이 적절한지도 의문이지만)는 것은 답을 먼저 아는 자가 모르는 이들에게 해를 안내하는 것이 아니라 서로 답을 알수 없는 인식불가능의 세계에서 자신이 추론한 것을 조심스럽게 표현하며 서로의 의견을 교환하는 일이다. 조한승 9단 또한 결국 바둑에서 가르치는(?) 것이란 그 어떤 것도 “확정적으로 말할 수는 없고”, 지도하는 자신도 “잘 이해하지 못하는” 어떤 것을 “더 이해하지 못하는” 이들과 함께 의견을 교환하며 “최선의 수를 모색해 나가는, 그런 쪽에 가까운 일”이라고 말한다. 이 세계에서는 더듬어 나간 최선의 수를 몸에 익히는 일 또한 정확히 설명해 낼 수 없는 그런 성격을 지닌다. 조한승 사범은 이를 두고 틀별히 미묘한 형국에서는 더욱 어떤 (논리적) 판단보다는 “내 흐름에 몸을 맡기는” 기세(氣勢)로 나아감을 이야기했으며, 좋은 수를 감각해 나가는 것에 대해 “자기도 모르게 그런 생각을 하게”되는 것으로 표현하기도 하였다.

조한승: 네, 네... 그게 좀 저도 이게 맞는 건지 모르겠는데, (웃음) 그 어떻게 보면 바둑이 그런 경험한 걸로 외워서 공부한 걸 바탕으로 두는 거긴 한데 모든 걸 또 다 외울 수는 없다보니까, 그냥...어떤 느낌? 근데 그런 느낌도 사실 어떻게 보면 자기가 공부한 걸 통해 나오는 거긴 하지만, 그런 상황에서의 어떤 느낌과 감각? 이세돌 9단 같은 경우는 ‘바둑은 직관력’이라고 했던 것 같은데, 아무튼 그런 게 좀 있어요. 물론 좀 어려워질 때는 막막해질 때도 있지만 일반적으로는 ‘어, 여기서는 이쪽으로 착수를 해야 될 거 같다’는 느낌이 다 들거예요. 느낌이 다 들어서... 근데, 좀 실력이 쌓이고 그런 경험이 많을수록 거기서 좋은 선택을 할 확률이 올라가겠죠.

...(중략)...

연구자: (좋은) 자리를 더 잘 알아본다는 거네요?

조한승: 네, 네. 그 전에는 A가 더 좋다고 생각했는데, 그게 80점짜리 수였다면 만약에 실력이 더 향상이 되면 이제 B는 90점이면 그런 수를 선택할 확률이 올라가는 거죠. 그런게 공부에서도 쌓이고 대국에서 본인이 느낄 수도 있고. '아~여기보다 생각해보니 B가 더 좋았던 거 같아', 느낄 수도 있고...어떻게 보면 자기도 모르게 그런 생각을 하지 않나.

...(중략)...

조한승: 그걸 좋게 표현하면 기세인데. 자기가 어떤 생각했던 길이 있잖아요? 그걸 그대로 가려다 보니까 (사람 사이의 바둑에선) 조금 더 서로 기세의 진행 이런 게 많이 일어나죠. 예를 들면 내가 '이쪽 방향을 잡을 거야, 공격을 할 거야' 하면 이제 이걸 잡기 위해서 방향으로 쭉 밀고 나가려는 그런 것도 강한 거 같아요. 그러다 보니까 변화가 잘 일어나는 것도 있어요. 원래는 정확한 판단을 하면 오히려 변화가 안 일어날 수도 있거든요. 그래서 딱 끝내면 되는데 그게 미묘할 때는 그런 판단보다는 어떤 내 흐름에 몸을 맡기는 그런 게 있거든요.

따라서 이들이 모색한 최선의 수는 경험적 공통의식의 명제들로 정립할 수 있는 독사(doxa)가 될 수 없기에 평온한 상태가 아니라 '항상 이미' 흔들린다. 이러한 맥락에서 이들의 방식은 들뢰즈(1968)가 이야기하는 "배움"의 운동성을 지닌다. 배움의 운동성이란 해의 규칙을 소유한 평온한 상태가 아니다. 그것은 이념/개념을 구성하는 보편적 관계들에 상응하는 독특성들 안으로 침투하는 것이다(Deleuz, 1968). 이들이 이야기하는 답이 없는 반상에서 최선의 수를 모색하는 방식은 들뢰즈가 이야기하는 것처럼, 매 대국마다 수천 년 쌓아왔던 정석(定石)이라는 보편적 관계들에 상응하는 배석(配石)의 독특성 안으로 침투하는, 그리하여 결코 평온한 상태에 이를 수 없는 방식이다. 이렇게 이들에게 반상 위에 펼쳐진 배움과 가르침은 정확히 판단할 수도 없고 알 수도 없는 그런 미지의 순간들, 그 흐름에 몸을 맡기며 자기도 모르게 부지불식(不知不識)간에 체득해 나간 것들을 나누는 것이다. 그렇게 서로의 체득을 나누며 최선의 길을 모색하는, 그 길이 이미 항상 흔들리는 것일지라도, 그 독특성 안으로 침투하는 운동성으로 가득 찬 세계다.

2) 지는 것을 배우며 위버맨쉬를 향하다

언젠가 아들이 한종진 사범과 지도대국을 마치고 집에 와서는 "사범님이 강조한 세 가지"를 이야기 한 적이 있다. 첫째, 언제나 정석(定石)에 얽매이지 말고 배석(配石)에 따라 생각해라, 정답은 없다. 둘째, 상대의 의도를 거슬러 너의 의도를 따라가라. 셋째, 절대 지는 것을 두려워하지 마라. "지는 것을 두려워하지 말고 네가 원하는 바둑을 두라"라고 했다는 것이다. 그날 아들의 말을 들으며 오랜만에 교육적 이상으로 달떠서 심장이 쿵쿵 뛰었다.

한종진 사범은 바둑의 특성으로 "지는 것을 배우는 게임"이라는 것을 강조한다. 바둑은 무승부라는 것이 없기 때문에 둘 중 한 명은 반드시 져야만 한다. 승자가 나오기 위해선 반드시 패자가 있어야만 한다. 따라서 바둑이란 지는 것부터 배우는 그런 것이다. 지는 것을 받아들이지 못한다면 바둑을 두기 어렵게 된다. 사력을 다해 한판의 바둑을 두고 그 결과에 대해 자신이 온전히 책임지기 위해서는 지는 것을, 자신이 패자가 되는 것을 두려워해서는 안 된다. 열심히 최선을 다해 그리고 심지어 즐겁게 둔 한판의 바둑이 패하는 것으로 마무리되었을 때 마주해야 하는 그 고통의 심연으로 내려가야 한다.[7] 한종진 사범은 "신진서가 신진서가 될 수 있었던 이유는 많이 져봤기 때문"이라고 표현하면서 그것을 마주하기 두려워서 피하는 사람은 결코 이길 수 없다고 했다.

> 한종진: 그러니까, 바둑은 지는 게임이에요. 이기는 거 같지만. 바둑은 이렇게 두 명이 있으면 한 명은 반드시 져야 돼요. 무승부라는 게 없고, 타협이 없어요. '잘했지만 졌다', 이런 게 없는 거예요. 어떻게 보면 지는 것부터 배우는 거예요. 이기는 희열을 느껴서 바둑을 하지만 가면 갈수록 지는 거에서 크거든요.
>
> ...(중략)...
>
> 한종진: 저는 그렇게 생각하고 있어요. 바둑은 어릴 때부터 많이 실패할 수 있는 거기 때문에. 근데 우리 사회가 지금 한번 실패하면 다시 재기하기가 어렵고, 다시 성장하기가 어렵다고 하잖아요? 그런데 바둑은 많이 지면 질수록 다음에 이길 기회가 훨씬 많아지거든요. 그런데 성장하지 못하는 애들의

---

7) 그것의 아픔이 어느 정도인지, 나는 감히 헤아리기 어렵지만 이 패배의 고통은 입단 전의 아주 어린 나이의 수련생들도 겪는 일이다. 10살짜리 나의 아들은 최근, 이 패배의 고통에 대해 이렇게 말한 바 있다. "엄마, 내가 다 이겨가던 바둑 한판을 지는게 얼마나 고통스러운 줄 알아? 마치 가족을 잃어버리는 것 같은 고통이야!"

특징은 지는 걸 두려워해서 안 두려고 해요. 그게 여러 가지 요인이 있겠지만 부모님들의 교육이나 도장 선생들의 교육 때문인 것 같아요, 이기라고 강요를 하니까. 자신이 즐겁게 최선을 다해 뒀어도 실력이 더 센 사람하고 뒀으면 지는 게 당연한 건데, 그걸 '네가 열심히 안 돼서 졌다'라고 표현을 해요. 보통 패배했을 때 그 아이들을 지도하면서 '더 열심히 뒀으면 이길 수 있었는데 졌다'라고 표현을 하거든요. 바둑에 대한 이해가 없거나 있어도 결과로만 가지고 애를 평가하려고 하거든요. 과정이나 이런 게 더 중요한 건데. 그런 경향들이 있다보니까. 부모님도 그렇고 저희도 그렇고 애가 이기면 기쁘고 지면 속상하니까 그렇게 표현하는 거 같은데, 바둑은 그런 게...(아니니까)... 이게 어느정도 제 교육철학이라면 철학이고요. 애들이 성장하는 토대라고 생각해요. 그래서 전 애들이 강자하고도 많이 하게(두게) 하려고 하고. 시합도 많이 나갈 수 있으면 나가라고 하고. 그런데 부모님들은 시합에 나가면 스트레스를 받으니까. 그렇잖아요? 준우승한 부모님도 스트레스를 받으니까. 왜냐하면 우승해야 되는데, 그러니까 한 명(우승) 말고는 모두 스트레스를 받는 거예요. (함께 웃음) 애가 거기까지 간 과정을 보고 잘했으면 잘했다고 하고, 다음에 더 잘할 거라고 하고 그렇게 해줘야 하는데 지금 당장의 결과만 놓고 보니까요.

"많이 지면 질수록 다음에 이길 기회가 많아지는" 바둑. 그러나 문제는 이러한 실패가 본인에게만 두려운 것이 아니라 주위에서도 잘 용납되지 않는다는 데 있다. 한종진 9단은 이러한 환경을 매우 큰 문제라고 지적한다. (그리고 이는 다만 바둑계의 문제만이 아님도 말했다.) 부모들도 아이들에게 승리를 강요하며, 아이들이 패했을 때 '네가 열심히 안해서 졌다'라고 한다는 것이다. 그래서 시합에 나가면 우승한 한 명의 부모를 제외한 모든 부모가, 심지어는 준우승자의 부모까지도, 우승하지 못했다고 스트레스를 받는 이런 웃기고도 슬픈 상황이 연출될 만큼 패배는 용납되지 않는다.

그러나 한 9단의 표현을 빌리면, 열심히 안 해서 패한 것이 아니라 "자신이 즐겁게 최선을 다해서 뒀어도 실력이 더 센 사람하고 뒀으면 (질 수 있고) 지는게 당연하다." 한종진 사범의 말은 '최선'과 '열심'이 언제나 좋은 성과와 결부되리라는, 오늘날 교육현장에 널리 퍼진 투입-산출의 인과관계에 대한 믿음을 깨드린다. 조금만 돌이켜 생각해 보면 투입 대비 산출을 기대하는 이 인과관계에 대한 믿음이 우리 삶에서 얼마나 허황된지 깨닫게 된다. 최선을 다하고 열심히 했어도 시합에서 질 수 있고, 성적이 더 하락기도 하며, 시험에서 떨어지며, 대학입시에 낙방하고, 작품의 흥행에 실패하고, 원하는 곳에 입사하지 못할 수 있는 것이다. 인간 삶은 결코 투입 대비 산출의 정확한 비례로 작동되지 않는다. 어쩌면 삶의 '성과'는(당연히, '교육'의 성과 또한) 우리의 몫이 아니다. '지는 것을 두려워하지 말라'는 한종진 사범의 말에는 이러한 통찰을 자신의 것으로 체화한 사람의 단단함이 들어있다. 그렇게 그는 많이 질수록 이길 기회가 많아진다는 것, 진다고 하더라도 그 과정에서 배우는 것을 통해 성장하고, 그래서 강자하고도 많이 둘수록 점점 더 강해질 기회를 갖게 된다는 것, 그리고 자신이 즐겁게 최선을 다해서 뒀더라도 실력이 더 센 사람을 만나면 질 수 있다는 것을 알고 겪고 체화했기에 제자들의 지금 당장의 결과에 연연하지 않고 거기까지 간 과정을 볼 수 있는 자가 되었다. 이러한 이들의 모습에서 나는 니체(Nietzche, 1980)가 이야기한 초인(위버맨쉬 Übermensch)을 본다. "상처 입어도 그 영혼의 깊이를 잃지 않으며", "독수리의 발톱으로 심연을 붙드는", 그리하여 종국에는 자신을 넘어선 "춤추는 자", "각성한 자"를 본다.

그러나 패배를 견디는 일은 결코 쉽지 않다. 한판의 대국에서도 그리고 그것이 오랜 시간 연패로 이어진다면... 나는 그 아픔을 감히 상상하지도 못하겠다. 목진석 감독은 1998년에 다승 1위를 기록하기도 했으며 2000년에는 그 시점에서 한창 전성기였던 이창호 9단을 꺾고 KBS바둑왕전을 우승했었다. 그러나 목진석 감독은 그다음 우승까지 장장 15년이 걸리는 오랜 슬럼프를 겪다가 2015년 GS칼텍스배에서 35세 나이로 우승하게 된다. 그는 우승 당시 소감을 묻는 TV인터뷰에서 감격에 겨워 말을 잇지 못했다. 평소 이겨도 기쁨을 표현하지 않고 패해도 아픔을 나타내지 않는 것을 훈련하는, 그래서 표정으로는 그들의 승패를 가늠할 길이 없는 것이 특징이기까지 한 프로기사로서는 매우 흔치 않는 일이었다. 사실, 목진석 감독 자신뿐 아니라 시합을 해설하던 대국 해설자도 감격에 겨워 울먹였는데, 이는 그의 승리가 얼마나 긴 아픔 뒤에 온 것인가를 알아본 이들의 감응 때문이었을 것이다.

연구자: 2015년에 GS칼텍스배에서 우승하신 게 15년 만의 우승이라고 들었어요. (목 감독 웃음) 기사도 많이 나서 제가 영상 찾아보니까 그때 우승 소감 말씀하실 때, 굉장히 인상적이더라고요. 그런데 감독

님뿐만 아니라 해설자까지도 감격에 겨워서 잘 말을 잇지 못하고 그러시던데, 그럴 정도로 감격스러웠던 것은 그동안의 부진이랄까 그런 때문일텐데요, 사실 저는 상상이 잘 안 돼요. 아무리 바둑이 누군가는 이기고 누군가는 지는 게임이라 해도 상당 기간을 그 패배를 견디고 산다는 게 어떤 것일까 상상하기 어려워요. 그런 어떤 연속되는 패배나 아픔을 어떻게 견디면서 지나가는 걸까 그게 궁금하더라고요.

목진석: 그때는 우승하기 바로 직전 2014년이 프로생활에서 가장 힘든 슬럼프였죠. 그 전에도 연패 당하거나 중요한 시합에서 연달아 지거나 이런 경우는 많았지만 2014년이 사실 좀 초반부터 삐걱대긴 했어요. 성적 상으로는 그렇게 나쁘지는 않았지만 바둑의 내용을 보면은 도저히 역전 당할 수 없는 바둑을 뭐에 홀린 듯이 역전 당하고 이런 게 반복이 되더니 하반기에는 아예 6개월 넘게 9연패가 이어지면서...(중략)...이렇게 심한 슬럼프에, 완전히 끝이 보이지 않는 슬럼프에 빠졌을 때는 그때는 굉장히 이런저런 생각이 많이 들었어요. '이제는 승부를 내려놔야 되나' ...(중략)...그러니까 저에 대한 믿음이 (흔들리는), 그전에는 못 느꼈던 것들이 계속 느껴지고, 하면서도 그래도 마음 한 켠에는 또 좀 인내하면서 기다리자는 그런 마음이 있었고 그렇게 2014년 하반기에 힘들게 힘들게 계속 그랬던 거 같아요. 그리고서 2015년에 이제

GS칼텍스배 1회전에서 9연패 당하던 걸 딱 끊었거든요. 그 한판이, 진짜 1승인데 많은 의미의 값진 1승이었던 거 같고. 또 다른 시합에서는 이기고 지고 했는데, 신기하게도 GS칼텍스에서만 (계속)이기고 올라가서 그렇게(우승) 됐는데 뒤돌아보며는 힘들었지만 그래도 앞만 보고 달려왔는데, 그 기간 동안 굉장히 많은 고민, 생각 이런것들을 많이 했던 거 같고, 돌아보면 그런 시간이 있었기 때문에 GS배에서도 그런 결과물이 있었지 않았나, 그래서 그때 우승하고서 감정을 주체 못했던 거 같아요.

연구자: 그런데 사실 누군가는 그걸 못 견디고 떠나는 거고 어떤 분은 그걸 견디고 이런 날을 맞이하고 그러는 건데, 그러면 그 견디는 힘은 뭘까요? 어떤 것 때문에 그걸 견딜 수 있을까요? 사실 그렇게 되리라는 보장은 없잖아요? (없죠) 그 힘이 어디서 나올까요?

목진석: 나 자신에 대한 믿음과 바둑 자체에 대한 애정.....(중략)....네, (바둑기사들은) 계속해서 실패를 겪으니까요. 실패라는 게 바둑 한판일 수도 있고, 이어지는 슬럼프가 될 수드 있지만 바둑을 두어 나가면 성공과 실패를 계속 맛보니까 그러면서 내면이 단단해질 수밖에 없는 거 같아요.

어린 시절 '천재소년', '괴동'으로 불렸던 목 감독은 2000년도 KBS 우승 이후 2015년의 우승 전까지, 크고 작은 기전에서 단 한 번도 우승이 없었던 15년의 시간을 보냈다. 그 패배의 시간 동안 목 감독 자신을 가장 힘들게 했던 것은 자신에 대한 믿음이 흔들린 것이었다. 그러나 그 시간을 견딜 수 있는 것 또한 자신의 심연으로 내려가 그것을 마주하고 자신에 대한 믿음을 다시 회복함으로써만 가능하다. 그것을 견디고 넘어서는 힘은 타인과의 비교를 통해 어떤 동일성으로 환원되는 것으로는 불가능하다. 그는 결국 그동안 쌓아왔던 수많은 성공과 실패의 경험 속에서 "단단해진 내면"을 붙들고, 그 누구와의 비교가 아니라 오로지 자기 자신에 대한 믿음을 다시 추스름으로써 그 시간을 견디고 다시 반상 앞에 앉았다. 그들이 그렇게 바둑을 두는 내내 경험하게 되는 패배와 승리의 끝없는 영욕은 물론, 끝을 알 수 없는 연패를 견디는 힘은 오직 자기 자신을 목도하고 자신의 탁월함을 기대하며 연마함으로써만 가능하다. 그래서 그들은 그 어떤 다른 기사와도 자신을 비교하지 않고 오히려 타자와의 "거리의 파토스"를 지닌 채, "비바람과 눈보라를 겪고 비상하고자 웅크린다." 그 비상의 순간은 오직 패배를 견디고 심연으로 내려가는, 그러나 승리를 향해 자신의 힘의 의지를 방출하고 "심연을 보되 긍지를 가지고 독수리의 발톱으로 그 심연을 붙드는 자"에게 찾아오는 것이다.

이렇게 이들은 이기는 자가 되기 위해 지는 것을 견디며 그 누구와도 견주지 않고 오직 자기의 심연으로 내려가 결국 반상 위에서 위버맨쉬(초인)이 되어 간다(Nietzche, 1980).

> "공포를 알되 공포를 제어하는 자, 심연을 보되 긍지를 가지고 보는 자...심연을 보되 독수리의 눈으로 보는 자, 독수리의 발톱으로 심연을 붙드는 자, 그가 용감한 자이다."
>
> (Nietzsche, 1980; 506)

3) 돌의 배치로 달라지는 좋음과 나쁨을 체득하다

> "개념에는 어떤 발톱이 없다. 절대적 필연성의 발톱, 다시 말해서 사유에게 가해지는 어떤 원천적 폭력의 발톱, 어떤 이방성의 발톱, 어떤 적의의 발톱 같은 것이 없다. 사유는 오로지 이런 적의의 발톱을 통해서만 자연적 마비 상태나 영원한 가능성의 상태에서 벗어날 수 있을 것이다. 즉 사유는 비자발적인 한에서만 사유일 수 있고 사유 안에서 강제적으로 야기되는 한에서만 사유일 수 있다."
>
> Deleuze, 〈차이와 반복〉 중에서

들뢰즈(Deleuze, 1968)에 의하면, 진정한 사유는 우리가 이미 답과 해로 알고 있는 '개념'과 '공준'들 속에서 생기하는 것이 아니라 어떤 날카로운 이방성, 비자발적이며 강제하는 어떤 폭력적 방식으로 우리를 덮칠 때에야 가능하다(Deleuze, 1964, 1968). 존재의 속성(이상형)을 규정하는 '개념' 안에는 우리를 진정한 사유로 향하도록 강제하는 폭력적이고 날카로운 어떤 "필연성의 발톱"이 없다. 그럼에도 학교의 학습은 이러한 개념을 익히고 공준을 재연하는 것들로 가득 차 있다(임부연·박수현, 2017; Deleuze, 1968).

바둑을 시작할 때에도 익혀야 할 여러 이름들(개념)과 공격과 수비에 최선이라고 보여지는 일정한 돌의 패턴 즉, 바둑세계의 공준에 해당할 수 있는 정석(定石)과 같은 것이 있다. 바둑을 배우는 초기에는 이 정석을 익히고 외우는 데 많은 시간을 보내야 한다(문용직, 2006). 그러나 문제는 옳음, 답, 혹은 공준에 해당할 수 있는 이 정석은 돌의 배치, 즉 배석으로 인해 그 좋음과 나쁨이 계속해서 바뀐다는 데에 있다. 그래서 한종진 사범은 자신의 제자들에게 “정석(定石)에 얽매이지 말고 항상 배석(配石)에 따라 생각해라, 정답은 없다.”라고 말한다. 조한승 사범 또한 어떤 부분적 형태에서 수의 좋음과 나쁨이 있지만 그 수들은 다음을 어떻게 운영하느냐에 따라서 그 좋고 나쁨이 계속 바뀌고, 그래서 이기기 위해 가장 중요한 것은 “바둑판에서 전체를 보는 것”이라고 이야기 한다. 또한 “최상의 수는 모든 걸 겸비한 수”이지만 ‘실리(實利)’(이익을 취하는)도 ‘두터움’(자신의 영역을 방어하는)도 모두 취하면서 나에게만 이득이 되는 경우는 없다고 말한다. 어떤 한 수로 “이걸 취하면 저게 약점이 되는” 그런 “반대급부”가 항상 있다는 것이다. 반상 위에서 한 번의 착수는 그렇게 이미 항상 배치로 인해 달라지는 이득과 약점이 공존하는 방식으로 작동된다.

> 조한승: 바둑에서도 최상의 수는 모든 걸 겸비한 수가 되는 거잖아요? 실리도 얻고, 두터움도 얻고 이런 건데, 사실 그런 경우는 한쪽에 일방적인 경우이기 때문에 그렇게 되기는....(힘들어요). 사실, 그것도 결국 선택을 하는 거잖아요? 내가 먼저 챙길 것이냐 아니면 후일을 도모할 것이냐, 왜냐하면 실리와 두터움을 동시에 생각을 해야되니까 아무래도 그런 면이 좀 있을 것 같아요. 어릴 때부터, 바둑을 둘 때마다 항상 나름의 선택을 하고 그 선택은 내가 이걸 취하면 이게 약점이 되는, 항상 그런 반대급부가 있죠. 그래서 그런 선택을 항상 해왔으니까 아무래도 그런 게(양면을 동시에 고려하는) 좀 익숙하지 않을까 생각해요.

> ...(중략)...음....균형? 어....네, 균형도 당연히 중요하고요 (웃음) 제 생각에는 다 비슷한 얘기일 텐데, 어...바둑판에서 전체를 보는게 필요하긴 하죠. 왜냐하면 이 어떤 부분적인 형태들이 어떤 상황에서는 좋고 어떤 상황에서는 나쁠 수 있고 그리고 어떤 수들도 내가 그 다음에 어떻게 운영하느냐에 따라서 좋고 나쁨이 바뀌기 때문에 전체를 잘 보지 못하면 이기기가 좀 힘들 수 있죠. 그 판에서 이제 또 아무래도 상황에 따라서는 부분에 집착하거나 치우치게 되거든요. 그래서 그런 걸 경계해야 할 것 같아요. 그리고 실제로도 많이 유리하거나 했을 때 지는 경우는 대부분 음...전체를 못 봐서 그렇거든요.

반상 위에서 돌의 배치 즉 배석에 따라 달라지는 수의 좋고 나쁨으로 인해, 이들은 정석을 배우고 익힌 후에도 그 정석에 얽매이지 않으며 때로는 정석을 버리고 그것을 넘어서는 감각들을 익혀야만 한다. 보편적인 공준으로서의 답, 해와 같은 '정석'을 익히는 것뿐만 아니라, 돌의 배치라는 사건의 순간들마다 나타나는 독특성 안으로 침투해야 하는 것이다. 수천 판을 둔다고 해도 결코 단 한 번도 꼭 같은 반상을 만날 수 없다는 의미에서, 이들이 맞이하는 배석의 차이들은 독특성 그 자체다. 배움은 이러한 "독특성들 안으로 침투하는 것"이며 미세 지각들, 의식 이하 차원의 대상이며 그래서 배움은 언제나 무의식의 단계를 거치고 무의식 속에서 일어난다(Deleuze, 1968; 363). 결국 들뢰즈와 가타리에게 배운다는 것은 감각들의 교육인 셈이다(최승현, 2020; Deleuze, 1980). 반상 위에서 돌의 배치에 따라 달라지는 좋은 수와 나쁜 수를 익히고 배우는 이들의 방식 또한 그러한 의식 이하 차원의 “체득(體得)”이다.

조한승: 아는 거랑 자기가 (실제) 두는 거랑 조금은 다를 것 같아요. 어... 예를 들어서, 어떤 수를 처음 알게 됐을 때는 그 상황에서 일시적으로 부분적으로 볼 때는 알 수도 있는데, 그런데 조금 다른 상황이 되거나 하면 알았던 것들도 그냥 지나칠 수가 있거든요. 근데, 그런 경험을 통해서 좀 더 실력이 쌓이게 되면 그거를 굳이 (노력하지 않아도) 내가 자연스럽게 이해할 수 있는 게 있거든요. 그래서 어... 좀...어떤 면에서는 좀 체득하는 그런 면하고 비슷할 수도 있을 것 같아요.

연구자: 사범님, 그럼 체득을 할 때까지 뭐가 필요한가요?

조한승: 체득을 하려면 이제, 경험과 어떤... 공부하면서 본인이 활용해 보고 공부해 보고 해보면 그게 자연스럽게 되는 거 같아요...(중략)...아무래도 혼자 공부하거나 저희 선생님들이 얘기해 줄 때보다는, 내가 실전을 통해서 좋은 결과가 나왔다던가 안 좋은 결과가 나왔던 어떤 상대랑 뒀던 것, 그런 것들이 연결이 되다 보니까 그럴 때 더 뇌리에 남아서... 저 같은 경우는 그런 거 같아요. 뇌리에 남으니까 더 기억을 하게 되고, 그 다음에 자연스럽게 어떤 상황이나 모양을 보고서 기억을 굳이 떠올려서가 아니라 ‘아’하고 뭔가 사람의 본능적인 느낌, 그런 것이 작용하는 거 같아요.

조한승 사범은 “아는 것”과 “두는 것”을 구분하여 이야기하면서 어떤 수를 (지적으로는) 알게 되더라도 실제 대국 상황에서는 그것을 보지 못하고 그냥 지나치다가 실력이 쌓일수록 그것을 포착할 수 있게 된다고 이야기하며 바둑에서의 배움을 “체득”이라고 표현한다. 실제로, 많은 정석을 외우고 사활(死活)문제를 풀어도 그것을 “아는 것”으로 그치면 실전 대국에서는 반상 위에 그 모양이 나와도 놓치게 되는 경우가 허다하다.[8] 반상 위에서는 아는 것이 아니라 몸에 익힌 것, 즉 체득한 것으로 두게 된다. 결국 바둑에서의 배움은 답(정석)과 해(사활)를 많이 아는데 있는 것이 아니라, 수없이 반복한 (그러나 차이로 생기하는) 대국을 통해 “어떤 흐름에 몸을 맡기고”, “자기도 모르게”, “자연스럽게 이해한” 것으로 “본능적으로 나쁜 수를 피하며” 직관을 몸에 익히는 그런 체득이다.

이들은 이렇게 반상 앞에서, 수많은 대국을 통해 몸에 체득된, 그래서 굳이 기억을 떠올리거나 논리적 계산에 따른 수순이 아니라 어떤 본능적인 느낌인 ‘아!’의 순간들을 마주하며 ‘비자발적’이고 ‘폭력적’이며 ‘강제적인’ 어떤 사유들을 체득해 나간다.

---

8) 나는 연구를 위해, 반상의 흐름을 읽으려면 까막눈이라도 면해야겠다는 생각으로 몇 달 전부터 바둑을 배우고 있다. 신기한 것은 개인지도를 받는 사범님과 책으로 수업 할 때는 그 내용을 다 인지하고, 답도 잘 찾아내는데 (인터넷으로) 실전 바둑을 두면 책에서 보고 알았던 것들의 대다수를 보지 못하고 만방으로 깨진다. 그래서 나는 애써 실전 바둑두기를 피하려 한다. 패배가 예측되는 바둑을 ‘두는 것’은 두렵다. 할 수만 있다고 두고 싶지 않다. 아는 것과 할 수 있는 것(능력)의 차이. 그렇다면 이것은 아는 것인가?, 모르는 것인가? 나는 배운 것인가? 아직 배우지 못한 것인가? 나의 사범은 실전에서 쓰지 못하면 모르는 것이라며, ‘이론으로만 반상을 읽을 수는 없다. 바둑을 두어야 읽을 수도 있다’라고 말하며 내게 무서워하지 말고 바둑을 ‘두라(doing)’고 한다.

4) 차이를 반복하여 놀이함으로 예술이 되다

세 명의 기사를 만나는 동안, 내가 공통적으로 했던 가장 어리석은 질문은 '바둑이란 어떤 가치가 있는 일인가?', '우리 삶의 어디에 기여하는가?'하는 것이었다. 이것은 물론 기본적으로 연구자로서 가지는 질문이기도 했으나 '사랑하는 내 아들이 몸 담으려 하는 이 세계가 과연 가치 있는 것인가?' 하는 실존적 의문이기도 했다. 이 의문은 이를테면 이런 것에서 시작한다. 바둑을 하면서 본인이 중요한 것들을 많이 배우는 것은 분명해 보인다. 한판의 바둑을 위해 갖은 길들을 모색함으로써 사유의 힘도 기르고 실패를 두려워하지 않고 마주하며 내면의 강인함을 기르고, 그렇게 계속 본인의 탁월함을 수련해 나갈 것이다(문용직, 2006; 박우성, 2002; 정수현, 2013; 이홍렬, 2016). 그러나 문제는 이것이 오롯이 본인의 성장에만 그치는 것이 아닌가 하는 부분이었다.

참여자들에게 고백한 말이지만, 나는 내가 하는 여러 가지 일 중에 밥 짓는 일을 가장 가치있고 소중히 여긴다. 연구자로서 논문을 쓰고 수업도 하고, 많은 청중들 앞에서 강연도 하지만 내가 하는 그 많은 일 중에 가장 가치있게 여기는 일은 바로 밥 짓는 일이다. 밥하는 일은 타인을 먹이는 일이기에, 그리하여 그 사람의 삶과 생명에 내가 직접적으로 기여하는 일이기 때문이다. 그래서 나는 사랑하는 식구들이, 내 오래된 친구들이, 연구실 선후배들이, 교회 사람들이 내가 지어낸 한 끼를 맛있게 먹는 순간을 보는 것처럼 흐뭇할 때가 없다. 사랑하는 이들뿐 아니라 낯모르는 지나가는 이에게라도, TV에 나오는 먼 나라의 앙상히 마른 아이에게도 할 수 있다면, 따뜻한 밥 한 끼를 지어먹이고 싶다는 것이 내가 가진 가장 가치 있는 욕망이라고 여겼다.

이런 맥락에서 바둑을 생각해 볼 때마다 그것이 우리 삶에 기여하는 바에 대한 근원적인 회의가 들었다. 저렇게 명석한 사람들이 그 많은 시간을 들여서 자신을 수련하며 하는 일이 결국 한판의 바둑이라면, 이 바둑은 과연 어떤 가치가 있을까? 이 사람들이 그 노력으로 식물을 연구했으면 식량난을 해결할 수도, 공학을 했다면 지금의 기후변화를 해결할 수도 있지 않았을까? 그렇게 결국 자기 수양, 자신의 탁월함을 발견하는 것만으로 끝나는 일이라면 저렇게 명석한 사람들이 저토록 힘들게 할 만한 가치가 있는 일인가? 그러나 나의 이 질문이 얼마나 우문이었지는 이들의 답을 복기하면서 곧 깨닫게 되었다.

> 목진석: 네, 네 사실 우리가 고민해 볼 부분이에요. 결국 바둑 기술적인 측면의 레벨로 본다면 AI한테 지는 게 인간이고, 또 말씀하셨듯이 두뇌 명석한 사람들이 정말 자기 모든 걸 바쳐서 한 게 결국 기보, 바둑 한판인데 결국 이 바둑 한판을 봐주는 분들이 계셔야 저희가 살아남는 거잖아요. 글쎄요? 프로기사의 가치라는 게 예전보다 희미해지고, 저희 존재의 가치라고나 할까요 그런 것들이 예전보다 모호해진 게 사실인거 같아요. 결국은 그래도 이걸 즐기고 좋아하는 분들이 계시니까 저희 프로기사라는 존재가 아직 남아있는 건데...

목진석 감독은 이에 대해 고민해 볼 문제라고 이야기 하며, “두뇌 명석한 사람들이 자신의 모든 걸 바쳐서 하는 게 한판의 바둑”이라고 말한다. 자신의 모든 걸 받쳐서 하는 한판의 바둑, 그래서 남는 것은 결국 하나의 기보(棋譜). 목 감독은 바둑은 결국 그것을 보고 좋아하고 즐기는, 즉 그것을 향유하는 사람들에 의해 그 가치가 성립되는 것이라고 했다. 목감독은 그런 맥락에서 근래에 바둑을 좋아하고 즐기는 사람이 많지 않은 것이야말로 프로기사들의 존재 가치를 위협한다고 말한다.

한종진 9단은 나의 우문에 대해 가치는 사회적 공헌에 있는 것이 아니라, 자기 스스로가 그 가치에 어떻게 의미를 부여하는가에 달려 있다고 대답함으로써 나를 부끄럽게 했다. 그의 답은 '가치'란 그것이 어디에 쓰이는가하는 활용의 문제나 타인으로부터의 인정이 아니라 스스로가 하는 의미 부여에 있다는 것을 일깨워주었다. 그는 최근에 사람들이 주목하는 '가치'가 대사회적이며 활용적인 것에만 매몰되는 데에는 활용의 가치를 돈으로 환산하는 자본주의적 영향 때문이라고도 지적했다.

한종진: 제일 많이 하는 말이 머리 좋은 애들이 안타깝다. (그런 얘기 많이 하죠) 바둑의 가치라는 게 어떻게 보면, 그 아이들이 자기가 좋아하는 것을 하는 것 자체의 가치... 뭐랄까, 어떤 가치를 두는 것은 사회적인 공헌에 가치를 둘 수도 있지만 자신 스스로에게 두는 가치가 중요하지 않을까요? 지금 방금 말씀하신 자기 스스로 가치있게 생각하는 행동, 뭐 음식을 맛있게 한다든지 이런 것도 어떻게 보면 다른 사람한테는 보잘것 없는 것일 수 있지만 자신한테는 굉장히 소중한 가치잖아요? 바둑도 바둑만의 가치가 있고...

바둑의 가치에 대한 나의 의문에 대해 조한승 사범은 매우 소박하면서도 단순한, 그러나 바둑의 본령이 무엇인지를 통찰하게 하는 답변으로 나의 질문을 단숨에 우문으로 만들어 버린다. 바둑이 본인의 수양 말고 어떤 (사회적) 가치가 있느냐의 나의 집요한 문제제기를 조한승 9단은 망설임 없이 "그건 엄연한 사실"이라고 단숨에 인정해 버린다. 그리고 그는 가볍게 보자면 "바둑은 하나의 놀이"라고 말한다. 그는 곧이어 바둑 한판을 둠으로써 그 속에 녹아있는 인생의 희노애락을 경험하는데 가치가 있다는 말을 덧붙였지만, 나는 그가 '가볍게' 말한 답변에 이미 날카로운 타격을 입는다.

> 조한승: 음... (침묵)... 어... 당연히, 이제 그렇게 접근하시면 그게 맞는 거 같고요. 그건 엄연한 사실이니까, (웃음)... 글쎄요. 바둑의 가치? 바둑의 가치는.... 가볍게 보면 바둑은 하나의 놀이잖아요? 게임과 놀이인 거고. 또 다른 가치라면... 이건 다른 분야에서도 비슷할 수 있지만 어... 어떻게 보면 바둑이 인생의 축소판이라는 말도 있는 것처럼, 바둑을 함으로써, 바둑 한판을 둠으로써 그 속에 있는 희노애락을 겪는 거죠.

조한승 사범의 표현처럼, 바둑은 결국 하나의 놀이다. 놀이란 어떤 무엇을 위한 목적으로 하는 일이 아니라, 어떠한 목표도 없이 심미적 질서를 가지며 끊임없는 스스로의 반복(왕복운동)을 통해 생기하는 현상이다(전가일, 2013; Gadamer, 1960). 이에 대해 Gadamer (1960)는 놀이의 주체는 사람이 아니라 놀이함 그 자체이며, 모든 놀이함은 놀이됨으로 놀이의 매력은 실로 놀이가 놀이하는 사람을 지배하는데 있다고 하였다. 결국 놀이는 "놀이 이외에는 그 어떤 것도 될 수 없는(Deleuze, 1986: 593)" 그런 것이다. 따라서 놀이는 아무리 그 본질이 표현이라도 해도 그것은 궁극적으로 관객을 고려한(위한) 표현이 아니다. 모든 놀이, 스포츠 경기와 그 어떤 예술도 타인에게 보여주기 위한 표현이 아니다(Gadamer, 1960). 바둑두기야말로 그 무엇을 위한 것이 아닌, 놀이 외에는 그 어떤 것도 아닌 놀이의 작동방식에 가장 충실한 운동인 것이다. 바둑의 가치는 모든 놀이와 예술이 그러하듯이 무엇인가를 위한, 혹은 관객을 위한 데에 있지 않다. 바둑의 가치는 한판의 대국에서 벌어지는 반상 위의 표현, 반상 위에서 벌어지는 운동성 그 자체에 있다. 그러니 바둑이 어디에 기여하며 어떤 사회적 가치를 지니느냐는 나의 물음은 오랫동안 놀이를 연구해 온 연구자로서 아직도 놀이가 무엇인지를 모르는 우문이었다.

들뢰즈는 놀이를 "인간적 놀이"와 "신적인 놀이"로 구분하면서, 인간적 놀이의 특징을 선재하는 규칙들을 가정하고 모든 우연을 긍정하지는 않는 '정착적 분배'로, 신적인 놀이는 선재하는 규칙이 없으며 모든 우연이 필연적으로 긍정되는 '유목적 분배'를 특징으로 보았다. 그리고 이 고독한 신적인 놀이에 가장 가장 가까운 인간의 놀이를 예술작품으로 지목한다(Deleuze, 1986). 19줄의 종과 횡이 만나는 지점에 돌을 놓아가며 자신의 영토를 확장하기 위해 수없이 많은 영토화와 탈영토화를 반복하는 바둑은, 수만 번을 둔다고 해도 매 대국에서 모두 다른 형국이 생성되는 바둑은 인간적 놀이와 신적이 놀이 사이에 있는 듯 보인다. 집과 돌 계산과 같은 규칙들, 정착적 분배를 지시하는 정석과 같은 것들은 '인간적 놀이'를, 배치와 접속으로 인해 끝없이 달라지는 유불리의 유목적 분배는 '신적인 놀이'의 측면을 보여준다. 수없이 많은 대국 속에서도 결코 '같은 것'으로 되돌아 오는 법이 없는 바둑두기는 영원회귀의 고원과도 같다. 이들이 마주하는 매번의 대국 한판 한판은 모두 다른 것으로 특개화되면서 '이것임'(heceite)에 이른다. 오직 차이만 반복되는 것이다! 이렇게 이들의 바둑은 매 대국마다 차이 생성을 반복하는 영원회귀 속에서 이것임에 다다르는 "신적인 놀이"의 예술이 된다.

그러니 십여 년을 넘게 놀이를 연구해 온 연구자로서 내가 제기한 '가치'의 문제제기라는 것은 얼마나 어리석고도 얄팍한 것인가! 그러고도 나는 끝까지 어리석어서, 조한승 9단과의 인터뷰 말미에, 앞으로 마주하게 될 알 수 없는 인류의 미래를 우려하며 지금 우리는 가속도를 내며 기후변화를 향해 가고 있음을, 오랜 장마로 해를 보지 못한 지 48일이 됐음을, 이런 사태가 3년만 지속되면 식량난도 올 수 있을 것 같다는 불안을, 우리에겐 암울한 미래가 기다리고 있음을 이야기 했다. 조한승 9단은 내 말을 듣더니, "인류의 미래에 대해 고민을 못 해봤다"라고 웃으며, "만약 그런 순간이 온다고 해도 그건 내가 어떻게 선택할 수 있는 것이 아닌 것"이라고 초연하게 말함으로써 아직 다가오지 않은 미래의 시간을 끌어와 현재를 가득하게 채워버린 나의 우려와 심려가 얼마나 어리석은 것인지를 다시 한 번 일깨워 주었다.

5) 인공지능과 겨루고 배움으로 포스트휴먼이 되다

조한승: 어… 제가 그 AI가 두는 방식을 아주 정확히 이해하지는 못하는데요, AI도 어떻게 보면 생각(사고)을 하는 방식이지 않나요? 그러니까 만약에 오히려 AI가 100% 답을 다 알고 있다면 저는 바둑의 의미가 퇴색할 수 있을거라고 생각하는데… 그래

> 도 AI도 그렇기(아직 정확안 답을 산출하는 것이 아니기) 때문에 그런 측면에서는 아직까지 미지의 영역이 있는 거 같다, 그런 건 좀 다행이라고 생각을 하고요. (함께 웃음) 음....저희가 AI랑 두게 되면서 어떻게 보면 역설적이지만 오히려 새로운 걸 많이 알게 되는 거죠, AI를 통해서. 사람은 워낙 좀 고정관념이 많았던 거 같아요. 그렇게 생각을 안 했어도. 잘하는 사람이 하는 거를 늘 따라하고, 의심 없이 받아들이고 그런 것들이 많았는데, 이제 그런 것들을 AI가 많이 없애줬죠. 그래서... 어떻게 보면 AI가 사람들의 수준을 많이 높였죠.

지난 2016년에 있었던 이세돌 9단과 딥마인드 알파고와의 대결은 바둑계뿐 아니라 전세계 사람들의 삶에서 하나의 특이점이 되었을 것이다. 총 다섯 번의 대국이 진행되는 동안 처음에 가졌던 '에이, 기계가 아직 바둑으로 인간을 이길 수 있겠어?'하는 나의 안일한 생각은 '어, 이러다가 인간이 한판도 이길 수 없는 거 아니야?'하는 불안으로 바뀌더니, 챌린지가 끝나고 난 뒤에는 '아, 이제 정말 새로운 세상이 왔구나!'하는 충격으로 바뀌었다. 그 뒤, 인간의 기보를 전혀 학습하지 않고 자기 스스로 대국하면서 바둑을 독학으로 학습한 알파고-제로가 등장했을 때, '이제는 정말로 기계가 스스로 학습하는 것이 가능한 세상이 되었는가?'하는 생각으로 공포에 휩싸였던 기억이 난다. 그것은 일종의 "불온한 것"을 마주했을 때 본능적으로 밀려오는 그런 종류의 불안과 공포였다(이진경, 2011). 스스로 학습하는 기계는 왜 그토록 내게 불온하게 여겨진 것일까? 고백하건데, 들뢰즈와 신유물론, 포스트휴먼을 공부하고 탈인간중심주의를 이야기해오던 나는 여전히 나(휴먼)와 동물, 식물, 그리고 기계와 같은 세계의 온갖 비인간 모두가 "존재의 한 평면"에 있다는 것을 받아들이지 못했다. 그런 탓에, 인간(만)의 영역이라고 생각했던 학습(어쩌면...사고)을 하는 비인간 존재인 AI(인공지능)가 도저히 용납되지 않았던 것이다.

그러나 이 불온감의 근거가 무엇이냐는 물음을 던진다면, 즉 '왜 인간만이 학습할 수 있다고 생각하는가?', '왜 인간만이 사고와 담론의 주인이 되어야 하는가?'하고 묻는다면 그건 도무지 답할 길이 없다. 나의 이 불온감은 세계의 모든 존재 중에 인간을 우위에 두는 존재의 위계를 여전히 포기하지 못한 탓이기 때문이다(Braidotti, 2013). 독학으로 배우는 기계를 보며 마주한 나의 이러한 불온감은 인간의 능력에 대한 모상을 통해 만들어진 인공지능이 인간의 능력을 초과해서 인간을 이기는 상황에 대한 공포를 그리는 수많은 공상과학영화의 오래된 테마다(이진경, 2019). 그러나 이진경(2019)이 질문한 것처럼, "도대체 기계가 인간이 되고자 할 이유가 무엇이겠는가?"

조한승 9단은 'AI의 등장 이후 바둑을 두는 것의 의미가 삭감되지 않았느냐?'라는 나의 질문에 대해 위와 같이 답하면서, 인공지능의 등장이 바둑계를 두려움에 빠뜨렸으리라는 나의 예상이 얼마나 인간중심적인 편견인지 드러내 주었다. 그는 자신들이 인공지능과 바둑을 두게 되면서 "역설적이지만 오히려 새로운 것을 많이 알게 되었다"라고 말한다. 그동안 깨닫지 못했던 자신들의 고정관념들, 그래서 잘두는 이의 수를 그냥 받아들였던 것에 대해 오히려 다시 생각할 수 있게 되었다는 것이다. 그의 표현처럼 오히려 인공지능이 "사람들의 수준을 많이 높인" 셈이다. 또한 한종진 9단은 인공지능도 스스로 새로운 변화에 대해 연구하고 변화하고 자신들도 "그걸 같이 계속 연구하고 변화한다"라고 했다. 이러한 이들의 시선은 "네트워크나 컴퓨터 등의 발전이 제공한 새로운 기술을 통해 변형된 인간(이진경, 2019)"을 뜻하는 포스트휴먼이 어떤 것인지를 잘 보여준다. 그것은 새로운 종류의 기계와 접속하여 결합된 인간으로서 인간적 능력을 넘어서고 확장하는 기계-되기 하는 인간이다. 이들은 인간 기사인 자신들과 인공지능 기사인 알파고를 존재의 한 평면에 놓고 헤아린다. 그리하여 이들은 인공지능과의 공존을 두려움으로 마주하는 것이 아니라, 자신들의 수준을 높이고 자신의 능력을 확장하는 데로 나아간다. 그렇게 이들은 기계와 접속하고 확장하는 포스트휴먼(posthuman)이 된다.

그러나 당연히도, 기사들이 인공지능과 겨루는 것은 사람과 겨루는 것과는 결코 같을 수 없다. 조한승 9단에 의하면, 사람과 사람과의 바둑에서는 특유의 "승부 호흡"이라는 것이 있는데 반해, AI와 바둑을 두는 것은 이미 기술력의 차이로 인해 압도당한 채 시작하게 된다. 인공지능과 둘 때면, 자신이 신예 시절 "구름 위에 있던 존재(신과 같은 존재)"로 여기며 압도당했던 "이창호 9단에게 가졌던 부담의 10배, 100배의 부담"을 갖고 두게 된다는 것이다. 이에 대해 한종진 9단은 인공지능과의 대국은 바둑을 둔다라기 보다는 학습을 하는 것에 가깝다고 언급했다. 또한 이러한 학습은 매우 외로운 싸움이기 때문에 이것을 잘 견디면 훨씬 큰 능력을 갖게 된다는 이야기도 덧붙인다.

> 조한승: 어떤... 그런 차이인거 같애요. AI는 워낙 거의 완벽에 가깝고, 사람이 아니다 보니까 저희가 그래선 안 되는데, 대국할 때 이미 지고(진다고 생각하고) 시작을 하는 거죠. 사실 이미 안 되는 걸 알고

있잖아요? AI는 실수가 거의 없고 실력도 강하고 한 걸 알기 때문에...그래서 사실, 더 이길 수가 없죠. 보통. 저는 그래서 잘 못 이기는 거 같아요. 예를 들면, 제가 이전에 이창호 사범님한테 가졌던 감정(부담감)의 10배, 100배를 갖고 시작하니까, 실력이 안 되는 것도 안 되는 거지만 그것보다도 심리적으로 안 돼요, 기계랑 두면. 그래서 아마 그때 이세돌 9단이 알파고랑 둘 때, 되게 힘들었겠죠. 사람이랑 둔다면 본인이 불리해도 역전할 수 있다고 생각을 하는데, 그게 안 되니까.

한종진: 저는 그건 바둑이라기보다 인간이 공부를 하는 거라고 생각해요. 학습하고 있는 거라고, 나보다 더 강한 사람에게 학습한다고 생각하고, 그렇게 학습하는 사람이 대단하다고 생각해요. 왜냐하면 우리가(사람끼리) 앉아있으면 서로 감정 표현이 되기 마련인데 인공지능 그 무감각한 애하고 인간이 대결하는 거잖아요? '그건 굉장히 외로운 싸움이다, 그걸 잘 견디는 사람이, 그걸 이겨내는 것이 훨씬 큰 재능이 될 수 있다' 저는 그렇게 생각을 해요.

이들이 인공지능과 더불어 겨루고 그것에게 배우고 그것과 함께 연구한다고 하는 것이, 인간 프로기사와 알파고의 차이가 무화되거나 각각의 '이것임'이 사라짐을 뜻하는 것은 아니다. 즉, 인간과 기계가 하나의 존재론적 평면에 있다고 해서 그들 각각의 특개성이 무화되거나 그들 간의 구별이 불가능하도록 동일하게 되는 것이 아니다. 그보다는 생명과 기계, 인간과 비인간, 동물과 식물이 어떤 존재적 위계도 없이 하나의 평면에 존재함을 뜻한다. 지극히 당연히도 그 평면 위에서 각각의 개체는 자신이 갖는 상이한 능력과 특이성들에 따라 다른 것과 만나고 갈라지며, 섞이고 또한 분리된다(이진경, 2019). 이런 맥락에서 들뢰즈의 '보편성'은 모든 것을 같게 만드는 동일화의 지평이 아니라 어떤 절대적 실선도 존재하지 않는 순수 차이들, 유목적이며 비정확한 (본)질들, 온갖 '이것임(heceite)'의 출현을 가능하게 하는 혼효(混淆)의 지평(plan de consistance)이다(최승현, 2020). 모든 차이를 거세한 공통적 본질의 총화로서의 보편성이 아니라 오히려 온갖 특이성들이 어지럽게 뒤섞여 들끓는 혼효다.

따라서, 이들은 인공지능과 더불어 겨루고 배우면서 자신의 인간적 능력을 확장해 나감으로써 오히려 인간만의 특이성이 무엇인지를 사유하고 다뤄나간다. 한종진 9단은 인공지능이 더욱 발전하여 설명가능해지고 사람과 상호작용을 할 수 있게 된다할지라도 "**이에 대해 이해하고 있느냐?"의 문제가 남는다는 것을 즉, 유일한 그 단 한 명의 인간 존재의 특이성에 대해서 인공지능이 이해하느냐의 문제가 남아 있음을 지적했다. 단 한 명의 인간 존재의 그 독특성을 이해하는 것은 (적어도 아직까지는) 휴먼의 영역, 인간만의 특이성이라는 것이다. 또한 실수가 없다는 인공지능의 특이성으로 인해, 인공지능은 인간의 실수를 이해하지 못할 것이라고도 지적한다. 실수야말로 인공지능은 할 수 없고 인간만이 할 수 있는, AI는 가지지 못하고 인간만이 가진 능력인 셈이다. 목진석 9단은 바둑에서 AI가 보여줄 수 없는 휴먼의 요소는 사람의 이야기가 담겨 있는, 그래서 "사람의 마음을 움직일 수 있는" 바둑이라고 이야기한다.

연구자: 그럼, 사범님, 만약에요 나중에 인공지능이 더 발전을 해서 해설까지 다 가능하고, 사람과 상호작용도 되고, 왜 여기다 착점을 했는지 스스로 설명을 할 수도 있고 이렇게 된다면, 그때도 사람이 사람한테 배우는 게 의미 있을까요?

한종진: ...(중략)...그러니까 인공지능이 그런 해설을 완벽하게 해 준다고 해도 가령 인공지능이 **이에 대해서 이해하고 있느냐는 거죠.

연구자: 아! 그 아이에 자체에 대해서는...(인공지능은 이해하지 못한다!)

한종진: 네, ##이에서 대해서, @@이에 대해서 이해를 하고 있느냐는 거죠. 그건 또 다른 문제라고 생각하거든요. @@이 스타일, ##이 스타일, **이 스타일 상관없이 다 똑같이 (지도)하면 획일적이죠. 인공지능이 이게 무조건 좋은 수다 해서 알려주면 이 스타일이 죽게되는 거잖아요. 왜냐하면 인공지능도 계속 발전하고 있어서 아직도 변해요,..(중략)...그럼에도 불구하고 결국 바둑은 인공지능이 알려주는 걸 끝까지 둘 수는 없거든요. 우리가 바둑을 두면서 평생 수만 판을 둬도 똑같은 판은 절대 안 나오거든요. 그렇다는 것은 새로운 변화들이 계속 나온다는 거고, 지금도 인공지능은 새로운 변화에 대해 스스로 연구하고 저희도 그걸 같이 계속 연구하고, 변화하기 때문에 본인의 기본적인 스타일 이런 것들을 살려서 가야하는 것도 있어서, 그래서... 꼭 인공지능이 모든 걸 다 대변

하지는 못할 거예요...(중략)...인간은 감정에 의해서 실수도 하고, 상황에 따라서 컨디션에 따라서 실수를 하면 그걸 잡아주는 게 경험자가 할 수 있는 거거든요. 그런 게 인공지능은 실수가 없잖아요? 인공지능이 아직까지 이해하지 못하는 부분은 실수하는 거거든요. 우리 아이들이 실수하는 걸 보면 오늘은 실수 안해도 내일은 실수할 수 있거든요.

목진석: ...(중략)...프로기사의 바둑을 아직까지 좋아하고 봐주시는 분들에게, 실력은 AI가 훨씬 강하지만, AI가 보여줄 수 없는 어떤 그 이상의 것을 좀 보여드려야 되는게 아닌가 생각해요. 예를 들면 정말 바둑 자체만 두고 본다면 당연히 지금 사람이 두는 바둑보다는 AI가 당연히 더 세겠죠. 하지만 바둑 한판을 두면서 그 사람이 모든 걸 쏟아붓고 또 한 기사로서 좌절을 딛고 일어서고 하는 이런 스토리, 또는 그런 휴먼의 요소를 자꾸 보여줘야 되지 않을까요? 바둑 내용 자체만으로는 이미 사람들을 끌어들이기는 (어려워요.) 실력적으로나 시대도 그렇고, 그래서 자꾸 그런 모습들을 많이 부각되어야 하지 않을까 싶어요....(중략)...사람들이 조치훈 9단이나, 이세돌 9단, 이창호 9단 그런 역사적인 기사들을 보고, 그 바둑을 보면서 열광하고 감동하고 그러는 건, 결국 인간적인 것들이 그 바둑 안에 녹아있기 때문에 그렇다고 생각을

> 해요. 앞으로도 당연히 AI 시대지만, AI랑 (인간이) 실력적으로 겨룰 수 없지만, 결국 사람들이 이걸 계속 보게 만드는 건, 그 속에 담겨있는 인간적인 무언가, 그게 그 사람의 스토리가 됐든 그런 것들이 있어야 되지 않을까 싶어요.

인공지능과 겨루고 배우며 그것들과 더불어 연구함으로써 자신의 "수준을 높이며", "훨씬 큰 재능"을 개발해 나가는 이들의 포스트휴먼-되기는 오히려 인간의 특이성이 무엇인지를 사유하게 하는 자리로 이끈다. 그것은 이들이, 인간의 바둑두는 능력에 대한 모상을 통해 만들어진 인공지능이 인간의 능력을 초과해서 자신들을 '이기는' 지금의 이런 상황을 공포로만 여겼다면, 그래서 여전히 기계를 거부하고 인간으로서의 자기 존재를 세계의 다른 존재들의 우위에 있는 것으로 여겼다면 결코 다다를 수 없었을 고원이었을 것이다.

이진경(2019)은 포스트휴먼에 대한 고민이 새로운 인간상의 도출에 초점을 맞춘다면, 그것은 여전히 휴머니즘의 평면을 벗어나지 못한 것이라고 지적한다. 새로운 인간의 형상으로서의 포스트휴먼은 새로운 동물의 형상, 새로운 식물의 형상, 새로운 기계의 형상과 함께 출현할 때에야 가능하고, 그때에야 우리는 저 뿌리 깊은 휴머니즘의 지반을 비로소 떠날 수 있다(이진경, 2021). 우리가 인간 이상으로 보고 듣고 감지할 수 있는 식물과, 인간 이상으로 '사고', '판단', '학습'할 수 있는 기계를 감각할 수 있을 때에야 우리는 비로소 인간 이상으로 사유하고 인간적 능력을 확장하는 포스트휴먼이 될 것이다. "인간과 식물, 동물, 기계와 같은 세계의 모든 존재가 하나의 평면에 있으며 어떤 것도 존재론 내지 인식론의 이름으로 특권화되지 않는 존재론적 평등성의 지반에 도달할 때(이진경, 2019: 73)",

그 때에야 비로소 그 각각이 갖는 '본성'이나 '특이성', '고유성'이 제자리에서 다루어질 수 있을 것이다(이진경, 2019, 2021; Braidotti, 2013).

○● 6. 또 다른 고원으로 나가며...

연구라는 인간 사유 행위의 아주 전형적인 논리 방식을 따르자면, 이 글의 '결론'을 몇 가지로 정리해 볼 수 있을 것이다. 그리고 각각에 대한 구태의연한 논의와 제언도 할 수 있을 것이다. 그러나 나는 그런 제언이 꼭 필요한 것인지, 그것이 가능한 것인지도 이젠 모르겠다. 그래서 나는 이 연구의 결론과 제언을 다음과 같은 자기 물음으로 대신하고자 한다.

첫째, 포스트휴먼의 페다고지는 답을 지시하는 것이 아니라 함께 답을 찾아가는 과정이다(Barad, 2007; Deleuze, 1968, Deleuze & Guattari, 1980). 그러니 우리가 알아야 한다고 지정해 놓은 일정한 지식을 아이들이 재인하는 일을 '교육'이라고 부르는 희비극을 그만두어야 하지 않을까? 내용을 지시하는 것이 아니라 사유하는 힘을 기르는 데에 초점을 맞추어, 교육과정을 재편하는 것은 어떤가? 그러니 제발 아이들에게 아는 것을 '답'하라고 하기 전에, 아이들에게 비판적 질문을 허하라고 해야 할까? 기본적인 지식 내용을 정해 놓은(그랬다고 믿었던) '교과서'와 같은 형식을 포기하는 것은 어떤가? 아이들이 저마다 배우고 싶은 것을 배워가며 기쁨을 누리고, 그래서 스스로 사유하는 힘을 기를 수 있도록 아이들을 좀 내버려 두는 것은? 도대체 우리가 몇 년 후 사람 삶에 필요한 지식이 무엇인지 예측할 수도 없는데, 왜 자꾸만 지식 내용 중심의 교육과정을 구축해야 하나? 그것은 정말 아이들을 위한 일인가? 그것은 혹 가르친다는 명목으로 우리의 삶을 유지하기 위한 것은 아닌가?

둘째, 포스트휴먼의 페다고지는 '차이'를 발견해 가며 이것임(heceite)이 되는 일이다(Davies, 2014; Nietzche, 1999; Taguchi, 2010; Sellers, 2013). 그러니 각기 다른 모든 아이들에게 같은 기준을 적용하고 같은 수준으로 거기에 맞추라고 요구하는 폭력을 그만두는 것이 어떨까? 모든 아이들에게 같은 교육과정을 제공하는 '평등'이 아니라 아이 한 명, 한 명의 독특성이 춤출 수 있도록, '차이'가 들끓는 (교육)활동을 실천하는 것이 필요하지 않은가? 서로 다른 능력과 호기심을 가진 아이들 모두가 같은 것을 학습하는 '산술적 평준'을 평등이라고 착각하지 말아야 하지 않나? 그렇게 해서 학교생활 내내 동일한 기준을 요구하며, 들끓는 차이들을 무화함으로써 12년을 보낸 끝에 대부분의 아이들이 차이를 잃고 같은 능력과 같은 욕망을 가진 사람들을 키우는 곳을 '공장'이 아니라 '학교'(교육공간)라고 호명할 수 있는가? 그렇게 아이들이 같은 능력과 기준에 대한 요구에 부응하기 위해 같아지려고 발버둥치는 동안 그 동일성에서 벗어난 타인을 용납하지 못해서 벌어지는 많은 비극은 결국 아이들의 차이를 무화하려 했던 우리들의 책임은 아닌가? '차이'라고는 조금도 구현되지 않은, 감시하기 좋은 감옥 같은 학교 공간의 배치를 새롭게 바꾸는 것은 어떤가(유현준, 2018)?

셋째, 포스트휴먼의 페다고지는 세계의 존재론적 평등성의 지반에 도달함으로써 인간적 능력을 확장하고 인간의 특이성을 발견하는 것이다(이진경, 2011, 2019, 2021; Braidotti, 2013; Pancini-Ketchabaw, Kind & Kocher, 2017). 그러니 이제는 인간 삶을 위해서는 세계의 다른 존재들이 얼마든지 훼손될 수 있다고 생각해 왔던 우리의 인간중심적 가치를, 그리고 그것을 훈습해서 자신의 목적을 위해서는 다른 존재들에게 폐 끼치기를 서슴지 않는 우리들의 오만을 돌이켜보아야 하지 않을까? 지금 인간에게 필요한 주요 능력은, 얼마든지 컴퓨터에서 찾아낼 수 있는 지식과 정보를 기억하고 재인하는 것이 아니라, 자신에게 필요한 지식을 분별해내고 그 지식을 세계의 다른 모든 존재들과 공존하며 살아가는데 쓰는 능력이지 않을까? 그러니 이제는 담론과 물질이, 이론과 실제가 따로가 아님을 자각하고, 영어와 수학, 과학과 국어가 아이들이 그림을 그리고, 노래를 부르고 춤을 추는 것과 결코 따로가 아니며 보다 더 중요한 것도 아니라는 것을 자각해야 하지 않을까? 그렇게 인간의 배움은 몸이 세계와 물질적으로 얽힐 때에야, 비로소 생성될 수 있지 않은가? 차라리 아이들이 학교라는 한정된 공간에서 벗어나 삶의 구석구석의 다른 곳에서 다른 인간, 다른 물질과 접속하는 사건들을 만들어 낼 수 있도록 환경을 구축해보는 것은 어떨가? 그렇게 아이들이 인간과 그리고 인간 아닌 수많은 세계의 존재들과 접속하는 경험들을 통해 결국은 자신의 인간적 능력을 확장하도록 도와주는 게 우리의 역할이 아닐까? 그리고 우리보다 이미 항상 더욱 탁월한 우리 아이들이 그것을 해내리라고, 기술과 결합하여 인간적 능력을 확장하는 포스트휴먼이 되고, 그를 통해 결국 우리 인간의 독특한 자리가 무엇인지 찾아가리라고 바라는 것이 지금 우리가 여기서 할 수 있는 최선이 아닐까?

그러나 위와 같은 정리가 새로운 미래 교육에 대한 어떤 결론, 즉 '사리를 밝히는 맺음'이 될 수 있는지 모르겠다. 결국 들뢰즈와 가타리에게 '배움'은 주름져 있던 온갖 잠재적인 것들이 펼쳐지면서 현실화되는, 사방을 향해 열려있는 가능성으로 가득찬 것이지만, '가르친다'라는 것은 이미 항상 불가능한 일일지 모르겠다. 들뢰즈의 배움에 대한 사유를 따라 가다보면, 결국 "교육"이라는 개념을 버려야 하는 것이 아닌가 고민하는 지점에 다다르기도 한다(전가일, 2020b;

최승현, 2020). 교수와 학습은 교육을 구성하는 두 가지 요소이고, 이 둘이 상호작용으로 인해 더 나은 것(향상)을 지향한다는 개념을 전제해 볼 때, 교육에서 '타자'(교수하는 자)와 '의도'(학습자와 교수자 모두에게)라는 속성을 저버릴 수 없기 때문이다. 그래서 들뢰즈와 포스트휴먼을 사유하는 연구자가 '배움'을 이야기 할 수는 있겠지만 '교육'을 논할 수 있는가 하는 물음이 남게 되기 때문이다.

그러니 고백건데, "나는 여전히 어디로 가야 할지 모르겠다. 나와 우리 아이들이, 내 생의 수많은 사랑하는 아이들이 어디로 가야 하는지 모르겠다. 22세기는 오지 않을 것만 같이 우리의 미래가 불확실성으로 가득 찬 지금, 연구자로서 나는 우리의 배움(과 교육)이 어디로 향해야 할지 그 출구를 지시할 수 없다. 다만, 살아갈 뿐이다. 입구도 출구도 없이 그리고, 그리고, 그리고로 끝없이 이어지는 중간지대인 고원처럼"(전가일, 2021b; 223). 이것이라고 생각하여 내려앉았다가도 그곳의 홈 파임에 대한 질곡으로 아파하며 매끄러운 공간으로 탈주하기 위해 탈영토화의 전투를 꿈꾸며 그것을 딛고 다시 사뿐히 날아오르는 사이-존재로, 리좀-인간으로 그렇게 살아갈 뿐!

> "고원은 중간에 있지, 시작이나 끝에 있지 않다. 리좀은 고원들로 이루어져 있다...그것은 하나의 배치물이다. 사유 자체를 유목민이 되게 하고 책으로 하여금 모든 움직이는 기계의 한 부분품이, 리좀의 줄기가 되게 하는 배치물이다. 절대로 심지 말아라! 씨 뿌리지 말고 꺾어 꽂아라! 하나도 여럿도 되지 말고 다양체가 되어라!...리좀은 시작하지도 않고 끝나지도 않는다. 리좀은 언제나 중간에 있으며 사물들 사이에 있고 사이-존재인 간주곡이다."
>
> (Deleuze & Guattari, 1980; 54)

⌘

참고문헌

고병권(2003). 니체의 위험한 책, 차라투스트라는 이렇게 말했다. 서울: 그린비.

김경애·김진숙·박성철·박희진·손찬희·양희준·이상은·장바울·최수진(2020). 코로나 시대, 학교의 재탄생. 서울: 학이시습.

김누리(2020). 우리의 불행은 당연하지 않습니다. 서울: 해냄.

김영환·이승민·배혜림·손미(2019). 교육혁신관련 연구 주제 변화 동향분석: 네트워크 분석을 중심으로. 교육혁신연구, 29(1), 91-116.

김용련(2019). 마을교육공동체: 생태적 의미와 실천. 서울: 살림터.

김용섭(2020). 언컨택트. 서울: 퍼블리온.

김재인(2018). 매끈한 공간 대 홈 파인 공간: 전쟁기계, 또는 공간을 어떻게 구성할 것인가? 들뢰즈의 공간의 정치철학. 현상학과 현대철학, 79, 289-310.

문용직(2006). 바둑의 발견. 서울: 부키.

박우성(2002). 바둑 철학. 서울: 동연.

서덕희(2006). 홈스쿨링의 가능성과 한계에 대한 참여관찰 연구. 서울대학교 대학원 박사학위논문.

이홍렬(2016). 알파고도 궁금한 바둑이야기. 서울: 더메이커.

임부연·박수현(2017). 학교교육에서 진정한 배움의 의미 탐구, 들뢰즈의 프루스트와 기호들을 중심으로. 교육사상연구, 31(4), 179-202.

우정길(2020). 교육학과 포스트휴머니즘 담론의 임계점에 관한 고찰. 교육철학연구, 42(4), 55-92.

유현준(2018). 감옥 같은 학교건물을 당장 바꿔야 하는 이유. https://www.youtube.com/ watch?v=QxGzwJd_Eno에서 2020년 9월 5일 인출.

이정우(2008). 천하나의 고원. 서울: 돌베개.

이진경(2002). 노마디즘2. 서울: 휴머니스트.

_____(2007). 모더니티의 지층들. 서울: 그린비.

_____(2011). 불온한 것들의 존재론. 서울:휴머니스트.

_____(2019). 포스트휴먼과 인간학: 포스트휴먼이 던지는 철학적 물음들. 2019년 한국교육인류학회 추계학술대회 자료집.

_____(2020). 사랑할 만한 삶이란 어떤 삶인가. 서울: xbooks.

_____(2021). 유물론 선언: 천개의 유물론을 위하여. 마르크스주의 연구, 18(2), 178−209.

장시기(2016). 질 들뢰즈의 바둑의 발견. 비평과 이론, 21(3), 41−63.

전가일(2013). 유아의 자유놀이에서 관계맺기에 대한 현상학적 연구. 서울대학교 대학원 박사학위논문.

_____(2018). 인간/비인간의 위계를 넘어 인간과 자료의 내부작용(intra−action)으로. 한국교육인류학회 2018년 추계학술대회 자료집,

_____(2019). 들뢰즈와 가타리의 '기계'와 '배치'를 통해 '교육'과 '배움' 새롭게 사유하기. 한국교육인류학회 2019년 추계학술대회 자료집.

_____(2020a). 물질은 어떻게 아이들과 더불어 운동하는가?. 미래학교를 위한 놀이와 교육. 275−305. 서울: 교육과학사.

_____(2020b). 그들의 왜 기꺼이 어려움을 감수하는가?: 한 공동육아조합원들의 공동육아 경험을 통해 본 사회적 육아의 의미. 미래교육학연구, 33(2), 127−155.

_____(2021a). 질적연구 계획에서 글쓰기까지. 서울: 학이시습.

_____(2021b). 아이 함께 키우며 더불어 살아가기: 구름산자연학교 공동육아 이야기. 서울: 살림터.

정경화(2021). 교사는 기술을 통해 학생에 닿을 수 있는가?: 비대면 시대, 교사의 실존적 위기에 대한 현상학적 보고. 교육철학연구, 43(2), 245−271.

정낙림(2020). 놀이의 철학과 아곤의 교육. 미래학교를 위한 놀이와 교육. 65−98. 서울: 교육과학사.

정수현(2013). 바둑을 통한 삶의 비유가 갖는 의미. 바둑학연구, 10(2), 11−23.

조용환(2011). 기오재 공동학습 자료, jyh180918. 미간행.

_____(2014). 짜라투스트라는 이렇게 수업했다: 교육인류학의 눈으로. 교육인류학연구, 17(4), 35−74.

_____(2019). 질적 연구의 원리와 기법. 서울대학교 교육연구소 2019년도 동계 연구방법론 워크숍 자료집.

최근정(2019). 성인들의 '대학 밖 대학' 배움활동 해석. 이화여자대학교 대학원 박사학위 논문.

최승현(2017). 들뢰즈의 배움론이 교사교육에 주는 시사점. 교육철학연구, 39(2), 193−209.

_____(2019). 들뢰즈와 가타리의 기계론과 배치의 교육학. 2019년 한국교육인류학회 추계학술대회 자료집.

_____(2020). 실험과 배움 그리고 유아 놀이의 생태성. 미래학교를 위한 놀이와 교육. 205−231. 서울: 교육과학사.

허영주(2016). 교육적 노마디즘의 개념화. 한국교육학연구, 22(3), 89−113.

Barad, K.(2007). Meaning the Universe Halfway: Quantum Physics and the Entanglement of Matter and Meaning. Durham, NC:Duke University Press.

Braidotti, R. (2013). The Posthuman. 이경란 역(2015). 포스트휴먼. 서울: 아카넷.

Davies, B. (2014). Listening to Children: Being and becoming. London: Routledge.

Deleuze, G. (1968). Différénce et Répétition. 김상환 역(2004). 차이와 반복. 서울: 민음사.

__________ (1964). Proust et les signes. 소동욱,이충민 역(1997). 프루스트와 기호들. 서울: 민음사.

_________ (1988). Le Pli, Leibniz et le Baroque. 이찬웅 역(2004). 주름, 라이프니츠와 바로크. 서울: 문학과 지성사.

Deleuze, G. & Guattari, F. (1980). Mille Plateaux: capitalism et schizo－phrenie 2. 김재인 역(2001). 천개의 고원. 서울: 새물결.

Gatto, J. T. (2005). Dumbing Us Down. 조응주 역(2017). 왜 우리는 교육을 받을수록 멍청해지는가. 서울: 민들레.

Koro－Ljungberg, M., MacLure, M. & Ulmer, J. (2018). D...a...t...a..., Data＋＋, Data, and Some Problematics. Denzin, N. K. & Lincoln, Y. S. (Eds.). (2018). The SAGE Handbook of Qualitative Research (5th). SAGE Publications.

Kohn, E. (2018). How Forests Think. 차은정 역(2018). 숲은 생각한다. 서울: 사월의 책.

Pancini－Ketchabaw, V., Kind, S. & L.M. Kocher, L. (2017). Encounters with materials in early childhood education. NY: Routledge.

Nietzche, F.(1968). Jenseitas von Gut und Bose. 김정현 역(2002). 선악의 저편. 서울: 책세상

_______(1980). Also sprach Zarathustra. 장희창 역(2004). 차라투스트라는 이렇게 말했다. 서울: 민음사.

Ranciere, J. (1987). Le Maite Ignorant. 양창렬 역(2008). 무지한 스승. 서울: 궁리.

Mondale, S. & Patton, S.B.(2001). School: The Story of American Public Education. 유성상 역(2014). 스쿨: 미국 공교육의 역사. 서울: 학이시습.

Sellers, M. (2013). Young children becoming curriculum: Deleuze, Te Whariki and curricular understandings. NY: Routledge.

Schostak, J.(2008). Interviewing and Representation in Qualitative Research. N.Y.:Open University Press.

Taguchi, H.L.(2010). Going Beyond the Theory/Practice Divide in Early Childhood Education: Introducing an intra－active pedagogy. 신은

미·안효진·유혜령·윤은주·이진희·임부연·전가일·한선아·변윤희 역(2018). 들뢰즈와 내부작용 유아교육: 이론과 실제 구분 넘어서기. 서울: 창지사.

van Manen, M. (2012). Ethical Responsivity and Pediatric Parental Pedagogy. Phenomenology & Practice, 6(1), pp. 5－17.

Villani, A. & Sasso, R.(2003). Le Vocabulaire de Gilles Deleuze. 신지영 역(2013). 들뢰즈 개념어 사전. 서울: 갈무리.

Wallace－Wells, D.(2019). The uninhabituable earth: Life after warming. 김재경 역(2020). 2050 거주불능 지구:한계치를 넘어 종말로 치닫는 21세기 기후재난 시나리오. 서울: 수수밭.

Watson, R.(2016). Digital vs. Human. 방진이 역(2017). 인공지능 시대가 두려운 사람들에게. 서울: 원더박스.

비실시간 온라인 토론 대학수업을 통해 본 인격적 관계 형성의 가능성[1)]

임지은, 최진(대구교육대 교육학과)

○○ 1. 들어가며

지난해 상반기부터 이어져 온 코로나 19 팬데믹 상황에서 우리가 공백 없이 교육실천을 이어갈 수 있었던 가장 큰 요인은 아마도 '온라인'을 새로운 학습 환경으로 활용할 수 있었기 때문일 것이다. 대응 초기 대부분의 공교육 및 대학교육이 비대면 온라인 수업으로 전환된다고 했을 때 많은 이들은 오프라인 교실 수업에 비해 당연히 교육의 질이 떨어질 것이라고 우려했지만, 어느새 비대면 온라인 수업을 선호하는 학생들이 많아지고 있다는 기사들이 심심찮게 등장하고 있다.[2)] 그리고 1년 반 정도가 지난 이 즈음하여 비대면 온라인

1) 이 글은 2021년 교육정보미디어연구에 발표한 '비실시간 토론 중심 온라인 수업에 참여한 대학생의 경험 탐색: 인격적 관계 형성을 중심으로'라는 논문을 재구성한 글이다.

수업을 분석하는 학문적 성찰 또한 증가하고 있다. 이러한 성찰 중 일부는 여전히 비대면 온라인 수업의 교수–학습 방식이 오프라인 교실수업에 비해 한계를 지니고 있으며, 교육적 관계 또한 왜곡될 수밖에 없다고 염려하고 있고(소병철, 2021), 또 다른 일부는 미래 교육이 지향해야 할 온라인 수업의 방식을 팬데믹 덕분에 의도치 않게 일상적으로 경험하게 된 것이며, 더 현실적인 보완책을 강구해 뉴노멀(New Normal)을 이뤄갈 좋은 기회라고 진단하기도 한다(정은상, 2021: 265).

온라인 수업에 대한 관심과 논의가 코로나 19 사태로 인한 비대면 전환으로 인해 사회 전면에 등장하게 되긴 했으나 사실 온라인 수업은 새롭게 등장한 개념이 아니다. 2000년대 이후부터 꾸준히 온라인 환경에서 의미있는 교육적 경험을 제공하기 위한 연구들이 다수 이루어져 왔다. 특히 '비실시간 문자기반 온라인 토론'은 대면과 구별되는 소통 방식을 통해 온라인 수업만의 새로운 학습 경험을 제공해 줄 수 있는 주요 학습활동으로 주목받아 왔다(Symeonides & Childs, 2015). 특히, 온라인 수업의 주요 연구자들은 비실시간 토론 중심 온라인 수업이 온라인 환경에서 협력적이고 능동적인 상호작용을 촉진함으로써 사회적 구성주의를 실현하기 위해 효과적인 한 가지 방안이 될 수 있다고 주장해 왔다(차정호, 노태희, 2005; Gilbert & Dabbagh, 2005; Moore & Marra, 2005). 예컨대 비실시간 온라인 토론은 소극적인 학생이 보다 적극적으로 토론에 참여할 수 있도록 하고 학생들에게 충분한 성찰과 담화의 기회를 제공함으로써 좀 더 고차적인 인지적 사고와 유연성을 촉진할 수 있는 이점을 지니고 있다는 것이다(조영환 외, 2015).

---

2) http://news.heraldcorp.com/view.php?ud=20210524000183 검색일, 2021. 10. 15

그러나 비실시간 온라인 토론의 교육적 가능성에 대한 긍정적인 시각과 함께 부정적인 시각 역시 공존해 왔다. 이러한 부정적인 관점의 근원에는 컴퓨터를 매개하여 이루어지는 온라인에서의 만남과 소통이 단순히 정보 전달을 넘어 서로에 대한 인격적 만남이 될 수 있을 것인가에 대한 회의적인 시선이 깔려있다. 실제로 온라인 수업의 어려움으로는 상호작용 및 소통의 부족, 고립감과 소외감, 정서적 유대감 형성의 한계와 같은 문제들이 자주 언급되었다(Hwang & Song, 2018; McInnerney & Roberts, 2004; Phirangee & Malec, 2017; So & Brush, 2008).

이 글에서는 이처럼 비실시간 온라인 수업의 한계를 점검하며 대면 수업이나 토론이 훨씬 더 교육적으로 본질적이라고 옹호하거나 혹은 뉴노멀을 맞이해 온라인 환경에서의 관계 형성과 담화를 보다 적극적으로 받아들여야 한다는 입장에서 비대면 온라인 토론 수업을 조망하려는 것은 아니다. 그보다는, 지금 우리 현실에서 일어나고 있는 비대면 토론 중심 온라인 수업의 일면을 자세히 들여다봄으로써 여기서 인격적 관계 형성이 가능한지, 만일 그러하다면 그 특성은 무엇인지 탐색해보고자 한다. 그렇다면 이 글에서 말하는 인격적 관계의 의미는 어떻게 이해될 수 있을까? 아마도 범박하게 우리는 인격적 관계가 상대방을 도구적 존재로 여기지 않으면서도 대체할 수 없는 고유한 인격을 가진 '살아있는 존재'로 대할 때 가능하다고 생각할 수 있을 것이다. 그렇다면 이러한 인격적 관계가 온라인에서 가능하기 위해서는 어떠한 조건이 갖추어져야 할까? 그리고 온라인을 매개로 이루어지는 인격적 관계는 대면에서의 인격적 관계와 동일한 의미를 지시할 수 있을까? 이에 대한 탐색을 위해 먼저 비실시간 온라인 소통의 전반적인 특성과 인격적 관계의 의미를 대략적으로 살펴볼 수 있는 이론적 자원을 검토해보고자 한다.

○● 2. 짚어볼 이론적 자원들

1) 비실시간 컴퓨터 매개 커뮤니케이션의 특성

비실시간 온라인 토론은 우선적으로 문자기반 '컴퓨터 매개 커뮤니케이션(Computer−mediated communication, 이하 CMC)'으로 분류된다. 문자기반 CMC를 통한 소통의 속성에 대하여 연구자들의 견해는 긍정적 혹은 부정적인 시각이 혼재해있다. 먼저 CMC에 대해 회의적인 연구자들은 기계에 의해 매개되는 CMC의 비개인적, 과제 중심적 속성에 주목하여 대면 커뮤니케이션과 비교하면 CMC는 상대방과 정서적, 인격적 관계를 형성하는 데 한계가 있다고 본다(Walther, 1996; 2009). 이러한 CMC의 부정적인 측면을 강조한 대표적 이론으로는 단서탈락접근, 매체풍부성이론이 있다. 이 이론들은 CMC의 물리적 특성으로부터 야기되는 기계적 성격과 비언어적 단서(예, 외모, 표정, 옷차림, 말의 속도, 말투 등) 및 맥락적 단서들의 부족으로 인해 CMC 환경에서는 대화 상대방에 대한 사회적 존재감이 약화되고 관계형성에 어려움이 발생할 수 있다고 간주한다(이은주, 2011).

반면에 CMC의 특성을 보다 긍정적인 시각으로 바라보는 이론 중 대표적인 것으로는, 대인적 관점에 속하는 사회적 정보처리이론과 초대인적 관점이 있다(고미숙, 2012; 이은주, 2011). 먼저 사회적 정보처리이론은 CMC에서 발생하는 비언어적 혹은 맥락적 단서의 부족으로 인해 초기에는 CMC를 통한 관계 형성이 어렵게 느껴질 수 있으나 시간이 경과하고 상호 간에 상호작용이 증가함에 따라 점차 긴밀한 관계가 형성될 수 있으며, 결국에는 대면과 유사한 수준의 관계형성이 가능하다고 본다(고미숙, 2012). 사회적 정보처리이론은 커뮤니케이터의 노력과 효과적인 전략의 사용에 따라 관계형성의 정도가 결정될 수 있다고 믿는다는 점에서 기본적으로 대면소통을 더 우월한 것으로 인정하며 매체의 속성에 따라 커뮤니케이션이 결정된다고 본 단서탈락접근, 매체풍부성 이론과는 분명히 차이가 있다(이은주, 2011).

마지막으로 초대인적 관점에서는 대인관계적 관점에서 더 나아가 CMC 고유의 특성이 오히려 대면보다 더 친밀하고 정서적인 관계를 형성하는 데 더 효과적일 수 있다고 보는 입장이다. 이 이론에 따르면 CMC 상황에서 개개인은 자신이 원하는 부분만 노출할 수 있는 선택적 자기표현이 가능하며 상대방에 대해서도 의도적으로 편집된 모습만 봄으로써 상대방을 이상화하여 오히려 관계 형성이 더 쉽게 일어날 수 있다고 주장한다(고미숙, 2012 이은주, 2011).

이처럼 CMC의 주요 관점들은 비실시간 온라인 수업에서의 소통과 인격적 관계형성을 이해하는 데 중요한 이론적 단서를 제공한다. 하지만 CMC와 관련된 기존의 연구들은 매체를 매개로 하는 새로운 소통 방법을 통해서 개인의 존재감을 드러내고 사회적인 관계를 형성하는 것이 가능한가 그렇지 않은가에 관한 논점에 주목하는 경향성이 있어 왔다. 이러한 논의는 기본적으로 대면소통과 비교하여 '익명성, 간접성, 매개성'을 특성으로 하는 일반적인 CMC에 기반하여 이루어져 왔다. 하지만 교육적 목적을 위한 CMC 환경은 대면에서의 관계성을 가지고 있는 학습공동체 내의 구성원 간에 이루어지는 것으로, 일반적 CMC 환경과는 다른 조건을 형성한다. 특히 인격적 관계란 단순히 사회적인 관계 맺음으로 설명될 수 없는 보다 복잡하고 심층적인 개념이라고 할 때 수업이라는 조건이 제공하는 온라인 환경과 인격적 관계의 특성은 기존의 CMC와는 다른 새로운 국면을 보여줄 수 있다고 기대할 수 있을 것이다.

2) 온라인 '토론'에서 맺는 인격적 관계 형성의 특성

앞서 이 글에서 인격적 관계는 내 앞에 있는 상대방을 수단이나 대상화될 수 있는 것으로 여기지 않고, 다른 무언가가 대체할 수 없는 고유한 인격을 가진 살아있는 존재로 대하면서 존중할 때 가능하다고 이해하였다. 그러나 앞서 살펴본 것처럼 CMC는 '익명성'과 '탈체현'의 특성을 가지면서 대면과 같은 방식의 인격적 관계를 형성하지 못할 것이라는 우려를 낳곤 한다(고미숙, 2012). 여기서 익명성은 누군지 알 수 없다는 것, 그리고 탈체현은 체현(embodiment)에서 벗어났다는 말로, 온라인 공간에서 소통하는 방식은 우리의 몸을 가시적으로 드러내면서 말하는 자의 정체성을 드러내는 것이 아니라 컴퓨터를 매개하는 방식을 취할 수밖에 없다는 것을 뜻할 수 있다.

그러나 비실시간 온라인 '수업'에서는 일차적으로 수업 구성원이 누구인지 아는 상태에서 시작하며 일반적으로 자신이 누구인지 밝혀야 하는 소통의 규칙을 지켜야 하기 때문에 익명성의 조건에서 벗어난다. 또 탈체현, 즉 몸을 통해 타인과 만나지 않기 때문에 진정성 있는 방식으로 인격적 관계가 형성되기 어렵다는 우려는 이미 온라인에서 가능한 인격적 관계의 특성을 연구한 논의들에서 재고된 바 있다(고미숙, 2012). 이를테면 우리가 누군가와 관계 맺는 방식에서 타인과 가까워지거나 멀어질 때, 물리적 거리가 더 본질적인가 혹은 심리적 거리가 더 본질적인가에 대한 질문을 떠올려본다면 단순히 CMC의 상황이 인격적 관계 맺기를 어렵게 한다는 주장은 단편적일 수 있다는 것이다(Moore, 2007). 즉 CMC에서도 타인의 현존감을 느낄 수 있는 여러 장치가 제공된다면 대면방식과는 다른 인격적 관계가 형성될 수 있다고 보는 관점이 다수 존재한다. 이처럼 온라인 상에서 형성될 수 있는 인격적 관계는 대면방식과는 다른 특성을 가지면서 형성될 가능성이 있다.

다른 한편, '토론'이라는 활동이 인격적 관계를 가능하게 하는 이유는 무엇일까? 이를 이해하기 위해서는 우리가 하는 '말'이 곧 우리 자신이 누구인지를 드러낸다는 철학적인 관점을 살펴보는 것이 도움이 될 것이다. 20세기 철학자 한나 아렌트(Hannah Arendt)는 현대인에게 말과 행위로 자신을 드러내는 공적 영역(public space)이 사라짐으로써 인간다움을 잃어가는 것을 지적하였다. 아렌트는 "사람은 말과 행위를 통해 다른 사람과 단순히 다르다는 것을 넘어 능동적으로 다른 사람과 자신을 구분"한다고 주장한다(Arendt, 1958: 236). 즉 말과 행위는 인간에서 있어서 물리적 대상으로서가 아니라 하나의 인격으로서 다른 사람에게 자신을 드러내는 양식이다. 특히 말과 행위는 서로 밀접한 관련을 가지는 것으로 어떤 행위의 의미를 설명하는 것도 행위자로서의 우리 자신의 말을 통해서이다. 그리하여 말은 어떤 재능이나 능력, 혹은 결점과 같이 '무엇(what)'으로 나를 드러내는 것이 아니라 내가 '누구인지(who)' 현시함으로써 인간세계에 참여할 수 있도록 한다(Arendt, 1958: 239-240).

그러므로 말을 통해 내 생각과 느낌을 표현하면서 타인에게 나를 드러내는 것은 부지불식간에 나의 정체성이나 인격을 드러내는 것이기도 하다. 그리고 말을 통해 우리 자신이 누구인지 드러낼 때 우리는 그것이 온라인이든 오프라인이든 상관없이 생물학적으로 지닌 '자기 드러냄의 욕구'를 충족시키게 된다. 이러한 자기 드러냄의 욕구가 건강하게 충족하게 되기 위해서는 타인과 연결되는 감정이 중요한 것이 된다. 아렌트는 이처럼 우리 내면의 주관적인 판단을 통해 타인에게 나의 의견을 제시함에도 불구하고 다른 사람과 소통할 수 있고 연결될 수 있는 가능성의 근거가 인간으로서 가지는 공통감(common sense)이라고 제시한 바 있다. 이때 아렌트는 칸트가 말한 '공통감(common sense)'을 '공동체 감각(community sense)'이라고 의도적으로 강조하여 사용하면서, 공통감 속에 등장하는 타인이 추상적이고 이상적인 존재가 아니라 실제로 공동체를 구성하고 있는 사람들이어야 한다고 주장한다(Arendt, 1982: 139–140). 즉 우리가 어떠한 의견을 제시할 때, 그 의견을 듣게 될 공동체의 구성원들을 고려하는 '확장된 사유방식(enlarged mentality)'을 작동시킴으로써 주관적인 의견임에도 불구하고 타인과 소통가능한 보편성을 지향할 수 있다는 것이다.

아렌트의 공통감에 관한 설명은 왜 공적 영역이 인간다움을 형성할 수 있는 공간인지 이해할 수 있는 하나의 단서를 제공한다. 내 고유한 느낌이나 생각을 드러내면서도 그러한 생각을 타인이 이해할 수 있을지, 혹은 어떻게 생각할지 고려해볼 수 있는 데서 바로 다른 사람을 하나의 인격으로 보는 태도가 실천될 수 있기 때문이다. 물론 아렌트가 말을 통해 공적 영역이 형성된다고 주장한 것은 온라인 상황을 염두에 둔 것은 아니었겠지만, 이러한 아렌트의 주장은 어쩌면 더 적시적인 방식으로 온라인 토론 상황이 어떻게 인격적 관계를 맺는 공적 영역이 될 수 있을지에 대한 중요한 조건을 제시한다. 왜냐하면, CMC의 상황은 우리가 다른 어떤 수단이 아닌 자신의 '의견'을 통해 타인과 관계를 맺는 상황을 제시하기 때문이다. 이러한 이론적 지형에 대한 대략적인 이해를 토대로, 비실시간 온라인 토론에서 드러나는 대학생들의 인격적 관계는 '수업'이라는 특별한 조건에 기초하여 어떻게 형성되고 또 드러날 수 있는지 실제 수업사례를 통해 살펴보자.

○● 3. D대학교 학생들의 비실시간 온라인 토론 수업 사례

비실시간 온라인 토론 수업이 진행된 본 사례는 2021년 D교육대학교의 교직 선택과목 중 하나인 <교육방법 및 교육공학> 수업에 해당한다. 이 강좌는 네 개 분반에서 한 교수자가 동일한 방식으로 구성된 수업을 제공하며 한 분반에는 30명 내외의 학생들이 함께 강의를 수강한다. 교육대학교에서 제공되는 강의들은 대체로 같은 심화 전공에 소속된 학생 전체가 함께 강의를 수강하는 방식으로 이루어지나 본 강의는 선택과목으로, 수업 전에 서로 대면에서의 관계가 형성된 학생들도 있었지만 사전 관계가 형성되지 않은 채 수업에서 처음 만난 학생들도 많은 강의였다. 본 수업은 15주차 캔버스(Canvas) 기반의 학습관리시스템(Learning Management System: LMS)을 통해 제공되었으며 토론 활동은 총 8회 실시되었고 30명 내외의 학생들이 전체 토론에 참여하는 방식으로 이루어졌다. 매주 새로운 토론 주제가 교수자에 의해 제시되었으며 온라인 토론 게시판을 통해서 진행되었다. 토론이 제공되는 주에 학생들은 한 시간 정도의 수업강의 영상을 시청한 후, 토론 주제에 대한 자신의 의견을 토론글로 게시하였으며 다른 동료 학생들과 2회 이상 댓글을 통해 의견을 주고받도록 요청되었다. 이처럼 본 수업에서는 비실시간 온라인 환경이라도 앞서 논의한 CMC의 특성인 익명성과 탈체현에 기반한 소통이라는 한계를 벗어나기 위해 다음과 같은 전략을 사용하였다.

전략 1) 토론의 장에 '참여'하고 있다는 감각을 위한 Warm-up

1주차 자기소개

모두 읽음으로 표시

안녕하세요 여러분 만나서 반갑습니다!
이 토론창에서는 여러분들을 짧게 소개해주시면 됩니다 **(8일까지)**
이미 자기소개가 어색할만큼 친한 친구들도 있겠지만 교육공학 수업에서 처음 보는 친구들이 있을 수도 있고 또 서로 잘 알고 있는 친구 간에도 방학 동안 어떻게 지냈는지 자유롭게 나누는 시간을 가지면 좋겠어요. 자신의 소개글을 올린 후에 다른 친구들 소개글도 살펴보세요. 그리고 친구들에게 인사말을 자유롭게 남겨주세요!

아래질문들에 (이름 외에는 모두 다~ 대답하실 필요는 없으시고 원하는 질문들을 선택하시거나 혹은 다른 내용도 좋으니 자신을 짧게 소개해주시면 됩니다.)

(예시)

1. 이름이 뭔가요?
2. 자신을 행복하게 만드는 일 혹은 취미 등이 있다면??
3. 지난 겨울 방학을 어떻게 보내었나요?
4. 이 수업에서 기대하는 것은 무엇인가요?
5. 본 수업은 같은 학과 학생이 아닌 친구들도 참여합니다. 또 저도 여러분들 얼굴을 익히고 싶습니다. 저와 친구들을 위해서 자신을 소개하는 사진을 공유해주세요. 사진을 업로드하실 때 아래 방법을 이용하시면 됩니다.

   이미지를 업로드 하기 전, 좌측 메뉴 중 상단에 있는 "계정" 로 가서 "파일" 메뉴 선택,

   원하는 폴더를 선택 후 파일을 업로드,

   토론 방으로 입장하여 텍스트 입력 창 도구 중 "이미지" 아이콘 선택,

   팝업창에서 "CANVAS" 카테고리 에서 업로드 하였던 이미지 선택,

   업로드 완료 하시면 됩니다. 참고영상

1. 제 이름은 입니다.
2. 여행을 엄청 좋아하는데 특히 걸으면서 여행하는 것을 좋아해요. 최고 기록은 여행하면서 친구랑 40000보 이상을 걸은 적도 있습니다. 숙소에 돌아갈 때 쯤에는 다리가 정말 후들거렸던 기억이 나네요.가장 좋았던 여행지는 캐나다 서부의 재스퍼, 밴프에요. 피아니스트 유키구라모토의 곡명인 레이크루이스가 있는 곳이죠.에메랄드 호수가 정말 아름다웠는데 얼른 코로나가 해결되고 언젠가 여러분들도 꼭 가보시길 추천드려요.
3. 지난 겨울... 방학이 너무 짧게 느껴졌어요... 학교에 나와서 밀린 연구하느라 바쁘게 보냈습니다. 그래도 학기 중 보다는 여유가 있어 저녁시간은 운동과 피아노 연습으로 보냈습니다.
4. 저는 서로 간에 상호작용을 통해 함께 배워가는 것을 추구합니다. 여러분들과 즐겁게 또 적극적으로 지적인 대화를 나누고 싶습니다. 모두에게 의미있는 귀한 만남이 그리고 학습경험이 되길 바랍니다~~
5. 퀴~~즈?? 아래 장소에 나타난 장소는 어디일까요??

〈교수자의 자기소개와 학생의 자기소개 초대 사례〉

비실시간 온라인 수업에서 학생들은 비디오 강의, 블로그, 위키, 토론, 저널쓰기, 퀴즈와 같은 다양한 활동에 참여하게 된다. 이 중에서도 토론은 교수자-학생, 학생-학생 간 담화를 통해 주어진 문제에 대해 각자 숙고한 의견들을 공유하고 논의하며 지식을 구성해나가는 대표적인 만남과 사유의 장이다. 특히 비실시간 온라인 토론은 토론이 이루어지는 동안 교수자의 즉각적인 안내와 촉진이 이루어지기 어려우며 여러 사회적 그리고 맥락적 단서들이 충분히 주어지지 않은 상태에서 토론이 이루어진다는 점에서 실시간 온라인 토론과 구별된다. 따라서 교수자의 효과적이고 체계적인 사전 설계가 매우 중요하다. 특히 온라인 토론의 성공을 위한 필수요건인 서로 간에 깊이 있고 적극적인 대화가 이루어지기 위해서 먼저 토론 참여에 앞서 모든 학생들이 서로에 관한 기본적인 정보를 공유하고 관계를 형성하는 과정이 필수적으로 선행될 필요가 있다. 이에 기초하여 본 수업에서는 학생들 서로 간에 간단한 자기소개와 인사글을 주고받

도록 요청하였으며, 교수자 또한 먼저 자기소개를 제공함으로써 학생들이 교수자에 대해 보다 친밀감을 가질 수 있도록 유도하였다. 그리하여 서로 직접 만나지는 못하지만, 자신이 누구인지 또 타인이 누구인지 보다 생생하게 느낄 수 있도록 하였다. 앞서 그림 <교수자의 자기소개와 학생의 자기소개 초대 사례>가 실제 사례이다.

한편 학생들이 대면과 구별되는 온라인 토론 환경에 대해 준비하고 적응할 수 있도록 돕기 위해 표 <토론 활동 채점 기준표>와 같이 온라인 토론을 시행하기 전 기본적인 네티켓과 함께 토론 방식, 채점기준표를 안내함으로써 학생들이 토론에서 요구되는 자신의 역할과 책임감을 숙지할 수 있도록 하였다.

〈토론 활동 채점 기준표〉

기준	아주 우수	우수	보통	부족	아주 부족
시간 엄수 및 토론의 양	자신의 첫 포스팅 참여, 3번 혹은 그 이상 동료 학습자와 대화에 참여, 한 주 동안 고르게 참여	자신의 첫 포스팅 참여, 2번 동료 학습자와 대화에 참여, 한 주 동안 고르게 참여	자신의 첫 포스팅 참여, 1~2번 동료 학습자와 대화에 참여, 한번에 몰아서 토론에 참여	자신의 첫 포스팅 참여, 다른 동료 학습자와 대화에 참여하지 않음.	자신의 첫 포스팅 참여하지 않음, 동료 학습자와 대화에 참여하지 않음
토론의 질	질문과 관련된 내용을 잘 이해함, 자신의 생각을 명료하게 이야기하며 이를 뒷받침하기 위해서 근거/예시/자료 등을 잘 제시함	질문과 관련된 내용을 잘 이해함, 자신의 생각을 명료하게 그 근거와 함께 이야기함.	질문과 관련된 내용을 잘 이해함, 자신의 생각을 명료하게 전달함.	질문과 관련된 내용의 이해가 부족함, 자신의 생각을 전달하는 데 있어 명료함이 부족함.	질문과 관련된 내용을 이해하지 못함.

전략 2) '인지적' 담화를 촉진하기 위한 토론 주제와 질문 제시

〈주차별 토론 주제 및 유형 정보〉

주차	주제	유형
2	4차 산업혁명에 대비하기 위한 학교의 주요 변화에 대한 논의 학교 및 교사의 새로운 역할에 대한 논의	자유토론
3	교수학습 프로그램 개발과 관련된 문제 상황 속에서 환경분석과 학습자 분석을 위해 어떤 요소들이 고려될 필요가 있는지 제안	사례기반
5	켈러의 ARCS를 활용하여 주어진 이야기 상황 속에서 신규교사가 경험하고 있는 문제해결을 위한 최적의 방안 제안	사례기반
6	구성주의 교수학습방법이 객관주의 교수학습방법보다 강조되어야 하는가에 대한 찬반 토론	찬반토론
7	거꾸로 수업을 수행하는 과정에서 교사의 어려움을 소개하는 시나리오를 읽고 주어진 상황을 해결하기 위한 최적의 방안 제안	사례기반
9	시각자료 설계 원리에 근거하여 주어진 파워포인트 슬라이드의 시각디자인에 있어 잘된 점 및 개선사항을 분석하여 제안	비평
11	초등교실에서 학습관리시스템의 다양한 활용 전략에 대한 논의	자유토론
15	주어진 평가기준안에 근거하여 동료의 수업에 대한 비평	비평

온라인 토론에서 학생들이 보다 깊이 있고 활발한 담화를 나눌 수 있도록 하기 위해서는 학습자들의 능동적이고 주도적인 인지적 참여를 유도할 수 있는 토론 환경을 설계하는 것이 매우 중요할 것이다. 토론 주제는 표 <주차별 토론 주제 및 유형 정보>와 같이 교육방법 및 교육공학에서 다루어지는 주요 개념 및 원리에 관한 것으로 토론에 대한 학생들의 흥미도와 참여도를 높이고자 '사례기반, 찬반토론, 비평, 자유토론'과 같은 다양한 유형의 토론 질문을 제공하였다. 토론이 제공되는 주에 학생들은 한 시간 정도 분량의 수업 강의 영상을 시청한 후 토론 주제에 대한 자신의 의견을 토론글로

게시하였다. 토론 질문은 매주 동일한 요일에 게시되었으며 학생들은 자신의 첫 번째 토론 포스팅을 게시한 후 다른 동료 학생들과 2회 이상 댓글을 통해 의견을 주고받도록 요청된다. 각 주제에 대한 토론은 일주일간 이루어졌다.

그림 <토론 질문 예시(문제중심 사례기반)>는 사례에 기반한 '문제중심' 토의문제의 한 예로, 학생들에게 현장에 나가서 교사가 경험할법한 실제적 문제 사례를 구체적인 조건과 함께 제공하였으며 학생들이 논의를 통해 최적의 해결안을 고민해보도록 했다. 또한 학생들이 토의 내용을 작성할 때 해당 차시의 학습목표에 대한 인지적 탐색 외에 글 작성 형식을 고민하는 것과 같은 부차적인 인지적 부담이 발생하는 것을 방지하기 위해 학생들에게 게시글 작성 형식을 구체적인 예시를 통해 안내하였다.

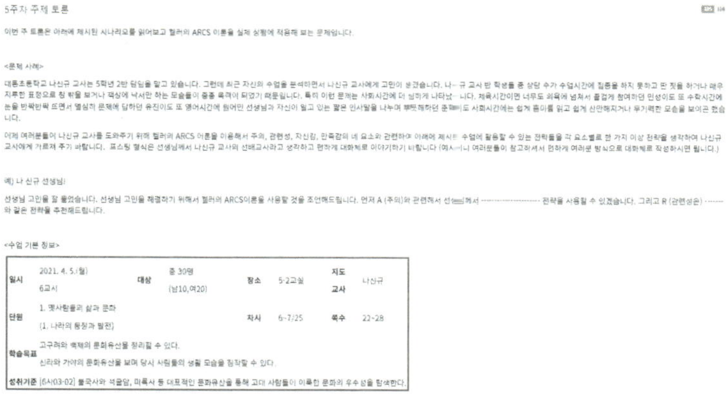
5주차 주제 토론

이번 주 토론은 아래에 제시된 시나리오를 읽어보고 켈러의 ARCS 이론을 실제 상황에 적용해 보는 문제입니다.

<문제 사례>

대동초등학교 나신규 교사는 5학년 2반 담임을 맡고 있습니다. 그런데 최근 자신의 수업을 분석하면서 나신규 교사에게 고민이 생겼습니다. 나신규 교사 반 학생들 중 상당 수가 수업시간에 집중을 하지 못하고 딴 짓을 하거나 매우 지루한 표정으로 창 밖을 보거나 책상에 낙서만 하는 모습들이 종종 목격이 되었기 때문입니다. 특히 이런 문제는 사회시간에 더 심하게 나타났습니다. 체육시간이면 너무도 의욕에 넘쳐서 즐겁게 참여하던 민성이도 또 수학시간에 눈을 반짝반짝 뜨면서 열심히 문제에 답하던 유진이도 또 영어시간에 원어민 선생님과 자신이 알고 있는 짧은 인사말을 나누며 뿌듯해하던 준[illegible]이도 사회시간에는 쉽게 흥미를 잃고 쉽게 산만해지거나 무기력한 모습을 보이곤 했습니다.

이제 여러분들이 나신규 교사를 도와주기 위해 켈러의 ARCS 이론을 이용해서 주의, 관련성, 자신감, 만족감의 네 요소와 관련하여 아래에 제시된 수업에 활용할 수 있는 전략들을 각 요소별로 한 가지 이상 전략을 생각하여 나신규 교사에게 가르쳐 주기 바랍니다. 포스팅 형식은 선생님께서 나신규 교사의 선배교사라고 생각하고 편하게 대화체로 이야기하기 바랍니다 (예시는 여러분들이 참고하셔서 편하게 여러분 방식으로 대화체로 작성하시면 됩니다.)

예) 나 신규 선생님!

선생님 고민을 잘 들었습니다. 선생님 고민을 해결하기 위해서 켈러의 ARCS이론을 사용할 것을 조언해드립니다. 먼저 A (주의)와 관련해서 선[illegible]께서 ------------------- 전략을 사용할 수 있겠습니다. 그리고 R (관련성은) ------- 와 같은 전략을 추천해드립니다.

<수업 기본 정보>

일시	2021. 4. 5.(월) 6교시	대상	총 30명 (남10, 여20)	장소	5-2교실	지도 교사	나신규
단원	1. 옛사람들의 삶과 문화 (1. 나라의 등장과 발전)			차시	6~7/25	쪽수	22~28
학습목표	고구려와 백제의 문화유산을 정리할 수 있다. 신라와 가야의 문화유산을 보며 당시 사람들의 생활 모습을 짐작할 수 있다.						
성취기준	[6사03-02] 불국사와 석굴암, 미륵사 등 대표적인 문화유산을 통해 고대 사람들이 이룩한 문화의 우수성을 탐색한다.						

〈토론 질문 예시(문제중심 사례기반)〉

다음으로 찬반 토론을 통해 학생들에게 주어진 주장에 대한 찬성이나 반대 중 하나의 관점을 선택한 후, 자신의 견해를 뒷받침하기 위한 근거를 조사하여 논쟁에 참여하도록 요구하였다. 다음 <토론 질문 예시(찬반토론)>가 그 질문에 대한 사례이다.

6주차 주제 토론

모든 섹션

다음 두 주장에 대해서 찬성 vs. 반대 중 하나의 입장을 선택하여 여러분들의 의견을 이야기해주세요!

1) 문제중심학습 (PBL)은 본래 1950년대 중반에 캐나다 맥마스터(McMaster)대학의 교수자 배로우스(Barrows)가 의과대학 학생들이 오랜 시간 동안 힘든 교육을 받으면서도, 인턴이 되어 실제 환자들을 진단하는데 어려움을 겪는 것을 보고 전통적 의대교육에 문제점이 있다고 판단하여 개혁교육과정의 한 방안으로 시행한 것입니다. 대학생을 대상으로, 특히 복잡한 내용을 다루는 의대교육을 위해서 개발된 문제중심학습은 초등학생 대상의 수업에는 적합하지 않는 것으로 보입니다.

동의합니다. vs. 동의하지 않습니다. (이유는?)

2) 최근 4차 산업혁명·지능정보사회로 변화함에 따라 학습자 중심 교육이 강조되고 있습니다. 따라서 초등교사 역시 모든 수업을 전통적 교수자 중심 교수학습방법보다는 구성주의 학습자 중심 교수학습방법을 통해서 가르칠 필요가 있습니다.

동의합니다. vs. 동의하지 않습니다. (이유는?)

- 개별 포스팅: **12일(월)**까지 토론 방에 제시된 두 문제에 관한 자신의 선택 (찬,반)과 자신의 선택을 정당화하는 이유를 나누어주기 바랍니다.
- 친구와 의견 나누기: **16일 (금)**까지 친구들의 의견을 읽고 그 중 **두 명** 이상의 친구의 의견에 대한 자신의 생각 (친구의 의견을 보충하거나, 친구의 의견에 반박하기, 질문하기 등)을 댓글로 나누기 바랍니다.

〈토론 질문 예시(찬반토론)〉

○● 4. 비실시간 온라인 토론 수업을 통해 본 인격적 관계형성의 특성

이처럼 위의 수업을 한 학기 동안 진행한 뒤, 본 수업에 참여한 수강생 5명을 대상으로 심층면담을 실시하여 비실시간 토론에서 인격적 관계 형성의 특성이 가능한지, 그리고 그 특성은 어떻게 제시될 수 있는지 학생들의 경험을 통해 명료화해보고자 하였다. 그렇게 면담을 시행하고 분석한 결과 범주화한 인격적 관계의 특성은 아래 여섯 가지로 제시할 수 있다.

특성 1. '온라인용' 페르소나의 표출

비실시간 온라인 토론은 문자기반의 CMC에 의존하기 때문에 학생들은 외양적인 모습, 몸짓, 표정, 억양과 같은 맥락적 혹은 비언어적 요소가 제한된 상황에서 타인에게 자신을 드러내야 한다. 이러한 소통방식의 변화는 자신을 표현하는 범위와 방식에도 영향을 미치게 된다. 예컨대 학생들은 자신이 가지고 있는 성향에 따라 대면 혹은 문자기반 CMC를 활용해 자신을 드러내는 것에 있어 편안함을 느끼는 정도가 다른 것으로 확인되었다. 이러한 차이는 대면과 비대면이라는 각각의 소통 환경에서 다른 모습의 자아를 표출하는 것으로 나타났다.

> 저희 동기 중에 조용한 친구가 있는데 그 친구가 비실시간 토론에 참여하는 모습을 보면 의견을 길게 써 놓더라구요. 그래서 이 친구가 이런 식으로 생각보다 깊게 생각하는 아이였구나. 의외다. 실시간 대면 토론 때는 열심히 안 하는 것처럼 보이던 친구가 여기에서는 준비도 열심히 해오고 하는 모습을 보면서 이 친구는 (얼굴을) 안 보면서 (토론) 하는 게 더 편할 수도 있겠다. (B1 참여자)

여기서 면담 참여자들은 대면 혹은 동시적 온라인 토론에서 자신을 표출하는 데 소극적이었던 동료 학습자가 비실시간 토론 환경에서는 보다 주도적인 학습자로서 자신의 자아를 드러내는 모습을 발견하였다고 언급하였다. 면담 참여자들이 언급한 동료 학생은 충분히 성실하고 깊이 있게 사고할 수 있는 능력을 가지고 있었음에도 대면 혹은 동시적 온라인 토론 환경에서 자신의 의견을 공개적으로 표현하는 것을 꺼려하는 성향으로 인해 의도치 않게 ‘열심히 하지 않는’ 혹은 ‘피상적인’ 의견을 제시할 것 같은 학습자로 자신을 드러내고 있었다.

한편 학생들은 비실시간 온라인 토론에서 자신을 표출하는 데 있어 의도적으로 자신이 원하는 모습을 선택적으로 꾸며서 표현하는 것으로도 나타났다.

> 인터넷에 제2의 자아 이런 게 있잖아요. (비실시간 토론에서도 제2의 자아가 있을 수 있다는) 그럴 수도 있겠다는 생각이 들어요. 사실 자기가 별로 표출을 안 할 수 있는 부분에 대해서 얼마든지 표출을 할 수도 있는 거니까 (B2 참여자)

> 일반적으로 댓글 다는 것보다 토론할 때 좀 더 정제된 말을 쓰고 남한테 반대되는 의견을 잘 안 단다고. 저도 그렇고 다른 동기도 그런 이야기를 하더라고요 한 번은 (비실시간 온라인 토론에서는 상대방의 의견에 대해) 어차피 좋은 이야기를 써야 되는데 생각해내기 좀 힘들다 그런 얘기하는 동기도 몇 명 있었고 (A1 참여자)

즉 학생들은 상대방에게 긍정적인 인상을 남기기 위해 형식을 갖춰 ‘잘 정리된’ 자신의 의견을 표현하거나 타인의 의견에 대해 자신이 가지고 있는 솔직한 생각이 아닌 의도적으로 선택된 관점을 자신의 견해로 이야기하기도 했다. 대면상황이라면 차라리 아무 표현도 하지 않을 수 있지만, 댓글을 달아야 하는 입장에서는 “좋은 이야기”를 해주는 사람으로 보이고 싶은 것이다.

특성 2. 토론자의 외양보다 내용에 더 집중하는 '인지적' 상호작용

우리의 일반적인 교실에서 학생들의 토론문화가 자연스러운 편은 아니다. 이는 남 앞에서 공적으로 말하는 것을 어려워하는 우리 고유의 문화의 특성을 반영하는데, 여기에는 '전달하려는 내용'의 타당성 못지않게 그러한 내용을 말하고 있는 '자기 자신에 대한 평가'를 염려하는 것도 한 가지 주요한 원인으로 보인다(최진, 2020). 그러나 비실시간 온라인 수업에서 토론을 하는 경우에는 즉흥적으로 말해야 하는 부담에서 벗어남으로써 우리가 남 앞에서 말을 할 때 암묵적으로 신경 쓰게 되는 대면상황에서의 여러 가지 시선에서 자유로워지게 된다. 다시 말해, 말을 하는 상황에서 보여질 자신의 모습보다 남들이 볼 자신의 토론 내용에 주목하게 된다.

> 선입견이나 편견 없이 글을 볼 수 있는 것 같기도 하고.…… 대면 상황에서는 어쩔 수 없이 그 사람이 말을 얼마나 잘하느냐 아니면 얼마나 화려한 언변을 구사하느냐. 이런 거에 영향을 받잖아요. 또 사실 시각적인 것에도 어쩔 수 없이 영향을 조금은 받고. 그런데 비대면에서는 그런 것 없이 그냥 얘가 이런 생각을 가지고 있구나를 보다 순수하게 볼 수 있는 것 같은 느낌이 들었어요. (참여자 A1)

> 좀 더 정리된 어떤 그런 글을, 글을 좀 더 정리해 놓은 데 좀 더 눈이 더 가는 것 같고 확실히. 뭔가 그리고 저희 토론하신 분들 중에는 시각 자료까지 첨부하셔 가지고 하신 분들도 계셨는데. 그런데 오히려 더 눈이 간다고 해야 하

> 나요? 그냥 토론할 때는 진짜 이렇게 말을 좀 더 잘하고 뭔가 목소리도 크고 그러신 분들이 확실히 더 잘하는 것 같이 보이는데 (참여자 A1)

여기서 "선입견"이나 "편견"이 의미하는 것은 대면 상황에서 형성된 동료들에 대한 이미지와 관련된다. 그 이미지는 주로 그 사람이 평소에 말을 유창하게 잘 하는 사람인지, 자신감 있게 자신을 잘 드러내는 사람인지와 같은 외적인 인상에 의해 형성된다. 물론 상대적으로 남 앞에서 말하는 것에 긴장을 많이 하거나 목소리가 작은 사람들에 대해 가지고 있는 선입견이나 편견도 존재할 수 있을 것이다. 그러나 비실시간 온라인 수업에서 동료들의 의견을 보게 될 때 취할 수 있는 정보는 그 사람이 제시한 생각이나 표현방식, 즉 인지적 측면에 치중되고 실제로 말을 구사하는 상황에서 보게 되는 언변이나 목소리의 크기, 제스처 등은 생략된다. 대신 눈에 더 잘 들어오는 방식으로 제시된 "좀 더 정리된" 글에 주목함으로써, 평소에 가지고 있는 유창성보다 "준비"를 많이 한 토론자에게 더 시선이 가는 특성을 보였다.

특성 3. 동료 학습자의 게시글에 대한 '선별적' 읽기를 통한 '선택적' 관계 형성

일반적으로 LMS의 토론방 게시글 정렬에 가장 많이 사용되고 있는 것은 쓰레드 방식(Thread Mode)이다. 이러한 방식은 토론 활동이 진행됨에 따라 상당히 많은 수의 게시글이 토론방에 순차적으로 축적되기 때문에 학생들이 보는 시점에서 한꺼번에 모든 게시글을 조망하는 방식으로 읽는 것이 불가능하다는 문제점을 지니고 있다.

본 수업의 참여자들은 쓰레드 방식이 사용된 토론에 참여하였으며 동료 학생들이 남긴 의견을 모두 읽기보다는 일부 게시글을 선택하여 읽은 것으로 확인되었다. 이때 보다 집중해서 글을 읽고 댓글을 통해 추가적인 대화와 교류를 이어갈 상대방을 결정하는 방법과 기준은 학생들마다 차이를 보였다. 먼저 어떤 학생들은 타인의 생각과 의견에 대한 진지한 관심 없이 단순히 작성 시간에 따라 순차적으로 쌓여있는 토론 게시글 중 가장 처음 혹은 마지막에 위치한 토론글을 선택하여 읽고 댓글을 통해 교류한다고 응답하였다.

> (토론글을) 읽는 것을 귀찮아하는 이런 친구들은 사실 제일 앞에 것, 제일 뒤에 것 이런 식으로. 그냥 댓글을 쓰고 빨리 끝내겠다 하는 이런 친구들도 있고. 그런데 열심히 하는 친구들은 또 다 읽고 이런 편차가 좀 있는 것 같았어요. (B2 참여자)

한편 일부 학생들의 경우 자신과 유사한 혹은 반대되는 토론글을 작성한 동료 학생의 글을 찾아 읽고 댓글로 상호작용하기도 했다. 특히 이러한 선택에 있어서 순수하게 인지적 호기심에 의해 자신과 비슷한 혹은 다른 관점을 제시하는 의견을 선택하는 경우도 있었지만 반면에 학습에 대한 부담감을 최대한 줄이고자 하는 이유로 자신과 유사한 혹은 반대되는 게시글을 선택해 상호작용하는 학생들도 있는 것으로 확인되었다.

> 비실시간 토론은 아무래도 모든 아이들의 토론 댓글을 다 읽어보고 곰곰이 생각해 보기보다는 다른 사람들 글을 읽을 때 나랑 되게 비슷한 생각을 하는 사람 위주로 좀 많이

보게 되더라고요. 읽다가 저랑 비슷하게 생각하는 사람이 있고 그러면 확 끌리면서 이 학생한테 관심을 가지게 되고 하는 측면이 있는데 (A3 참여자)

저 같은 경우는 비슷한 의견을 가진 친구들한테 동질감을 느끼긴 했는데 아무래도 댓글을 달아야 하니까 댓글을 다는 입장에서 비슷한 의견을 가진 친구들한테 "저도 그렇게 생각했습니다. 일리가 있네요" 이렇게 적기보다는 아무래도 다른 의견을 가진 친구들한테 "이렇게 생각했는데 이것도 일리가 있는 것 같다" 이런 식으로 이야기하는 게 조금 더 수월하지 않았나 생각이 들기도 해요. (A2 참여자)

대면에서 타인과의 만남과 교류는 때때로 자신의 선택과 관계없이 이루어지기도 한다. 또한 대면에서의 토론은 우연적이고 자연스러우며 우선 대화가 시작되고 나면 연쇄적으로 대화가 끊임없이 연결될 수 있다는 특징을 지니고 있다. 하지만 이와 달리 비실시간 토론에서의 대화와 관계 형성은 비연쇄적이며 비즉시적인 특성으로 인해 보다 선택적인 대화와 관계형성이 가능해진다. 또한 컴퓨터를 매개로 하여 이루어지는 CMC의 특성상 이러한 선택적 관계형성에는 LMS가 가지고 있는 기술적인 측면이 영향을 미치는 것으로 확인되었다.

특성 4. 비판 제기 및 비판 수용의 심리적 저항감 감소

공적인 의견을 제시하고 토론하는 것 못지않게 우리 토론 문화에서는 상대방의 의견에 비판을 쉽게 제기하는 편은 아니다. 왜냐하면 비판이 누군가의 의견을 비판의 표적으로 하는 데도 불구하고, 그 의견을 제시하는 '사람'이나 인격에 대한 비판을 하는 것으로 의도치 않게 오해됨으로써 상호 불편한 상황이 되는 경우가 많기 때문이다. 이러한 상황은 자기 의견에 대한 타인의 반박을 정서적인 불편함이나 저항감 없이 객관적으로 수용하는 문화를 형성하는 것을 어렵게 한다. 그러나 비실시간 토론의 경우, 비판이 제기되었을 때 자기 자신에 대한 비난이나 비판이 아니라 자신의 주장이 가지고 있는 내용의 타당성이나 설득력 여부에 문제를 제기하는 것으로 받아들일 수 있는 공산이 컸다.

> (자신이 제시한 의견에 대한 설명) 10원짜리 동전으로 친밀(하게), 아이들이 자주 쓴다고 생각을 하고 조금 익숙한 물건으로 수업을 해보자. 그런 식으로 제가 토론을 썼었는데. 다른 학습자분께서 그런데 생각보다 이거 애들이 모를 수 있다, 이런 말씀을 해주셔 가지고 오~ 그런 것까지는 제가 생각을 안 했는데 생각해 보니까 또 그런 거예요. 그래서 그런 제 의견에 대해서 다른 관점으로도 생각해 볼 수 있게 하는……보충이나 아니면 좀 다양한 어떤 다른 관점에서 댓글 달아주신 분들이 더 기억에 남는 것 같아요. (참여자 A1).

> (누군가 대면상황에서 토론할 때 비판하는 의견을 제시하면) 대면에서는 좀 많이 당황할 거 같아요. 살짝, 반박 받으면 좀 무섭다고 해야 되나요? (중략) 그래서 처음에 (내 의견에 반박하는 글을) 딱 봤을 때 어? 약간 그랬는데. (중략) 계속 찬찬히 보니까 맞는 말인 것 같고. (웃음) 네네네

그렇더라고요. 시간을 두고 그 의견을 이제 깊게 볼 수 있으니까 (참여자 A1).

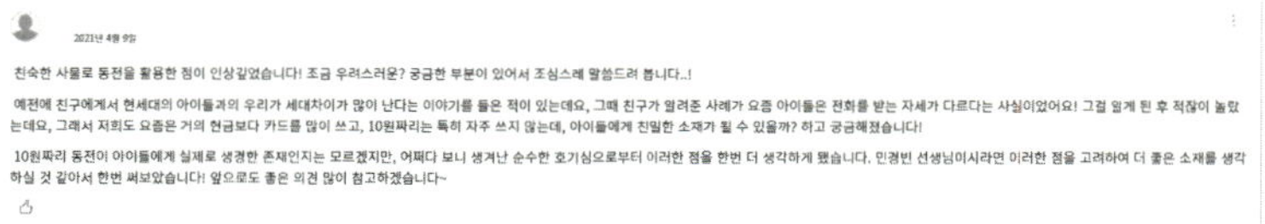

〈위 참여자가 언급한 비판적 의견 제시의 사례〉

여기서 면담 참여자는 자신이 제기한 의견에 누군가 이의를 제기했던 사건이 이번 수업을 통틀어 가장 기억에 남는 일이라고 했다. 참여자는 만일 실제 대면 상황에서 자신의 의견에 반박이나 이의가 제기되는 상황이 생기면 “당황”하고 “무섭”기까지 했을 것 같은데 시간을 두고 자기 의견을 찬찬히 들여다보니 상대방이 충분히 그런 이의를 제기할 수 있을 것 같다고 생각하게 되었다고 한다. 그리하여 오히려 자신의 생각을 “확장”할 수도 있었다는 것이다. 여기서도 앞서 제시한 비실시간 온라인 토론의 특성처럼 특정 주제를 두고 누군가와 토론하는 상황에서 타인이 우리에게 어떠한 반응을 보일 때 거기서 형성될 수 있는 감정적이거나 정서적인 대응보다는 상대적으로 인지적 내용에 집중하는 특성이 드러난다. 특히 대면에서는 상대방의 반응이 부정적일 때 당황하거나 움츠러들 수 있는데 비실시간 온라인의 상황에서는 자신의 주장에 이의를 제기한 것이 유쾌하지는 않더라도 시간을 두고 생각하면서 부정적인 반응의 방향이 어디를 향하는지 곰곰이 생각해볼 수 있다는 것이다. 그러면서 결국 자신의 의견에서 어떤 지점이 부족하고 또 어떤 점을 보완할 수 있을지 생각하며 타인의 이의제기에 대한 피드백을 ‘내용적인 차원’에서 분석할 수 있는 경험을 하게 된 것으로 보인다.

특성 5. 점차적인 친밀감의 형성, 사회적 친밀감 VS 인지적 친밀감

CMC 환경에서 학습자들은 컴퓨터 화면 너머에 있는 동료 학생을 인지하지 못하고 사람 대 사람의 대화가 아닌 사람과 기계 간의 상호작용으로 인지하게 되면서 타인과 인격적 관계를 형성하는 데 어려움을 느끼기도 한다. 따라서 온라인 환경에서 자신 및 타인을 실제로 존재하는 누군가로 표현하거나 인지할 수 있는 능력을 뜻하는 '사회적 실재감'은 비실시간 온라인 토론에서 의미 있는 담화가 이루어지도록 하는 데 중요한 영향을 미치는 요인으로 강조되어 왔다(권성연, 2011; Swan, & Shih, 2005). 사회적 실재감은 참여자들 간의 유대감 및 친밀감을 위한 필수요소이면서(Akcaoglu & Lee, 2018) 반대로 향상된 유대감 및 친밀감이 다시 학생들의 실재감을 높이는 데 기여하기도 한다(모수경, 2021; Guo, Saab, Wu, & Admiraal, 2021). 실제로 본 연구의 면담 참여자들 역시 온라인 토론 초기에 낮은 사회적 실재감으로 인해 동료학생들을 인격적인 관계를 형성할 수 있는 대상으로 인지하는 데 어려움을 경험한 것으로 확인되었다.

> 처음에는 조금 동등한 사람?이라고 생각이 잘 안 들었고 그냥 컴퓨터인 것 같은 느낌만 받고 그랬던 것 같아요. 그 느낌이 지금까지 계속 없지는 않은데 비실시간 토론을 하면서 제가 한 주장에 대해서 댓글을 단 친구들을 보면서 다른 과 학우인데도 불구하고 이름을 외우게 되는 친구들도 있었고 약간 처음이랑은 좀 다른 느낌? 그런 걸 받았던 것 같아요. (참여자 A2)

하지만 토론이 진행되어 감에 따라 이러한 비인격성의 문제가 점차 개선되기 시작했으며 점차적으로 상대방을 하나의 인격체로서 인지하는 모습이 나타나기도 했다. 이때 인격적 관계는 동료 학생들과 정서적 교류를 통해 형성되는 '사회적 친밀감'과, 자신과 생각 및 관점이 유사하다는 동질감에서 오는 '인지적 친밀감'의 형성을 통해 나타났다. 면담 참여자들은 사회적 그리고 인지적 친밀감을 분명하게 구별하고 있었으며 온라인 토론에서 동료 학생의 존재를 인지하고 의미있는 관계를 형성하는 데 있어 이러한 '인지적 친밀감'이 보다 중요하게 작용하는 모습을 보였다.

> 제가 구성주의에 대해서 굉장히 관심이 많고 구성주의 수업에 대해서 옳다고 생각하는 스타일인데 만약에 그런 철학을 비슷하게 갖고 있는 친구를 만났을 때 반갑고 또 그 친구랑 조를 형성하게 될 때 같이 하면 좋겠다고 생각을 했던 것 같아요. 그리고 이렇게 댓글을 달 때 어떤 학생이 지역과 학교를 연계하는 것에 대해서 관심이 있다. 이런 것을 남긴 학생이 있었는데 저도 그런 것에 관심이 있어서 나중에 그 문제에 대해서 그 학생하고 한 번 얘기해 보고 싶다는 생각이 들었던 것 같아요…… (사회적) 친밀감은 약간 더 호감이나 정서적인 어떤 것이 들어간다면 여기서는 그냥 이성적인 우리는 같은 동료다, 이 정도 수준이지, 어떤 정서적인 교류가 있는지에 대해서는 잘 모르겠어요. 글을 읽었을 때 내 생각 내 철학하고 비슷한 생각을 만났을 때 느껴지는 동질감 같은 그런 반가움이랑 정서적인 친밀감은 좀 다른 것 같아요. (참여자 A3)

> 저는 인지적 친밀감하고 정서적 친밀감이 별로 관계없는 것 같아요. 인지적 친밀감도 그때그때 상황에 따라서 독립적이지 그게 또 이어지지도 않고. 인지적이랑 정서적인 친밀감도 서로 이어지지도 않고. 그런 것 같아요. (참여자 A2)

또한 면담 참여자들은 이러한 인지적 친밀감의 경우, 온라인인지 혹은 오프라인 환경인지에 따라 친밀감의 정도가 결정되는 것이 아니라 각 환경에서 동료 학습자와 얼마나 의미있는 상호작용과 담화를 실제로 경험하였는가에 따라 결정되는 것으로 보았다.

특성 6. 온라인 수업에서의 인격적 관계형성을 통한 확장된 학습의 가능성

마지막 주제는 비실시간 온라인 토론 조건과 더불어 대학의 수업이라는 특성을 반영하는 것으로, 학생들은 점차 서로를 인지적인 능력을 지닌 인격적인 존재로 인식해가면서 더 나은 방식으로 의견을 제시하는 방식을 탐색하고 또 실제로 게시하면서 타인의 반응을 기대하는 특성을 보였다. 즉 '수업'이라는 특정한 조건은 나의 의견을 교수자 및 동료가 평가하는 상황임과 동시에 내가 누구인지 드러내야 하는 상황으로 일반적인 온라인 토론의 상황이 가지고 있는 익명성이 제거되면서 각자의 탁월성을 보여야 하는 조건이 형성된다.

> 잘 보고 갑니다. 이런 거 장난식으로도 많이 다는데. 토론에서는 그런 것보다는 좀 더 진지하게 어쨌든 뭐라도 의견을 제시해야 된다는 생각이 드니까. 음 애썼죠. (참여자 B2)

댓글 같으면 친목에 더 가까우니까 카카오톡 같은 것을 할 때 대화로 그냥 생각한 걸 바로 쓰게 되는데. 그래서 뭔가 댓글에 조금 안 좋은 댓글들도 이렇게 (달리고), 그런 게 사회적으로 문제가 되기도 하는데. 토론 같으면 자기주장과 근거가 이렇게 딱 있으니까 그걸 또 어디에서 뭔가 근거에 대한 출처 같은 것도 명시할 수도 있고 그런 부분에 있어서는, 좀 더 댓글이 넓은 범위라면 토론은 좀 더 이제 안에 들어오는? 필터링 되는 느낌. (참여자 B1)

좀 평가받는다는 그게 좀 있어서 아 헛소리 적으며 안 되겠구나. (참여자 B2)

이처럼 "평가" 받는 상황은 기존에 댓글을 다는 상황과는 다르게 좀 더 주장과 근거가 명확한 의견을 제시하는 조건을 만들었고, "헛소리" 대신 진지하게 답해야 하는 조건이 되었다. 이러한 경험은 학생들로 하여금 진지하게 의견을 제시하는 것을 넘어, 주제와 관련하여 보다 심화된 자료를 찾아 동료 학생들에게 소개해주거나 일상생활 속에서도 지속적으로 토론 주제에 몰입하는 인지적 사고의 확장이 일어나기도 했다.

친구가 토론에다 논문을 하나를 제시를 했대요. 그 친구는 이거 누가 읽겠나? 하면서 그걸 첨부를 했었는데 그걸 어떤 친구가 직접 논문 사이트에 들어가서 찾아서 다 읽고 밑에다 댓글을 단 거예요. 그래서 그걸 보고 토론 쓴 친구도 감동을 받았고 댓글 남긴 친구도 공부가 많이 됐다고 하더라고요. 그래서 이런 확장된 학습을 하기에는 비대면

이 더 적절한 것 같다고 생각을 했었어요. (...) 원래 친구들이 댓글도 처음엔 막 2개씩 달다가 나중에 많이 다는 친구들 있으니까 4개씩 달고 그런 친구들도 있었고. 한 명이 논문 찾아서 넣기 시작하니까 다른 친구들도 어? 그거 보고 얘 봐라 이러면서……이러면 안 될 것 같은 거야. 이대로 대충 하면 (참여자 B2)

확실히 좀 뭔가 자극받는 그런 게 (있었어요) (참여자 B1)

다른 동료학생들의 학습활동 내역이 공개적으로 드러나는 온라인 토론에서 적극적으로 수업에 참여하는 학생의 경우에는 자신 역시 다른 학생 못지않게 열심히 참여하는 학생임을 가시적으로 보여야 하는 압박을 느끼고 있었다. 여기서 학생들이 자신의 수준 높은 의견을 제시하려는 시도는 수업을 얼마나 잘 이해했는지를 보여주는 것일 수도 있겠지만, 온라인 상황에서 타인과 관계를 맺으면서 자신의 생각을 타인으로부터 인정받으려는 욕구가 발현되는 것이라고도 볼 수 있을 것이다.

○● 5. 나가며

이 글은 비실시간 온라인 토론에서 인격적 관계 형성은 대면상황과 달리 어떠한 특성을 가지는지 탐색하기 위하여 대학생들의 실제 수업사례를 참조하였다. 그 결과, 학생들은 컴퓨터를 매개로 관계가 형성되는 특성에 토대할 때, 토론 초기에 동료 학생들을 실재하는 존재로 인지하는 데 어려움을 경험하였으나 점차 정서적·인지적 친밀감의 형성을 통해 인격적 관계를 발전시켜 나간 것으로 확인되었다. 이는 CMC가 가지는 여러 한계로 인해 인격적 관계 형성의 어려움이 있을 수 있으나 지속적인 대화와 상호간에 친밀감을 높이고자 하는 효과적인 접근을 통해 대면과 유사한 혹은 보다 긴밀한 인격적 관계 형성이 충분히 가능할 수 있다고 본 사회적 정보처리이론이나 초대인적 관점을 다시금 지지하는 결과라 하겠다(고미숙, 2012; 이은주, 2011). 더 나아가 이처럼 컴퓨터가 매개하고 있는 상황은 대면에서 즉흥적으로 자신의 의견을 표현하는 데서 오는 긴장감이나 타인의 의견에 대한 비판을 주고받을 때의 정서적 부담을 덜어줌으로써 오히려 어떤 학생에게는 인격적 관계를 형성하는 데 있어 대면보다 더 편안하고 적극적인 태도를 이끌어내기도 하는 것으로 나타났다.

두 번째로 인격적 관계의 형성을 위해 자신의 생각을 표현함으로써 자신이 누구인지를 드러내고 타인과 관계 맺는다는 아렌트의 관점 역시, 문자 위주의 CMC에 기반한 비실시간 온라인 토론의 고유한 소통방식에 영향을 주는 것으로 볼 수 있었다. 대면의 상황에서는 타인의 외양이나 그 사람의 유창성, 혹은 제스처가 어떤 사람과 관계를 맺을 때 영향을 끼치는 반면, 온라인 상황에서는 문자로 표출되는 언어 외에 자아를 드러낼 수단이 없다. 즉 비실시간 온라인 토론에서 인격적 관계가 형성되는 방식은 다른 사람의 말이 어떤 의미인지를 파악하는 인지적 차원에 초점을 둘 수밖에 없었다. 그리하여 온라인 상황에서 자신이 어떤 사람인지 타인에게 드러내 보이고 싶은 학생들의 욕구는 내용 면에서 질적으로 우수한 의견을 제시하고자 하는 노력으로 이어졌다. 한편, 대면 토론에서든 비대면 토론에서든 학생들은 자신이 어떠한 의견을 지지할 때 솔직한 의중을 드러내는 경우도 있지만, 토론에서 유리한 입지를 차지할 수 있는 주장을 택하는 경우가 있다. 그런데 비즉시적인 특성으로 인해 자신의 의견을 게시하기 전 학생들이 충분한 준비시간을 확보할 수 있는 비실시간 온라인 토론의 경우, 이처럼 선택적으로 자신을 드러내는 경향성이 더 심화되는 것으로 나타났다. 실제로 본 연구의 참여자들 역시 단순하게 의견을 제시하는 것을 넘어 자신을 긍정적인 이미지로 표출하기 위해 자신의 솔직한 의중을 벗어난 자료나 의견을 게시하기도 했다.

이러한 학생들의 행위를 보다 깊이있게 이해하기 위해서 아렌트의 공적 영역에 관한 이론을 다시 참조해볼 수 있다. 아렌트는 공적 영역으로서의 토론의 장에서는 공통감에 의해 드러내야 할 것과 감추어야 할 것이 구분되어야 한다고 언급한다. 이러한 구분을 아렌트는 라틴어 '페르소나(persona)', 즉 '공공 가면'이라는 말로 설명하고 있다. 공공 가면이란 고대 연극에서 가지고 온 말로, 첫째 배우의 얼굴과 표정을 은폐하거나 대체하는 것이고 둘째, 그럼에도 불구하고 배우의 목소리는 들을 수 있게 하는 것이다(이승훈, 2010: 112-113). 우선 이 가면은 익명의 상황에서 만나는 사람들의 교섭을 가능하게 하는데 이것은 서로 친밀하지 않아도, 즉 사사로운 감정, 악의, 권력 관계와 얽히지 않아도 토론하는 가운데 서로를 존중하면서 소통하고 교류할 수 있다는 측면을 설명할 수 있다. 다음으로 이 가면의 존재는 토론에서 타자 및 자아와 비판적 거리를 유지해야 함을 은유적으로 나타낸다. 즉 우리가 공적 영역에서 남아있을 만한 어떤 말을 발화하기 위해서는 사사로운 감정을 절제하고 비판적인 거리를 둘 수 있는 모종의 가면을 쓰고 말해야 한다는 것이다.

이러한 관점은 학생들이 자신을 숨기거나 선택적으로 꾸며서 제시하지 않는다고 할 때 단지 솔직하게 자신의 생각을 여과 없이 드러내는 것이 아니라는 점을 시사한다. 그것은 어떠한 절차를 거쳐 공적인 장에 참여해야 한다는 것을 말해주는데, 그 절차는 공공 가면을 쓰는 것으로 볼 수 있다. 보통 가면을 쓴다고 하면 우리의 정체성을 가리는 것으로 생각하기 쉬우나 여기서 가면은 말을 통해 나의 인격을 드러내기 위한 모종의 절차를 가리키는 것으로 이해될 수 있다. 즉 말을 통해 타인과 인격적 관계를 맺기 위해서는 기본적으로 나의 사사로운 감정을 감추고 내 말이 공적인 공간에서 논의될 만한 것인지 아닌지 숙고하는 능력과 과정이 요청된다는 것이다. 이러한 가면은 특히 온라인 공간이 우리의 몸이 드러나지 않을뿐더러 '선택적으로' 우리의 모습을 드러내기 더 쉬운 조건이라고 할 때 이 선택이 어떤 목적에 의해 수행되어야 하는지를 지시한다. 즉 내가 가면을 쓰는 것은 타인과 인격적인 관계를 맺기 위한 공통감의 발휘를 통해 요청되는 것인지 혹은 자기 진정성을 해치는 거짓이나 위선을 위한 것인지 숙고하고 판단할 수 있어야 한다는 것이다.

이처럼 CMC를 통해 인격적 관계를 맺는 방식은 대면의 상황과 다른 고유한 특성을 가지고 있으며 이는 비실시간 온라인 토론에서 인격적 관계 형성을 지원하기 위해 대면과 구별되는 교육적 개입과 노력이 요구됨을 보여준다. 이러한 교육적 개입이 어떻게 제시될 수 있을지 시론적 수준에서나마 제안하면 다음과 같다.

첫째, 학생들이 온라인 환경에서 타인을 실재하는 존재로 인식할 수 있도록 지원하기 위한 교사의 의도적 전략과 개입이 요구된다. 상대방에 대한 실재감을 높이는 것은 타인을 고유한 인격을 가지고 있는 대체 불가능한 존재로 인식하는 데 필수적으로 선행되어야 한다. 본 연구의 참여자들은 전반적으로 온라인 토론에서 동료 학생의 실재감을 인식하는 데 어려움을 경험한 적이 있다고 응답하였다. 실제로 선행연구에서는 비실시간 온라인 수업에서 사회적 실재감을 향상하기 위한 다양한 전략들을 적용될 필요가 있음을 언급해왔다(Dunlap & Lowenthal, 2014). Dunlap과 Lowenthal(2014)은 사회적 실재감을 향상시키기 위해 오리엔테이션 비디오, 개별화된 피드백, 비디오 피드백, 동료 평가, 트위터 사용, 5분 대화, 자기소개, 서로의 의견을 존중하는 토론 분위기 형성과 같은 전략들이 사용될 수 있음을 제안하였다. 또한 Nam(2017)은 디지털 스토리텔링을 활용한 협력활동이 학생들의 사회적 실재감을 향상하는 데 효과가 있음을 보고하였다. 온라인 수업을 진행하는 교수자들은 이러한 실재감 향상 전략을 적극적으로 활용하여 학생들이 타인 및 자기 자신에 대해 저마다의 이야기를 가진 실제로 존재하는 사람이라는 것을 인식하게 함으로써 서로 간에 공통감을 발휘하고 인격적 관계를 형성할 수 있는 기본 요건을 충족시켜줄 필요가 있다.

둘째, 선택적 관계 형성으로 인해 학생들이 편향된 관점을 형성하지 않도록 하기 위한 방안을 마련할 필요가 있다. 본 연구에서도 학생들은 많은 수의 토론 게시글이 축적되었을 때 이 게시글을 모두 읽기보다는 선택적 읽기를 하는 모습을 보였다. 실제로 너무 많은 게시글은 정보 과부하 문제를 야기할 수 있으며 학생들의 선택적 읽기는 어찌 보면 이러한 문제에 대처하기 위한 그들만의 전략이라고 볼 수도 있다. 그러나 Buder, Schwind, Rudat 과 Bodemer(2015)는 많은 학생들이 편의성 때문에 선택적 읽기를 시도하며, 이러한 선택적 읽기는 토론 주제와 관련하여 중요한 정보를 담고 있거나 의미있는 논의를 제시하는 우수한 토론글을 접할 수 있는 기회를 놓치는 문제로 이어질 수 있음을 지적하였다. 따라서 기존 연대기적 형태의 쓰레드 모드 대신 학생들의 포스팅을 보다 다양한 방식으로 시각화하여 제시하는 방법을 고려할 필요가 있다. 또한 조별토론과 같은 방식을 통해 각 토론에 참여하는 학생 수를 줄이는 것도 선택적 읽기와 관련된 문제를 해결하기 위한 한 방안이 될 수 있다(Qiu, Hewitt, & Brett, 2012).

셋째, 협력적 분위기 속에서 인지적 사고 활동을 촉진할 수 있는 과제 및 환경을 제공하여야 한다. 본 연구에서 학생들은 의견을 표현하는 데 있어 겉으로 보여지는 '형식' 또는 '외양'보다는 글에서 이야기하고자 하는 메시지의 '내용'에 더 초점을 두는 모습을 확인하였다. 특히 일부 면담 참여자들은 비실시간 온라인 토론에서 정서적 친밀감보다 인지적 친밀감이 인격적 관계 형성에 더 결정적인 역할을 하였음을 언급하기도 했다. 더 나아가 학생들은 인지적 담화를 통해 상호배움과 확장된 학습을 경험하는 즐거움을 느꼈음을 보고하기도 했다. 반면에 토론에 참여한 학생들 중 깊이 있는 인지적 참여가 이루어지지 못하고 의무적으로 요구되는 토론 게시물의 횟수를 달성하는 것에만 목적을 두거나 아예 참여하지 않는 학생들도 있는 것으로 드러났다. 이러한 의무적인 참여만으로는 깊이 있는 교류를 통해 타인을 의미있는 누군가로 받아들이는 인격적 관계형성이 이루어질 수 없다. 그러므로 교수자들은 학생들의 인지적 호기심을 다양한 각도에서 유발함으로써 학생 간 연쇄적인 대화가 활발하게 일어날 수 있는 토론 문제를 제시할 필요가 있다. 이와 관련하여 Ertmer, Sadaf와 Ertmer(2011)는 토론 질문 유형과 학생들의 연쇄적인 응답과의 관계를 탐색한 결과 Bloom의 taxonomy에 기반하여 보다 고차적인 수준에 해당되는 토론 질문을 제시할수록 학생들의 응답 또한 고차적 수준에 해당되는 답변을 게시할 가능성이 높다는 것을 제시한 바 있다. 또한 그룹 프로젝트, 게임 기반 학습, 조별 토론에서 학생 촉진자 활용과 같은 전략들도 학생들의 활발한 상호작용을 유도하고 의미있는 토론 활동이 이루어질 수 있도록 하는데 효과적인 전략이 될 수 있다(Vlachopoulos & Makri, 2019).

궁극적으로 이 글에서 이루어진 탐색은 온라인에서의 관계 맺기가 폭발적으로 확장되어가고 있는 오늘날, 이 관계가 인격적인 특성을 띠기 위해서는 타인이 자신의 의견을 어떻게 볼 것인지에 대해 고민하게 하는 '온라인상에서의 공통감'을 작동시키도록 하는 교육적 개입과 전략이 그 어느 때보다 요청된다는 점을 제안한다. 그리고 이러한 공통감을 작동시킬 수 있는 마음의 습관이 형성된다면, 수업을 벗어난 여타의 온라인상에서의 소통에서도 타인의 지각이나 감정을 고려하는 인지적 습관이 이어질 수 있지 않을까? 여하튼 앞으로의 교육적 고민은 대면상황과 비대면상황을 넘나들면서 타인과 인격적 관계를 맺을 수 있는 새로운 관계 역량의 비전을 탐색하는 쪽으로 나아가야 하지 않을까 싶다.

⌘

참고문헌

권성연 (2011). 온라인 학습에서 사회적 실재감과 학습자 특성, 토론효과 및 학습효과 인식, 만족도와의 관계 연구. 교육과학연구, 42(3), 55–82.

고미숙 (2012). CMC (Computer–Mediated Communication)를 통한 인격적 관계 형성을 위한 교육: 체현과 정서의 철학을 중심으로. 도덕윤리과교육연구, 36, 85–113.

모수경 (2021). 대학 수준의 온라인 학습환경에서 성별과 상호작용 방식에 따른 사회적 실재감 비교 연구. 교양교육연구, 15(1), 287–302.

소병철 (2021). 포스트 코로나 시대에 즈음한 원격 교육 대세론의 철학적 재고. 철학연구, 159, 57–86.

이승훈. (2010). 공공 영역과 "시민됨"의 문화적 조건. 사회이론, (37), 101–133.

이은주 (2011). 컴퓨터 매개 커뮤니케이션으로서의 트위터 – 향후 연구의 방향과 과제. 언론정보연구, 48(1), 29–58.

정은상 (2021). 뉴 노멀 시대 교양교육의 새로운 연구과제와 방향에 대한 모색. 지식산업연구, 44(1), 263–279.

조영환, 박현정, 김정연, 석유미, 이신혜 (2015). 온라인 토론 촉진을 위한 피드백의 역할 탐색. 아시아교육연구, 16(2), 289–313.

차정호, 노태희 (2005). 사회적 구성주의 학습이론에 기초한 예비 교사의 온라인 토론 분석. 컴퓨터교육학회 논문지, 8(1), 13–23.

최진 (2020). '개별화 교육' 개념의 확장적 의미 탐색 : 개인 형성과 교육적 공간 간의 관계를 중심으로. 열린교육연구, 28(3), 139–161.

Akcaoglu, M., & Lee, E. (2018). Using Facebook groups to support social presence in online learning. *Distance Education, 39*(3), 334–352.

Arendt, H. (1958). 인간의 조건. 이진우, 태정호 옮김 (2011). 한길사.

Arendt, H. (1982). 칸트 정치철학 강의. 김선욱 옮김 (2002). 푸른숲.

Buder, J., Schwind, C., Rudat, A., & Bodemer, D. (2015). Selective reading of large online forum discussions: The impact of rating visualizations on navigation and learning. *Computers in Human Behavior, 44*, 191–201.

Dunlap, J. C., & Lowenthal, P. R. (2014). The power of presence: Our quest for the right mix of social presence in online courses. In A. A. Piña & A. P. Mizell (Eds.), *Real life distance education: Case studies in practice* (pp. 41–66). Greenwich, CT: Information Age Publishing.

Ertmer, P. A., Sadaf, A., & Ertmer, D. J. (2011). Student–content interactions in online courses: The role of question prompts in facilitating higher–level engagement with course content. *Journal of Computing in Higher Education, 23*(2–3), 157–186.

Gilbert, P. K., & Dabbagh, N. (2005). How to structure online discussions for meaningful discourse: A case study. *British Journal of Educational Technology, 36*(1), 5–18.

Guo, P., Saab, N., Wu, L., & Admiraal, W. (2021). The Community of Inquiry perspective on students' social presence, cognitive presence, and academic performance in online project-based learning. *Journal of Computer Assisted Learning, 37*(5), 1479–1493.

Hwang, S., & Song, H. (2018). Effective Social Interaction in Online Learning. *National Teacher Education Journal, 11*(3) 41–46.

McInnerney, J. M., & Roberts, T. S. (2004). Online learning: Social interaction and the creation of a sense of community. *Journal of Educational Technology & Society, 7*(3), 73–81.

Moore, J. L., & Marra, R. M. (2005). A comparative analysis of online discussion participation protocols. *Journal of Research on Technology in Education, 38*(2), 191–212.

Moore, M. G. (2007). The theory of transactional distance. In M. G. Moore (Ed.), *Handbook of distance education* (pp.89–105). New Jersey: Lawrence Erlbam Associates, Inc.

Nam, C. W. (2017). The effects of digital storytelling on student achievement, social presence, and attitude in online collaborative learning environments. *Interactive Learning Environments, 25*(3), 412–427.

Phirangee, K., & Malec, A. (2017). Othering in online learning: An examination of social presence, identity, and sense of community. *Distance Education, 38*(2), 160–172.

Qiu, M., Hewitt, J., & Brett, C. (2012). Online class size, note reading, note writing and collaborative discourse. *International Journal of Computer–Supported Collaborative Learning, 7*(3), 423–442.

So, H. J., & Brush, T. A. (2008). Student perceptions of collaborative learning, social presence and satisfaction in a blended learning environment: Relationships and critical factors. *Computers & education, 51*(1), 318–336.

Swan, K., & Shih, L. F. (2005). On the nature and development of social presence in online course discussions. *Journal of Asynchronous learning networks, 9*(3), 115–136.

Symeonides, R., & Childs, C. (2015). The personal experience of online learning: An interpretative phenomenological analysis. *Computers in Human Behavior, 51*, 539–545.

Vlachopoulos, D., & Makri, A. (2019). Online communication and interaction in distance higher education: A framework study of good practice. *International Review of Education, 65*(4), 605–632.

Walther, J. B. (1996). Computer–mediated communication: Impersonal, interpersonal, and hyper personal interaction. *Communication Research,*

23(1), 3–43.

Walther, J. B., van Der Heide, B., Hamel, L., & Shulman, H. (2009). Self–generated versus other–generated statements and impressions in computer–mediated communication: A test of warranting theory using Facebook. *Communication Research, 36*(2), 229–253.

성인의 디지털 리터러시, 형성적 목적에서 평가하기

길혜지(충북대 교육학과)

○○ 1. 평가가 일상화된 사회, 평가의 목적은 무엇인가?

우리는 세상에 태어난 그 순간부터, 원하든 원치 않든 끊임없이 무엇인가를 결정하기 위한 평가의 장면에 마주하게 된다. 평가는 본래, '가치를 따져 값을 매긴다'라는 뜻을 지니고 있기에 그 방법과 절차에 있어 다소 차이가 있으나, 일상에서 마주하는 여러 문제에 있어 의사결정이 필요한 순간마다 수없이 많은 평가를 하고 있다 할 수 있다. 물론 우리가 늘 평가의 주체가 되는 것은 아니다. 초·중·고 교육에서는 학생들을 성취평가제에 따라 A－E 등급 중 어느 하나의 등급으로 평가하고, 때로는 그 결과를 9등급으로 판정한다. 2015 개정 교육과정이 안착된 이후에는 학생 참여형 수업이 강조됨에 따라 '과정중심평가'가 중시되면서 '수업이 곧 평가다'라고 이야기하기도 한다. 대학에서도 규준(norm)이나 준거(criterion)에 근거하여 학생들에게 상대적으로 혹은 절대적인 방식으로 학점을 부여하고 있다. 여기에서 우리는 철저하게 평가의 대상이 되어 교수자로부터 태도를 관찰 받기도 하고 수행의 우수성을 평가받거나 표준화된 방식의 시험을 치르기도 한다. 성인이 되어서는 평가로부터 자유롭다 생각할 수도 있겠으나, 새로운 장면에서 또다른 평가가 시작된다. 예컨대, 성인들은 직장 생활을 하는 가운데 계약 연장, 승진이나 인사고과를 위한 평가를 다면적으로 경험하고 있다.

평가는 문자 그대로 어떤 대상이나 특성에 대해 가치를 부여하는 행위이므로, 우리가 살아가는 동안 평가는 일상화될 수밖에 없다. 우리 사회 또한 국가적 차원에서 책무성(accountability)을 내세워 교육의 성과를 평가하는 것을 당연시 해 왔다. 지난 이명박 정부 시기, '기초학력 미달 제로'라는 정책적 목표를 달성하기 위해 특정 학년의 전수를 대상으로 치러진 국가수준 학업성취도 평가가 대표적인 예라 할 것이다. OECD에서 3년 주기로 만 15세 학생을 대상으로 치르고 있는 국제 학업성취도 평가(PISA, Program for International Student Assessment)는 참여국의 읽기, 수학, 과학적 소양(literacy)을 비교하기 위한 연구 목적을 갖는데, 주기마다 참여국의 순위가 보고되기 때문에 과거 우리나라에서는 PISA의 순위변동에 민감하게 반응하여 학교교육의 성과와 연관시키고 교육과정 개편의 근거로 삼기도 하였다. 대학 또한 책무성 평가로부터 자유롭지 못하다. 입학자원의 급감을 배경으로 2015년부터 3년마다 실시되고 있는 대학구조개혁평가(대학역량진단평가)는 평가 결과를 대학의 재정지원사업과 연계하여 활용하고 있으며, 그 목적을 대학교육의 질 제고를 위해서라고 말한다.

이처럼 평가는 맥락 의존적인 행위이므로 누가 누구를 대상으로, 어떤 목적에서 무엇을 평가하는지에 따라 서로 다른 양상으로 설계되고, 수행되며, 활용된다. 이중, 이 글은 성인에 대한 평가를 다루고자 한다. 특히, 디지털 전환기를 살아가야 하는, 성인의 디지털 리터러시에 대한 평가 이야기이다.

○● 2. 디지털 전환기, 성인의 디지털 리터러시 교육은 어떻게 실시되는가?[1)]

디지털 기술의 등장과 보급은 비교적 단기간에 걸쳐 이루어졌고, 그 발전 속도는 코로나19 이후 가속화되어 이제는 일상생활 곳곳에서 누구나 쉽게 디지털 기술을 마주하게 되었다. 이는 코로나19 확산세로 인해 언택트(untact) 사회가 앞당겨짐에 따라 온라인 혹은 모바일 쇼핑, 배달 앱으로 대표되는 소비뿐만 아니라, 원격근무, 원격학습, 원격의료 등이 사회 전반에서 뉴노멀로 자리 잡은 현상과도 밀접한 관련이 있다(배영임, 신혜리, 2020). 그런데 디지털 기기의 기능을 어느 정도 사용할 줄 안다는 것은 디지털 사회를 살아가기 위한 최소한의 조건에 불과하다. 물론 이러한 기기를 잘 사용하지 못한다면 일상의 불편함이 가중되는 시대를 살아가고 있기에 아동부터 고령층에 이르기까지 컴퓨터, 스마트폰, 무인기기(키오스크) 등과 같은 디지털 기기 사용법을 익히고자 노력하고 있다.

우리가 새로운 디지털 기기를 접하게 된 순간을 떠올려 보자. 심리적으로 낯설 수 있으나, 시행착오를 거쳐 차츰 경험이 쌓이면 어느 정도 기본적인 기능을 다루는 것은 자연스러운 일이 된다. 다만, 이 순간에도 디지털 기기의 기능(혹은 기술)은 빠르게 변화하고 있

1) 이 장은 「성인 정보문해능력(Digital Literacy) 실태조사를 위한 기초 연구」(길혜지 외, 2021), 「배움과 나눔을 위한 세계의 디지털역량 교육」(길혜지 외, 2021a), 「디지털배움터 교육과정 가이드북」(길혜지 외, 2021b)의 일부를 재구성한 글이다.

기에 매번 새로운 기기와 기능에 익숙해지기 위해 학습한다는 것은 결코 쉬운 일이 아니다. 이에 디지털 기기와 기능을 활용할 줄 아는 것을 넘어, 보다 능동적이면서도 복합적인, 일종의 생활양식(life style)으로서 디지털 리터러시(digital literacy)를 내면화하는 것이 중요하다.

그간 리터러시는 비문해의 상대적 개념으로서 글을 읽고 이해하는 능력을 의미하는 '문해력'으로 여겨졌으나, 기술의 발달과 함께 읽기의 대상이 되는 텍스트의 범위는 문자 외로 확대되어 왔다. 유네스코는 문해를 "다양한 맥락에서 인쇄되거나 쓰여진 것을 활용하여 인식, 이해, 해석, 창조, 의사소통, 계산하는 능력"으로 정의하였고(유네스코한국위원회, 2016), 우리나라 평생교육법 제2조 3항에서는 "일상생활을 영위하는 데 필요한 문자해득 능력을 포함한 사회적·문화적으로 요청되는 기초 생활능력"으로 정의한다. 다시 말해서, 문해의 개념은 개인의 일상생활 영위와 사회생활 참여를 위한 기능적 의미가 포함되는 방향으로 변화해 왔다고 할 수 있다. 이와 함께, 사회 발전에 따라 일상생활을 위해 요구되는 기초능력이나 사회의식의 범위 또한 변화하고 확장되어 갈 수밖에 없으므로 문해의 개념 또한 역동적-과정적 측면에서 분석될 수밖에 없다(한상길, 2017: 34).

이에 리터러시는 특정 주제, 즉 건강, 문화, 환경, 금융이나 읽기 매체인 컴퓨터, ICT, 미디어, 디지털 등과 결합하면서 이를 읽을 수 있는 능력이나 특정 분야의 경쟁력, 지식을 뜻하는 의미로 폭넓게 사용되어 왔다(홍유진, 김양은, 2013: 19). 이러한 맥락에서 디지털 리터러시는 기본적으로는 디지털 기기를 사용하여 읽고 활용할 수 있는 능력으로 이해할 수 있을 것이다. 그런데 지능정보사회로의 진입은 혁신적인 디지털 기술과 디지털 기기를 기반으로 의사소통과 상호작용 방식에 변화를 가져왔다. 이러한 변화는 디지털 리터러시가 기초적인 수준에서 텍스트를 읽고 쓸 줄 아는 능력을 넘어, 디지털 기기와 기술을 활용하고 이해하며 표현함으로써 새로운 결과물을 만들어 낼 수 있는 요소까지를 포함하도록 개념의 외연을 확장시키고 있다. 더욱이 코로나19로 인해, 디지털 전환이 우리 삶 전반의 영역과 밀접하게 맞닿게 되었다는 점에 주목할 필요가 있다. 디지털 리터러시는 사회, 경제, 교육, 문화, 여가 등 삶의 전 영역에서 디지털 기술을 활용한 문제해결 및 의사소통과 같은 요소를 핵심적으로 포함하며, 사회 참여, 협력, 윤리 및 시민의식과 같은 사회·문화적 속성 또한 반영하고 있다. 이러한 지점에서 디지털 리터러시는 디지털 세상을 살아가기 위한 일종의 생활양식이다.

생활양식	정의
친숙해지기	디지털 환경에 흥미를 가지고, 디지털 기술 및 기기에 대한 기본 용어를 이해하면서 기능을 원활히 활용함.
정보습득하기	디지털 환경에서 디지털 정보를 검색하고, 관리하며, 질을 평가하면서 비판적으로 활용함.
소통하기	디지털 기술을 통해 상호작용하면서 시민으로서 네티켓을 갖추고 의사소통함.
안전하기	디지털 환경에서 디지털 기기, 콘텐츠, 개인정보 및 프라이버시를 안전하게 보호하고 디지털 범죄를 예방하는 등 사회·정서적 웰빙을 유지함.
일상생활하기	디지털 기기를 활용하여 경제 활동, 행정 처리, 여가 및 학습 활동, 건강 관리 등 일상의 문제를 해결함.
일하기	디지털 환경에서 효과적으로 업무를 처리하고 다른 사람들과 협업하며 일함.
만들기	자기 주도적으로 디지털 콘텐츠를 기획하고 새롭게 만들어 내며 이를 위한 혁신적인 기술을 익힘.

〈디지털 생활양식의 정의〉

출처: 길혜지 외(2021b: 17)

또한, 디지털 리터러시는 보편화된 디지털 시대를 살아가는 사회 구성원으로서 필수적으로 갖추어야 하는 일종의 역량(competence)

으로도 여겨진다. 유럽연합(EU)은 '2010년 유럽 정보화역량 주간(European e-skills Week 2010)'에서 디지털 리터러시를 증진하는 것이 국가적 차원의 과제임을 밝혔다(권성호, 김성미, 2011). OECD는 미래교육구상에서 미래사회에 필요한 핵심역량 중 하나로 디지털 리터러시를 제시하였다. 우리나라의 경우 디지털 미디어 리터러시를 지원하는 종합계획을 통하여 디지털 리터러시 함양을 위한 기회 확대에 적극적인 입장을 취하고 있다(교육부, 2020.8). 특히, 코로나19 이후 확대된 온라인 학습과 디지털 전환은 편리함과 동시에 여러 부작용을 초래하며 디지털 리터러시 함양이 필수적임을 반증하기도 하였다. 이에 교육부는 2022 개정 교육과정에서 디지털·AI 교육 학습 환경을 조성하고 디지털 소양을 기초소양 중 하나로 강조하여 총론과 교과에 반영하는 내용의 시안을 발표한 바 있다(교육부, 2021.11.24.).

다시, 성인의 디지털 리터러시로 돌아가 보자. 만약 디지털 리터러시가 단편적인 장면에서 디지털 기기와 기술을 사용하는 특정 직업이나 계층에게만 필요한 것이 아니라, 우리 삶의 곳곳에서 누구에게나 요구되는 삶의 방식이 되어 가고 있다면, 과연 성인들은 이러한 디지털 리터러시를 어디에서 어떻게 배우고 있는가?에 대한 질문을 던져 볼 수 있다. 다시 말해서, 성인들이 디지털 리터러시를 학습하고 이를 삶의 양식으로 여기며, 일상을 불편함 없이, 아니 불편함을 넘어 디지털 기술이 주는 혜택을 고루 누리면서 살아가는 데 활용하기 위한, 충분한 교육기회를 가지고 있는가에 대한 질문이다.

OECD나 EU를 포함, 여러 국가에서 디지털 리터러시(혹은 디지털 역량)를 미래 역량 중 하나로 규정하고 학령기 학생뿐만 아니라 사회 취약계층을 위한 리터러시 교육의 일환으로 이를 다루어 온 것과 달리, 우리나라에서 성인의 디지털 리터러시에 대한 관심을 촉발시킨 것은 코로나19가 가져온 소외에 대한 우려였다. 그간 우리나라에서는 취약계층의 ICT 접근성과 정보 활용 역량을 강화하기 위한 정보화 교육 차원에서 '디지털 격차 해소'가 논의되어 왔으나, 코로나19 이후 비로소 모든 국민이 디지털 사회에 참여하여 그 혜택을 능동적으로 누리는 '디지털 포용'으로 확대되어야 함이 강조되면서, 일반 국민 또한 디지털 포용을 이루기 위한 정책적 대상 혹은 교육적 대상으로 포함되기 시작한 것이다(길혜지 외, 2020).

그렇다면, 이들을 대상으로 한 디지털 리터러시 교육은 어떻게 진행되고 있을까? 먼저 고령층 비문해자를 대상으로 성인문해교육 프로그램을 운영하고 지원해 온 국가평생교육진흥원–국가문해교육센터가 디지털 리터러시 교육과 관련하여 어떠한 사업을 추진해 왔는지를 살펴보면, 「평생교육진흥 종합계획」이 수립된 이래로 디지털 리터러시는 생활문해 중 '정보문해' 영역에 국한하여 다루어져 왔으며, 문해사업의 일환으로 추진되어 왔음을 알 수 있다. 국가문해교육센터에서 디지털 리터러시 교육을 추진하게 된 배경 역시 평생교육법 제2조 3호가 개정됨에 따라 문해교육의 외연 확장에 따른 생활문해교육 강화에 있기 때문이다. 대표적으로 정보문해교육 교과서 및 교수·학습자료를 한국지능정보사회진흥원과 협력하여 개발·보급하고 2018년과 2019년에 걸쳐 성인(성인문해교육 학습자) 정보문해능력 측정도구를 개발하기도 하였다. 2021년에는 EBS와 함께 성인문해교육 방송 프로그램인 학교가기 좋은 날을 제작하여 방영하였고, 한국교직원공제회의 후원을 통해 문해교육 현장에 디지털 교구(태블릿PC) 지원 사업을 하였다. 이와 함께, 국가문해교육센터는 성인문해교육 지원 사업을 추진하면서 생활문해교육 프로그램 운영을 지원해 왔기에, 코로나19 확산에 따라 생활문해교육 영역 안에서 정보문해교육과 관련된 프로그램 운영이 확대되는 양상을 보이기도 하였다.

국가평생교육진흥원의 성인문해교육지원 사업은 광역 시·도와 시·도 평생교육진흥원(문해교육센터) 및 교육청에도 영향을 미친다. 지역 단위에서는 해당 사업에 공모하거나 자체 문해교육 특성화 사업을 통해 프로그램을 운영하곤 한다. 일례로 광주평생교육진흥원은 광역 문해교육 특성화 지원사업 공모에 선정되어 ㈜가민정보시스템과 공동으로 비문해자를 위한 무료 애플리케이션인 '비그플'(비문해자 그들만을 위한 플랫폼)을 개발하여 보급하고 있다. 비그플은 비문해자를 대상으로 개발된 최초의 애플리케이션이다. 구체적으로 스마트폰을 통해 비문해자들이 손쉽게 학습할 수 있도록 국가문해교육센터에서 개발하여 보급한 교재 내용을 퀴즈 형식의 콘텐츠로 제작하고, EBS 성인문해교육 콘텐츠를 활용한 온라인 영상 강의, 지역 내 문해학교 찾기 기능을 제공한다. 울산인재평생교육진흥원에서도 동일 사업 공모를 통해 기초한글교육과 디지털 교육을 제공하는 '똑똑! 디지털 한글교실' 사업을 2021년부터 운영하고 있다. 제주평생교육장학진흥원은 제주 지역의 특색과 디지털 문해교육에 대한 요구를 반영하여, '제주해녀 꿈바당학교'를 시행 중이다. 이는 지역발전을 위해 노력해 온 제주해녀를 위한 프로그램으로서, 스마트폰 사용법, 키오스크 활용, 해녀의 삶에 대한 시 쓰기, 우리 동네와 바다를 그림으로 표현하기 등과 같은 커리큘럼을 제공하고 있다.

서울시는 다른 시도보다는 성인의 디지털 리터러시 교육에 있어서 조금 앞서 나가는 모습을 보인다. 「서울시 성인문해교육 활성화 4개년 종합계획」을 수립하여 전통적 문해능력과 생활능력 교육에 더하여 초고속화, 디지털화, 스마트 자동화 및 무인화와 같은 대도시 서울의 특성과 연관된 '서울형 문해교육'에 대한 수요를 반영하고

자 관련 사업을 추진 중이다(서울특별시, 2019). 특히, 한국지능정보사회진흥원 및 서울디지털재단과 협업하여 스마트 기기와 무인기기 활용법을 중심으로 한 디지털 생활문해교육 콘텐츠를 개발하고, (가칭)디지털 생활문해강사를 양성하고 이들을 문해교육기관에 파견하여 체험 중심의 교육을 진행하며, 서울자유시민대학 은평학습장을 디지털문해학습장으로 시범 운영하는 '서울 디지털 문해 학습장' 사업도 포함하고 있는데, 2021년에는 디지털 문해 학습장을 총 14곳으로 확대 운영하기도 했다.

교육부, 국가평생교육진흥원, 그리고 지역 단위에서 문해교육의 연장으로 이루어지는 교육과 더불어, 우리나라에서 성인을 대상으로 한 대표적인 디지털 리터러시 교육은 과학기술정보통신부와 한국지능정보사회진흥원이 2020년 9월 이후 운영하고 있는 디지털배움터에서 이루어지고 있다. 디지털배움터는 주민센터, 우체국, 정보화 마을, 도서관 등 접근이 쉬운 생활 유휴공간 1,000여 곳에서 프로그램을 제공하여 국민 누구나, 집 근처에서 편하게 교육을 받을 수 있다는 점에서 장점을 갖는다. 더욱이 온라인 디지털배움터도 동시에 운영되고 있어 시공간적으로 교육 접근성이 매우 좋다. 디지털배움터는 고정된 공간이기도 하지만, 때로는 도서산간 지역 등 접근성에 한계가 있거나 정해진 장소나 시간에 교육받기 어려운 지역민을 위해 찾아가는 집합교육을 시행하기도 한다. 몇몇 사례를 살펴보면, 고령층이 많은 경북 울릉군, 충북 괴산군이나 강원 홍천군 등지에서는 디지털배움터 버스인 '에듀버스'가 찾아가 키오스크와 스마트 기기 활용을 위한 체험형 교육을 진행했다. 2021년 기준, 17개 광역자치단체와 226개 기초자치단체 전체가 참여하였고, 65만 5000명 정도가 디지털배움터를 통해 교육 혜택을 받았다. 교육수강생은 60대 이상이 44%를 차지하는 가운데, 10대 역시 21% 정도로 나타나 전

연령대에서 고루 참여한 것으로 나타났다.

국내 공공 및 민간기관에서 실시하는 디지털리터러시 교육과 비교 시, 디지털배움터의 가장 큰 장점은 고령층, 장애인 등 사회적 배려 계층에 대한 교육을 포함하면서 동시에 전 국민을 대상으로 한 수준별 맞춤형 교육을 시행한다는 점이다. 2021년에는 장애인 대상 코딩교육, 독거노인 대상 디지털 기기 케어 교육 등 취약계층 맞춤형 프로그램을 전체 프로그램의 20% 이상을 운영하였다. 또한, 디지털배움터 홈페이지를 통해 디지털 역량을 진단하고 디지털 기초-디지털 생활-디지털 심화 교육과정을 적절히 선택하여 교육에 참여할 수 있도록 안내하고 있다.

한편, 국내 디지털배움터와 유사하게 디지털 시대에 소외된 사람들을 위한 활동을 활발히 하는 해외 사례로 미국에서 1972년 비영리 시민단체로 설립된 '리터러시 미네소타(Literacy Minnesota)'를 들 수 있다. 리터러시 미네소타는 리터러시를 통해 평등과 정의를 구현할 수 있다는 비전에서 리터러시 교육을 하는 가운데, 온라인 교육 플랫폼인 '노스스타 디지털 리터러시(Northstar Digital Literacy)'를 운영하고 있다. 전 세계 학습자들은 '노스스타 온라인 러닝(Northstar Online Learning)'을 통해서 자신의 디지털 리터러시 수준을 확인하고 관련 교육을 맞춤으로 이수할 수가 있다. 리터러시 미네소타는 '노스스타 로케이션(Northstar Location)'이라는 오프라인 교육장소 또한 제공하기 때문에 학습자들은 가까운 교육장을 방문해 교육과 평가를 받는 것은 물론이고 컴퓨터와 각종 기기를 제공받을 수 있다. 이 교육장소에서는 '디지털 리터러시 네비게이터(Digital Literacy Navigator)'들이 온라인 플랫폼을 통한 평가 및 교육, IT 관련 지원 등의 서비스를 제공하고 있다는 점도 특징적이다. 이를 통해서 낮은 수준의 기술을 가진 저임금 성인들의 고용기회를 확대하고 그들의 잠재력이 피어날 수 있도록 돕고 있다. 참고로 노스스타 로케이션은 2021년 기준으로 미국 전역에서 2,180개가 운영되고 있으며, 홈페이지를 통해 검색 가능하다.

○● 3. 성인의 디지털 리터러시 평가는 어떠한 목적에서 실시되고 있는가?

앞서 성인을 대상으로 한 디지털 리터러시 교육이 어떻게 이루어지고 있는지 몇 가지 사례를 살펴보았다. 이어, 성인의 디지털 리터러시에 대한 평가는 어떠한 맥락에서 왜 실시되고 그 결과는 어떻게 활용되고 있는지 살펴보고자 한다. 보다 구체적으로 평가의 목적-내용-방법-활용 측면에서 각 사례를 정리하면 다음과 같다.

먼저, 국가평생교육진흥원에서 성인, 특히 문해교육 학습자를 대상으로 이들의 정보문해능력을 어떠한 맥락에서 평가하고 있는지 이해하기 위해서는 국가승인통계로 지난 2014년부터 3년 주기로 실시되는 '성인문해능력조사'를 이해할 필요가 있다. 성인문해능력조사는 전국 만 18세 성인을 대상으로 이들이 일상생활에 필요한 기본적인 읽기, 쓰기, 셈하기를 충분히 갖추었는지를 수준 1부터 수준 4까지 판정함으로써, 비문해 인구를 추산하기 위한 목적에서 실시된다. 즉, 성인문해능력조사를 통해 성인의 기초생활 문해력에 대한 공식 통계가 산출되게 된다. 이를 위해 조사대상 가구를 방문하여 면접조사를 실시하는데, 산문, 문서, 수리 영역에서의 문해능력 측정을 위해 개발된 총 43개의 검사 문항을 둘되, 이들 문항은 주관식과 객관식으로 구성되어 있다(교육부, 국가평생교육진흥원, 2020).

이와 발맞추어, 정보문해능력 측정도구는 교육부(2018)가 발표한 「2018년 성인문해교육 활성화 지원 기본계획」에 근거하여 개발되었다. 정책적인 고려에서, 성인문해능력조사와 같이 공식 통계를 산출하고, 데이터에 근거하여 정보문해교육을 활성화할 수 있는 방안을 마련할 필요성에 의해서 정보문해능력 측정도구가 개발된 것이다. 해당 도구는 2018년과 2019년에 걸쳐 각각 성인 일반과 성인문해교육 학습자를 대상으로 개발되었고(길혜지 외, 2018; 길혜지 외, 2019), 2019년과 2021년에 전국의 성인문해교육 학습자를 대상으로 조사가 실시되었다.

그런데 「평생교육진흥 종합계획」이 수립된 이래로 줄곧 정보문해라는 용어를 사용해 왔기 때문에, 본 도구 역시 정보문해에 초점을 맞추고 있고, 이를 "정보사회의 일상적인 문제를 주체적으로 해결하기 위해 필요한 기본 능력으로서, 정보의 이해와 활용, 탐색과 관리, 생산과 공유, 분석과 평가 및 정보의 책임감 있는 활용을 위한 능력 등을 포함한다."라고 정의하고 있다. 그리고 이러한 정의에 터하여 정보문해의 측정영역을 크게 세 가지, '정보기기 기능 이해 및 조작능력', '정보활용 실천능력'과 '정보윤리 및 안전'으로 구성하고 성인문해능력조사에서의 문항 소재를 고려하여 가정, 여가, 경제, 공공생활에서 소재를 선정한 바 있다(길혜지 외, 2018). 총 8개 세트, 25개 문항으로 개발되었는데, 태블릿PC를 통해 수행형 또는 선택형으로 구성된 문항을 직접 해결해 나가야 하며, 하위 세트로 갈수록 측정의 난이도는 높아진다. 자기보고식이 아닌 수행형 문항이 대부분이므로 응시자들이 각 세트를 수행하는 과정에서 평가에 상당한 시간이 소요되기도 하였다. 다만, 제한된 시간 내 치러지는 속도 검사가 아니기에 응시자가 원한다면 여러 시도를 거쳐 수행할 수 있고, 난이도에 따라 문항이 배치되어 있기에 어느 수준 이상의 문항은 응시자의 의사에 따라 응시를 포기할 수 있는, 일종의 적응형 검사에 해당한다.

〈성인정보문해능력 측정도구의 수행 화면 예시〉

해당 도구를 활용한 평가는 성인문해능력조사와 마찬가지로 국가 수준에서 정보 비문해자 수를 추산하는 데 일차적인 관심을 가지고 개발된 것이지만, 시범조사를 하는 과정에서 성인문해교육 기관에서는 교수·학습 자료로서의 활용 가능성을 언급하기도 하였다. 즉, '평가를 통해 학습이 이루어진다'라는 것을 확인할 수 있는 지점이었는데, 관련 교육이 이루어진 후에 해당 도구를 활용한다면 학습이 얼마나 잘 이루어졌는지 교수자와 학습자 모두 자가진단이 가능하고, 나아가 평가에 참여하는 과정에서 수행의 경험이 곧 학습으로 연결된다는 것이다. 다만, 평가 과정에서 실패의 경험이 정보 비문해자로 낙인찍는 결과를 가져올 경우, 학습에 있어 자신감이 부족한 성인문해교육 학습자들에게 정의적 측면에서 바람직하지 않은 효과를 가져올 수도 있다는 의견이 있어, 평가의 의도치 않은 효과로서 주목할 만하다. 참고로 기존 정보문해는 2021년 연구를 통해 디지털 리터러시[2)]로 재개념화되면서 8가지 개념적 구성요소가 제시됨에 따라 정보문해능력 측정도구 역시 성인을 위한 디지털 리터러시 측정도구로 개선될 가능성이 높아졌다.

두 번째로 살펴볼 사례는 디지털배움터에서의 교육을 위한 디지털 역량진단이다. 지난 2020년 6월에 발표된 「디지털 포용 추진계획」에 따라 과학기술정보통신부와 한국지능정보사회진흥원에서는 전 국민 디지털 역량 강화 과제의 일환으로 디지털 종합역량 교육을 위해 디지털배움터를 운영하고, 디지털 역량진단 척도를 개발하였다. 2021년부터는 개인이 디지털 사회에 필요한 역량을 지니고 있는지 스스로 확인할 수 있도록 디지털배움터 홈페이지를 통해 '디지털 역량진단'을 받을 수 있다. 그리고 해당 홈페이지를 통해 진단한 디지털 역량 수준을 토대로 이에 적합한 교육과정을 추천받거나 온라인 교육 콘텐츠를 제공받을 수 있다. 디지털배움터에서는 디지털 역량을 4개 영역(소양, 예방, 활용, 참여)에 걸쳐 진단하고 있는데, 즉 응시자가 자신의 수준에 맞는 교육과정이나 콘텐츠를 이용하기 위해 자신의 디지털 역량 수준을 스스로 진단하는 데 그 목적을 두고 있다.

이상의 역량을 진단하는 도구는 다시 15개의 하위역량으로 구성되어 있고, 역량진단은 간단형과 상세형으로 나누어져 있어 응시자가 자유롭게 선택하는 것이 가능하다. 간단형은 하위역량당 3문항으로 구성된 총 45개 문항으로 진단하는데, 예컨대 디지털 역량의 하

---

2) 참고로, 디지털 리터러시는 다음과 같이 정의되었다. "디지털 사회의 변화에 개방적인 태도를 가지고, 디지털 기기와 기술을 활용하여 사회적 관계를 맺으며, 일상적인 삶의 문제를 해결하는 시민으로서 살아가기 위한 능력(길혜지 외, 2021: 183)"

위역량 중 하나인 디지털 기기 활용은 '디지털 기기(스마트폰, PC 등)와 다양한 외장기기를 연동하여 활용할 수 있다', '디지털 기기(스마트폰, PC 등)와 외장 기기 활용에서 발생하는 다양한 문제를 해결할 수 있다', '각종 디지털 기기(스마트폰, PC 등) 활용법에 대해 완벽히 이해하고 있으며, 타인을 지도할 수 있다'와 같은 3개 문항을 통해 진단 가능하다. 그리고 상세형은 하위역량당 15문항 등 총 225개 문항으로 구성되어 있기에 자신의 역량 수준을 상세히 파악하고 싶은 경우에는 상세형으로 진단받으면 된다. 참고로 진단척도는 '그런 편이다'와 '아닌 편이다'의 이분형으로 개발되었다.

〈디지털배움터의 디지털 역량수준 진단 시작 화면〉

출처: 디지털배움터 홈페이지(https://digitalcompetency.k-dcc.or.kr/home)

이처럼 역량진단의 주된 목적이 응시자가 디지털 역량 수준을 스스로 이해하고, 자신의 수준에 맞는 온라인·오프라인 교육과정과 콘텐츠를 선택하는 데 도움받기 위함에 있기에 '과연 디지털 역량을 자기보고식으로 진단하는 것이 신뢰로운가'에 대한 우려로부터 조금은 자유로울 수 있다. 덴마크의 Digital Competence Wheel과 같은 해외 사례를 보더라도 성인의 디지털 역량을 자기보고식으로 진단하는 경우는 상당히 많은 편이다. 다만, 이러한 진단에 있어 기본은 다른 사람을 의식하여 스스로에게 높은 점수를 부여하는 것이 중요한 것이 아니라, 나의 강점과 약점을 잘 파악할 수 있도록 정확하게 반응할 필요가 있다는 것이다. 사회적 바람직성이 높은 응시자의 경우에는 결과를 의식하여 왜곡된 반응을 보일 수도 있으므로, 이러한 목적에서 자기보고식으로 실시되는 평가의 경우, 특히 진단의 목적과 그 결과가 어떻게 활용될 것인지 정확히 안내되는 것이 필요하다.

마지막으로 살펴볼 사례는 리터러시 미네소타의 노스스타 디지털 리터러시[3]에서 이루어지는 평가이다. 리터러시 미네소타의 학습자들은 '노스스타 온라인 러닝'을 통해서 자신의 디지털 리터러시 수준을 확인하고 관련 교육을 맞춤으로 이수할 수가 있다는 점에서 우리나라 디지털배움터와 유사한 측면이 있다. 이 플랫폼에서는 누구나 컴퓨터 기술, 이메일, 마이크로소프트 워드, 일자리 탐색기술 등을 배우고 자신의 역량을 쉽게 온라인으로 평가받을 수 있다. 또한, 학습자들은 '노스스타 로케이션'이라는 오프라인 교육 장소를 직접 방문하여 교육받고 평가를 받을 수 있다. 이때, 미네소타 리터러시에서 교육을 받고, 감독관의 감독하에 치러진 평가에 대해서는 인증서를 제공하고 이력서에 추가할 수 있도록 한다는 점에서 평가가 인증으로, 그리고 취업으로 이어지는 시스템을 갖추고 있다는 점에서 인상적이다.

구체적으로 Minnesota Literacy Council에서는 노스스타 디지털 리터러시 평가를 통해 가장 핵심적인 컴퓨터와 온라인 기술의 숙련

3) 이하 내용은 리터러시 미네소타 홈페이지(https://www.literacymn.org/) 내용을 참고하여 재구성한 것임.

도를 판단하고 있다. 평가는 홈페이지를 통해 누구나 쉽게 무료로 실시 가능하며, 때로는 검증받은 노스스타 로케이션에서 평가를 받을 수도 있다. 특히 노스스타 로케이션에서는 대부분 컴퓨터 관련 수업을 제공하기도 하므로 평가를 통과하는 데 도움이 되는 기본 기술을 배울 수 있고, 이러한 학습의 연장에서 평가도 쉽게 접근할 수 있다. 여기에서는 평가를 통해 학습자가 어떤 기술을 향상시키기 위해 어떤 노력을 해야 하는지 피드백 해주고, 더 높은 수준의 교육을 받을 수 있는 학습 경로를 안내해 주기도 한다. 학습한 내용을 평가하기 때문에 평가의 타당도도 높고, 피드백을 통해 학습자의 성장을 돕는다는 점에서 주목해 볼 수 있는 평가라 생각된다.

또한, 평가 문항은 시뮬레이션 기반 모듈형 평가로 되어 있어 제한적인 영어 실력을 가지고 있거나 리터러시 수준이 다소 낮더라도 도전하는 것이 가능하다. 각 모듈은 일상적인 인터넷 사용의 맥락에서 자주 접할 수 있는 소재를 사용하고 있고, 창의적으로 시각 및 청각 미디어(오디오)를 활용하여 네비게이션이 지시함에 따라 학습자들이 모듈에서의 평가 의도를 이해하고 능력을 발휘하는 데 도움이 되고 있다. 예컨대 이메일 아이콘을 실제로 사람들이 가장 많이 활용하는 지메일(gmail)로 사용하고, 피싱의 예시로 넷플릭스 피싱 화면을 활용하는 등 사람들이 자주 마주할 법한 예시를 사용하고 있다. 선다형 검사 시에는 정답을 암기하여 답하는 것이 가능하였다면, 이와 같은 새로운 평가 방식으로는 학습자들이 실제 컴퓨터를 얼마나 잘 활용할 수 있는지를 평가하는 것이 가능하다고 할 수 있다.

노스스타 디지털 리터러시 평가에서 각 영역의 평가는 독립적으로 시행되며, 평가마다 결과지가 제시된다. 이때, 응시자는 평가에서 통과한 능력, 통과하지 못한 능력을 확인할 수 있고 그 능력을 향상할 프로그램을 제안받을 수 있다. 그리고 각 평가를 성공적으로

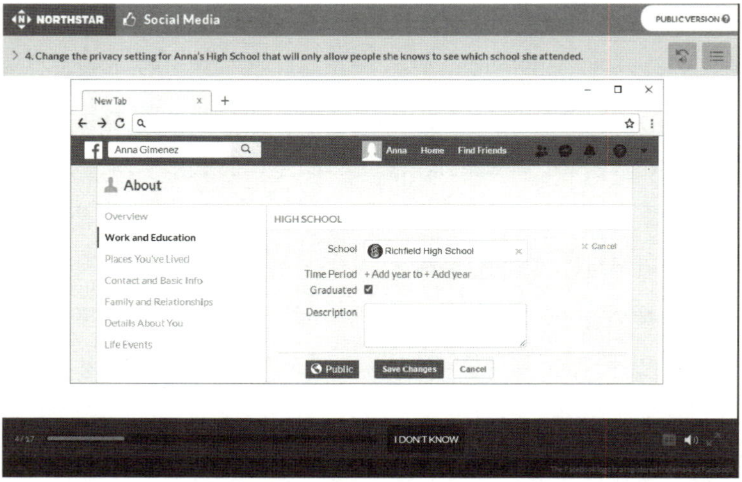

〈노스스타 디지털 리터러시-Social Media 평가 문항 예시〉

통과하면 받게 되는 인증서를 이력서에 추가하여, 자신이 컴퓨터와 온라인 기술을 학습한 내용을 증명함으로써 취업하거나 경제적 활동을 하는 데 도움을 받기도 한다. 반면, 평가를 통과하지 못하였을 경우, 부족한 역량을 기를 수 있는 강좌와 연계 받을 수 있다. 참고로 노스스타 리터러시는 성인 학습자를 대상으로 디지털 리터러시를 기를 수 있는 온라인과 오프라인 프로그램을 2021년 기준 약 2,230개 보유하고 있다. 또한, 학습을 통해 해당 기술을 습득했을 경우 평가를 통과하지 못한 영역 또는 기술에 대해 재평가를 받아 인증서를 획득할 수도 있다. 즉, 평가 결과가 피드백되어 후속적인 교육과 교육의 성과로서 취업으로 연계될 수 있도록 활용된다는 점에서 교육적일 뿐만 아니라 경제적인 목적도 지닌다.

21. 11. 22. 오전 9:30 Northstar Digital Literacy

Social Media PUBLIC VERSION

You Did Not Pass

9.1%

Timestamp:	Nov 22 2021, 9:30 AM
Record ID:	8669949
Code:	22073f1a297a

MASTERED SKILLS

You answered all questions correctly for the skill standards below

- 1 Identify different types of social media and their primary functions (especially Facebook, LinkedIn, Instagram, Twitter).

SKILLS TO IMPROVE

You answered one or more questions incorrectly for the skill standards below

- 2 Create a new account on a social media network and log in.
- 3 Recognize information posted on social media networks that may present a risk to you (user as consumer of information).
- 4 Demonstrate knowledge of managing "friends" on Facebook: adding friends, accepting/declining "friend" requests, and the difference between that and "following" someone.
- 5 Understand and change privacy settings.
- 6 Demonstrate an understanding of the consequences of "liking" or commenting on something.
- 7 Share and delete content, including photos, videos, and links.
- 8 Identify information that is unwise to post and/or upload on a social media (too much personal sharing, inappropriate photos/comments).
- 9 Distinguish between public and private "spaces" on social media sites (e.g., Facebook messages vs. Facebook timeline).
- 10 Post, share, like, or comment on content.
- 11 Demonstrate knowledge of the permanence of anything posted on the internet.

〈노스스타 디지털 리터러시-Social Media 평가 결과지 예시〉

○● 4. 성인의 디지털 리터러시, 어떻게 평가하고 활용해야 할까?

이 글은 평가가 일상화된 사회에서 평가는 어떤 목적에서 이루어지는가에 대한 질문에서부터 시작하였다. 평가란 맥락 의존적인 행위이므로 누가 누구를 대상으로 어떠한 목적에서 어떻게 활용하고자 하는지에 따라 그 내용과 방법은 상이해 질 수밖에 없다. 근래 들어 디지털 전환기에 성인의 역량을 up skilling하고 re skilling 해야 한다는 요구가 많다. 이에 각 사업이나 추진과제의 목적 혹은 성격에 따라 우리 사회 곳곳에서 디지털 리터러시 교육이 이루어지고 있다. 이 글에서 소개한 공공분야에서의 디지털 리터러시 교육뿐만 아니라, 민간분야에서의 디지털 리터러시 교육도 그 어느 때보다 활발하다.

디지털 리터러시 교육이 활성화되는 만큼, 그 이상으로 디지털 리터러시 교육을 받은 성인 혹은 교육을 받고자 하는 성인을 대상으로 하는 평가를 어떠한 목적에서 어떻게 할 것인지에 대한 고민이 깊이 이루어져야 한다. 디지털 세상을 살아가기 위해 디지털 리터러시를 갖추는 것이 필수적이라고 하더라도 해당 교육에 참여하는 것은 성인의 자발적인 선택의 결과이다. 우리는 성인들이 이러한 선택을 하는 데 있어 심리적인 진입 장벽을 낮추고, 평가 결과를 의미 있게 피드백하여 보다 의미 있는 교육과정을 찾아갈 수 있도록 도와주기 위한 목적으로 평가를 실시할 필요가 있다. 그렇기 때문에 성인의 디지털 리터러시 평가는 보다 나은 학습을 위한 그리고 학습자의 성장을 위한 '형성적 목적'에서 실시되어야 한다. 그리고 그 평가 결과를 어떻게 학습자에게 피드백해야 이들이 그 결과를 형성적 목적에서 활용할 수 있을 것인지 고민해 보아야 한다.

물론 대규모 예산이 투입되는 국가사업의 경우, 교육 성과를 내야 한다는 책무성으로부터 자유롭기는 쉽지 않다. 앞서 살펴본 디지털 배움터의 역량진단 도구 역시 맞춤형 교육과정 안내와 함께, 실제 이루어지는 오프라인 교육의 성과를 교육 전후로 평가하기 위한 도구로 동시에 활용되어 현장에서는 성과평가 도구로 인식되기도 한다. 그러나 교육 성과를 파악하기에 앞서, 학습자가 스스로 자신의 디지털 리터러시를 이해하고, 그 결과를 다음 단계의 교육으로 나아가는 데 동기로 삼거나 혹은 사회경제적으로 유용하게 활용할 수 있도록 인증받는 것이 우선 고려될 필요가 있다. 이러한 성인들이 많아질수록 교육에 대한 만족도가 높아지고 교육에의 참여자 수가 늘어나며 지속적인 교육 참여가 가능해지게 되어, 교육의 성과목표 역시 달성하는 데 수월할 수 있을 것이다. 평가가 학습으로서의 평가(assessment as learning)로서 그 역할을 다할 수 있도록, 성인의 디지털 리터러시 평가에 대한 관점을 마련하는 것이 필요한 시점이다.

⌘

참고문헌

교육부(2018). 2018년 성인문해교육 활성화 지원 기본계획.

교육부(2020.8). 디지털 미디어 소통역량 강화 종합계획. 교육부 보도자료.

교육부(2021.11.24.). 2022 개정 교육과정 총론 주요사항(시안). 교육부 보도자료.

교육부, 국가평생교육진흥원(2020). 2020년 성인문해능력조사.

권성호, 김성미(2011). 소셜 미디어 시대의 디지털 리터러시 재개념화: Jenkins의 '컨버전스'와 '참여문화'를 중심으로. 미디어와 교육, 1(1), 65－82.

길혜지, 허준, 변호승, 노일경(2018). 정보문해능력 측정도구 개발 및 시범조사. 국가평생교육진흥원.

길혜지, 허준, 변호승, 노일경(2019). 성인문해교육 학습자 정보문해능력 측정도구 개발 및 조사연구. 국가평생교육진흥원.

길혜지, 정부만, 남필근, 황정미, 허준, 이상훈, 김신애(2020). 전 국민 디지털역량강화 교육을 위한 역량별·수준별 교육과정 개발. 한국지능사회정보진흥원.

길혜지, 남창우, 박지숙(2021). 성인 정보문해능력(Digital Literacy) 실태조사를 위한 기초연구. 국가평생교육진흥원.

길혜지, 이상훈, 허준(2021a). 배움과 나눔을 위한 세계의 디지털역량 교육. 커뮤니케이션북스.

길혜지, 이상훈, 허준(2021b). 디지털배움터 교육과정 가이드북. 커뮤니케이션북스.

배영임, 신혜리(2020). 코로나19, 언택트 사회를 가속화하다. 이슈&진단. 416. 1－26. 경기연구원.

서울특별시(2019). 서울시 성인 문해교육 활성화 4개년 종합계획(2019년~2022년).

유네스코 한국위원회(2016). 교육 2030 인천선언과 실행계획. 서울: 유네스코 한국위원회.

한상길(2017). 문해의 개념과 문해교육 실천 방향. Andragogy Today: Interdisciplinary Journal of Adult & Continuing Education, 20(2), 29－50.

홍유진, 김양은(2013), 미디어 리터러시(Literacy) 국내외 동향 및 정책방향. 코카포커스, 67, 한국콘텐츠진흥원.

나의 비대면 수업 분투기

윤현위(충북대 지리교육과)

○● 1. 들어가며

1) 갑자기 찾아온 역병의 시대

우연히 CNN을 보면서 처음 들었던 팬데믹이란 단어는 생소했다. 처음엔 호들갑인가 싶었다. 2009년 한창 시끄럽던 메르스가 생각났다. 언론에서는 메르스에 걸린 사람들의 모습들, 방역복을 입은 의료진들의 모습들을 계속 보여줬지만 그게 필자의 일이라고 생각하진 않았다. 당시 필자는 인천에 살고 있었고 인천에서는 인천도시축전이 한창이었다. 시에서 직접 진행하는 행사에 메르스는 뜻하지 않은 찬물이었고 사람들은 접근성이나 전시콘텐츠의 내용을 떠나서 뭔가 가길 꺼려했다. 인천시에는 관내의 학교들을 동원해 행사의 관객수를 늘리기 위해서 안간힘을 썼던 기억이 난다. 당시에도 출입구에는 손소독제가 있었다. 우려의 목소리가 있었고 실제 감염으로 인한 피해자가 있었지만 언제 그랬냐 싶게 우리의 일상은 몇 주 혹은 몇 달만에 돌아왔다.

그러나 2020년이 접어들기 시작하면서 닥쳤던 지금의 상황이 이렇게 강하고 오랜시간 동안 지속될 줄 몰랐다. 당시 필자는 아이가 막 태어나서 부인과 함께 산후조리원에 있었다. 사람들이 마스크를 본격적으로 쓰기 시작할 시기였다. 필자는 대학에서 도시를 연구하고 전공자가 아닌 다음에야 세계지리라고 해야 알아 듣는 지역지리라는 분야를 가르치고 있다. 아시아대륙을 제외하고 대륙별로 분류된 과목들을 통해서 아이들을 만나고 있다. 필자는 2011년 2학기부터 대학에서 수업을 해왔다. 학생들이 많으면 70명이 넘은 적도 있었고 다소 인기 없는 전공수업이라면 10명 남짓의 학생들을 만나게 된다. 모두 그러하겠지만 대면/비대면이란 말 자체가 없었던 시절이었다. 교강사와 학생이 직접 만나지 않는다면 그건 EBS나 교육관련 케이블방송에서 하는 학습이지 수업이 아니었다.

비대면수업이라는 용어가 만들어지면서 필자 또한 이 역병의 시대의 흐름에 영향을 받지 않을 수 없게 되었다. 교직원을 제외하고 학교의 공공장소가 모두 폐쇄되면서 이제 학교에 오지 않는 아이들에게 수업을 어떻게 전달해주어야 하는가에 대한 고민을 해야 했다.

2) 대면시대 수업의 단상들

생각해보면 비대면으로 하는 수업들은 우리 일상 주변에 있었다. 내가 대입을 준비하지 않고 내 자식이 대입을 준비하지 않아서 그렇지 꽤 오래전부터 비대면이란 용어를 사용하지 않을뿐 비대면 수업은 존재했다. 1970년대 전체와 1980년대 초반에 태어난 사람들 중에 도시에서 학창시절을 보낸 사람들은 어떤 형태로든 학원을 다닌 기억이 있을 게다. 필자도 그랬다. 내가 살던 동네에서 가까운 역에 나가면 작년에 작고하신 '조선 제일의 국어강사'였던 서한샘 선생과 공동으로 설립한 한샘학원이 있었다. 한 과목에 2만원 주고 학원증을 보여주고 줄을 서서 들어가던 시절이었다.

현재 재학중인 대학의 학부생이거나 중고등학생들은 메가스터디의 설립자 손주은은 알아도 서한샘이란 이름은 모를게다. 인강이라고 불리는 인터넷강좌가 상륙하면서 이제 보습학원이라 불리는 소규모 학원을 제외하고 대형 단과학원은 거의 사라졌다. 수능에서 유명강사의 수업을 듣기 위해서 부모들이 밤새 줄을 서며 번호표를 받던 시절이 있었고 지금과 달리 노량진은 공무원시험의 메카가 아닌 원래는 재수생들이 주인이었다. 지금은 이러한 풍경들이 사라지게 된건 아마도 인터넷 강의의 등장 때문이라고 생각한다.

수학의 현우진, 영어의 조정석, 윤리의 이지영 등 새로운 시대에는 또 다른 스타강사들이 등장했다. 이제는 인강으로 이름 높은 수학강사가 트롯 경연대회에서 노래도 부르고 라디오스타도 나오는 시대가 되었다. 인터넷강의는 단순히 수업하는 모습을 영상으로 찍어서 더 많은 사람들이 보는 방식이 아니냐고 반문할 수도 있겠다. 반은 맞고 반은 몰이해의 결과물이라고 생각한다. 수업을 하는 방식은 달라지지 않았지만 이를 직접 만들어야 하는 입장이라는 이야기가 좀 달라진다.

인터넷 강의는 큰 산업인지라 강의를 준비하는데 실제로 많은 지원팀이 있는 것으로 알고 있다. 문제는 이를 차치하더라도 많은 기술적인 문제들이 뒤따른다는 데 있다. 전국 스케일을 대상으로 더 많은 수강생을 등록을 통한 이윤확보가 아닌 학교에 올 수 없는 대학생들을 위한 비대면강의에서도 위 문제는 당연히 남았다. 새로운 환경에서의 대학수업 때문에 생긴 일들이 단순히 팬데믹 상황에서의 임시방편인지 아니면 입시판에서의 큰 변동처럼 어떤 변화의 암

시인지 솔직히 지금은 알 수 없다.

다만 이러한 변화들이 가져올 대학교육의 변화에 조금이나마 대응하기 위해선 지금의 과정을 정리하고 복기할 필요는 크다고 생각했다. 내가 지금 이 글을 적는 이유이다.

○● 2. 방황하며 당황했던 나날들

1) 직면한 문제들: 이 장비들을 어찌할꼬

필자는 수많은 강의를 해보았지만 그걸 녹화한 적은 없었다. 가끔 시험을 준비하는 학생들이 강의를 휴대폰으로 녹음해도 되냐고 문의한 적은 있었는데 공부를 하겠다는 학생을 딱히 말릴 이유를 찾을 수 없어 그러라고 한 적은 있지만 카메라 앞에서 수업을 해본 적은 없다. 비대면수업 방식은 매우 다양하겠으나 일반적으로 줌을 이용해서 실시간으로 수업을 하거나 영상을 녹화해서 어딘가에 올리는 방식으로 나눌 수 있다. 구글클래스를 활용하는 건 좀 복잡하다고 느껴졌다.

회의 때 처음 써본 줌은 어색했다. 영상통화할 때도 느끼는 어색함인데 그 사람의 눈을 보는 게 아니라 카메라를 본다는 점에서 마주보고 있지만 사실은 마주보고 있지 않다라는 생각에 좀처럼 집중하기 어려웠다. 줌으로 수업을 해보려고 테스트까지 해봤지만 필자에게는 적절하지 않은 듯해서 강의를 녹화하기로 했다. 그럼 또 강의를 어떤 방식으로 녹화할 것인가의 문제가 남는다. 부끄러운 이야기지만 하는 일이 모두 컴퓨터를 통해서 하는 일임에도 불구하고 컴퓨터에 그렇게 능통하지 못하다. 필자는 ppt에 동영상을 만들 수 있는 기능이 있는지 몰랐다.

처음 ppt를 통해서 녹화하는데 몇 번이고 NG가 났는지 모른다. 녹화하는 자체가 어색했고 15년 넘게 서서만 수업을 해와서 그런지 의자에 앉아서는 이상하게 말이 잘 안나왔다. 밑줄을 긋거나 판서를 하기에도 준비가 되어 있지 않았다. 문을 잠그지 않고 녹화를 해서 중간에 누가 찾아오면 동영상이 어그러졌다. 1주차 강의를 녹화하는 데에는 아마도 5시간 정도 걸렸다. 앞뒤에 불필요하거나 수업에 들어가서 안되는 소리들을 자르기 위해서는 편집프로그램이라는 추가적인 할 일들이 생겼다.

다행히 우리 학교는 2020년 1학기 비대면 수업은 개강 이후 2주까지는 수업 대신 서면자료로 대체할 수 있는 여유 시간이 있었다. 카메라로 녹화하기로 했다. 당시 우리과는 안타깝게 2009년산 캠코더가 한 대뿐이었다. 그때까지도 난 웹캠이라는 단어를 몰랐다. 쓸 이유가 딱히 없었기 때문이다. 물론 필자의 오래된 노트북에도 카메라가 장착되어 있긴 했다. 로지텍에서 판매하는 적당한 가격의 웹캠을 물어물어 샀다. 사람들이 가장 많이 사용하는 제품이었다. 이제 마이크를 사야 한다. 마이크를 손에 들고 수업을 해야할지 고정시켜 놓고 수업할지 그게 문제인지도 몰랐다.

노트북에 마이크와 웹캠이 마련되었으니 이제 강의를 찍어야 한다. 강의실에서 혼자 강의를 찍는 일 역시 생소한 경험이었다. 아무도 없는 강의실에서 무언가 떠들어야 하는데 이상하게 집중이 되지 않았다. 빈 강의실에서 혼자 2~3시간을 떠드는 모습을 생각하니 미친 사람 같았다. 물론 일선의 초중고교선생님들이 빈 교실에서 혼자 모니터를 보며 필자와 같이 혼자 수업하시는 걸 모르는 바는 아니다. 그래서 참관이라는 다소 편법을 썼다. 학교가 폐쇄된 이후에는 학부생은 사범대학 건물로 들어올 수 없었지만 강의촬영을 위한 최소인원이 들어올 수 있게 허용해 주었기 때문이다. 강의녹화를 명분으로 수업마다 2~3명의 참관학생들을 모집했다.

아이들도 답답했는지 신청자가 많았다. 그래서 어떤 수업은 3명, 어떤 수업은 5명까지 참관학생을 두어 수업을 듣게 했다. 이 3명은 필자에게 30명의 효과를 주었다. 허공에 대고 이야기하다, 저번 시간에 어디까지 했죠? 거긴 지명이 어디죠? 등의 추임새를 넣을 수 있는게 수업 진행에 이렇게 큰 역할을 할 수 있다는걸 이제야 실감한다.

칠판에 참관하는 학생들을 위한 빔 프로젝터를 발사하고 나머지 반은 판서용으로 쓴다. 이 모습이 다 담길 수 있게 카메라를 설치했다. 오토포커싱 끄는 법을 몰라서 처음에는 내가 움직일 때마다 화면이 움직인다. 수업 교안은 원래 대면수업용으로 작성한거다 보니 중저가의 웹캠으로 촬영했을 때 실제 화면으로는 보기가 쉽지 않아서 결국 유인물을 영상과 같이 봐야만 했다. 여기까지 오는데 1학기가 지나갔다. 무언가를 설치하고 해체하는 반복의 연속이었고 장비의 한계만을 확인한 학기이기도 했다.

2) 강의를 내놓기까지

2020년 2학기가 시작되었다. 뭔가 저번 학기의 문제를 조금이나마 해결해야 했다. 다행이 학교에서 실험실을 유지하는데 사용하는 비용을 비대면 수업을 준비하는데 사용해도 된다고 유권해석을 해주었다. 4k가 지원되는 웹캠, 성능이 다소 좋은 마이크, 그리고 참관학생들을 위한 이동이 가능한 빔 스크린을 구매했다. 이 모두를 합치면 50만원 정도 된다. 실습관련 과목을 담당하는건 행운이었다. 하지만 여전히 해결되지 않은 문제가 있었다. 빔에 나오는 화면을 다시 카메라로 찍다보니 실제 화면상에서는 교안의 글자가 잘 보이지 않는다는 점이다. 이 문제는 글자 크기만의 문제는 아니었다. 다른 인터넷 강의들을 참고해 보면 웹캠은 한계가 있었다.

〈2020년 1학기 강의실〉

출처: 필자 촬영(2020. 5. 10.)

유튜브의 많은 교육관련 영상들을 보면 사람이 아니라 교안이 화면의 중심으로 등장하고 사람은 흉상과 같이 축소된 모양으로 화면 하단에 배치되는 영상이 눈에 들어왔다. 그에 반해 내가 만든 수업 영상은 동영상 강의인데도 불구하고 결국 소리만 들을 수 있고 칠판 역시 화면의 반 밖에 보이지 않아서 전달의 효율이 떨어졌다.

이 무렵 ABS라는 무료 프로그램을 알게 되었다. 화면 내에서 소스가 다른 영상들의 크기를 자유롭게 바꿀 수 있는 프로그램이었다. 처음에는 ppt화면을 전면에 내세우고 필자는 하단에서 설명만 하다가 판서가 필요할 때 칠판이 나오면 화면을 크게 하는 방식이었다. 여기까지 오는데 두 학기 걸렸다. 컴퓨터를 잘 다루시는 분들이나 인터넷 강의를 그동안 많이 만들어오신 분들은 필자를 다소 무식하거나 미개하다고 느끼실 수도 있다. 그러나 주변에 이런 지식을 보유한 사람들과의 접근성이 떨어지고 제한된 장비만으로 혼자서 이 정도로 수업을 만들어갈 수 있게 된 게 그나마 다행이라고 생각했다.

2021년 1학기가 시작되었다. 팬데믹은 끝날 줄 모르고 세 번째 비대면 학기가 시작되었다. 한 가지 다행인 점은 우리 학교가 교육부의 지원을 받아 비대면수업을 준비하면서 여건이 무척이나 좋아졌다는 점이다. 꽤 큰 지원을 받아서 미래지식교육센터가 만들어졌다. 더군다나 센터장님은 같은 학과에 근무하시는 선생님이셨기에 더 많은 배려와 도움을 받을 수 있었다.

〈충북대학교 미래교육센터〉

출처: 필자촬영(2021. 6. 5.)

단과대학 내에 여러개의 스튜디어가 만들어졌다. 전자칠판과 64인치 모니터가 줄줄이 들어오기 시작했다. 캠코더와 웹캠 그리고 음향기기들이 들어왔다. 전자칠판이 들어오면서 더 이상 빔프로젝터를 쓰지 않아도 수업을 진행하기가 용이해졌다. 1080p짜리 영상을 만들어서 유튜브에 올릴 수 있었다. 스튜디오라 이 학교와서 처음으로 방음벽을 만날 수 있었다. 이제 수업하는 방식에 따라서 필자처럼 판서를 하는 스타일의 교강사와 판서를 하지 않는 방식에 따라서 각기 다른 스튜디오에서 수업을 할 수 있는 환경이 조성되었다.

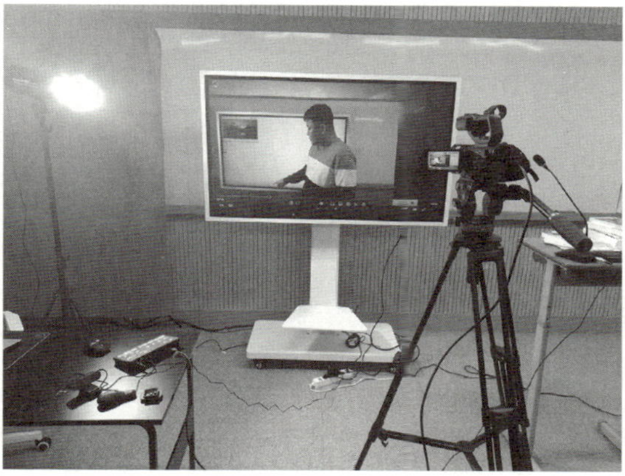

〈전자칠판을 활용한 촬영방식 1〉

출처: 필자 촬영(2021. 3. 5.)

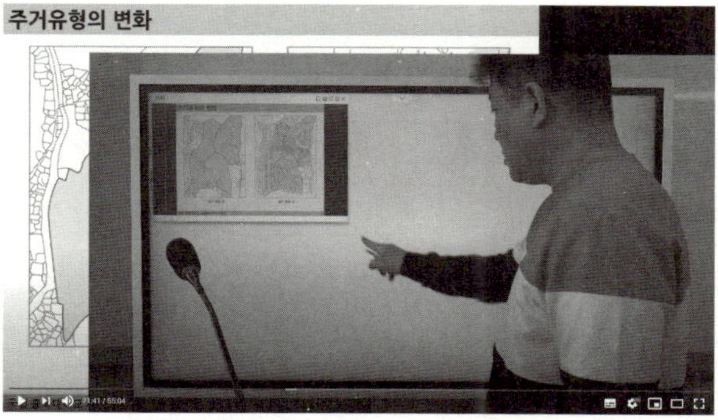

〈전자칠판을 활용한 촬영방식 2〉

비대면 수업에 어느 정도 익숙해졌다. 내가 계속 촬영환경에 대해서 이야기하고 있는 것처럼 비대면 수업의 가장 큰 단점은 기술지원팀이 없는 이상 교강사가 계속 촬영환경에 대해서 신경써야 한다는 점이다. 양질의 화질과 음질을 보유한 교육콘텐츠를 제공하는 것은 교원의 의무가 맞다. 그러다 촬영환경에 신경 쓰는 시간보다 교안을 보안하는 작업에 더 많은 시간이 들어가야 함이 사실 맞다. 장비에 대한 이해도가 높아지면 욕심도 많아진다. 캠코더와 마이크의 입력물이 컴퓨터 들어가기 위해서는 일종의 컨버터들이 수반되어야 한다. 다른 소음을 빼고 교강사의 목소리가 중심으로 들어가게 하는 일은 또 다른 영역의 일이었다. 더군다나 편집까지 해야 하면 3시간짜리 강의를 하기 위해서는 종전에 투자되는 시간보다 훨씬 더 많은 시간이 필요해 편집과 관련해 많은 부분을 포기했다. 이제 4학기가 시작된다.

○○ 3. 학생이 없는 학교에서

1) 수업이 만들어지고 나서의 반응들

학생들이 없는 학교는 고요하다. 장년층만 있는 학교는 활기가 없다. 학교가 폐쇄된 이후로 활기찬 학교에 대한 기억이 많이 없어졌다. 비대면으로 3학기를, 더군다나 동영상으로만 촬영해서 일방적으로 수업을 발사하는 입장이다 보니 내 수업을 듣는 학생들의 얼굴을 알길이 없다. 우리학교의 사범대학은 국어/수학/영어교육학과를 제외하고 모두 한 학년 정원이 16명이다. 16명 중에서 1/3 정도는 만날 수 있는 셈인데 문제는 교양과목이다. 교양과목을 들었던 학생들은 참관을 했던 소수의 인원을 제외하면 알길이 없다.

학교에서 아주 가끔 전혀 모르는 학생이 다가와 인사해 깜짝 놀란 적이 몇 번 있다. 내 교양수업을 들었던 학생들이다. 필자는 교양수업을 1년에 세 강좌씩 강의한다. 이제 수업을 들었던 학생들이 200명은 된다. 물론 실제로 봐도 그들의 얼굴과 이름을 모두 기억하는 건 아니지만 수십 명 앉아 있는 학생들의 모습이 그립다.

비대면 수업에 대한 반응은 매우 다양한데 기술적인 문제부터 수업방식의 본질에 대해 문제제기하는 코멘트들도 눈에 띈다. 화질의 문제가 해결된 이후부터는 음향의 문제가 가장 많다. 마이크가 고정되어 있다 보니 판서하거나 이동할 때 음질이 고르지 않다는 점이다. 항상 같은 위치에 같은 볼륨을 쓰는데도 확인해 보면 판서 때문에 멀리 떨어져 있을 때에는 실제로 거의 들리지 않는 경우도 종종 있었다. 수업평가에서 가장 기억에 남는 코멘트는 우리가 직접 수업을 듣는 것이 아니라 참관학생들과 수업하는 모습을 동영상으로 보는 느낌이 크다는 내용이었다. 얼핏 들으면 당연한 이야기인데 한편으로는 그럴 수도 있다라는 생각이 들었다. 참관하는 학생들과의 피드백과정이 동영상으로 보는 학생들이 소외감을 들게 할 수 있다는 걸 그때 처음으로 인지했다.

대수롭지 않게 생각할 수도 있겠으나 수업을 듣는 인원이 많을 때에는 이야기가 좀 다를 수 있겠다. 그들과의 피드백을 위한 어떤 장치를 만들어줘야겠다. 실제로 많이 사용하지 않더라도 말이다. 비대면 수업을 진행하면서 참관하는 학생들도 실제로 녹화장비를 다루는 실력이 늘어갔다. 다만 같은 학과 안에서도 참관하는 학생들과 참관하지 않는 학생들 간의 거리감이 생기지 않게 하려고 노력하고 있다.

지난 학기 비대면 수업을 하면서 가장 고민이 되었던 부분은 출석이었다. 처음 비대면 수업을 했을 때에는 정해진 수업시간에 촬영을 시작해서 파일을 올렸다. 따라서 실질적으로 출석체크가 불가능했다. 소수의 과와 절대평가 수업에서는 이제 큰 문제가 되지 않을 수도 있고 학생들의 용인이 있어서 가능했다. 그러나 절대평가가 아닌 대규모의 교양과목은 그렇게 단순하지 않았다. 학교에서 온라인 출석부를 운영하고 있었으나 영상 자체를 학교 사이트에 올리는 게 아니어서 활용하기 어려웠다. 그래서 유튜브 영상에 댓글을 달게 했다. 일정기간에 동영상을 공개하고 그 사이에 댓글을 달면 출석처리를 했다. 출석/지각/결석이 아니라 출석과 결석만 체크하는 방식이었다.

필자는 올린 영상을 딱 5일간만 열어두었다가 6일째부터는 비공개로 처리했다. 적어도 제시간이 아니더라도 그 주에 수업을 들으면 출석으로 인정하겠다는 뜻이었다. 동영상을 비공개로 처리하면 동영상이 열리지 않기 때문에 댓글이 달리지 않는다. 이 방식을 고수한 이후에 너무 많은 문자와 메일이 왔다. 댓글이 달리지 않는다는 문의였다. 답답했다. 댓글이 달리지 않는 게 아니라 동영상이 열리지 않는 문제였는데 거의 대부분의 학생들이 자신들이 5일 이후에 동영상을 본 사실에 대해서 먼저 이야기한 학생은 거의 없었다. 사전에 약속된 일이기도 했다. 몇주를 수십통의 메일과 문자를 받으니 다소 스트레스를 받았다. 그러다 가끔 예의없게 전화를 하거나 메일을 보내기라도 하면 지금은 많이 후회하지만 급발진하기도 했다.

한국의 대학에는 공식적인 인사법이 있다. "지리학과 00학번 윤현위입니다." 필자는 이 인사법을 대학신입생 환영회때 선배들로부터 배웠다. 나중에 알게 되었지만 인사는 대단히 중요하다. 전화나 메일의 시작이 "00학과 00학번 누구입니다"가 아니라 "00수업 듣는 학생인데요"라고 시작하면 "그럼 학생이겠지 선생이겠어?"라고 대꾸하곤 했다. 다들 "예?"라고만 하지 이를 이해하거나 정정하는 학생은 없었다. 누군가는 이 글을 읽으면서 흔히 말하는 꼰대라고 생각하실 수도 있겠다.

다시 출석 이야기로 들어와서 7주차부터는 영상을 네이버 카페에 올렸다. 카페에 댓글을 단 시간을 기준으로 출석/결석/지각을 처리했다. 수업 시작 후 15분 이내 댓글을 달아야 출석 3시간 이내에 달면 지각 그 이후에 달면 결석으로 처리했다. 좀 치사스러운 방법이지만 이 이후에는 출석을 문의하거나 댓글이 달리지 않는다고 문의하는 학생이 더 이상 없었다. 그러나 생각지 못한 일은 9시에 공개되는 동영상 수업에 12시 이후 처음으로 접속하게 되는 학생들은 아예 수업을 듣지 않았다. 온라인에서도 오프라인과 같은 효과를 만들었으니 성공했다고 해야 하나.

내 수업은 중간기말고사를 보지 않고 그 기간에 레포트를 내는 수업이었다. 시험을 보지 않으니 결석처리된 수업을 굳이 쭈그리고 앉아서 들을 필요성을 느끼지 못했을 수도 있겠다. 강의를 듣고 싶으니 혹시 비공개된 수업을 공개해 줄 수 있냐고 문의한 학생은 아주 소수였다. 이 방식을 계속 고수해야 하나 갈아야 하나. 국립대는 사립대에 비해 등록금이 싸다. 그래서 성적에는 모두 민감하다. 이 방식 말고는 없는 걸까?

2) 수업 이외의 문제들

아주 자주는 아니지만 뉴스와 신문에서 비대면 수업에 관한 뉴스들이 나온다. 등록금이 얼마인데 수년 전에 찍은 동영상을 반복해서 틀어주는 수업에 대한 불만 섞인 인터뷰와 심지어 어떤 수업에서는 아예 레포트로만 대체하고 수업을 종강하는 수업들까지. 그런 이야기를 접하면 내가 하지도 않았고 우리학교 선생님도 아닌데 괜히 부끄러워진다. 각자의 사정이 있었겠지만 꼭 그렇게 해야 했을까. 물론 작년에 한 수업이 내용이 아주 바뀌는 경우는 드물다. 그러나 똑같은 수업을 1년 후에 했을 때 가르치는 사람이 그 동안 읽었던 내용, 생각한 것들은 결국 수업에 반영되고 이게 시간이 더 지나면 내용이 구조화되고 결과적으로 업그레이드 되기 마련이다.

그래서 그런가 대학에 근무하지 않는 사람들 중에서 한번 찍어논 강의가 있으니 이제 계속 그걸 사용하면 되지 않냐고 편해서 좋겠다고 말하는 이들이 좀 있다. 일일이 설명하기 어렵고 어떤 경우에는 내가 마치 변명을 하고 있다는 생각이 들기도 한다. 굳이 수업내용을 바꾸지 않아도 되는 경우에는 작년에 찍었던 영상을 다시 한번 사용할 수 있다. 필자도 2~3편 정도는 작년 수업을 이용해서 시간을 매우 효율적으로 사용할 수 있었다. 기존의 영상은 통상적으로 1/3을 넘지 않도록 규정하고 있는 것으로 안다. 운영의 묘는 눈치가 아니라 양심의 문제가 아닐까 싶다.

아직은 표면에 드러나지 않았지만 비대면수업은 대학의 모습에 많은 변화를 줄 것이다. 대학은 학습 이외에도 많은 기능과 역할이 있다. 그래도 가장 중요한 핵심은 대학은 결국 학생들을 가르치고 학생들이 공부하는 공간이라는 점이다. 수업하는 장면을 영상으로 찍어서 영상으로 학생들이 보는 시간이 2년이 다 되어 간다. 언론에서는 기초학력의 저하를 우려하는 목소리를 담은 기사들이 자주 나간다. 비단 대학생들만의 문제는 아니지만 중요하다.

학습에 있어서 수업에서 다루는 내용 자체가 가장 핵심이지만 학생은 단순히 그 내용만으로 학습하고 성장하지 않는다고 생각한다. 대학생은 각 전공의 내용뿐만 아니라 교수가 자신들을 어떻게 가르치는지를 배운다. 학과사무실에 꽂혀 있는 선배들의 논문, 자료집들은 항상 거기에 있는 듯하지만 그 자체가 학생들에게 새로운 목표를 제시하고 영감을 줄 수 있다. 교수들의 연구실에 꽂혀 있는 수많은 책들 역시 마찬가지다. 교안으로 만들어지기 전에 교수가 어떤 책을 보고 어떤 자료를 쓰고 배열하는지에 대한 과정은 대학에서 일상의 풍경이지만 분명 이는 학생들에게 학문의 길을 안내해주는 중요한 이정표가 된다. 선후배들과 같이 발표수업을 준비하고 공동작업하는 과정은 대학생이 되는 중요한 순간이라고 필자는 믿고 있다.

앞서 언급한 내용들은 비대면수업으로 해결하기 어려운 부분들이다. 비대면수업으로 최대한 담을 수 있도록 노력해야겠으나 분명한 한계가 있다. 팬데믹 시대 교육의 문제를 언급할 때 수업의 문제만 해결한다고 해서 상당수의 문제가 해결되지 않는다는 사실은 우리 모두 안다. 필자는 지리교육과에 근무한다. 지리교육과 지리학에서는 답사가 매우 중요한 수업 중에 하나이다. 학교마다 다르겠지만 학기마다 정기답사라는 이름으로 며칠씩 전국을 다닌다. 버스가 출발하는 순간부터 다시 학교로 돌아올 때까지 책에서만 만나던 지역, 장소, 경관을 만나러 가는 과정이다.

우리나라의 지리교육과 지리학과 모두 작년과 올해 정기답사를 가지 못했다. 그리고 내년에도 장담할 수 없는 상황이다. 답사를 가기 위해서는 많은 준비와 조사가 필요한데 이 역시 비대면의 상황과 맞물려 있다. 식사를 하지 않으면서 방역수칙을 지키는 수준에서 조심스럽게 다닐 수밖에 없다. 답사는 지리교육과만의 문제는 아니다. 답사는 국문학과, 사학과, 건축과도 간다. 대학교육에서 차지하는 비중이 작다고만 볼 수 없다.

필자는 방역에서 교육만이 중요하고 그 중에서 대학 교육이 가장 우선되어야 한다는 말을 하기 위해서 이 글을 적고 있지 않다. 학교가 가장 안전해야 한다는 말이 구호로만 그치지 않기 위해서는 고민하고 고려해야 할 사안이 많다는 뜻이다. 이제 9월이면 새로운 학기가 시작된다. 비대면수업과 관련해서 많은 공문들이 하달된다. 공문은 손이 많이 가는 문서이다. 만드는 일 자체가 하나의 직업이다. 공문이 만들어지기 전에 수업을 만드는 사람들과 듣는 사람들의 목소리를 듣는 작업들이 전혀 없다고는 말할 수 없겠지만 충분히 선행되어야겠다.

○● 4. 나가면서

1) 더 나은 수업을 위해서

이제 곧 2021학년도 2학기 수업이 시작된다. 방학이 시작할 시기였던 올해 6월까지만 해도 확진자가 큰 폭으로 증가하지 않았고 정부에서는 백신접종 비율을 추석 전까지는 일정부분 늘리겠다는 계획을 갖고 있었다. 대학에서는 2학기에는 가능하면 대형강의를 제외하고 대면수업을 진행시킬 예정임을 시사했고 구성원들 역시 이 지루한 싸움이 조금은 끝날 수 있으리라 믿었다. 그러나 여름 휴가 시즌이 시작되면서 지금은 두달째 가까이 하루에 1000명 이상의 확진자가 나오고 있는 상황이다. 그래서일까 방학 내내 정말 대면수업을 할 수 있을까 하는 의구심이 커지고 있고 문의도 많이 온다.

이 글을 쓰는 상황에서는 아마도 전면적으로 대면수업을 진행하지 못할 듯하다. 다만 이제 대학생들도 백신접종 대상자에 해당되기 때문에 대면과 비대면수업을 병행해서 진행할 가능성이 커졌다. 여기에도 파생되는 몇 가지 고려사항들이 있다. 대면수업과 비대면 수업을 병행해서 진행하면 수업을 듣는 입장에서는 하루에 대면수업과 비대면수업을 함께 들어야 하는 상황이 생긴다. 아침 1－3교시는 대면수업인데 끝나자마자 바로 비대면 수업을 들어야 할 상황이 생길 수도 있다는 뜻이다. 실제로 그럴 가능성이 매우 높아진다.

수업을 책임지는 교원들에게도 비대면수업 준비를 위한 공간이 필요하듯이 수업을 듣는 학생들에게도 안전한 환경에서 비대면 수업을 들을 수 있는 공간이 학교 내에 필요하다. 수업 자체가 대면/비대면 병행으로 이루어질 때도 마찬가지이다. 만약 수강생이 40명인 수업이라면 좌석이 적어도 80개 이상인 강의실에서 수업이 진행되어야 그나마 최소한의 안전을 담보할 수 있다. 그렇보면 자연스럽게 대학에서 강의실을 부족할 수밖에 없다. 그럼 이런 상황에서는 수강생의 절반은 비대면으로 수업을 듣되 나머지는 집에서 줌으로 들어야 한다. 이미 이런 방식으로 수업을 진행하고 있는 학교도 있지만 그렇지 않은 경우에는 쉽지 않다. 다시 새로운 수업환경의 구성이 필요한 때이다.

2) 코로나 이후를 대비하라?

비대면 수업을 위한 장비들을 학교 단위로 구매하면 수억 원이 훌쩍 넘어간다. 혹, 코로나 시즌이 끝나면 이런 장비들이 예산낭비로 이어지지 않을까 하는 우려의 목소리가 높다. 장비들 구매에 소요되는 예산은 대부분이 국민들이 내는 세금이며 가격 또한 만만치 않다. 사실 필자를 포함하여 우리는 올해 쯤이면 코로나 시즌은 금방 끝날 거라고 생각했다. 단기간의 비대면 수업을 위해서 샀던 많은 카메라와 대형 모니터들을 어찌 처리할 것인가에 대한 걱정이 있을 수 있다. 교육분야에서 특정영역의 종사자들이 해왔던 비대면 수업 콘텐츠의 생산은 이제 완성형까지는 아니더라도 상당 수준으로 일반화되었다.

대학은 대학생만 가르치지 않는다. 대학은 지속적으로 지역과의 소통과 문제 해결에 참여해 줄 것을 요청받았다. 특히나 전문가집단이 전무한 지방의 중소도시에서는 그 역할이 작지 않다. 교육부분에서도 마찬가지이다. 평생교육을 포함하여 지역에 교육콘텐츠를 공급하는 데 있어서 이들 장비는 향후에도 자기 역할이 있을 것이다. 더군다나 최근 많은 논란의 대상인 고교학점제에서도 이 과정이 자리잡기 전까지는 대학에서 분명 역할이 있을 것으로 생각한다.

지금이 가장 소중하다. 예산은 균형있게 사용하되 지금 처한 현실을 곧 끝나겠지라는 생각으로 주저하면 더 큰 문제를 우리는 맞이할 수도 있겠다. 우리가 아마도 완전하게 2019년 1학기로 돌아가기 위해서는 더 많은 시간이 필요하다. 학교가 가장 먼저 대면으로 돌아가기 위해서는 가장 안전한 곳이 되어야 한다. 앞으로의 이 과정에서는 필자의 분투기와 같은 시행착오를 줄일 수 있는 모든 구성원들의 협력과 노력이 필요하다.

⌘

참고문헌

김동원 · 김향정 · 한태구, 2021, “비대면 온라인 수업 만족도 및 인식 변화 연구: C교육대학교 사례를 중심으로,” 학교와 수업연구, 6(1), 73－101.

신원정 · 김종연, 2021, “예비 교원의 비대면 수업 역량 강화에 대한 소고,” 교육연구논총, 42(3), 1－32.

최원호 · 전영국, 2020, “비대면 온라인 수업 사례 고찰; 동영상 녹화 및 실시간 화상 수업을 중심으로,” 현장수업연구, 1(2), 1－28.

찾아보기

저자 소개

1장 **최승현** 교육철학 전공. 충북대학교 교육학과 교수. 고려대학교 교육학 박사.

2장 **신세인** 생물교육학 전공. 충북대학교 생물교육과 교수. 전북대학교 교육학 박사.

3장 **송주호** 운동역학 전공. 충북대학교 체육교육과 교수. 국민대학교 이학 박사.

4장 **박병도** 기하학 전공. 충북대학교 수학교육과 교수. 뉴욕시립대학교 이학 박사.

5장 **손경찬** 법학 전공. 충북대학교 사회교육과 교수. 서울대학교 법학 박사.

6장 **하영유** 미술교육학 전공. 서울교육대학교 미술교육과 강사. 서울대학교 교육학 박사.

7장 **황지영** 국문학 전공. 충북대학교 국어교육과 교수. 이화여자대학교 문학 박사.

8장 **전가일** 아동학 전공. 연세대학교 교육연구소 연구교수. 서울대학교 아동학 박사.

9장 **임지은** 교육공학 전공. 대구교육대학교 교육학과 교수. 퍼듀대학교 교육학 박사.

최 진 교육철학 전공. 대구교육대학교 교육학과 교수. 서울대학교 교육학 박사.

10장 **길혜지** 교육측정평가 전공. 충북대학교 교육학과 교수. 서울대학교 교육학 박사.

11장 **윤현위** 인문지리학 전공. 충북대학교 지리교육과 교수. 건국대학교 이학 박사.

뉴미디어 시대의 지식과 교육

초판발행 2022년 9월 28일

지은이 최승현 · 신세인 · 송주호 · 박병도 · 손경찬 · 허영유 · 황지영 · 전가일 ·
임지은 · 최진 · 길혜지 · 윤현위

펴낸이 노 현

편 집 배근하
기획/마케팅 김한유
표지디자인 BEN STORY
제 작 고철민 · 조영환

펴낸곳 ㈜ 피와이메이트
서울특별시 금천구 가산디지털2로 53 한라시그마밸리 210호(가산동)
등록 2014. 2. 12. 제2018-000080호
전 화 02)733-6771
f a x 02)736-4818
e-mail pys@pybook.co.kr
homepage www.pybook.co.kr
ISBN 979-11-6519-273-0 93370

정 가 20,000원

박영스토리는 박영사와 함께하는 브랜드입니다.